JN021112

LEGAL QUEST 『民法Ⅲ 債権総論』正誤

2022 年 12 月
(17908-0)

　本書第 1 刷につきまして，誤り，欠落がありました。お詫び申し上げますとともに，修正いたします。修正前と修正後の内容は，以下の通りです。

●4 頁 7〜9 行目
【誤】
を原則として認めつつ（466 条），債権の性質がこれを許されない場合に譲渡が認められないものとした。当事者が譲渡禁止または譲渡制限の特約を定めても，債権の譲渡性は妨げられない（466 条の 2）。
【正】
を原則として認めつつ（466 条 1 項本文），債権の性質がこれを許さない場合に譲渡が認められないものとした（同ただし書）。当事者が譲渡禁止または譲渡制限の特約を定めても，債権の譲渡性は妨げられない（466 条 2 項）。

●25 頁下から 3〜2 行目
「中等以下の品質のものでも，中等以上の品質のものでも，同様である。」は「中等に達しない品質のものであればもちろん，中等を超える品質のものであっても，そうである。」に改める。

●36 頁 3 行目
「しかし，一方で，金銭消費貸借に」は「しかし，金銭消費貸借に」に改める。

●113 頁 15 行目
「(509 条ただし書)」は「(509 条柱書ただし書)」の誤り。

●159 頁 15 行目
「当該履行遅滞は履行不能」は，「遅滞することは履行不能と同じ」に改める。

●171 頁 4〜5 行目
【誤】
務の性質がこれを許さない場合を除いて，原則として認められるが，それゆえに債務者は履行補助者のなした不履行に対して，責任を負うことになる。

D に対して（債務の）免除をすれば，BC はなお D に対して甲自動車の引渡請求ができ，D は BC に対して同様の償還を求めることができる。

●376 頁 16 行目
「負担部分を超えて（」は「負担部分を超える額の（」に改める。

●376 頁 18 行目
「対しても求償」は「対しても，その超過額につき求償」に改める。

●376 頁 19 行目，23 行目および 377 頁 5〜6 行目
「負担部分を超える弁済」は「負担部分を超える額の弁済」に改める。

●376 頁 30 行目
「これを超える弁済」は「これを超える額の弁済」に改める。

●391 頁 15 行目
「でなる」は「である」の誤り。

●394 頁 5 行目
「適用除外もない。」の後に以下を加える。
「なお，本条に限っては，主たる債務も事業性を帯びていればよく，貸金債務を含んでいる必要はない（465 条の 10 第 1 項柱書）。」

【正】
務の性質がこれを許さない場合や特約で禁止した場合を除き，原則として認められるが，それゆえに債務者は履行補助者のなした不履行に対し責任を負う。

● 171 頁 16 行目
「そのこと自体」は「その使用自体」に修正する。

● 179 頁 9〜21 行目（下線を引いた「履行遅滞後に」の一文の位置を 8 行上に移動する）
【誤】
昭和 28・12・18 民集 7 巻 12 号 1446 頁）。
　履行不能の場合，本来の給付は不能であるため，債権者は，履行に代わる損
　　〔中略〕
である（最判昭和 30・1・21 民集 9 巻 1 号 22 頁）。履行遅滞後に目的物が引き渡されたが，遅滞中に価格が下落し買入価格との差額である転売価格が減少した場合は，特段の事情のない限り，損害額は履行期と引渡時との市価の差額である（最判昭和 36・4・28 民集 15 巻 4 号 1105 頁，最判昭和 36・12・8 民集 15 巻 11 号 2706 頁）。目的物を債務者が不法に処分した結果，履行不能となったときの損害賠
【正】
昭和 28・12・18 民集 7 巻 12 号 1446 頁）。履行遅滞後に目的物が引き渡されたが，遅滞中に価格が下落し買入価格との差額である転売価格が減少した場合は，特段の事情のない限り，損害額は履行期と引渡時との市価の差額である（最判昭和 36・4・28 民集 15 巻 4 号 1105 頁，最判昭和 36・12・8 民集 15 巻 11 号 2706 頁）。
　履行不能の場合，本来の給付は不能であるため，債権者は，履行に代わる損
　　〔中略〕
である（最判昭和 30・1・21 民集 9 巻 1 号 22 頁）。目的物を債務者が不法に処分した結果，履行不能となったときの損害賠

● 180 頁 3 行目
「の損害，」は「の損害は，」の誤り。

● 180 頁 5 行目
「義務違反なものであれば，」は「義務違反があれば，」の誤り。

● 232 頁 14 行目
「469 条 2 項ただし書」は「469 条 2 項柱書ただし書」の誤り。

● 255 頁 5 行目
「②」を削除する。

● 268 頁 5 行目
「前者は，」は「手続の簡易さから見ると，」に改める。

● 268 頁 6 行目
「後者は，」は「転付命令は，」の，「前提に執行裁判所」は「前提に，執行裁判所」に改める。

● 268 頁 8 行目
「後者について」は「無資力リスクの回避について」に改める。

● 268 頁 11 行目
「判断によるのであって，この結果」は「判断によるということの帰結」に改める。

● 298 頁 17〜18 行目
「代物弁済それ自体はここにいう非義務的行為ではない」は「前述の通り，代物弁済は「義務的行為」に含まれる」に改める。

● 343 頁 21〜25 行目
【誤】
主体とはならず，また，D も A との関係では債務は消滅したとみなされるわけであるから，D は，甲自動車の A に係る利益の帰属割合額たる 100 万円につき，A に対して償還を求めることができる。同様の理屈から，A が D に対して（債務の）免除をしたとすれば，BC はなお D に対して甲自動車の引渡請求をすることができ，D は A に対して 100 万円の償還を求めることができる。
【正】
主体とはならず，D も A との関係では債務は消滅したとみなされるから，D は，甲自動車の A に係る利益の帰属割合額たる 100 万円（または共有持分の 3 分の 1）につき，BC に対して償還を求めることができる。同じ理屈から，A が

民法Ⅲ

債権総論

手嶋 豊・藤井徳展・大澤慎太郎

YUHIKAKU

はしがき

　本書は，総則，物権，債権総論，契約，事務管理・不当利得・不法行為，親族・相続の全6巻からなる Legal Quest シリーズ民法のうち，第3巻にあたるものである。本書が主に解説の対象とするのは，債権総論である。

　本書の主たる読者層として想定されているのは，本シリーズの既刊5巻と違いはない。すなわち，民法を学習する意欲の高い，法学部学生・法科大学院学生である。これらの読者層を念頭において，債権総論に関して，標準となる現在の民法の到達点を，わかりやすく客観的に示し，体得できるための情報を提供することが，本書の目標である。

　本書の対象となっている債権総論は，「民法の一部を改正する法律」（平成29年法律第44号）において，従来の立場を大きく変更する改正が行われ，これは令和2年4月1日より施行されている。このときの改正は，財産法を多岐にわたって変更するものであったが，それらの変更の中心が債権法であることは疑問の余地はなく，今後，こうした新たな民法規定のもとに，判例・学説が展開してゆくこととなる。本書の解説では，改正前の議論や改正の経緯等にも適宜触れ，これからの民法学習に，過不足が生じないように可能な限り配慮した。また，本書の執筆期間が長期にわたったこともあり，共同執筆者相互間で，意見交換の機会を多数回もち，一貫性のある叙述となるように努めた。

　本シリーズの企画は，民法・債権法改正が具体的なスケジュールにのぼる前から始められたが，本書の出版は，諸般の事情から遅れに遅れ，結局，本シリーズ民法の巻としては，最終のものとなってしまった。こうした出版遅延により，当初，執筆を担当いただいた方も変更を余儀なくされることとなるなど，当初の計画とは大きく変わることとなった。本書の執筆については，様々な段階で，多くの方からご配慮・お世話をいただいたが，なかなか形あるものにすることができなかったのは，残念である。ここに至るまで多くの関係者の方々に，ご迷惑をおかけしたことを心よりお詫びしたいが，このたび，ようやく発

刊に至り，安堵している。

　本書が曲がりなりにも出版に漕ぎつけることができたのは，有斐閣書籍編集部の渡邉和哲氏の様々なサポートと励ましに負うところが大きい。執筆者一同，厚くお礼申し上げる。

　　令和4年3月

手 嶋 　 豊

藤 井 徳 展

大 澤 慎 太 郎

◆ 判 例 ◆

第2章

第3章

第4章

第5章

第6章

第7章

Column

第2章

第3章

執筆者紹介

手 嶋　　豊（てじま・ゆたか）
　神戸大学大学院法学研究科教授
　《第 *1* 章第 *1* 節〜第 *3* 節，第 *4* 章執筆》

藤 井 徳 展（ふじい・なるのぶ）
　大阪市立大学大学院法学研究科准教授
　《第 *2* 章，第 *3* 章第 *1* 節・第 *2* 節▇〜▇・第 *3* 節〜第 *7* 節，第 *5* 章
　　執筆》

大 澤 慎 太 郎（おおさわ・しんたろう）
　早稲田大学法学学術院教授
　《第 *1* 章第 *4* 節，第 *3* 章第 *2* 節▇，第 *6* 章，第 *7* 章執筆》

凡　例

1　法律等

一般法人	一般社団法人及び一般財団法人に関する法律（一般法人法）
会　社	会社法
貸　信	貸付信託法
供　託	供託法
金　商	金融商品取引法
小	小切手法
国　債	国債に関する法律
失火責任	失火ノ責任ニ関スル法律
自　賠	自動車損害賠償保障法
出　資	出資の受入れ，預り金及び金利等の取締りに関する法律（出資法）
商	商法
消費契約	消費者契約法
製造物	製造物責任法
通　貨	通貨の単位及び貨幣の発行等に関する法律
手	手形法
電子債権	電子記録債権法
動産債権譲渡特	動産及び債権の譲渡の対抗要件に関する民法の特例等に関する法律（動産債権譲渡特例法）
投　信	投資信託及び投資法人に関する法律
特定商取引	特定商取引に関する法律
日　銀	日本銀行法
破	破産法
犯罪収益移転	犯罪による収益の移転防止に関する法律（犯罪収益移転防止法）
非　訟	非訟事件手続法
不　登	不動産登記法
身元保証	身元保証ニ関スル法律（身元保証法）
民	民法
民　再	民事再生法
民　施	民法施行法
民　執	民事執行法
民　訴	民事訴訟法
民訴費	民事訴訟費用等に関する法律

民　保	民事保全法	
預貯金者保護	偽造カード等及び盗難カード等を用いて行われる不正な機械式預貯金払戻し等からの預貯金者の保護等に関する法律（預貯金者保護法）	
利　息	利息制限法	
労　基	労働基準法（労基法）	

上記のほか，有斐閣六法の法令名略語を用いることを原則とした。

また，民法の改正については，以下のように略記した。

債権法改正	民法の一部を改正する法律（平成 29 年法律第 44 号。一部の規定を除き，2020 年 4 月 1 日施行）
相続法改正	民法及び家事事件手続法の一部を改正する法律（平成 30 年法律第 72 号。一部の規定を除き，2019 年 7 月 1 日及び 2020 年 4 月 1 日施行）

2　判　　決

最　判	最高裁判所判決	高　判	高等裁判所判決
最大判	最高裁判所大法廷判決	控　判	控訴院判決
大　判	大審院判決	地　判	地方裁判所判決
大連判	大審院連合部判決		

※「決」は決定を示す。

3　判決登載誌

民　録	大審院民事判決録	高　民	高等裁判所民事判例集
民　集	大審院民事判例集	下　民	下級裁判所民事裁判例集
刑　録	大審院刑事判決録	家　月	家庭裁判月報
刑　集	大審院刑事判例集	判　タ	判例タイムズ
新　聞	法律新聞	判　時	判例時報
民　集	最高裁判所民事判例集	金　法	金融法務事情
裁　時	裁判所時報	金　判	金融・商事判例

第1章

序 論

この章では，債権に関する民法での位置づけと，債権の全体像とを把握する。

第1節 総 説

1 債権とは何か

債権とは，特定の人（債権者）が，特定の人（債務者）に対して，一定の行為（給付）を請求することのできる権利をいう。債権は，債務者の行為を通じて，その債権の目的とした内容が実現されるものである。

債権者が債務者に求めることのできる行為を給付といい，給付を行うことを履行という。給付は，何かをする（物を引き渡す，医療を実施する，建物を建てる，など）という作為でも，ある行為をしない（午後10時以降は騒音を出す作業はしない，隣家の近くに物を設置しない，など）という不作為でもよい。給付が作為か不作為かの違いは，債務が実現されないときの強制方法の違いで意味がある。

2 債権と物権との比較

民法典では，第1編「総則」，第2編「物権」，第3編「債権」の順で定めら

れている。物権は，物（85条〜89条）に対して直接的・排他的な権利を設定するもので，その典型は所有権（206条〜264条）である。所有権者は，その物について，他人からの干渉を排して自らの意のままにそれを直接的に支配し，使用・収益することが認められる。その物を破棄・破壊することさえ，所有権者は自由に行うことができる。

　債権と物権はいずれも民法上重要な権利であるが，以下の点に違いがあるとされている。

(1)　物権法定主義と契約自由の原則

　物権は，その権能を，相手を問わず主張できることから，その基礎を法律の定めに置く必要があり，また，その権利について，法律上認められた内容のものしか認められない（物権法定主義。175条）。物権法において「地上権」は，265条が定める内容のものしか認められない。これに対して債権は，原則として当事者間で自由に創設でき，内容も，当事者間の合意で自由に決めることができる（契約自由の原則〔521条〕の一場面）。もっとも，社会政策の見地から当事者間の合意に一定の場合には効力を認めなかったり，それを制限する消費者立法などが多数存在することに注意すべきである。

(2)　債権の相対性と物権の絶対性

　債権は，債務者という特定の人に対してしか，その存在を主張することができない（債権の相対性）。物権は，あらゆる人に対して物の支配を主張できる（物権の絶対性）。

　債権と物権が競合した場合，物権が優先するのが原則である（「売買は賃貸借を破る」）。もっとも，土地や家屋などを人から借りて生活の本拠を構築する場合，日本ではその多くが賃貸借という債権関係を基礎においている。ここで物権が債権に優先する原則を貫くと，例えば不動産の賃貸人が賃借目的物を第三者に売却してしまえば，賃借人は目的物の譲受人に対して賃貸借を主張することができず，当該不動産から出て行かなくてはならなくなる（地震売買）。賃借人は賃貸人に対して賃借権についての債務不履行責任を問うことはできるが，不動産の利用関係においては第三者との競合となり，結果として退去は免れな

い。そこで，不動産賃借権は債権ではあるが登記すれば，物権を取得した者その他の第三者に対してその効力を主張することができる（605条）。しかし賃借権の登記は賃貸人の義務ではないため（登記の有無は賃借目的物の利用に無関係），借地借家法では，より簡易な方法で対抗できる方法が定められている（借地借家10条・31条）。

(3)　排他性の有無

物権は，物に対する直接的な支配権であり，同一の権利は同一物上に複数存在し得ない。その取得を争う者が生じた場合，それらの者の間で優先順位をつける方策が必要である。民法ではこの順番は原則として，対抗要件を備えた時点の先後で決まる（不動産は177条，動産は178条）。物権では先に対抗要件を備えた者が後れた者に優先し，先行者が当該物に独占的に権利を有することになる一方，劣後者は，共有を主張できるのではなく，それに対して一切権利を主張し得ない。

債権は，債権の成立時期・債権額・成立の前後等に関係なく，同じものを成立させることができる。複数成立した債権の債権者は，平等に扱われる（債権者平等の原則）。

(4)　不可侵性

人の所有物を破壊するような所有権侵害行為が，不法行為に該当し，損害賠償請求権を発生させることについては異論がない。債権を侵害することが不法行為になることも，基本的に認められている（大判大正4・3・10刑録21輯279頁）。ただし物権は，不動産の場合は登記，動産の場合は所持という形で公示があるが，債権は公示が十分とはいえず，債権を侵害する者が，債権の存在を認識可能とは限らない。このため，債権侵害が生じたとしても，それが不法行為と認められるためには，加害者に，債権を侵害する意図（故意）がなければならないとの説が認められてきた。近時は，債権侵害となる場合を，より精緻に具体的な観点から検討する方向性が示されている。

⑸　譲 渡 性

　物権・債権とも譲渡することができる。債権は債権者が変わることで，給付
すべき内容が異なってくるものもあるが，債権の圧倒的多数は，当事者の変更
によっても給付内容に変化はない。当事者の変更によって給付内容に変化が生
じる可能性があるものについては，その譲渡性を個別に検討し，場合によって
は排除する，としたほうが合理的である。民法は，債権が譲渡可能であること
を原則として認めつつ（466条），債権の性質がこれを許されない場合に譲渡が
認められないものとした。当事者が譲渡禁止または譲渡制限の特約を定めても，
債権の譲渡性は妨げられない（466条の2）。

3　債権が財産的価値をもつ意味

　人に対して一定の請求をなし得る権利である債権が，社会で財産としての価
値をもつためには，履行が確実になされることが期待でき，履行されなかった
場合にも実現のために法的な措置が整備されていることが必要である。この意
味で債権は，法制度が完備された社会においてこそ存在し得るものであり，こ
れは当該社会の成熟の度合いを示す側面がある。こうして，債権の履行が確実
である場合には，債権は，それ自体が一定の価値を有するものとして，取引の
対象とされるようにもなってゆく。

4　債権法を支配する信義則

　信義則は，民法全体の基本原則であるが（1条2項），債権では多くの場面で
信義則がその解決の指針を提供しており，特にその重要性が指摘されている。
　また，債権法は，当該国・地域・民族の文化事情が色濃く反映される傾向の
強い物権法や家族法と異なって，より普遍性を有するものと理解されている。
契約等において，各種国際条約の締結が可能になっているのは，こうした債権
法の普遍性が背景に存在する。

第2節　債権の発生原因とその分類

1 債権の発生原因

　民法典第3編「債権」には，債権の発生原因として，契約，事務管理，不当利得，不法行為が定められており，契約などの法律行為による場合（約定債権）と，法の定める要件を満たす状況が生じたときに成立する場合（法定債権）とがあることが示されている。このほか，一定の社会的接触関係があることによって，信義則上，債権債務関係が生じる場合や，家族法上の債権債務関係も認められる。

　債権は，コンビニでの買い物，バスへの乗車といった，当事者が債権債務関係があると必ずしも意識していない極めてありふれた生活関係の様々な状況でも発生し，履行され，消滅している。

2 契約等の法律行為によって債権が生じる場合

　契約（521条〜696条）は，当事者の意思表示の合致により生じる法律関係である。契約は現代の社会生活において，非常に重要な役割を果たしている。売買（555条以下）における売主と買主との関係，アパートの一室を賃貸する（賃貸借。601条以下）場合の貸主と借主との関係，家の建築を請け負ってもらった（請負。632条以下）場合の請負人と依頼者との関係，など，契約がわれわれの様々な生活に現われる場面は極めて多い。

　民法では，契約に共通する通則として，契約総論（521条〜548条の4）が第3編第2章冒頭に置かれ，契約の成立・契約の効力・契約上の地位の移転・契約の解除と，定型約款が定められている。さらに，社会において頻繁に用いられると解されている13種の典型契約（贈与〔549条〜554条〕・売買〔555条〜585条〕・交換〔586条〕・消費貸借〔587条〜592条〕・使用貸借〔593条〜600条〕・賃貸借〔601条〜622条の2〕・雇用〔623条〜631条〕・請負〔632条〜642条〕・委任〔643条〜656条〕・寄託〔657条〜666条〕・組合〔667条〜688条〕・終身定期金〔689条〜694条〕・和解〔695条・696条〕）が定められている。また，民法典に規定をもたない

契約（非典型契約または無名契約）も，公序良俗に反しないものでない限り，自由に締結できる。

3 法の定めによって債権が生じる場合

　法の定める要件が充足されたときに，法律上当然に債権が発生するものとして，民法典には，事務管理・不当利得・不法行為が定められている。

　事務管理（697条〜702条）では，義務なく他人のために事務の管理を始めた場合，その事務の性質に従って，最も本人の利益に適合する方法によってそれを管理することが求められる。例えば隣人が長期不在中に，隣家の窓の一部が破損し，これを放置しては損失が発生しそうであるという場合に，隣人から不在中の家の管理を頼まれてはいなかったが，善意から隣家の窓の修繕を工務店に依頼したという場合，工務店と依頼者との間で契約関係が発生する，というものである。この場合，民法には管理者の注意義務・通知義務や，費用償還請求権などが定められている。事務管理は，事務処理の開始こそ契約に基づかないが，ひとたび事務処理を開始した以上は，委任における受任者の義務や責任と同様に，事務処理者は本人に対して義務を負うこととしたのである。

　不当利得（703条〜708条）とは，法律上の原因なく他人の財産または労務によって利益を受け，そのために他人に損失を及ぼした場合に，その利益の限度で返還する義務を負わせるものである。例えば，売買契約が締結され目的物が引き渡されたが，その契約が何らかの理由によって無効であった場合には，履行済みの関係を，契約がなかった状態にまで巻戻すことが必要になる。不当利得は，そうした際の法律関係を根拠づけるものである。民法では，不当利得の成立する場合や，関与した者の善意・悪意によって異なる返還義務の範囲等を定める（703条・704条）。ただし，利得と損失の関係が存在する場合でも，法の助力を与えることのできない不法な原因による場合には返還請求をなすことができない（不法原因給付。708条）。

　不法行為（709条〜724条の2）は，故意または過失により他人の権利または法律上保護されている利益を侵害し，その結果として，他人に損害が生じた場合，損害賠償債権を発生させるものである。例えば，運転者が脇見運転をしていたために歩行者に衝突して，怪我をさせたという交通事故の場合，加害者は，

脇見運転という前方注視義務に違反した過失ある行為によって被害者に損害を生じさせたのであり，不法行為に基づいて損害賠償責任を負う。民法では，709条以下において不法行為責任の一般的成立要件を定める。また民法はそれに加え，不法行為の特別類型として，加害者が責任無能力者であった場合の監督義務者の責任（714条），他人を使用して事業を執行する場合に，その被用者が損害を与えた場合の使用者責任（715条），工作物から損害が生じた場合の工作物責任（717条）などを定めている。時代の進展とともに，不法行為も様々な形で起こるようになっているところ，民法の規定だけでは十分に対応できなくなっている領域もあり，様々な特別法が定められている。

４ 一定の社会的接触関係から債権が生じる場合

　一定の社会的接触関係に立つようになった当事者同士で，明確な合意がなくとも，信義則を媒介として両者には債権債務関係類似の関係が発生すると認められる場合がある。例えば，売買契約締結に向けて交渉を続けてきたが，結局，契約締結に至らなかった場合に，その契約準備段階において相手方に対して損害を与えないようにする義務を認める（マンション売買における信義則。最判昭和59・9・18判時1137号51頁）などがそれである。

　なお，家族法上の債権債務関係については，財産法と異なる側面と配慮が必要であることから，そちらの議論を参照されたい。

第3節　債権総則の概観

１ 債権総則について

(1)　債権総則の民法内での位置づけ

　債権総則は，人と人との関係を規律する債権が共通にもっている性質や効力の規定である。

　民法は，各論の共通項を，総則として前に規定するというパンデクテン方式を採用する。この方式は，条文の重複が避けられる利点がある。しかし債権の発生原因と内容を具体的に定めている債権各論と異なり，債権総則はその性質

上抽象度が高くなり，わかりにくいという性格がある。ある事案で，中心的課題は債権総則のものであっても，具体的解決には，民法総則や債権各論の部分をも同時に参照しなければならないことが普通である。こうした複雑さは，民法の構造から発する問題であるが，民法の問題を考える際には，財産法全体を広く理解しておく必要がある。

(2)　債権総則の扱う対象

　債権総則は，民法典第3編第1章の部分に該当するものであり，全体で7節に分けて規定されている。

　第1節「債権の目的」（399条〜411条）では，特定物の引渡しを目的とした場合の規律（特定物債権），債権の目的物を種類のみで指定した場合の規律（種類債権），債権の目的が金銭である場合の規律（金銭債権），利息が生じる場合の規律（利息債権），債権の目的が数個の給付の中から選択される場合の規律（選択債権）について定めている。

　第2節「債権の効力」（412条〜426条）では，債権に基づく権利義務の具体的内容が定められており，債権の履行期，強制履行，債務不履行とその損害賠償，受領遅滞が規定されている。また，債権の対外的効力として債権者代位権，詐害行為取消権が定められている。これらの権利は，債務者が自己の財産の減少を放置したり，積極的に減らす行為をする場合に，債権者が債務者に代わって権利を行使し，あるいは行われた行為の効力を否定するものである。

　第3節「多数当事者の債権及び債務関係」（427条〜465条の10）では，1つの債権について，債権者が複数存在する場合，および債務者が複数存在する場合であり，分割債権債務，不可分債権債務，連帯債権債務，保証債務が扱われる。民法は，分割債権・分割債務を原則とし（427条），多数当事者が関係する場合を可及的速やかに解消する立場を基本としている。また，人的担保として社会的に重要な役割を果たしている保証債務の規定がここに置かれている。

　第4節「債権の譲渡」（466条〜469条）は，指名債権の譲渡を中心として，債権が物権と同様に譲渡可能として理解され，債権を譲渡して債権者が変更する場合の要件と効果，また，債務者および第三者への対抗要件の問題を定めている。

　第5節「債務の引受け」（470条～472条の4）は，債務者が変更する債務引受
に関する規定である。第4節と第5節は，債権者・債務者の変動を扱うもので
あるが，従来は債権者の変更しか定めがなかった。
　第6節「債権の消滅」（473条～520条）は，債権の消滅事由として，弁済，
代物弁済，供託，相殺，更改，免除，混同を定めている。
　第7節「有価証券」（520条の2～520条の20）は，指図証券・記名式所持人払
証券・その他の記名証券・無記名証券について定める。

② 債権総則と民法財産法の他分野との関係

⑴　民法総則との関係
　民法総則には，権利の主体としての人・法人（法人に関する民法の規定は大半
は特別法の一般法人法に移行），権利の客体（物），権利の得喪変更事由（法律行
為・意思表示・代理・時効）等が定められている。民法総則では，債権と物権の
両者に共通する事項について規律されている。

⑵　物権法との関係
　債権と物権とは，その規律の対象と性質を大きく異にするため，編別も異な
っている。もっとも，債権の履行を確実にする方策として，また，債権者平等
の原則を修正するために，債権の担保を供させることがあり，そのことを規律
する民法規定の一群が，担保物権法である。

⑶　債権各論との関係
　債権各論としての契約総論・各論，事務管理・不当利得・不法行為の各規定
は，民法総則や債権総則という形で共通ルールとして吸収されなかった独自の
ルールについて，個別に定める。その意味で，債権各論に規定されている事項
は，個別性が高いといえる。

⑷　債権法に関連する民事特別法
　債権に関する特別法には，利息制限法，消費者契約法，借地借家法，動産及
び債権の譲渡の対抗要件に関する民法の特例等に関する法律，電子記録債権法，

供託法，電子消費者契約に関する民法の特例に関する法律，住宅の品質確保の促進等に関する法律，割賦販売法，特定商取引に関する法律，金融サービスの提供に関する法律，偽造カード等及び盗難カード等を用いて行われる不正な機械式預貯金払戻し等からの預貯金者の保護等に関する法律，などのように，主に契約関係における規律について追加するものや，製造物責任法，失火ノ責任ニ関スル法律，自動車損害賠償保障法など，不法行為に関連するものなど，非常に多く存在する。

　これらの法律の多くは，民法規定が十分に規律していない領域や，特殊性を有する領域について，その規律を修正したり追加するものであり，今日の社会において非常に重要な役割を果たしている。

第4節　民事執行手続概観

1　概　要

　債権総論の分野では，債務の内容を実現する手段である「強制履行」（⇨**第4章第2節**）や，債権者代位権との比較において「転付命令」といったものに触れることになる。これらを実現する手続は民事執行法に定められており，学修の前提として，かかる手続につき一定の知識を習得しておくことが便宜である（詳細はLQ民事執行・民事保全法で学修されたい）。以下，必要な限りで概観する。

　債務者が債務を任意に履行しないため，債権者が自身の債権の内容を実現するべく，民事執行法に基づき執る手続を総じて「民事執行」という（この際の債権者を「執行債権者」，債務者を「執行債務者」などという）。民事執行は，債権者による裁判所（「執行裁判所」という）への申立てによって開始され，これは，一般債権者が，「確定判決」や「執行証書」（「（強制）執行認諾（受諾）文言付公正証書」などと呼ばれる「執行受諾文言」の付いた公正証書で民執22条5号の要件を充足するもの）等の「債務名義」（民執22条参照）に基づき申し立てる「強制執行」の手続と，抵当権者等の担保権者が，担保権の存在を証する文書等（例えば，不動産につき民執181条1項参照）に基づき申し立てる担保権の実行としての競売等の手続との2つにまず大別できる。両者の違いは形式的には申立てに要

する文書の差にあり，手続の大枠としてはほぼ類似しているといってよい。事実，担保権の実行として行う手続は，「強制執行」の手続が多く準用されている（例えば，担保不動産競売につき民執188条，船舶競売につき民執189条，動産競売につき民執192条，債権等についての担保権の実行につき民執193条2項などを参照）。

　強制執行は，金銭債権の実現を図る「金銭執行」と非金銭債権（不動産の明渡請求権など）のそれである「非金銭執行」とに大別され，金銭執行は換価の対象物に応じて「不動産執行」，「船舶執行」，「動産執行」，「債権執行」等に細別される。不動産執行は，さらに，対象の不動産を競売により換価する「強制競売」と，管理人（弁護士や執行官など）を選任して対象不動産の収益（賃料など）から配当を得る「強制管理」とに手続が分かれる。「担保権の実行としての競売等」についても，これらに対応する手続が配置されている（もっとも，担保権は金銭債権の実現のための権利であるから，非金銭執行の手続はない）。

　これらの手続と色彩を異にするのが，「形式的競売」（民執195条）と「債務者の財産状況の調査」（民執196条以下）として定められている「財産開示手続」および「第三者からの情報取得手続」である。形式的競売とは，対象物を金銭に換えるためになされる競売であり，要するに，物を換価するために競売の手続を利用するといった具合である。例えば，留置権者の目的物保管に係る負担

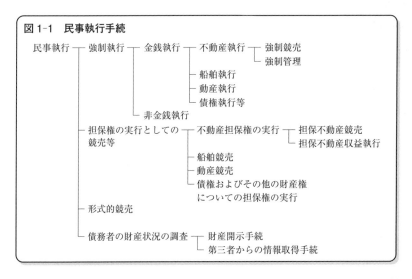

図1-1　民事執行手続

民事執行 ─┬─ 強制執行 ─┬─ 金銭執行 ─┬─ 不動産執行 ─┬─ 強制競売
　　　　　│　　　　　　│　　　　　　│　　　　　　　└─ 強制管理
　　　　　│　　　　　　│　　　　　　├─ 船舶執行
　　　　　│　　　　　　│　　　　　　├─ 動産執行
　　　　　│　　　　　　│　　　　　　└─ 債権執行等
　　　　　│　　　　　　└─ 非金銭執行
　　　　　├─ 担保権の実行としての ─┬─ 不動産担保権の実行 ─┬─ 担保不動産競売
　　　　　│　　競売等　　　　　　　│　　　　　　　　　　　└─ 担保不動産収益執行
　　　　　│　　　　　　　　　　　　├─ 船舶競売
　　　　　│　　　　　　　　　　　　├─ 動産競売
　　　　　│　　　　　　　　　　　　└─ 債権およびその他の財産権
　　　　　│　　　　　　　　　　　　　　についての担保権の実行
　　　　　├─ 形式的競売
　　　　　└─ 債務者の財産状況の調査 ─┬─ 財産開示手続
　　　　　　　　　　　　　　　　　　　└─ 第三者からの情報取得手続

（298条1項）を軽減すべくなされる留置物の競売や，共有物分割のための競売（258条2項）などがこれにあたる（なお，形式的競売は規定上は「担保権の実行としての競売等」の中に配置されている）。また，「財産開示手続」および「第三者からの情報取得手続」は，民事執行の前提として，債務者の財産を把握するために用意されたものである。

　強制執行（担保権の実行としての競売等）につき知るべき用語として「差押え」がある。差押えとは，金銭執行にあたり，目的物の換価の前提として当該目的物の処分を禁じて，その状態を（法的に）固定するものである。差押えは，強制執行手続を進めるにあたっての，いわばファーストステップとしてなされ，対象財産に応じてその態様は異なる。例えば，不動産の強制競売（担保不動産競売）であれば，差押えの登記（民執45条1項・48条〔民執188条による準用〕）がなされるのとあわせて強制競売の開始決定が債務者に送達され（民執45条2項），両者のうち時間的に先行するものによって差押えの効力の発生時が決まる（民執46条1項）。差押え登記後の処分行為は原則的に債権者（差押債権者）に対抗することができない。また，動産執行（動産競売）であれば，対象の動産を執行官が占有する（「保管」自体は，「債務者」，「債権者」または「第三者」にさせることもできる。民執123条3項・124条）ことによって（民執122条1項・123条〔民執192条による準用〕），後述の債権執行であれば，差押命令の第三債務者への送達によって（民執143条・145条3項5項），差押えが実現することになる。

2 債権執行

(1) 概　要

　債務者が債務を任意に弁済しない場合，債権者は，債務名義に基づき，債務者の第三債務者に対する債権を強制執行手続により差し押さえ，当該債権を取り立てることができる（「債権執行」〔民執155条1項〕）。債権者の債権を「執行債権」または「請求債権」といい，債務者の差し押さえられた債権を「被差押債権」または「差押債権」という。債権に対する強制執行の申立てがなされると，これを受けた裁判所（執行裁判所）により債務者および第三債務者に対して差押命令が送達され（民執143条・145条3項参照），第三債務者に送達されたときにその効力が生じる（民執145条5項）。差押えの効力が発生すると，債務

者は被差押債権につき取立てやその他処分行為をすることが禁じられ，第三債務者も弁済することが禁じられる（民執 145 条 1 項）。債権の差押えは複数の債権者が重複して行うことができる（「二重差押え」〔民執 144 条 3 項・149 条参照〕）。複数の債権者により差押えがなされた場合（差押えが競合した場合），第三債務者は被差押債権につき供託をしなければならない（「義務供託」〔民執 156 条 2 項〕）し，また，債権者は他の債権者の執行手続に対して「配当要求」（民執 154 条）をすることもできる。このように，差押えが競合したり，配当要求がなされたりした場合には，当該債権者間で債権者平等の原則が働き，配当を受けることになる（民執 165 条以下）。この「差押命令」につき，「転付命令」（民執 159 条 1 項）の発令も併せて差押債権者により求められることも多く，これが，債権者代位権の優先弁済的機能（⇨第 6 章**第 2 節 4** (2)(b)）に類するものとなる。

(2)　転付命令

　転付命令とは，債権者が債務者の第三債務者に対する債権を差し押さえ，これを，債権者へ帰属させる（債権を“付け替える”）ものであり，執行裁判所が差押債権者の申立てに基づき決定により行う（民執 159 条 1 項・4 項参照。「命令」となっているが裁判の性質としては「決定」である）。債権譲渡のようなイメージを持つとよい。転付命令も執行裁判所から債務者および第三債務者へ送達され（同条 2 項），確定により効力が生じる（同条 5 項）。転付命令の決定に対しては執行抗告ができる（同条 4 項）ほか，第三債務者への送達前に他の債権者による差押えや仮差押えの執行または配当要求がなされた場合には効力が生じない（同条 3 項）。転付命令の効力が確定すると，債権者の執行債権および執行費用は被差押債権の「券面額」で弁済されたものとみなされる（民執 160 条）。券面額とは，債権の表面的な価格そのものをいい，実際にどのような価値があるかを意味しない（例えば，A が B に対して 100 万円の金銭債権を有している場合に，B の資力が低いために実際の価値は 0 円しかないと評価されたとしても，券面額は「100 万円」ということになる）。このように，転付命令は一般債権者に事実上の優先弁済を認めるものであり，この点で，債権者代位権の優先弁済的機能と類似する（なお，転付命令と異なり，一定の性質を有する債権について，その実質的な価値を考慮して，その価値に応じて被差押債権をまさに譲渡させる「譲渡命令（民執 161 条）」

〔要するに，裁判所の定めた価額で債権者に被差押債権をいわば買わせるというような
もの〕というのもある）。

第2章
債権の目的

この章では，債権という権利の対象である，債権の目的を扱う。

第 1 節　総　　説

1 「債権の目的」の意味

　民法典は，第 3 編第 1 章第 1 節において，「債権の目的」と題して一連の規定群を置いている。「債権の目的」とは，債権という権利の対象のことで，それは債務者の一定の行為である。そしてこれを一般に「給付」という。例えば，売主が目的物を引き渡すこと，買主が代金を支払うことや，被用者（労働者）が労働力を提供することなどである（⇨第 1 章第 1 節）。

　「給付」と区別して，「給付の目的」ということがある。「給付の目的」とは，給付される対象のことである。例えば，引き渡されるべき目的物，支払われるべき金銭や，提供されるべき労働力などである。

　なお，民法典は，第 6 節「債権の消滅」第 1 款「弁済」第 1 目「総則」に，

弁済の客体に関する若干の規定を置いている（⇨第 3 章**第 2 節**）。

② 「債権の目的」（給付）の要件

「債権の目的」すなわち給付は，その内容が一定の要件を満たすものでなければならない。

(1) 給付の一般的要件

伝統的な通説によると，一般的要件として，給付の確定性，可能性，適法性，社会的妥当性が挙げられる。これらは，法律行為の有効性判断と重なる。契約によって債権が発生する場合（約定債権）には，発生原因であるその契約（法律行為）が有効であるときにはじめて，その債権が発生するからである。これに対して，法の定めによって債権が発生する場合（法定債権）には，事務管理，不当利得，不法行為の各規定の要件を満たすときにはじめてその債権が発生するから，ここでいう一般的要件は問題にならない。

(a) 給付の確定性

契約によって債権が発生する場合には，債権（給付）の内容は，契約の解釈によって確定することになる。解釈の手段を尽くしても内容を確定することができないときは，契約は無効で債権は発生しない。

もっとも，当事者は，契約の締結時には，給付の主たる内容しか決めていないことがある。だからといって，契約の効力が当然に否定されるのではない。

例えば，売買契約は，当事者が目的物の引渡しとその代金の支払について合意すれば成立する（555 条を参照）。もっとも，支払の時期・場所・方法や，遅滞等については，明らかでないことや，決められていないこともある。それらについては，（狭義の）契約の解釈によるべきはもちろん，慣習または任意規定によって補われる（契約の補充）。

また例えば，弁護士・依頼人間の契約，医師・患者間の契約などであれば，当事者が訴訟（委任），診療（準委任）などの一定の事務処理について合意すれば成立する（643 条・656 条）。しかし，その具体的内容は，その後の状況に応じて決まるのが通常である。

(b) 給付の可能性

契約の締結時に給付が不可能であるとき、これを原始的不能という。これに対して、契約の締結後に給付が不可能となるとき、これを後発的不能という。

改正前民法下では、前者については規定がなく、伝統的な通説によると契約は無効とされていた（だから、給付の可能性が要件とされてきた）。しかし、債権法改正で、412条の2第2項が新設されて、損害賠償の請求は妨げられないこととされた（⇨第4章**第3節**）。もっとも、契約の効力（債権の発生）は否定されないというだけである。給付が不可能なものであることのリスクをどのように分配しているか、当事者の意思を契約の解釈によって明らかにすることが重要である。他方で、契約（法律行為）の別の効力否定原因に該当することもあり得る。

(c) 給付の適法性、給付の社会的妥当性

給付の内容が不当であるときは、契約は無効で債権は発生しない。伝統的な通説によると、これには、法令違反と、公序良俗違反がある。そして、強行規定その他適法性の問題として91条を根拠とするのが前者、国家・社会秩序、道徳観念その他社会的妥当性の問題として90条を根拠とするのが後者にあたる、とされてきた。

しかし、現在では、給付の不当性を、法令違反・適法性と公序良俗違反・社会的妥当性とで二元的にとらえることに対しては、異論がみられる。また、公序良俗違反による無効を社会的妥当性の問題としてとらえることに対しても、異論がみられる。ここでは、さしあたり、90条の反公序良俗性（公序良俗違反による契約の無効）が問われる、としておこう。

なお、以上の(a)～(c)との関係で、法律行為の有効性判断について、LQ民法Ⅰ〔第2版補訂版〕第6章**第4節**を参照。

(2) 給付の金銭的価値

債権は、金銭に見積もることができないものであっても、その目的とすることができる（399条）。

今日では、契約自由の原則が確立しているから、本来は金銭的評価になじまないものであっても、債権の目的とすることができてしかるべきだということ

になろう。そうすると，399条は，当然のことを注意的に定めているにすぎない（注意規定），ということになる。

　そして，金銭に見積もることのできない給付であっても，その不履行の場合には，履行の強制の問題となることもある（414条，民執171条・172条・173条，訴額につき民訴8条，民訴費4条も参照）。また，損害賠償の問題となることもある。このとき，金銭に見積もって賠償される（417条，財産以外の損害の賠償につき710条・711条も参照）。

> **Column 2-1　399条の意義**
>
> 　現代における，技術の発展や，社会の変化などに応じて，市場では，常に，これまで想像し得なかったような財・サービスが，新しく取引の対象とされていく。例えば，比較的最近でいうと，ICカードの利用履歴や携帯端末の位置情報などのビッグデータが販売されたり，その解析サービスが提供されたりするようになったことなどである。そうすると，399条は，市場における商品化の可能性を基礎づけるという，むしろ積極的な意義を有する，とみることもできるのではなかろうか。

3　債権（給付）の内容による分類

(1)　作為債務・不作為債務

　給付は，何らかの行為をすることを目的とするか，しないことを目的とするかという観点で分類することができる。前者を作為債務，後者を不作為債務という。

　前者は，例えば，物を引き渡す，代金を支払うという場合（与える債務）や，労働力を提供する場合（なす債務）などである。

　後者は，例えば，合意で，競業，工場の操業，音楽の演奏などの一定の行為をしてはならないこととする（禁止する）という場合や，それらの一定の行為を妨げないこととする（忍容する）という場合などである。

　この分類は，強制履行（強制執行）の方法で違いを生じることにおいて，実益がある（⇨第4章第2節）。

(2)　与える債務・なす債務

伝統的な通説によると，給付は，物の引渡し（と所有権の移転）を目的とするか，物の引渡し以外の行為を目的とするかという観点で分類することもできる。前者を与える債務，後者をなす債務という。

前者は，金銭の引渡しを目的とする（金銭債務）か，金銭以外の物の引渡しを目的とする（非金銭債務）かでさらに分かれる。後者は，作為債務か，不作為債務かでさらに分かれる。

この分類も，強制履行（強制執行）の方法で違いを生じることにおいて，実益がある，とされてきた。

もっとも，現在では，民事執行法の制度が改正されて，債権者が選択すれば，一般的な金銭債務を除いて，間接強制が認められている（⇨第4章**第2節**）。

また，後述する結果債務・手段債務の分類を認めるとき，与える債務の多くは結果債務で，なす債務の多くは手段債務である。それゆえ，債務不履行を理由とする損害賠償の要件事実において実益がある，とみることもできる。

(3)　結果債務・手段債務

近時の有力説によると，給付は，一定の結果の実現することを目的とするか，結果の実現自体ではなく結果を実現するよう最善の努力を尽くすことを目的とするかという観点で分類することもできる。前者を結果債務，後者を手段債務という。

この分類は，債務不履行を理由とする損害賠償の要件事実において実益がある，とされている（⇨第4章**第3節**）。

4　「債権の目的」に定められる補充規定

民法第3編第1章第1節「債権の目的」において債権のいくつかの類型ごとに置かれている一連の規定群は，補充規定である。すなわち，特約や法律の別段の定めがなければ，これらの規定によってその部分が補われる（⇨**第2節**以下）。

第2節　特定物債権

特定物の引渡しを目的とする債権を，特定物債権という。特定物債権では，目的物が「この物」と具体的に決まっている。

1 前提：物の分類

(1) 特定物・不特定物（種類物）

物は，具体的な取引において，当事者が主観的に，その物の個性に着目して取引の目的物としたか，そうではなく，その物の個性を問わないで，単に種類・数量・品質に着目して取引の目的物としたかで分類することができる。前者を特定物，後者を不特定物（種類物）という。

前者は，例えば，長野県安曇野市穂高○○番地所在のC所有土地と，その土地上のC所有建物（この土地・この建物）を目的物とする場合などである。また，巨匠Dの手になる美術品（この作家のこの作品）や，従前Eが日常の足としてきた中古車（車種，年式，走行距離その他前所有者の使用方法に応じた，この状態のこの車）を目的物とする場合などである（これらの場合，目的物がすでに「この物」と具体的に決まっている）。なお，土地，建物や，美術品，中古車などは，一般に，特定物とみられることが多いが，常にそうであるとは限らない。あくまで，当事者がどの程度個物へ着目しているか，それ次第である。

後者は，例えば，売買で，「長野産ふじりんご10t」や，「医薬品α1ケース」を売買の目的物とする場合などである（これらの場合，目的物が未だ「この物」と具体的に決まっているわけではない）。

学説では，不特定物との関係で，類似の概念である種類物をどのように把握すべきかについて，ニュアンスの差がみられる。すなわち，「長野産ふじりんご10t」の場合のように，種類と数量のみによって確定されているとき，品質に関する定めが落ちていることから，不特定物と区別して，特に種類物と呼ぶ見解もある。これに対して，不特定物と種類物の概念を区別せず，不特定物または種類物と呼ぶ見解もある。このとき，不特定物も種類と数量によって確定されて種類債権の目的物となるところから，種類物という語が便宜的または慣

用的に用いられる，という説明がされることもある。

(2)　代替物・不代替物

物は，一般的な取引において，その客観的性質に従って，その物の個性に着目して，他の物によって代替できないものか，その物の個性を問わず，同種・同量・同等のものによって代替できるものかで分類することもできる。

　前者を不代替物，後者を代替物という。前者は，例えば，中古車である（前所有者の使用方法に応じた状態をみて，1 台として同じものはない，というべきだろうから）。後者は，例えば，新車，その他日用品の多くである。

(3)　特定物・不特定物（種類物）と代替物・不代替物

特定物か不特定物（種類物）かの分類と，代替物か不代替物かの分類とは，よく似ている。たいていは，特定物と不代替物，種類物と代替物の結びつきがみられる。しかし，分類の観点が，特定物か不特定物かでは主観的なもの，代替物か不代替物かでは客観的なものと，異なっている。したがって，一方で，客観的にみれば不代替物であっても，不特定物（種類物）として取り扱われることがある。例えば，映画制作会社 F が，カーアクション・シーンを撮影するために，業者 G から，車種，年式，走行距離などを問わず，自走可能な中古車 100 台を買い受ける場合である。他方で，客観的にみれば代替物であっても，特定物として取り扱われることがある。例えば，法学部生 H が，法科大学院修了生 I から，その司法試験合格にあやかるべく，I の使用していた Legal Quest シリーズ民法の最新版全巻を譲り受ける場合である。

② 特定物債権の意義

　契約によって特定物債権が発生する場合には，その発生原因としては，例えば，贈与，売買，使用貸借，賃貸借，請負，委任，寄託などと，様々な法律関係があり得る。のみならず，契約の取消し・無効（121 条・121 条の 2）や，解除（545 条）を理由として，それぞれの場面の原状回復義務に応じて発生することもある。その他，一般に，事務管理，不当利得を原因として発生することもある。

(1) 目的物保管（保存）義務

(a) 善管注意義務

特定物債権において，債務者は，特約のない限り，引渡しをするまで，「契約その他の債権の発生原因及び取引上の社会通念に照らして」定まる「善良な管理者の注意」をもって，目的物を保存しなければならない（400条）。これを，目的物の保管にかかる善管注意義務という。

ここで，契約によって特定物債権が発生する場合には，その注意の内容はその発生原因である契約の趣旨を離れては確定できないことが，明らかである。すなわち，契約の内容のみならず，契約の性質（有償か無償かを含む），当事者が契約をした目的，契約の締結にいたる経緯をはじめとする契約をめぐる一切の事情を考慮し，併せて取引通念を勘案し，総じて契約の趣旨に照らして，確定される。

そして，一般に，債務者が目的物を善良な管理者の注意を尽くして保管せず，目的物が滅失・損傷したときは，債務不履行を理由とする損害賠償の問題となる。他方で，債務者が注意を尽くして保管したにもかかわらず，目的物が滅失・損傷したときは，注意を尽くしたからというので債務者が一律に免責されるわけではない。履行の一部または全部が不能となったときは，「契約その他の債務の発生原因及び取引上の社会通念に照らして」債務者の責めに帰することのできない事由によるものでない限り，債務者は免責されないのである（415条1項）。このようにみるとき，問題とすべきは，契約の趣旨に照らして判断されるべき，債務者の免責事由であるというべきだろう。

保管について特約があればそれによる（そして，通常は特約がある）。また，400条との関係で法律の別段の定めがあればそれによる（例えば，無報酬の受寄者の保管義務〔659条。なお商595条〕⇨ Column 2-2 ）。その他，契約の性質から本質的・内在的な準則が導かれるときは，それによる（例えば，使用貸借や賃貸借における，借主の義務〔594条・616条——用法遵守義務〕）。

事務管理，不当利得など，契約以外によって特定物債権が発生する場合にも，400条が適用される。

> **Column 2-2**　**目的物保管義務にかかる注意の基準**
>
> 　本文を踏まえていうと，特定物債権の債務者は，目的物保管義務を負っており，保管にかかる注意の基準として，善良な管理者の注意が必要とされる。
>
> 　これに対して，善良な管理者の注意より軽減された注意をもって十分とされる場合がある。
>
> 　例えば，無報酬の受寄者は，特約のない限り，自己の財産に対するのと同一の注意をもって，寄託物を保存しなければならない（659条）。
>
> 　また，特約によって，自己の財産に対するのと同一の注意をもって十分とすることは，差し支えない。そしてもし，特約でそのようにしたのであれば，（それにもかかわらず，この契約であれば一般的にこのように考えられる，という取引通念を持ち出して，）例えば善良な管理者の注意が必要とされるようなことにはならない。

(b)　存続期間

　債務者が目的物の保管にかかる善管注意義務を負うのは，現実の引渡時までである。

　もっとも，特に契約によって特定物債権が発生する場合には，弁済期（履行期）以後現実の引渡しの前に目的物が滅失・損傷したときは，目的物の保管にかかる善管注意義務が問題となる場面はほとんどない。あるとすれば，債務者が弁済の提供をしなかったにもかかわらず，不提供自体は正当化される間に，目的物が滅失・損傷したという，ごく限られた場面である（典型的には，債務者が留置権または同時履行の抗弁権を有していたとき）（⇨第3章**第2節**，第4章**第3節**）。

(2)　現状引渡原則

　特定物債権において，弁済者は，「契約その他の債権の発生原因及び取引上の社会通念に照らして」引渡しをすべき時の品質を定めることができないときは，その「引渡しをすべき時の現状」でその物を引き渡さなければならない（483条）。これを現状引渡原則という。

　483条にいう「引渡しをすべき時」とは，一般に，弁済期のことを指すと考えられている。

　ここでも，契約によって発生する特定物債権を念頭におけば，引き渡される

べき目的物の状態は，その発生原因である契約の趣旨を離れては確定できない
ことが，明らかである。そして，「契約その他の債務の発生原因及び取引上の
社会通念に照らして」債務者の責めに帰することのできない事由によるもので
ない限り，債務者は免責されないのである（415 条 1 項ただし書）。このように
みるとき，問題とすべきは，やはり，契約の趣旨に照らして判断されるべき，
債務者の免責事由であるというべきだろう。そして，結果債務と手段債務の分
類を認めるとき，結果債務の典型例が物の引渡しであって，当該結果が得られ
なければ，債務不履行があったとみたうえで，債務者に帰責事由がある（免責
事由があることを債務者の側で主張・立証しなければならない）とみることになる
（⇨第 4 章第 3 節）。

　事務管理，不当利得など，契約以外によって特定物債権が発生する場合には，
483 条が適用される余地がある。

(3)　目的物の滅失・損傷

　特定物債権において，目的物が（引渡前に）滅失したときは，履行が全部不
能となる。売買契約によって特定物債権が発生する場合（特定物売買）を例と
して説明すれば，履行不能について売主に帰責事由がある（免責事由がない）と
きは，買主は，損害賠償（塡補賠償）を請求することができる（415 条）。また，
売買契約を解除すること（542 条）や，解除をしたうえで損害賠償を請求する
こともできる（545 条 4 項）。注意すべきは，契約の解除は，売主に帰責事由が
あることを要件としないことである。これに対して，履行不能について売主に
帰責事由がないときは，買主は，反対給付（代金支払債務）の履行を拒絶する
ことができる（536 条 1 項）。もっとも，それだけでは反対給付は消滅するわけ
ではないから，反対給付を免れようとするのであれば，契約を解除するよりほ
かはない。

　また，売買で目的物が引渡前にすでに損傷していたときは，債務不履行とし
て，契約不適合に関する特則（562 条以下）が適用される。買主には，一定の要
件の下で，追完請求権（562 条），代金減額請求権（563 条）が認められる。注意
すべきは，これらも，売主に帰責事由があることを要件としないことである。
さらに，買主は，これらと併せて，損害賠償を請求したり（564 条〔415 条準

用〕），契約を解除したり（564条〔541条および542条準用〕）することができる。

なお，目的物の引渡しによって，目的物の滅失等についての危険が売主から買主へと移転する（567条1項）。

(4) 所有権の移転・時期

判例によると，特定物債権においては，特約のない限り，契約時に目的物の所有権が移転する（大判大正2・10・25民録19輯857頁，最判昭和33・6・20民集12巻10号1585頁）。

なお，以上の(1)～(4)との関係で，売買における売主の義務・担保責任（契約不適合責任），危険の移転については，⇨ LQ民法Ⅳ第7章**第3節・第5節**を参照。

第3節 種類債権

1 種類債権の意義

一定の種類に属する物を一定量引き渡すことを目的とする債権を，種類債権という。種類債権においては，その発生時には，目的物が「この物」と決まってはいない。学説では，不特定物と種類物の概念に関する理解に応じて，不特定物と種類物を区別しないで，不特定物債権または種類債権と呼ぶ見解もある。なお，民法の条文上は，種類債権という語のみみられる（401条見出し）。

そして，種類債権においては，特約のない限り，債務者は「中等の品質を有する物」を引き渡す義務を負う（401条1項）。何が「中等の品質」のものにあたるかは，取引上の社会通念に照らして判断する。判例では，材木の品質を鑑定人の鑑定に従って5等級に区別したうえで，特別上等と下等を除いた中間の3等級（上等，中等，並等）を「中等の品質」と認めたものがある（大判大正5・10・7民録22輯1853頁）。そして債務者が中等の品質のものを引き渡さないときは，債務の本旨に従った履行とはいえない。中等以下の品質のものでも，中等以上の品質のものでも，同様である。

品質について特約があればそれによる（そして，通常は特約がある）。また，

401 条 1 項自体も認めるように，契約の性質から本質的・内在的な準則が導かれるときは，それによる（例えば，消費貸借や消費寄託における，借主や受寄者の義務〔587 条・666 条——目的物返還義務〕）。

2 種類債権の特定

(1) 特定の意義

例えば，「長野産ふじりんご 10 t」を売買する場合には，目的物が「この物」と決まってはいない。しかし，引渡しにあたっては，「この物」を引き渡す，といえなければならない。「その物を債権の目的物とする」（401 条 2 項）ことが必要になるのである。種類債権において目的物を具体的に確定することを，種類債権の特定という。

(2) 特定の効果

種類債権の特定を生じると，以後，特定物債権と同様の準則が適用される。

(a) 保存義務

特定を生じた以後，債務者は，善良な管理者の注意をもって目的物を保管する義務を負う。

(b) 目的物の滅失・損傷

売買契約によって種類債権が発生する場合（種類売買）を例として説明すれば，特定前に目的物が滅失した場合は，同種・同量の代物を市場で調達できる限り，売主は代物を引き渡す義務を負う（〔代物〕調達義務）。これに対して，特定後，目的物の引渡しによって，目的物の滅失等についての危険が売主から買主へと移転する（567 条 1 項）。

学説では，引き渡された目的物が契約に適合しないときは，そのような目的物の引渡しによって特定を生じるのかどうか，そして危険が移転することがあるのかどうか，議論がみられる。また，目的物が特定後引渡前に滅失・損傷したときは，特定の効果として危険が移転することがあるのかどうか，議論がみられる。

> ⬛ Column 2-3　**債務者の変更権**
>
> 　種類債権は，特定を生じた以後，特定物債権と同様の準則が適用される。しかし，特定物債権になるわけではない。
>
> 　そして，もともとは種類債権だから，当事者は，目的物の種類と数量に着目している。そこで，従前の判例・学説では，特定を生じた後も，債務者が目的物を同種・同量の物に変更することが認められてよい，とされてきた（大判昭和 12・7・7 民集 16 巻 1120 頁）。例えば，A が，もともと P のために引渡しの準備をしていた長野産ふじりんご 10 t を先に Q に引き渡した場合に，その後改めて P のために相応のりんご 10 t の引渡しの準備をしたときが，これにあたる。これを債務者の変更権という。
>
> 　ただし，債権者が反対の意思を表示していたとき，または，債権者に不利益が生じるときは，変更権は認められない。どのような場合に変更権が認められるか，当事者の意思を契約の解釈によって明らかにすることが重要である。
>
> 　なお，売買で引き渡された目的物が契約に適合しないときは，買主の追完請求権（562 条）の問題へと位置づけることになる。

(c)　所有権の移転・時期

　判例によると，種類債権においては，特約のない限り，特定を生じたときに目的物の所有権が移転する（最判昭和 35・6・24 民集 14 巻 8 号 1518 頁，最判昭和 44・11・6 判時 579 号 49 頁）。

(3)　特定の方法および時期

　種類債権の特定を生じる以前と以後とでは，債権者と債務者の間の法律関係が大きく異なる（⇨(2)）。したがって，特定を生じる方法および時期が重要となる。

(a)　合意による場合

　当事者が，合意によって，どれを目的物として選定するか，または，どのような方法で特定を生じるものとするか決めることができる。

　(i)　**合意によって目的物を選定したとき**　　合意によって目的物を具体的に選定したときは，これによって特定を生じる。

　(ii)　**合意によって当事者の一方または第三者に指定権を与えたとき**　　合意によって当事者の一方（債権者または債務者）または第三者に指定権を与えた

ときは，その指定権の行使によって特定を生じる。現在では，「債権者の同意を得てその給付すべき物を指定したとき」(401条2項後段) とは，合意によって付与された指定権を債務者が行使して指定をしたときみるのが通説である。

(b) 債務者の行為による場合

合意のない限り，「債務者が物の給付をするのに必要な行為を完了し」たとき (401条2項前段) に，特定を生じる。これは，債務者の側でできることをすべて完了したときのことをいう。その態様を明らかにするために，持参債務，取立債務，送付債務の3つに分けて説明するのが一般である。

(i) **持参債務**　債務者が債権者の住所に目的物を持参することによって引渡しが行われるものとされる場合，これを持参債務という。民法は，弁済の場所との関係で，持参債務を原則としている (484条) (⇨第3章**第2節**)。種類債権において債務者が負う債務は，特約のない限り，持参債務である。

この場合，債務者が選定した目的物を債権者の住所に持参して，債権者が受領しようと思えばいつでもできる状態を作り出したとき，つまり現実の提供 (493条本文) をしたときにはじめて，特定を生じる。判例によると，債権者に送付するために目的物を運送人に引き渡しただけでは足りない (大判大正8・12・25民録25輯2400頁)。運送人が目的物を債権者の住所に運搬，搬入して債権者が受領できる状態におくことまで必要である (前掲最判昭和44・11・6を参照)。

(ii) **取立債務**　債権者が債務者の住所で目的物を受領する (取り立てる) ことによって引渡しが行われるものとされる場合，これを取立債務という。この場合，判例によると，口頭の提供 (493条ただし書) をしただけでは特定を生じない (最判昭和30・10・18民集9巻11号1642頁〈判例2-1〉)。取立債務においては，債務者が引渡しの準備をしてそれを債権者に通知して受領を催告すること，すなわち口頭の提供をすることと，特定を生じるために必要な事実 (債権者の行為) は同一ではなく，口頭の提供より高度の行為をしなければ特定を生じないのである。しかし，それではどのような方法で特定を生じるというのか，前掲最判昭和30・10・18の判決文からは判然としないというべきである。

従前の学説では，債権者が目的物を分離して，引渡しの準備をしてそれを債権者へ通知したのでなければ，つまり目的物を分離したうえで口頭の提供をし

たのでなければ，特定を生じることはないとみるのが通説である（前掲最判昭和30・10・18の差戻審〔札幌高函館支判昭和37・5・29高民集15巻4号282頁〕も参照）。

しかし，売買については，特定後，目的物の引渡しによって危険が移転する（567条1項）（⇨(2)(b)）。特定には分離まで必要か，というような議論は，すでにその前提が掘り崩されているのである。そうすると，どのような場合に特定を生じるか，特に債務者がどこまで調達義務を負うか，目的物の分離に込められる意味をも考慮の一要素としつつ，当事者の意思を契約の解釈によって明らかにすることが重要である。

(iii) **送付債務**　債権者または債務者の住所以外の第三の場所に目的物を送付することによって引渡しが行われるものとされる場合，これを送付債務という。これをさらに2つに分けるのが一般である。

①　当初から第三の場所が履行場所とされている場合には，持参債務と同様に，債務者が目的物をその場所に持参して，現実の提供をしたときに，特定を生じる。判例をみると，債務者が荷揚港において目的物たる木材を引き渡すべき義務を負うときに，その木材が積出港の土場に集積されたからといって，特定を生じたとはいえないとしたものがある（最判昭和47・5・25判時671号45頁）。

②　債権者の要請に応じて事後的に債務者が好意で第三の場所に送付することにした場合には，債務者が目的物を発送したときに特定を生じるとみるのが通説である（前掲大判大正8・12・25を参照）。

当事者が当初から①のように合意すること（484条を参照）も，事後的に契約内容を変更して②のように合意することも，原則として認められる。しかし，②であっても，その合意の趣旨に応じて，債務者が発送したときに特定を生じることも，履行場所で現実の提供をしたときに特定を生じることもあるというべきである。例えば，弁済費用その他の負担や，目的物の滅失など給付に生じるリスクがあまり変わらないときは，現実の提供をしたときに特定を生じるというべきときがあろう。また，単に弁済費用が増加するだけのときは，債権者がそれを負担する（485条ただし書を参照）ことはあっても，それが特定の時期と直結するものではなかろう。特に債務者がどこまで調達義務を負うか，当事者の意思を契約の解釈によって明らかにすることが重要である。

　なお，以上の(1)～(3)との関係で，売買における売主の義務・担保責任（契約不適合責任），危険の移転については，⇨LQ民法Ⅳ第7章**第3節・第5節**を参照。

③　制限種類債権

　種類債権で，特約によって特定の場所・範囲によって限定したものを，制限種類債権という。例えば，「長野産ふじりんご10ｔ（長野倉庫保管分）」を売買する場合に，これを単純な種類債権とみるか，制限種類債権とみるかが問題となる。いずれにしても，目的物が「この物」と決まっているわけではない。

　単純な種類債権と比較したとき，制限種類債権には，次のような特徴があるとみるのが一般である。1つ目は，特定の場所，範囲にある種類物が滅失すると，履行不能になることである。2つ目は，目的物の品質は通常問題にならないことである（前掲最判昭和30・10・18）。このほかに，債務者は自己の財産に対するのと同一の注意をもって目的物を保存しなければならないといわれることもある（前掲最判昭和30・10・18の差戻審〔前掲札幌高裁函館支判昭和37・5・29〕を参照）が，その論拠が不明で，一般にそのようにいえるか疑問である。

　もっとも，単純な種類債権と制限種類債権との区別は流動的である。単純な種類債権とみえるときも，例えば「長野産ふじりんご10ｔ」の引渡しについて，当年産の最終出荷をもって当年分の販売が終了することになった場合に，都合がつかず履行不能となることもあろう。これに対して，制限種類債権とみえるときも，例えば「長野産ふじりんご10ｔ（長野倉庫保管分）」の引渡しについて，長野倉庫の火災によりこれが滅失した場合に，保管のための特別の機械設備など当事者が特に長野倉庫に着目していたときは，代替がきかず履行不能となることもあろう。しかし，ジュース加工用の長野産ふじりんご10ｔが集まればよく当事者が特に長野倉庫に着目していないときは，例えば，他の松本倉庫保管分でなお代替がきくこともあろう（このとき，単純な種類債権とみてよいこともあろう。また，長野倉庫という場所・範囲の限定を緩めるのが当事者の意思とみられることもあろう）。特に債務者がどこまで調達義務を負うか，当事者の意思を契約の解釈によって明らかにすることが重要である（前掲最判昭和30・10・18を参照）。

◁ 判例 2-1 ▷ 最判昭和30・10・18民集9巻11号1642頁

【事案】Xは，Yから漁業用タール2000 tを買い受けた。タールの受渡しは，買主たるXが必要の都度その引渡しを申し出て，売主たるYが引渡場所を指定して行うこととして，Xがタールの全部を引き取ることとした。タールは，YがD社から買い受けてXに転売したもので，D社の溜池に貯蔵したものであった。そして，約旨に従ってタールの一部の受渡しが行われたが，その後，Xはタールの品質が悪いといってしばらくの間引き取らなかった。その間，Yはタールの引渡作業に必要な人員を配置するなど引渡しの準備をしていたが，その後，この人員を引き揚げて他に監視人を置かなかったため，D社の労働組合員が他に処分してタールは滅失した。その後，Xはタールの未引渡部分について履行の催告をしたが引渡しがなかったため，Xは，債務不履行を理由として本件売買契約を解除して，手付金（Yに契約違反があるときこれをXに返還する特約がある）からすでに引渡しが行われたタールの代価を差し引いた残金の返還をYに求めた。

【判旨】破棄差戻。原審は，本件売買契約が当初から特定物を目的とするものか判然としないとするが，目的物の性質，数量などからみれば，不特定物の売買と認めるのが相当である。このとき，Xの債権が単純な種類債権であるとすれば，通常は履行不能にはならない。これに対して，制限種類債権であるとすれば，履行不能となることがあるものの，目的物の品質は通常問題にならないのであって，Xが品質が悪いといって引き取らなかったとすれば，受領遅滞となることがある。それゆえ本件においては，契約の内容をさらに探求する必要がある。

　原審は，本件ではいずれの種類債権とみるとしても特定を生じたとするが，どのような事実をみて，債務者が物の給付をするのに必要な行為を完了したものとするのか原判文からは判然としない。タールの残りについて，Yが口頭の提供をしたからといって，物の給付をするのに必要な行為を完了したことにならない。

〔参考〕差戻審（札幌高函館支判昭和37・5・29高民集15巻4号282頁）

【判旨】Xの債権は証拠より制限種類債権であると認められる。そして，このXの債権について，Yは，約定の引渡方法に従って引渡しの準備をして口頭の提供をしただけであり，タールの未引渡部分を分離するなど物の給付をするのに必要な行為を完了したことは認められないから，タールの未引渡部分の特定を生じたとはいえない。その後，タールの未引渡部分を含めて，D社の溜池に貯蔵中のタールがすべて滅失したから，履行不能になったものといわなければならない。

> 　本件の，特定の溜池に貯蔵中のタールのうちその一部分の数量の引渡しを目
> 的とする制限種類債権においては，通常の種類債権と異なり目的物の範囲が相
> 当具体的に限定されているから，その一定の範囲のすべてが滅失するときは，
> 特定をまたずに履行不能となり得る。それゆえ，少なくともＹは自己の財産
> に対するのと同一の注意をもって目的物を保管しなければならない。

第4節　金銭債権

　金銭は，通常，財や役務の一般的な価値の尺度となるものであり，一般的な
交換や取引の手段となるものである。金銭債権とは，広い意味では，そうした
金銭の引渡しを目的とする債権をいう。

1 日本の金銭の引渡しを目的とする債権

(1)　金銭債権の意義

給付の内容に応じていくつかの種類がある（⇨**表2-1**）。

(2)　金銭債権（金額債権）

　債務者は，その選択に従って，各種の通貨で支払うことができる（402条1
項本文）。

(a)　通　貨

　通貨とは，法律によって国内で強制通用力を与えられた支払手段をいう。現
在発行されている通貨は，貨幣（硬貨）（通貨4条・7条）と紙幣（日本銀行券）
（日銀46条）である。貨幣は，額面の20倍までは，強制通用力がある（通貨7
条）。例えば，1万円の金銭債権を有する債権者は，10円硬貨1000枚で支払う
という債務者に対して，10円硬貨は20枚までしか受け取らない，ということ
ができる。これに対して，紙幣は，無制限に強制通用力がある（日銀46条2項）。

(b)　貨幣価値の変動

　契約時から弁済期までに貨幣価値が変動することがある。このとき，債務者
が支払うべきであるのは，約定のとおりの金額（名目額）か，貨幣価値の変動
に応じて実質的価値に換算した金額（実価額）かが問題となる。前者を名目主

【表 2-1】　金銭債権の種類

種　類	意　義	具体例
特定金銭債権	特定の金銭の引渡しを目的とする債権のこと。 ※特定物債権にほかならない（400条）。	日本の現行の 1 万円札で，記番号が特定のぞろ目の番号のものを，現所有者から，蒐集等のために購入する場合など。
絶対的金種債権	一定の種類の金銭の一定量の引渡しを目的とする債権のこと。 ※種類債権にほかならない（401条）。	令和東京オリンピック・パラリンピック競技大会記念 1 万円金貨 1 枚を，その発行時に，蒐集等のために購入する場合（販売価格は 12 万円）など。
相対的金種債権	一定の種類の金銭の一定額の引渡しを目的とする債権のこと（402 条 1 項ただし書）。	1 万円を 10 円硬貨（棒金 1 本 50 枚）20 本へと，銀行・金融機関で交換（両替）する場合など。
金額債権	一定額の金銭（通貨）の支払を目的とする債権のこと（402 条 1 項本文）。	金銭債権というときは，通常，金額債権のことを指す（⇨(2)）。

義，後者を実価主義という。

　名目主義を原則とすることに，異論はみられない。貨幣価値の通常の変動は常に予想されていること，そして実価主義によるとき，資本主義社会における重要な要請である予見可能性を害して経済社会に影響を及ぼすことなどが，その論拠である。

　しかし，貨幣価値が変動したとき，名目主義を貫徹すると当事者の一方に不利となることがある。そこで，事前に防御することが考えられる。特約によって，弁済すべきを実価額としておくのである。これに対して，事後に修正することも考えられる。事情変更の原則の適用によって，または相応の立法で，弁済すべきを実価額として増額修正するのである。

　判例をみると，インフレによって貨幣価値が著しく下落した場合であっても，具体的な事例において特約や法の定めのないときは，増額修正は認められないものとしている（最判昭和 36・6・20 民集 15 巻 6 号 1602 頁，最判昭和 57・10・15 判時 1060 号 76 頁。なお，大阪高判昭和 54・2・26 判時 924 号 34 頁――いわゆる郵便貯金目減り訴訟も参照）。つまり，事情変更の原則の適用による事後的修正は認められていないのが実情である。

2　外国の金銭の引渡しを目的とする債権

(1)　外国金銭債権の意義

　日本の金銭の引渡しを目的とする債権と同様の，特定金銭債権，絶対的金種債権，相対的金種債権，金額債権の種類がある。そして民法は，このうち後二者について，日本の金銭の引渡しを目的とする場合の規定を準用している（402条3項）。

(2)　外国金銭債権（金額債権）

　外国の通貨をもって債権額を指定したときは，債務者は，その選択に従って，その外国の各種の通貨で支払うことができる（402条3項〔同条1項本文準用〕）。また，債務者は，履行地における為替相場により，日本の通貨で支払うこともできる（403条）。

　判例によると，任意債権として，債権者にとっては外国の通貨または日本の通貨のいずれによっても請求することができる。そして，債務者にとっては外国の通貨によって請求を受けた場合に日本の通貨によって弁済することもできる。なお，裁判所は，日本の通貨による請求について判決をするときは，弁済時（事実審口頭弁論終結時）の外国為替相場によって換算する（最判昭和50・7・15民集29巻6号1029頁）。しかし，債権者にとっての任意債権であるとみることに対しては，異論がみられる。また，合意で日本の通貨の強制通用力を排除することができないという前提に対しても，異論がみられる。原則としてその外国の通貨でのみ支払うというのが当事者の意思であるとみるべきこと，また，為替が自由化されたほか，決済手段が多様化している現代において，決済方法に関する当事者の意思を尊重すべきことなどが，その理由である。このようにみるとき，403条もまた任意規定であるという理解をしつつ，当事者の意思を契約の解釈によって明らかにすることが重要である（⇨ Column 2-5 ）。

> **Column 2-4　金銭の特殊性**
> 　金銭の特殊性から，金銭の物権法的側面と，金銭債権の債権法的側面で，特別の取扱いがされている。

1 物権法的側面

　判例によると,「金銭は,特別の場合を除いては,物としての個性を有せず,単なる価値そのものと考えるべきであり,価値は金銭の所在に随伴するものであるから,金銭の所有権者は,特段の事情のないかぎり,その占有者と一致すると解すべきであり,また金銭を現実に支配して占有する者は,それをいかなる理由によつて取得したか,またその占有を正当づける権利を有するか否かに拘わりなく,価値の帰属者即ち金銭の所有者とみるべきものである〔最判昭和29・11・5 刑集 8 巻 11 号 1675 頁参照〕」(最判昭和 39・1・24 判時 365 号 26 頁)。これを金銭の「占有＝所有権」理論と呼ぶ。学説でも,これが通説である(⇨LQ 民法Ⅱ〔第 4 版〕第 5 章第 3 節,LQ 民法Ⅴ〔第 2 版〕第 1 章第 2 節)。

　「占有＝所有権」理論を前提とするとき,①金銭の譲渡(所有権移転)については,占有移転(引渡し)が効力発生要件となり,引渡しを対抗要件とする 178 条は適用されない。②占有と所有権が一致するから,即時取得に関する 192 条以下は適用されない。③占有を失った原所有者 A は,所有権に基づく返還請求権を行使することができない。この場合,占有を取得したのが盗取者または騙取者たる B であっても,B は所有権を取得する(このとき,B のほか,B に対する債権についてその金銭をもって弁済を受けた債権者 C に対する,A の不当利得返還請求権または金銭価値返還請求権〔rei vindicatio：価値のヴィンディカチオ〕について,議論がみられる)。

2 債権法的側面

　金銭債権の不履行を理由とする損害賠償責任については,債務者は,不可抗力をもって抗弁とすることができない(419 条 3 項)。金銭は相当の利息さえ支払えば容易に調達できる,というのが,その論拠である。金銭債権には履行不能がないのである。債務者は,弁済期を徒過した以上,常に,遅延損害金(遅延利息)を賠償しなければならない(⇨第 5 節 **1**,第 4 章第 3 節・第 4 節)。

第 5 節　利 息 債 権

1 利息債権の意義

(1) 総　　説

　利息とは,元本の使用の対価をいう。元本とその使用期間に応じて,一定の利率によって計算される。利息の支払を目的とする債権を,利息債権という。

特約によって，自由に利息および利率について定めることができる（利息自由の原則）。そして民法は，この利息自由の原則を基礎としている（404条を参照）。

　しかし，一方で，金銭消費貸借における貸付金利について，当事者間の情報，交渉力，経済力の不均衡から，強者たる貸主（事業者であることもある）が弱者たる借主（消費者であることもある）に高利を押し付ける傾向がみられる。そこで，高利の規制をはじめとして，いまみた構造に鑑みて様々の目的を達成するために，利息制限法をはじめとする特別法が制定されている。

(2) 利息と利率

(a) 利　息

　利息（債権）は，特約によって発生することがある。これを，約定利息という。例えば，借金，つまり金銭消費貸借契約（587条以下）や，預貯金，すなわち金銭消費寄託契約（666条）は，それら自体は利息の特約にかかわらずに成立させることができる。もっとも，特約によって利息および利率について定めるのが通常である。このとき，債務者は，弁済期に元本と利息を返還することになる。約定利息の利率は，特約があればそれによる。これを約定利率という。ただし，これは，利息制限法をはじめとする特別法により高利規制の対象となる（⇨**2**）。特約のない限り，法定利率による。

　利息は，法律の規定によって発生することもある（債権総則では，442条2項・459条2項）。これを法定利息という。法定利息の利率は，法律の別段の定めがあればそれによる。別段の定めのない限り，法定利率による。

　金銭債権の不履行を理由とする損害（賠償）を，遅延損害金（遅延利息）という。先の約定利息の例でいうと，債務者が，弁済期に元本と利息を返還しないときは，弁済期まで約定利息が発生する。そして弁済期以後は，遅延損害金が発生する。その性質は，利息ではなく，あくまで損害（賠償）である。その利率は，特約があれば約定利率による。特約のない限り，（当然に）法定利率による（419条1項）（⇨第4章**第4節**）。

　その他，現行法では，いくつかの場面で，将来の請求権を現在価額に換算するにあたって，法定利率によって中間利息が控除される（例えば，民執88条2項，破99条1項2号など）。民法は，損害賠償額（将来の逸失利益等）の算定にあたっ

【表2-2】　法 定 利 率

年3%からスタートする緩やかな変動制
改正民法施行時年3%（404Ⅱ）
（趣旨）市中金利との乖離が著しいと，当事者の公平を害する結果になるので，市中の貸出金利の水準にあわせるようにする。 ※年3%という数値も，直ちに貸出金利の水準と均衡するものではないが，債権者が同額の金銭を市場で調達するためのコスト，債務者に確実に履行させるためにインセンティブ，そして金利計算の簡明性など，諸事情を勘案して決定。
以後3年毎の見直し（404Ⅲ～Ⅴ）
（趣旨）今後の一般的な経済趨勢と，それに応じた市中の金利動向の変動により，将来，年3%という数値もまた市中金利と乖離してしまう可能性があるので，変動を反映できるようにする。
（方法）3年毎に，金利動向の変動を適切に反映する一定の指標に基づいて，一定の増減があればそれを法定利率に自動的に反映する……**緩やかな変動制**
（その変動頻度・変動基準）3年を1期として，1期毎に，直近の変動期の基準割合と当期（見直期）の基準割合との比較で，1%（1 pt）未満は切り捨てることとして，整数値で増減があればそれを法定利率に反映する。 ∵金利動向を適切に反映しつつ，制度の安定性や簡明性，また，実務の容易化や簡素化をも考慮。 ＊参考 基準割合……市中銀行の短期貸付の平均利率 ∵間接金融は銀行を通じて行われるのが原則であり，その貸付利率の変動が，市中の金利動向の変動にかかる指標として適切。
商法（商事）特則廃止
（趣旨）金融手法が多様化している現代において，投資を通じた元本の利用による運用を目指すときには，IT技術の発展等にも支えられて，非商人か商人かの差異はもはや決定的でなくなった。

て中間利息が控除される旨を定めている（417条の2，722条1項）（⇨第4章**第4節・第5節**，LQ民法Ⅴ〔第2版〕第4章**第4節**）。

　(b)　**特に，法定利率について**

　(ⅰ)　**緩やかな変動制**　　利率は，特約や法の定めのない限り，法定利率による（⇨(a)）。これについて，ごく簡単にいえば，（改正民法施行時の）年3%からスタートする緩やかな変動制が採用されている（404条）（⇨**表2-2**）。

　(ⅱ)　**基準時**　　利息の算定は，その利息が生じた最初の時点における法定利率による（404条1項）。利息が生じた最初の時点とは，利息を生じるべき元本債権について利息が生じた最初の時点のことをいう。例えば，元本債権が金銭消費貸借契約に基づく貸付金債権であるとき（587条以下）は，借主が金銭を

受け取った日（589条2項）である。また例えば，（特約によって利率を定めることが想定しにくい場合の典型例として）元本債権が不当利得返還請求権であるとき（703条以下）は，受益者が悪意となった時点（704条）である。

　また，遅延損害金（遅延利息）の算定は，債務者が遅滞の責任を負った最初の時点における法定利率による（419条1項）。債務者が遅滞の責任を負った最初の時点とは，遅延損害金を生じるべき債権について債務者が履行遅滞となった最初の時点のことをいう。例えば，（特約によって利率を定めることが想定しにくい場合の典型例として）不法行為を理由とする損害賠償債権であるとき（709条）は，不法行為時である（不法行為時に損害賠償債権が発生すると同時に弁済期が到来して，債務者〔加害者〕は履行遅滞となるから）。

　その他，損害賠償額（将来の逸失利益等）の算定にあたって，中間利息を控除するときは，損害賠償債権が生じた時点における法定利率による（417条の2・722条1項）。不法行為を理由とする損害賠償債権であるときは，不法行為時である（不法行為時に損害賠償債権が発生するから）。

　一旦，利息または遅延損害金の算定に適用される法定利率が定まったあとで法定利率が変動したとしても，適用されるべき法定利率は変わらない。

(3)　単利と重利（複利）

　元本のみについて利息が発生するとき，これを単利という。これに対して，元本について利息が発生したときこれを元本に利息を組み入れて，その新たな元本について利息が発生するものとするとき，これを重利（組入重利）という。複利ということもある。

　特約によって重利とすることがある。これを約定重利という。遅延損害金（遅延利息）を元本に組み入れるという弁済期後の契約のほか，弁済期前の予約も認められる。ただし，これは，利息制限法をはじめとする特別法による高利規制の対象となる。

　法律の規定により重利となるときもある。これを法定重利という。民法は，一定の要件の下で債権者に遅延損害金の元本組入権を認めている（405条）。これは，むしろ，（利息が1年分以上も延滞していて催告してもなお支払われない場合の）債権者保護に重点を置いた規定である。

なお，実務では，最近まで，中間利息の控除の方式が，単利によるホフマン方式（いわゆる東京方式）と重利によるライプニッツ方式（いわゆる大阪方式）に分かれていたが，現在では，ライプニッツ方式に統一されている。

(4) 基本的利息債権と支分的利息債権

利息債権は，基本的利息債権と支分的利息債権に分けられる。元本について一定期間に一定利率の利息を発生させて，その利息の支払を目的とする債権を，基本的利息債権という。その一定期間が経過して，実際に発生した一定額の利息の支払を目的とする債権を，支分的利息債権という。

基本的利息債権は，元本債権に付従する。特に元本債権が弁済によって消滅したときは，基本的利息債権も将来に向かって消滅する（付従性）。また，元本債権が譲渡されたときは，基本的利息債権もそれに伴って移転する（随伴性）。これに対して，支分的利息債権は，元本債権から独立している。

② 特別法による高利規制等

高利等を規制するために，利息制限法をはじめ，出資法，貸金業法という特別法（いわゆる貸金3法）が制定されている（⇨表2-3）。

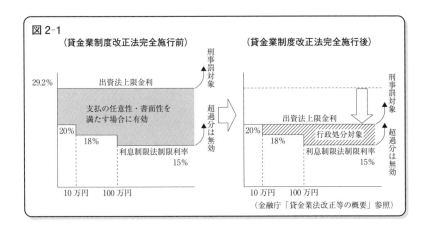

<figure>

図 2-1

（貸金業制度改正法完全施行前）

29.2%　出資法上限金利

刑事罰対象

支払の任意性・書面性を満たす場合に有効

超過分は無効

20%
18%

利息制限法制限利率
15%

10万円　100万円

（貸金業制度改正法完全施行後）

刑事罰対象

出資法上限金利

20%
18%　行政処分対象

利息制限法制限利率
15%

超過分は無効

10万円　100万円

（金融庁「貸金業法改正等の概要」参照）

</figure>

【表 2-3】　貸金 3 法による高利規制等

利息制限法	
趣　旨	**高利規制** 金銭消費貸借契約について，高利の利息の合意（特約）がある場合にこれを（一部）無効とする。

概　要

1. 制限利率

利息制限法所定の制限利率は元本額に応じて区分（1 条）。

10 万円未満……年 20%，10 万円以上 100 万円未満……年 18%，100 万円以上……年 15%。

（具体例）年利 20% として知人から 1000 万円を借りる場合に，利息の合意は，制限利率で計算した金額 150 万円を超過する部分（制限超過利息）50 万円の限りで無効となる（同条）。1 年後その制限超過利息 50 万円をその知人に支払ったときは，過払金 50 万円の返還を請求することができる。

2. 利息の天引き

利息の天引きとは，元本額についてあらかじめ利息を計算して，元本額からあらかじめ利息を控除すること。

（具体例）年利 15% として知人から 1000 万円を借りる場合に，あらかじめ 1 年後の利息相当 150 万円を天引きして，850 万円を受け取ったときは，天引額 150 万円のうち，受け取った 850 万円を元本として年利 15% で計算した額 127 万 5000 円を超過する部分（超過天引利息）22 万 5000 円は，1000 万円の元本の支払にあてたとみなされる（2 条）。1 年後には，元本として 977 万 5000 円を支払えばよい。

3. みなし利息

みなし利息とは，貸主が借主から受領する元本以外の金銭が，礼金その他その名目にかかわらず利息とみなされること（3 条本文）。ただし，契約締結費用および弁済費用は利息とみなされない（3 条ただし書）。

（具体例）保証料等（最判平成 15・7・18 民集 57 巻 7 号 895 頁——貸金業者・商工ローンが 100% 子会社の信用保証会社を設立して，その信用保証会社が保証料または手数料の名目で借主から金銭を受領していた場合に，これを株式の配当によって自らに還流させる目的があるとき）。

4. 賠償額の予定，違約金の制限

賠償額の予定の制限にかかる 4 条 1 項の適用については，違約金も賠償額の予定とみなされる（同条 2 項）。

（具体例）年利 15% として知人から 1000 万円を借りる場合に，遅延損害金を月 20 万円（年 240 万円）としたとき，賠償額の予定は，制限利率の 1.46 倍で計算した金額年 219 万円を超過する部分 21 万円の限りで無効（同条 2 項・1 項）。1 年 1 か月後約定利息 15 万円と遅延損害金 20 万円をその知人に支払ったときは，過払金 1 万 7500 円の返還を請求することができる。

5. 営業的金銭消費貸借に関する特則

営業的金銭消費貸借とは，「債権者が業として行う金銭を目的とする消費貸借」のこと（5 条 1 号）。

特に貸金業者について，元本，利息（みなし利息），賠償額の予定（遅延損害金等），保証料に関する特則がある。このうち，賠償額の予定についてみると，上限金利は年 20%。そして，元本に対する割合が上限金利を超過するときは，その限りで無効（7 条）。

出資法	
趣　旨	**高利規制** 金銭消費貸借契約について，特に貸金業者が高利の利息の合意（特約）をした場合または受領した場合をはじめとして，その罰則を定める。

概　要

1.　制限利率（上限金利）

出資法所定の制限利率（上限金利）は，貸金業者につき年20％，その他の者につき年109.5％。出資法の制限利率を超過する利息の合意をしたときまたは受領したときは，処罰の対象となる（5条）。

2.　利息制限法の制限利率との関係

貸金業者が利息制限法の制限利率を超過する利息の合意をしたときは，処罰の対象とはならないが，行政処分の対象となる（貸金業12条の8と，24条の6の3・24条の6の4参照）。貸金業者は，利息制限法の制限利率を超過する利息の合意をすることができない。ヤミ金問題を念頭に，年109.5％を超える異常な高利について，罰則強化。

貸金業法

趣　旨	**参入規制，業務規制** 業務規制のうち特に高利規制をみると，金銭消費貸借について，貸金業者が異常な高利で利息の合意をした場合にこれを無効とする。

概　要

1.　参入規制

貸金業を営業するためには，その登録をしなければならない（3条以下）。無登録営業は，処罰の対象となる（47条）。ヤミ金問題を念頭に，無登録営業について，罰則強化。

2.　業務規制

⑴高利規制

ヤミ金問題を念頭に，「貸金業を営む者」が業として行う金銭消費貸借契約において，年109.5％を超過する利息の合意をしたときは，金銭消費貸借契約自体が無効である（42条1項）。

⑵貸付規制

貸金業者について，過剰貸付の禁止（総量規制〔借主の返済能力の調査義務——年収の3分の1を超える貸付の原則禁止〕など）のほか，誇大な広告・勧誘の禁止，貸付条件の掲示義務，いわゆる17条書面および18条書面の書面交付義務などがある（12条の2以下）。

⑶取立規制

貸金業者について，威迫または平穏を害する言動の禁止，早朝や夜間など取立ての時間帯の制限，勤務先その他居所以外の場所への連絡等の制限など（21条）。これら業務規制の違反は，処罰の対象となる（49条）。

第6節　選択債権

1 選択債権の意義

　債権の目的（給付）が複数の給付のなかから選択によって定まる債権を，選択債権という（406条）。選択されるべき複数の給付は，選択に値する異なった個性を有していなければならない。

　選択債権は，契約によって発生することもある。このとき，異なった個性を有する給付を，どのようにでも組み合わせることができる。例えば，贈与や売買で選択されるべき目的物を複数組み合わせるときなどを，想定しやすい。また例えば，与える債務となす債務を組み合わせるときでもよく，それが等価でなくても構わない。もっとも，給付の内容が何か（どれか）は，通常，重要である。それゆえ，そもそも選択債権が発生する場面はそれほど多くない。

　また，選択債権は，法の定めによって発生することもある。よく挙げられる例としては，無権代理人の責任（117条1項）や，占有者の有益費償還請求権（196条2項・608条2項など）がある。古い裁判例をみると，これらは選択債権にあたらないとみるものもあるが，学説では選択債権とみるのが通説である。その他，保証人の事前求償に対する主たる債務者の対抗手段（461条1項）など（⇨第7章**第6節**）がある。

　選択債権は，選択によって特定を生じてはじめてその債権（給付）の内容を実現することができる。そこで，民法は，選択債権と選択の方法について詳細な規定を置いている。もっとも，これらの適用が問題となる場面も，あまりみられない。

2 （制限）種類債権と選択債権の区別

　ある債権が，一定の範囲にある物のうち1つの引渡しを目的とするとき，それが（制限）種類債権であるか選択債権であるかが問題となることがある。いずれにしても，目的物が「この物」と決まっているわけではない。

　（制限）種類債権と比較したとき，選択債権であれば，その範囲にあって選択されるべき物それぞれの個性に着目している。判例をみると，土地の一部の引渡しを目的とする債権を選択債権とするものがある（最判昭和42・2・23民集21巻1号189頁——土地の一部の賃貸借契約において，表道路に面しかつ米屋を営むのに適した1か所の引渡しを目的とする賃借人の債権，最判昭和55・9・30判時981号61頁——土地の一部の売買契約において，そのうち西側半分の引渡しを目的とする買主の債権）。給付の確定性（⇨**第1節 2**(1)(a)）の観点とともに，一定の範囲にある物それぞれの個性への着目という観点で，当事者の意思を契約の解釈によって明らかにすることが重要である。

3 選択債権の特定

(1)　特定の意義

　選択債権においては，選択されるべき複数の給付は，選択されるまでは選択的に債権の目的とされている。しかし，債務を履行するためには，そのうち1つの給付に決めなければならない。選択債権において給付を具体的に選択することを，選択債権の特定という。

(2)　特定の効果

　選択債権の特定を生じると，その1つの給付を目的とする単純な債権が成立する（その給付の内容に応じて，与える債務のこともなす債務のこともあるし，また特定物債権に限らず，種類債権のことも金銭債権のこともある）。

(3)　特定の方法

(a)　合意による場合

当事者が，合意によって，どれを目的物とするか決めることができる。

(b)　選択権者の選択による特定

　合意のない限り，特定を生じるのは，選択権者の選択による。

　(i)　**選択権者**　　選択権者が誰であるかは，特約や法律の別段の定めがあればそれによる（そして，通常特約がある）。これらのない限り，債務者に選択権がある（406条）。

　選択権は，当事者の一方（債務者または債権者）に与えることもできる（408条も参照）し，第三者に選択権を与えることもできる（409条1項も参照）。

　選択権者が選択しないときは，一定の要件の下で，選択権が移転する（当事者の一方が選択権を有するときについて，408条，また，第三者が選択権を有するときについて，409条2項）。

　(ii)　**選択権の行使方法および法的性質**　　選択権の行使は，当事者の一方が選択権を有するときは，相手方に対する一方的意思表示による（407条1項）。その承諾を得なければ撤回できない（同条2項）。第三者が選択権を有するときは，債務者または債権者に対する一方的意思表示による（409条1項）。規定は

ないものの，その承諾を得なければ撤回できないとみるのが通説である。

(iii) **選択の効果** 選択の効果は，遡及効をもつ。すなわち，債権発生時に遡って，選択された 1 つの給付を目的とする単純な債権が成立する（411 条本文）。特に，選択によって特定物債権が成立するときは，その所有権は債権発生時に債権者に移転する（⇨**第 2 節 2**(4)）。ただし，このとき，「第三者」の権利を害することはできない（411 条ただし書）。しかし，これを無用または無意味とみるのが通説である。物権変動の対抗要件次第だから（177 条・178 条）である。

(c) **給付の不能による特定**

(i) **不能が選択権を有する者の過失によるとき** 残りの給付について債権が存続する（410 条）。選択権を「有する者」には，第三者も含まれる。残りの給付が 2 つ以上あるときは，それらについて選択債権が成立する。不能による特定は，選択による特定と異なり遡及効をもたない。

(ii) **不能が選択権を有する者の過失によらないとき** 選択債権に影響しない（410 条の反対解釈）。選択権者は，不能となった給付を選択することができる。こうして，事案の柔軟かつ合理的な解決を探ることができるのである（⇨**表 2-4**）。

【表 2-4】 不能による特定（選択権を有する者の過失によらないとき）

①選択権を有しない当事者の過失による場合
ⓐ債務者（売主）が選択権を有するときは，債権者（買主）の過失によって不能となった給付 α を選択して，代金の支払を請求することができる（536 条 2 項・543 条）。または，残りの給付 β を選択して，かつ給付 α につき損害賠償を請求することができる（709 条）。
ⓑ債権者（買主）が選択権を有するときは，債務者（売主）の過失によって不能となった給付 α を選択したうえで，損害賠償（塡補賠償）を請求したり（415 条），契約を解除したり（542 条）することができる。または，残りの給付 β を選択することができる。
②両当事者の過失によらない場合
ⓐ債務者（売主）が選択権を有するときは，不能となった給付 α を選択することができる（他方，債権者〔買主〕は，契約を解除することができる〔542 条〕。損害賠償〔塡補賠償〕の請求〔415 条〕に対しては，債務者〔売主〕免責）。または，残りの給付 β を選択することができる。
ⓑ債権者（買主）が選択権を有するときは，不能となった給付 α を選択したうえで，ⓐと同様にすることができる。または，残りの給付 β を選択することができる。
③第三者が選択権を有する場合
選択権者でない当事者の過失によって給付が不能となったとき，または，選択権者でない当事者の過失によって不能となったわけでも選択権者である第三者の過失によって不能となったわけでもないときは，それぞれ，①，②と同様にすることができる。

Column 2-5　任 意 債 権

1　任意債権の意義

　債権の目的（給付）が1つの給付に特定しているが，債務者または債権者が他の給付（代用給付）をもって本来の給付（本来給付）に代える権利（代用権）を有している債権を，任意債権という。

　任意債権は，契約によって発生することもある。例えば，本来は腕時計の引渡しを目的としている場合に，時価相当額の金銭の支払をもってそれに代えることができる，というときである。もっとも，任意債権が発生する場面も，まれである。また，法律の規定によって発生することもある。よく挙げられる例としては，外国金銭債権における債務者の代用権（403条），名誉毀損における被害者の原状回復請求権（723条）がある。その他，保証人の事前求償に対する主たる債務者の対抗手段（461条2項）など（⇨第7章**第6節**）がある。

2　選択債権と任意債権の区別

　選択債権であれば，選択すべき2個以上の給付が，選択的に債権の目的とされている。つまり給付それぞれに主従の関係はない。これに対して，任意債権であれば，本来給付がすでに特定しており，それを代用給付をもって代えることができるだけである。つまり本来給付と代用給付に主従の関係がある。本来給付が不能であれば，履行不能として取り扱われることになるわけである。もっとも，本来給付が金銭債権であるときは，履行不能がないので，本来給付が不能ということも問題にならない。

第3章
債権の消滅

　この章では，債権（給付）の内容が実現されて債権が消滅する場合（弁済）と，債権相互（債権・債務）の差引計算をする場合（相殺）を中心に，代物弁済，供託その他債権の消滅を扱う。

第1節　総　　説

　民法典は，第3編第1章第6節において，「債権の消滅」と題して，一連の規定群をおいている。「債権の消滅」に規定のある債権消滅原因としては，第1款弁済以下，弁済と，代物弁済，供託を区別しつつ，相殺，更改，免除，混同の7つを挙げるのが，一般である。

　もっとも，債権の消滅原因というとき，これらにとどまらず，様々のものがある。例えば，民法に規定のある債権消滅原因としては，消滅時効完成（166条以下・724条以下），また，法律行為に基づく債権・基づいて発生する債権については，取消し（法律行為の遡及的無効という効果との関係で債権不発生〔121条〕），解除条件成就（127条2項），終期到来（135条2項），特に契約に基づく債

権・基づいて発生する債権については，解除（判例・通説の直接効果説を前提とすれば，契約の遡及的失効という効果との関係で債権不発生〔540条〕）などがある。また例えば，一般に，当事者間の相応の合意（債権消滅を目的とする契約）などもあり得る。

Column 3-1 **目的到達の概念**

かつて，「目的到達」による債権の消滅について議論がみられた。すなわち，双務契約上の債権について，予定された実現方法とまったく異なる方法で目的が達成された場合に，弁済との関係が論じられてきた。例えば，船舶が座礁したため離礁作業を依頼したが，作業船が到着する前に，満潮となって当該船舶が自然浮上し，作業を要しなくなった場合に，不能となった給付と牽連関係にある反対給付（請負代金債権）の帰趨，また給付の前後の費用（作業船の往復の費用）の負担などが，問題とされてきたのである。これについて，債権の「目的到達」の側面をみるか，「履行不能」の側面をみるかで分かれていた。

しかし，現在では，「目的到達」は，弁済ではないという意味の整理概念として用いることは差し支えないとしつつ，法的には，もっぱら（債務者に帰責事由のない）履行不能として取り扱えば足りる，とみるのが多数である。

そうすると，不能となった給付の債権者（依頼者）は，契約を解除して反対給付（請負代金債務）を免れることができる。その他，作業船の往復の費用など，履行を前提とした出捐は，契約の解釈または信義則によって，合理的な範囲で依頼者が負担するのを原則としつつ，これに，作業を依頼するに際しての注意義務違反など，契約締結前段階での関係者の義務違反の問題（⇨第4章**第3節**）が加わるとみればよいだろう。

目的不到達（目的喪失）についても，同様である。例えば，作業船到着時には当該船舶が沈没していた場合にも，履行不能として取り扱えば足りる。

第2節 弁 済

1 弁済の意義

弁済とは，債務者または第三者がする給付行為によって債権（給付）の内容が実現されて，債権が満足されて，債権が消滅することをいう。

弁済は，債権の本来の消滅原因である。給付が実現されて，債権がその存在意義を全うして消滅するからである。

> ■■■ Column 3-2 ■■■　弁済の法的性質
>
> 　かつて，弁済の法的性質について議論がみられた。これは，債務者の側に債務を消滅させる意思があることを要するかどうかという観点で，法律行為とみるもの，みないもの，給付行為の法的性質に応じて法律行為であることもないこともあるとみるものに大きく分かれる。
>
> 　しかし，現在では，弁済を法律行為とはみず，準法律行為であるとみるのが通説である。もっとも，その論拠は必ずしも明らかではなく，むしろ，法律行為に関する規定を類推適用するためという，技術的な理論構成上の問題にすぎない，と指摘されている。これに対して，給付行為の法的性質は法律行為であることもないこともあるが，当該給付行為をみて，債務の本旨に従った履行として，債権（給付）の内容を実現する行為かどうかを問題とすれば足りる，として，弁済をあえて給付行為と区別するならば人の行為による事実行為だとみるもの（事実行為説）も，そのような区別は必要でないとみるもの（性質決定不要説）もある。どちらにしても，結論に差が生じるものではない。

(1)　弁済の概念

　債務者が債権者に対して債務の弁済をしたときは，その債権は，消滅する（473条）。

　もっとも，弁済というとき，債務者以外の者が給付行為をすることもある。例えば，弁済の権限を有する者による弁済はもちろん，第三者が「弁済」をする，という場面も考えられる。民法は，第三者の「弁済」についても，弁済の概念に含めている（474条を参照）。

　債権者以外の者が給付を受領することもある。例えば，弁済の受領権限を有する者に対する弁済はもちろん，弁済受領権者としての外観を有する者に対して「弁済」をする，という場面も考えられる。民法は，この外観を有する者に対する「弁済」についても，一定の要件の下で弁済としての効力を認めている（478条を参照）。ただし，このとき，債権が満足されるわけではない。債権が消滅して，債務者が債務を免れるのである。

(2)　弁済または履行

　債権（給付）の内容を実現する債務者または第三者による行為と，債権者による受領の過程を全体としてみたとき，弁済または履行と呼ばれる。この両者

を区別しようとするならば，弁済は，債権の消滅という結果に着目したもの，履行は，債権の内容を実現する行為またはその過程に着目したものである。

2 弁済の要件と効果

(1) 基本的要件・効果

弁済は，債権の消滅という効果を発生させる要件である（473 条）。弁済の効果を求める側は，請求に対する抗弁以下で，弁済としてその債務の本旨に従った給付をしたことを主張・立証することができる。もっとも，一定の給付が行われた事実が認められても，それがその債務の履行として行われた事実が証明されない限り，裁判所はその抗弁を排斥することができる（最判昭和 30・7・15 民集 9 巻 9 号 1058 頁）。

> **Column 3-3　弁済意思**
>
> 　弁済の法的性質が法律行為ではないとすれば，債務者の側に債務を消滅させる意思（効果意思）があることは必要でない。これに対して，債務の履行として給付を行うという意思（弁済意思）を要するかどうかが，論じられてきた。例えば，A が B に対して金銭債権 α を有する場合に，B が A に既存の債務 α 相当額の金銭を引き渡したが，B は A にそれを贈与する意思であった，というときに，既存の債務 α の弁済とならないのだとすれば，弁済意思が必要だからなのかどうかが，問題とされてきたのである。
>
> 　弁済意思を要するとみる見解もある（弁済意思必要説）。もっとも，別段の意思表示がない限り債務の弁済とみられる，としたうえで，相手方が争った場合には，給付者側が弁済意思の有無について主張・立証責任を負う，という。代表的なもののうち 1 つ目は，弁済意思を事実的意思とみたうえで，例えば，不作為債務の場合には，弁済意思を不問として，違反状態が生じないという消極的事実さえあれば足りるという。また例えば，A が B に対して数個の債権 α_1 ～α_n を有する場合には，そのうちの特定の債務のためと限定されたものであることまでは必要でないという（弁済の充当の問題に移行するから）。2 つ目は，弁済意思を目的的意思とみたうえで，不作為債務の場合に弁済意思のもつ意味を説明しようと試みるものもある。これに対して，弁済意思を要しないとみる見解もある（弁済意思不要説）。すなわち，弁済の法的性質に関する性質決定不要説では，給付行為が事実行為であれば債務者の意思が問題にならないのは当然である一方，法律行為であれば債務者の行為能力その他の問題に移行する，とみる。どちらにしても，結論に差が生じるものではない。

　他方で，債務者の意思表示も一要素として諸般の客観的事情によって判断すべきとみる見解がある（他律を基礎とするのだから，自律を基礎とする弁済意思必要説とは異なるというべきだろう）。

(2)　弁済の充当

　債務者 B が債権者 A に対して負う，同種の給付を目的とする数個の債務（$\alpha_1 \sim \alpha_n$）について，弁済者がした給付がその債務 α 群すべてを消滅させるのに足りないときには，どの債務 α 群のどの債務の弁済に充てるべきかを定める必要がある。これを，弁済の充当という。

(a)　充当の方法

　(i)　**合意充当**　　充当の順序について，合意があればそれによる（490条）。合意がなければ，充当の方法は，大きく 2 つに分かれる（⇨(ii)(iii)）。

　(ii)　**「指定充当→法定充当」の準則**　　1 つは，(2)冒頭に挙げたように弁済の充当が問題となる場合であって，この場合，当事者の一方の指定によって充当することができる（488条）。これを指定充当という。

　例えば，B が A に 100 万円の売買代金債務 α_1 と 10 万円の賃料債務 α_2 を負っている場合（すべて弁済期既到来）や，10 万円の賃料債務を 3 か月分滞納していて，3 本の債務 α_3, α_4, α_5 を負っている場合（すべて弁済期既到来）に，B が，とりあえずこれだけ，と，20 万円を支払うときを考えよう。このとき，B は，給付時にどの債務に充当するかを決める（指定する）ことができる（488条 1 項）。これは，相手方（弁済受領者）A に対する意思表示によってする（同条 3 項）。しかし，B が充当を指定しないときは，A が，受領時に，充当を指定することができる（同条 2 項）。これも，相手方（弁済者）B に対する意思表示によってする（同条 3 項）。もっとも，その意思表示は弁済の受領と同時にする（弁済者 B に到達する）必要はない（大判大正 10・2・21 民録 27 輯 445 頁）。受領後遅滞なくすればよいとされている。弁済受領者による指定は絶対的なものではなく，弁済者が直ちに異議を述べたときは，遡及的にその効力を失う（同条 2 項ただし書）。このときは，法定充当（同条 4 項）に移行する。

　B も A も 488条 1 項または 2 項の指定をしないときは，法定充当に移行する（⇨**表 3-1**）。

【表3-1】 弁済充当のうちの法定充当

①**債務の中に弁済期にあるものと弁済期にないものとがあるとき** 　弁済期にあるものを優先（488IV①）
②**すべての債務が弁済期にあるとき，または弁済期にないとき** 　債務者のために弁済の利益が多いものを優先（488IV②） 　　（具体例） 　　無利息の債務より利息付債務を優先 　　利率の低い債務よりも高い債務を優先 　　無担保の債務よりも担保付債務を優先 　　連帯債務よりも単純な債務を優先
③**債務者のために弁済の利益が同じとき** 　弁済期が先に到来したものまたは先に到来すべきものを優先（488IV③）
④**以上の基準をもってしても決まらないとき** 　債務の額に応じて按分（488IV④）

(注)　(iii)の借入金債務の例では，法定充当に移行すると，利息に充当されて余る2万円は，弁済期が先に到来した元本 α_8 に充当する（488条4項3号）。

（iii）「費用→利息→元本」の準則　　もう1つは，弁済者が元本のほか利息および費用を支払うべきという事情が加わる場合であって，この場合，直ちに当事者の一方による指定充当をすることはできず，「費用→利息→元本」の順序で充当する（489条1項）。

　例えば，BがAに100万円の売買代金債務 α_6 とその費用1万円の債務 α_7 を負っている場合（すべて弁済期既到来）や，50万円の借入金債務 α_8（弁済期：令和 y_1 年5月31日）とその利息9万円の債務 α_9（年利18%），50万円の借入金債務 α_{10}（弁済期：令和 y_1 年7月31日）とその利息9万円の債務 α_{11}（年利18%）を負っている場合（すべて弁済期既到来）に，Bが，とりあえずこれだけ，と，20万円を支払うときを考えよう。このとき，まずは，費用や利息に充当される。そして，借入金債務の例でみると，利息に充当されて余る2万円を，50万円の元本債務2本のうちどちらに充当するかという問題が生じる。これについては，「指定充当→法定充当」の順序による（489条2項〔488条準用〕）。

　費用には，弁済費用（485条），契約費用（558条）のほか，競売手続費用（大判昭和2・3・9新聞2684号16頁）なども含まれる。利息には，遅延損害金（遅延利息）も含まれる。また，弁済期（履行期）が到来している元本と弁済期が到来していない利息があるときも，利息を優先する。

(b)　1個の債務について，弁済として数個の給付をすべきものがある場合

例えば，1個の債務について複数回分割払の特約があるときにも，488条から490条までを準用する（491条）。

③ 弁済の方法等に関する補充規定

民法は，弁済の方法等に関する詳細について，補充規定を置いている。

(1)　弁済の場所と時期

(a)　弁済の場所・時間

(i)　**弁済の場所**　　特約のない限り，一般には，484条1項による。特定物の引渡しの場合には，債権発生当時のその物が存在した場所である（同条1項前段）。その他の場合には，債権者の現在の住所である（同条1項後段）。民法は，持参債務を原則としているのである。

弁済の場所について特約があればそれによる（「意思解釈の資料たるべき事実上の慣習」のあるときにつき，大判大正10・6・2民録27輯1038頁）。また，484条との関係で法律の別段の定めがあればそれによる。有価証券に関する特則（520条の8）（⇨第5章**第5節**），契約に関する特則（574条〔売買〕，664条〔寄託〕など）があるほか，商法で商行為に関する特則（商516条）がある。その他，契約その他問題となっている法律関係において，本質的・内在的な準則が導かれるときは，それによる（例えば，不動産の使用貸借や賃貸借における，借主の目的物保管場所や返還場所）。

これらの弁済の場所以外での弁済（履行）の提供は，原則として，債務の本旨に従った有効な提供といえず，債権者としては，受領を拒絶したうえで，改めて本来の場所での弁済を請求することができる。もっとも，債権者にとって特段の不利益とはならないような場合には，受領拒絶が権利濫用にあたるときがある（大判昭和14・3・23民集18巻250頁，最判昭和25・9・15民集4巻9号395頁を参照）。

なお，特に履行地というときは，弁済の場所を管轄する最小行政区画（市区町村）のことをいう（495条，民訴5条1号）。

(ii)　**弁済の時間**　　弁済の時間について，法令または慣習により取引時間

の定めがあるときは，その時間内に弁済をすることまたは弁済を請求すること
ができる（484条2項）。

(b) 弁済の時期

これを弁済期（履行期）という（⇨第4章**第2節**）。有価証券に関する特則が
ある（520条の9）（⇨第5章**第5節**）。

(2) 弁済の費用

弁済の費用とは，例えば，目的物の荷造費，運送費，代金の振込手数料，債
権譲渡の対抗要件具備費用（467条，動産債権譲渡特4条を参照），弁済の証拠の
交付費用（486条）・返還費用（487条）（⇨(3)）などである。弁済の費用の分担
について，特約があればそれによる。特約のない限り，弁済の費用は債務者が
負担する（485条本文）。運送費は，取引慣行で債権者（買主）負担とされるこ
とが多い。債権者が住所を移転するなどして弁済の費用を増加させたときは，
その増加額を債権者が負担する（同条ただし書）。受領遅滞の効果については，
第4章**第7節**を参照。

弁済の費用と区別するべきは契約の費用で，例えば，目的物の評価費，契約
書の作成費用などである。合意のない限り，当事者が折半する（558条〔売買〕，
559条〔他の有償契約に準用〕）。

弁済の費用であるか契約の費用であるかが問題となることがある。例えば，
古い裁判例をみると，（所有権移転）登記費用を契約の費用とみるものもあるが，
学説では異論が強い。もっとも，登記費用は，取引慣行で債権者（買主）負担
とされることが多い。その他，一般に，費用の負担は，慣行や特約で決められ
ていることが多い。

(3) 弁済の証拠

(a) 受取証書

受取証書とは，弁済を受領したことを証明する証書のことで，一般に，受領
書，領収書，レシートなどと呼ばれる。証拠資料として認められるかどうかは，
受領文言，債権者・債務者の氏名，受領年月日の記載があることが，一応の基
準となる。弁済をする者は，弁済の提供をすれば，弁済を受領する者に受取証

書の交付を請求することができる（486条）。この意味で，債務の履行と受取証書の交付との間で同時履行の関係が認められる。受取証書の交付をしなければ，履行を請求することができない，という関係にはない。

受取証書の交付費用は，債権者（弁済受領者）が負担する。

(b) 債権証書

債権証書とは，債権が成立したことを証明する証書のことで，一般に，借用書などと呼ばれる。一般の債権では，債権証書の作成は義務ではないが，債権証書がある場合に，弁済をした者が全部の弁済をしたときは，その証書の返還を請求することができる（487条）。債権者がそのまま所持し続ける一方，弁済者が受取証書を紛失したときなどに，二重弁済の危険を防止するというのが，その趣旨である。

債権証書の返還は，全部の弁済を要件として認められる。そして，この返還請求権は，487条に基づく特別の請求権である。

学説では，債務の履行と債権証書の返還は同時履行の関係にない，としている。受取証書が交付されれば十分であること，また，債権者が債権証書を紛失したときなどに履行を請求できなくなるとすれば，かえって不当な結果となることなどが，その理由である。

債権証書の返還費用は，債権者（証書保有者）が負担する。

4 弁済の主体

(1) 弁 済 者

(a) 意　義

弁済をすることができる者（弁済者）（482条も参照）は，本来的には債務者である。もっとも，債務の弁済（履行）について履行補助者を用いることは，原則として認められる（⇨第4章第3節）。

債務者本人以外の者が弁済権限を有している場合もある。例えば，履行引受人，任意代理人，法定代理人，財産管理人，破産管財人など，当事者の意思や法律の規定で弁済権限（弁済を含む財産管理権限）を付与されている者も，弁済をすることができる。もっとも，金銭の支払や物の引渡しといった，与える債務に分類される債務のほか，代替性のある債務に限られる。

弁済権限を有する者による弁済によって，債権は消滅する。

そして，第三者も，原則として，弁済をすることができる（474 条 1 項）。これを第三者弁済という（⇨(b)）。

(b)　第三者弁済

(ⅰ)　原　則　　第三者も弁済をすることができるというとき，代物弁済や供託をすることもできる。第三者が債権者に対して有する債権を自働債権，債権者が債務者に対して有する債権を受働債権として相殺することができるかどうかについては議論がある。判例をみると，抵当不動産の第三取得者が抵当権者に対して有する債権と，債権者が債務者に対して有する抵当権の被担保債権の相殺に関する事案で，これを否定している（大判昭和 8・12・5 民集 12 巻 2818 頁）。学説では，債権者との関係が問題となる限りでは，これを肯定するのが有力である。実質的には（第三者が債権者から取り立てた金銭をもって直ちにする）第三者弁済にほかならないことのほか，物上保証人や第三取得者は，債務を負わないが責任を負う法的地位にあることなどが，その論拠である（第三者相殺について⇨**第 3 節 8**）。

第三者弁済が有効である場合，その効果として，債権が消滅する。第三者が債務者に求償権を有するときは，その求償権を「担保」するために，弁済による代位が認められる（499 条以下）（⇨**8**）。

(ⅱ)　例　外

(ｱ)　性質上の制限　　債務は，その性質上，第三者の弁済が制限されるものがある（474 条 4 項前段）。どのような債務がこれにあたるかは，債権の性質上の譲渡制限と同様，一般論としては，契約の趣旨・内容，当事者間の法律関係の特殊性などに照らして，判断する。

すなわち，債務者の属人的要素に着目した債務は，弁済者が変わると，給付の内容がまったく変わってしまうことがある。これを特に一身専属的債務という。例えば，特定の俳優の出演，学者の講演，音楽家の演奏，芸術家の創作など，それぞれの分野の，人の才覚と給付の個性に着目した給付などである。もっとも，（それでも構わないという趣旨での）債権者の承諾があれば，第三者が弁済することは妨げない。

また，一定の債務は，法律上，債権者の承諾がない限り，第三者が弁済する

ことはできないとされている。例えば，労働者（625 条 2 項），受託者（644 条の
2 第 1 項），受寄者（658 条 2 項）の，それぞれの給付などである。

　　(イ)　当事者の意思表示による制限　　債務は，当事者の意思表示によって，
第三者の弁済を禁止または制限されることがある（474 条 4 項中段。後段）。

　意思表示というとき，特約に限らず，単独行為も含まれる。

　判例によると，第三者弁済制限特約は債務の発生と同時に締結する必要はな
いが，第三者が弁済その他をする前に締結する必要がある（大決昭和 7・8・10
新聞 3456 号 9 頁）。

　第三者弁済制限の意思表示があると，弁済をするについて正当な利益を有す
る者である第三者の弁済であっても，無効である（474 条 4 項）。

　　(ウ)　正当な利益を有する者でない第三者の場合の制限　　弁済をするにつ
いて正当な利益を有する者でない第三者の弁済は制限される（474 条 2 項 3 項）
（⇨(iii)）。

(iii)　正当な利益を有する者でない第三者による弁済

　　(ア)　正当な利益の有無と弁済の効果　　正当な利益を有する者である第三
者とは，典型的には，抵当不動産の第三取得者，後順位抵当権者，物上保証人
などである。その他，判例をみると，借地上の建物の賃借人が，これにあたる
（最判昭和 63・7・1 判時 1287 号 63 頁）。他方で，連帯債務者，保証人，連帯保証
人については，注意を要する（⇨(イ)）。

　これに対して，債務者と単なる家族の関係であること，または，友人，知人
の関係にあることだけでは正当な利益を有する者とはみることはできない，と
されている。

　正当な利益を有する者でない第三者による弁済が制限される趣旨は，これら
第三者による過酷な求償権の行使から債務者を保護することである。改正前民
法下では，これとは別の系統で，債務者にとってまったく面識のない者または
恩義を受けることを欲しない者などの第三者よる弁済を潔しとしない，債務者
の意思（「武士気質」にたとえられる）を尊重することも挙げられていた。これは
趣旨としての意義を失っている。

　弁済について正当な利益を有する者である第三者の弁済は当然に有効である
（474 条 2 項本文を参照）。これに対して，正当な利益を有する者でない第三者の

弁済は，一定の場合に，有効とされる（474条2項ただし書・3項ただし書）。その第三者が債務者に求償権を有するときは，弁済による代位（弁済をするについて正当な利益を有する者である第三者の場合につき法定代位，正当な利益を有する者ではない第三者の場合につき任意代位）が生じる（499条・500条を参照）。民法は，当然に第三者弁済をすることができる者の要件を，「弁済をするについて正当な利益を有する者」である第三者とすることで，これを法定代位が生じる者の要件と一致させている（⇨**8**）。

(イ) 債務者の意思に反するとき

1) 474条2項本文の準則　正当な利益を有する者でない第三者による弁済は，債務者の意思に反するときは，無効である。そのような第三者から求償されることを望まないという債務者の利益を保護するのが，その趣旨である。

判例によると，債務者が弁済その他の前にあらかじめ債権者または第三者に反対の意思を表示する必要はない。また，第三者が債務者の意思に反することを知らなくてもよい。債務者の意思に反するかどうかは，債務の性質，当事者の関係，その他諸般の事情によって判断する（大判大正6・10・18民録23輯1662頁，大判大正9・1・26民録26輯19頁）。

第三者も弁済をすることができるのが原則である（474条1項）（⇨(i)）から，弁済の効力を否定しようとする者（例えば，債務者）が，正当な利益を有する者でない第三者による弁済であること，そして，それが債務者の意思に反することを主張・立証する（前掲大判大正9・1・26を参照）。

弁済について「正当な利益を有する者」というときには，連帯債務者，または，保証人，または連帯保証人が含まれる。そうすると，これらの者は，債務者他の連帯債務者，または，主たる債務者の意思に反して第三者弁済をすることができる，ということになりそうである。しかし，これらの者は，債務者のために自らの債務を弁済するのであって，あえてこれを第三者弁済の規律の下でとらえる必要はない（他の連帯債務者，または，主たる債務者に対する求償権について⇨第7章**第3節・第6節**，弁済による代位について⇨**8**）。

2) 474条2項ただし書の準則　正当な利益を有する者でない第三者による弁済は，債務者の意思に反することを債権者が知らなかったときは，有効である。

特に債権者は，正当な利益を有する者である第三者による弁済の提供であるかどうか分からないままその弁済を受領する場合があり得る（受領を拒絶すれば，受領遅滞となる〔413条〕おそれがあるから）。その後，正当な利益を有する者でない第三者による，債務者の意思に反する弁済であることが判明した（それを理由として弁済の効力を否定する主張・立証があった）ときであっても，債権者としては債務者の意思に反することを知らなかったと主張・立証すれば，これが有効な弁済とされて，弁済前の状態を回復する必要などは生じないのである。こうして，債権者を保護しようとするわけである。

(ウ)　債権者の意思に反するとき

1)　474条3項本文の準則　　正当な利益を有する者でない第三者による弁済は，債権者の意思に反するときは，無効である。そのような第三者と関わることを望まないという債権者の意思を尊重するのが，その趣旨である。

特に債権者は，その弁済の受領を拒絶することができる。これは，その弁済が債務者の意思に反するかどうかにかかわらない。債務者の意思に反しないことを債権者が知っている場合であっても，構わないのである。つまり，債権者は，正当な利益を有する者でない第三者による弁済であるかどうか，という客観的事情のみによって，その受領を拒絶することができるかどうか判断することができる。債権者が，正当な利益を有する者でない第三者による弁済であること，そして，それが債権者の意思に反することを主張・立証する。これが無効な弁済とされると，債権者の受領拒絶が正当化されるわけである。

474条2項と3項の適用関係はどうか。例えば，債権者の預貯金口座に一方的に振込みがされた場合のように，債権者からすれば受領を拒絶する余地がなかったとき，債権者としては，474条3項本文に基づいていまみた主張・立証をしさえすれば，これが無効な弁済とされる，ということが意味をもつ。このとき，債務者の意思に反しない弁済であったとしても，474条1項・2項本文の下でこれが有効な弁済とされることはない。これに対して，債務者の意思に反する弁済であったとしても，474条2項ただし書の下での債権者保護を待たずに済む（その他，反社会的勢力などのように，債権者の意思に反する場合も同様）。

2)　474条3項ただし書の準則　　正当な利益を有する者でない第三者による弁済は，その第三者が債務者の委託を受けていたことを債権者が知ってい

たときは，有効である。

　弁済をした第三者が債務者の委託を受けていた場合とは，典型的には，履行引受（⇨第 5 章**第 3 節**）などの取引を通じた弁済の場合のことである。しかし，そのような場合だからといって，その第三者が必ずしも弁済について正当な利益を有する者と評価されるとは限らない。そこで，474 条 3 項ただし書で，債権者の意思に反するときであっても有効に弁済することができるようにしたのである。弁済の効果を求める側が，その第三者が債務者の委託を受けていたこと，そして，それを債権者が知っていたことを主張・立証する。それを債権者が知っていた，と評価されない限り，または，知っていた，と評価されるまでは，債権者の受領拒絶が正当化されるわけである。そのような評価を経て，結局弁済が有効とされる場合には，債権者については，受領を拒絶した弁済の提供時から受領遅滞となる。また，第三者については，任意代位が生じる（499条・500 条を参照）。

(2)　弁済受領者

(a)　弁済受領権限の有無と弁済の効果

（ⅰ）　**弁済受領権限を有する者の意義**　　弁済受領権者は，本来的には債権者である。債権者以外の者が弁済受領権限を有している場合もある。例えば，取立受任者，任意代理人，法定代理人，代位債権者（債権者代位権），取消債権者（詐害行為取消権），債権質権者，差押債権者（一定の要件の下），財産管理人，破産管財人，その他債権譲渡の一定の場面（取立ての手段，資金調達の手段）（⇨第 5 章**第 2 節**）など，法令の規定または当事者の意思表示によって弁済受領権限（弁済受領を含む財産管理権）を付与されている者も，弁済を受領することができる（478 条）。

　弁済受領権限を有する者に対する弁済によって，債権は消滅する。

　これに対して，例えば，無権限者はもちろん，制限行為能力者（未成年者，または成年被後見人の一定の範囲の者），債権を差し押さえられた債権者（民執 145条），債権に質権を設定した債権者（民執 145 条の類推），破産手続の開始決定を受けた債権者（破 78 条 1 項）などは，法律の規定によって弁済受領権限を制限されている。弁済受領権限を有しない者に弁済をした場合は，その弁済は，原

則として無効であるが，その例外と特則がある（⇨(ii)）。

(ii) 弁済受領権者以外に対する弁済

(ア) 原 則 弁済受領権限を有しない者に弁済（としての行為）をした場合は，弁済者（債務者）は受領権限を有する者（債権者）からの請求があれば改めて弁済をしなければならない。このとき，債務者としては，受領権限を有しない者に対する不当利得の返還請求または不法行為を理由とする損害賠償請求の余地はあるが，受領権限を有しない者の無資力の危険を負いつつ，二重弁済の危険を負うのである。

(イ) 例 外 例外として，弁済受領権者としての外観を有する者に対する弁済は，弁済者の善意・無過失を要件として有効とされる（478 条）（⇨(b)）。

(ウ) 特 則 弁済受領権限を有しない者に対する弁済は，478 条の場合を除いて無効であるが，債権者がこれによって利益を受けたときは，その限りで有効とされる（479 条）。例えば，A の B に対する債権 α について，受領権限を有しない N が，その弁済を B から受領した後 A へと引き渡した場合に，その弁済の無効を貫徹すると，A から N へ，N から B への返還を経て，B が A に改めて弁済をしなければならなくなる。このような法律関係の煩雑化を避けて，決済を容易にするというのが，その趣旨である。

判例によると，これは，弁済者の善意・悪意にかかわらない（大判昭和 18・11・13 民集 22 巻 1127 頁）。

(b) 弁済受領権者としての外観を有する者に対する弁済

従前の判例をみると，詐称代理人をはじめ，改正前民法 478 条の「債権の準占有者」に対する弁済の適用領域が拡張してきた。また，偽造の受取証書の持参人と真正の受取証書の持参人に別々に対応してきたが，区別の実質的意味に乏しいと指摘されていた。これらの者も，この要件を満たすことに，異論はみられない。

(i) 478 条の要件

(ア) 弁済受領者側：弁済受領権者としての外観を有する者 これは，受領権者以外で，取引上の社会通念に照らしてそのように判断される者のことをいう。例えば，表見相続人（大判昭和 15・5・29 民集 19 巻 903 号），無効な債権譲渡の譲受人（大判大正 7・12・7 民録 24 輯 2310 頁），債権の二重譲渡事例における

劣後譲受人（最判昭和 61・4・11 民集 40 巻 3 号 558 頁），その他，預貯金通帳と届出印の持参人（大判昭和 16・6・20 民集 20 巻 921 頁など）が挙げられる。

また，詐称代理人を挙げるべきであるのはもちろん，受取証書の持参人については，証書が真正のものか偽造のものかにかかわらない（債権証書の持参人についても，同様）。

もっとも，ある者が弁済受領権者としての外観を有する者であるといえるとき，それは，弁済者がその者を受領権者であると信じてよかった（信じたのが正当である），というのにほかならない。つまるところ，弁済者の善意・無過失の判断と重複するのである。他方で，例えば（預貯金の払戻しの場面で）届出印のみの持参人のように，取引上の社会通念に照らしてそのような者とは判断されない者に対する弁済は，そもそも 478 条の要件を満たさない。

　(イ)　弁済者側：善意・無過失　　弁済者が，弁済時に，弁済の相手方が弁済受領権限を有していなかったことを知らず，かつ知らないことに過失がなかったことについての主張・立証責任を負う。

　(ウ)　債権者側：（広義の）帰責事由の要否　　条文上は，債権者側の要件について何ら定めていない。

例えば，詐称代理人に対する弁済には表見代理の規定によって対応すべきというのならば，表見代理が成立して弁済者（相手方）が保護されるためには，債権者（本人）の帰責事由（外観作出にかかる，弁済受領者〔代理人〕との間の一定のつながり）が必要である。債権者（本人）の帰責事由が認められない場合には，それだけで表見代理の要件を満たさない。これに対して，478 条の適用によるのであれば，弁済受領者による資格徴憑の偽造・冒用など，債権者に何ら帰責事由（落ち度）が認められない場合であっても，他の要件を満たすときは，弁済が有効とされ，債務が消滅する。

判例をみると，債権者の帰責事由に言及した例があるが，それが 478 条の適用においてどのような意味をもつのか，判然としない（最判平成 15・4・8 民集 57 巻 4 号 337 頁）。

学説では，債権者の帰責事由を考慮しないか，（何らかの形で）考慮するかで，考え方が分かれる。

債権者の帰責事由を考慮しないとする見解は，478 条の趣旨が，表見代理の

規定と比べて緩和された要件の下で弁済者を保護することにある，とみる。そして，その根拠を考察して，弁済の日常大量性，弁済の義務性，既存の法律関係の決済性を挙げる。

債権者の帰責事由を考慮する見解は，どのような形で考慮するかでさらに分かれる。例えば，債権者に帰責事由があることを要件とする見解がある。代表的なもののうち1つ目は，478条を権利外観保護法理の現れの1つとみて，信頼の正当性において弁済者につき無過失を要求するものがある。2つ目は，弁済者の過失の有無の判断の中で債権者の帰責性を考慮するものがある。しかし，弁済者側の要件で，弁済時に看取できない事情を考慮するのは適切でないという批判がある（もっとも，債権者の帰責性の大きさゆえに，弁済者に過失があると主張して〔二重〕弁済を求めることができなくなる場合はあってしかるべき，ともいう）。また例えば，過失ある弁済者に，債権者が（二重）弁済を求める場面で，債権者の帰責性を考慮する見解がある。代表的なもののうちの1つ目として，債権者の帰責性をみて過失相殺的な処理をすることが考えられている。2つ目として，（契約の解釈または信義則に基づく債務不履行責任上，または一般の不法行為責任上の）一定の注意義務違反を理由とする，債権者の損害賠償責任を問題とすることが考えられている。これらの考えは，結論として，478条による全か無かの処理後の，割合的解決を志向するものでもある。

(ii) **478条の効果** 478条の要件を満たすと，弁済が有効とされ，債務は消滅する。その後の法律関係は，以下のようになる。

例えば，AがBに対して債権αを有している場合に，Bが弁済受領権限を有しない者Nに対してした弁済が478条の要件を満たして有効とされるときは，債権者Aとしては，Nに対する不当利得の返還請求または不法行為を理由とする損害賠償請求をする余地はあるが，Nの無資力の危険を負う。判例によると，AがNに対してこれらの請求をしたときは，Nは，これらの請求権の要件である「損失」が発生したことを否認して争うことは，信義則上認められない（最判平成16・10・26判時1881号64頁，最判平成23・2・18判時2109号50頁）。

また，Bが（弁済後，Nが受領権限を有しない者であると気づいて）Nに対して非債弁済（不当利得）の返還請求をすること（705条）または不法行為を理由とする損害賠償請求をすることが認められるかどうかが，論じられている。判例

をみると，不当利得の返還請求を認めない（前掲大判大正 7・12・7）。学説では，BはAに対する（二重）弁済を拒絶することができるとしつつ，これ（履行拒絶権）を行使しないつもりでNに対して不当利得の返還請求をすることは認められる，というものもある。

(3) 銀行取引と 478 条

裁判例をみると，かつては，郵便局，銀行・金融機関の窓口で，預貯金債権の不正払戻しなどがされるという事例（対面払の場面）が，問題となっていた。しかし，近時は，技術の発展や社会の変化などに応じて，現金自動支払機（CD機），現金自動預払機（ATM機）で，預貯金債権の不正払戻しなどがされるという事例（機械払の場面）が増えている。

なお，伝統的に，銀行の預金のほか，信用金庫，信用組合その他金融機関の預金と，かつての郵便貯金，現在のゆうちょ銀行（郵便局）の貯金のほか，JA（農協），JF（漁協）の貯金で，用語の使い分けがみられる（預金債権も貯金債権も，金銭消費寄託に基づく，寄託〔預入れ〕されたのと同額の金銭の返還を目的とする金銭債権〔金額債権〕であることに，違いはない）。

(a) 対面払の場面

(i) 預貯金債権の払戻しと 478 条の適用

(ア) 免責約款と 478 条の関係　　銀行は，約款で，預金債権（または貯金債権）の払戻しについて定めている。広い意味で債務者を免責する，免責約款の1つである。

それでは，免責約款は，478 条の適用による場合に比べて，銀行の責任を制限するのかどうか。従前の判例をみると，免責約款の解釈・適用・効力の問題として，銀行の無過失を要件としてきた（大判昭和 16・6・20 民集 20 巻 921 頁，大判昭和 18・8・20 民集 22 巻 777 頁――旧郵便貯金について，最判昭和 42・4・15 金判 62 号 2 頁，最判昭和 50・6・24 金判 464 号 2 頁――銀行預金について〔なお，当時は，銀行の注意義務について定めていないのが一般であった〕，また，機械払の場面に関する，最判平成 5・7・19 判時 1489 号 111 頁を参照）。それゆえ，免責約款は，478 条を前提に，預金の払戻しに伴う当然の一般法理を注意的に規定しているにすぎないとみることにほとんど異論はみられない（以上について，最判平成 10・3・27

金判 1049 号 12 頁が是認した原審判決〔東京高判平成 9・9・18 金判 1036 号 34 頁〕を参照）。

　(イ)　銀行・金融機関の注意義務

　1)　払戻手続時の注意義務　　対面払の場面で，銀行の過失の有無を判断するにあたっては，担当係員が，払戻手続時に，預金通帳（または貯金通帳）等の真正確認，印鑑照合その他の点で必要とされる業務上の相当の注意を尽くしたと認められるかどうかが，問題とされることが多い。

　例えば印鑑照合については，折重または拡大鏡による照合までは必要でなく，肉眼による平面照合の方法をもってすれば十分とされる（前掲最判平成 10・3・27 が是認した原審判決を参照）。他方で，何らかの契機により，弁済請求者の受領権限を疑うべき特段の事情が存在した場合には，一段と高度の本人確認または受領権限確認が必要である（最決平成 15・4・25 判例集未登載が是認した原審判決〔東京高判平成 14・12・17 判時 1813 号 78 頁〕を参照）。

　今日の銀行取引においては，預金契約者（または貯金契約者）本人（債権者）も，本人以外の者（代理人）も，預金契約締結から預金債権の払戻しまで，様々の手続を要する。例えば，払戻しを受けるときに，預金通帳と届出印の持参人というだけで，弁済受領権者としての外観を有する者と認定されるかどうか（通帳の真正確認，印鑑照合をしたというだけで，銀行の善意・無過失が認定されるかどうか）は，また別の問題である。この観点では，かつての（いわゆる）本人確認法，現在の犯罪収益移転防止法に基づく，銀行等特定事業者による本人確認手続等（取引時確認〔犯罪収益移転 4 条〕）が，一定の意味をもつ。もっとも，下級審裁判例をみると，同法は 478 条とは趣旨・目的を異にする，として，直ちに同条の適用にかかる銀行の注意義務を構成するとはみていない（大阪高判平成 20・2・28 判時 2008 号 94 頁，福岡高判平成 26・12・18 金法 2024 号 88 頁）。

　2)　弁済システムの設置管理運営にかかる注意義務（システム構築責任・システム設置管理にかかる過失）　　預金債権の払戻しの場面のように，日常大量の弁済事務を迅速に処理する必要があるところでは，定型的な方法によって払戻しを実行するという弁済システムが採用されている。これは，対面払の場合であれ，機械払の場合であれ，弁済一般にあてはまる（⇨(b)）。

　弁済がこの一連の定型的システムを通じて行われる場合，対面払の場面であ

れば，担当係員による払戻手続（⇨(ｱ)）は，その最終段階における行為だとみ
ることができる。もっとも，その弁済システムの合理性は，（それだけにとどま
らず）システム全体をみたうえで，判断される必要がある。例えば，担当係員
の研修等，また約款規定の整備等が定期的に行われる必要があろう。また例え
ば，副印鑑制度を廃止する動きが進んでいるにもかかわらず，同制度を漫然と
存置しつづけた結果，印鑑を偽造されて払戻しがされたような場合には，（払
戻手続時の行為には問題がなかったときであっても）システム設置管理にかかる過
失の有無が問題とされてしかるべきであろう（実際，同制度はほぼすべての銀行
で廃止されている）。

(ii)　弁済以外の取引と 478 条の適用・類推適用　　判例をみると，現在で
は，単純な弁済以外の取引に 478 条を適用または類推適用する場面が拡大して
いる。

(ｱ)　定期預金の中途解約（期限前解約）　　一定の期間を定めて，その期間
内（満期前）は払戻しをしないという約定で，一定の金額を預け入れる預金の
ことを，定期預金（または定期貯金）という。顧客たる預金者（または貯金者）
は，満期後，普通預金（または通常貯金）の利息より有利な，所定の預入利息を
受け取ることができる。もっとも，預金者は，必要であればいつでも，期限前
解約を求めることができる。銀行も，請求があれば，これに応じる。ただし，
預金者は，実際の預入期間に応じた，普通預金の利息または所定の解約利息し
か受け取ることができない。そして，期限前解約については，約款（定期預金
規定）に定められているのが通常である（そして，約款では，銀行が「やむをえな
いものと認めて……解約する場合」等の文言が含まれることがあるが，預金者が期限前
解約を求めれば，普通，これに応じてもらえる）。

期限前解約は，法的にみれば，預金の解約（金銭消費寄託の合意解約）と，そ
れに伴う払戻し（弁済）という，2 つの行為に分かれる。ここで，これを分析
的にとらえれば，預金者以外の者が期限前解約をしたときは，預金の解約の部
分で，表見代理の規定の適用または 94 条 2 項の類推適用によって対応すべき
だといえそうである（解約という法律行為が有効であってはじめて，それに伴う弁済
が有効だといえるから）。

判例をみると，期限前解約に 478 条の適用を認めている。契約当事者が契約

締結時に期限前解約の場合の利息等に関する商慣習によるという意思を有していた，と認定したうえで，期限前解約に伴う払戻しは，その合意に基づいて行われた弁済として 478 条の要件を満たす，という（最判昭和 41・10・4 民集 20 巻 8 号 1565 頁）。学説では，契約当事者は通常そのような合意をしているとみつつ，払戻しであれ期限前解約であれ，弁済にほかならないとか，日常大量の弁済事務の 1 つ（商慣習に基づく準義務的なもの）にほかならないとかして，表見代理の規定の適用によらず，478 条の適用によるのが，多数である。そして，判例が，解約という法律行為に着目するのではなく，478 条の弁済概念を拡張して解釈すべきという基本的態度を示した，とみて，これが 478 条を適用または類推適用する場面を拡大していく基礎となった，と指摘されている。

　　(イ)　預金担保貸付（預担貸）　　例えば，定期預金の満期前に資金が必要となったときは，顧客は，期限前解約によって，払戻しを受けることができる。しかし，それでは，所定の預入利息を受け取ることができない（⇨(ア)）。そこで，銀行が，定期預金債権を担保として，預金者に一定の額を貸し付けるという取引が，広く行われている。これを預金担保貸付（預担貸）という。預金者には，定期預金を継続しつつ（預入利息の点），通常より有利な金利で借入をすることができるというメリットがある。他方で，銀行には，定期預金を継続しつつ，貸付を実行して，最後は確実に貸付金債権を回収することができるというメリットがある。そして，預担貸については，約款（定期預金規定）に定められているのが通常である。

　預担貸は，法的にみれば，貸付時における定期預金債権への担保設定契約（質権設定〔362 条以下〕と相殺予約〔期限の利益喪失特約を含む〕）と金銭消費貸借契約（返済の期日は定期預金の満期日），そしてその後の担保権実行の趣旨の相殺という，2 つの段階に分かれる。ここでも，これを分析的にとらえれば，預金者以外の者への貸付時の各合意（契約）の部分で，表見代理の規定の適用などによって対応すべきだといえそうである。

　判例をみると，預担貸に 478 条の類推適用を認めている。一連の段階を経て，貸付金債権と定期預金債権を相殺した場合には，少なくともその相殺の効力に関する限り，実質的に定期預金の期限前解約による払戻しと同視することができるからというのが，その理由である（最判昭和 48・3・27 民集 27 巻 2 号 376 頁

——かつての特殊な定期預金との関係，最判昭和59・2・23民集38巻3号445頁——一般の定期預金との関係）。そして，銀行の過失の有無の判断の基準時は，貸付時である（前掲最判昭和59・2・23，最判平成6・6・7金法1422号32頁）。

ただ，預担貸の一連の段階を経た相殺はともかくとして，当初の貸付時（担保設定時）には新たに締結される法律行為しかなく，弁済とはまったく異なる。また，貸付時を過失の判断の基準時とすると，その後，悪意となったとしても，銀行は相殺による債権消滅を主張することができる。

銀行実務においては，478条の類推適用を判例上すでに確立した準則とみる一方，学説では，判例が478条を類推適用するというのは，実際には預担貸という仕組みそれ自体の保護（相殺に対する期待および利益の保護）をねらいとするからだ，とみつつ，相殺を期限前解約の払戻しと実質的に同視するというのは形式的理由にすぎないとか，仮託された本来の領域との接点にすぎないとかいうものもある。そして，貸付時を過失の判断の基準時とするのは，そうしなければ相殺に対する期待および利益の保護を図れないからだとか，相殺ではなく貸付が弁済と経済的に同等の意義を有するからだとか説明するものがある。これに対して，預金者以外の者は，たとえ預担貸を拒まれようと，期限前解約を求めればこれに応じてもらえる，とみて行動するのだとすれば，そのどちらを選択したかで事情は異ならないとして，説明を試みるものもある。他方で，そもそも期限前解約とは問題状況が異なるとして，表見代理の規定の適用などによって対応すべきと主張するものもある。

　㋑　総合口座の当座貸越　　普通預金，定期預金，定期預金などを担保とする当座貸越を組み合わせた取引口座を，総合口座という。

総合口座では，普通預金の残高が不足しても，銀行が，定期預金債権等を担保として，顧客にその不足分を一定の額まで自動的に貸し付けるという取引が行われる（貸付金が普通預金に入金されて，即時に払い戻される形で，不足分がマイナスとして記帳される）。これを当座貸越という（今日，給与の受取りなどの必要に応じて個人が新規に口座を開設するときは，ほとんどが総合口座であろう）。

当座貸越は，法的にみれば，預金担保貸付とほぼ同様の2つの段階に分かれる。ただ，貸付時（貸越時）と同時に，普通預金口座への入金と，即時のその払戻しを観念することができる点で異なる。そして，当座貸越については，約

款（総合口座取引規定）に定められているのが通常である。

　判例をみると，当座貸越に478条の類推適用を認めている（最判昭和63・10・13判時1295号57頁）。その論拠は判然としない（預担貸の前掲最判昭和59・2・23を引用するのみ）。学説では，日常大量の弁済事務の1つ（弁済とは異なるが，約款に基づく義務的なもの）とみて，判例の説明を試みるものがある。他方で，預担貸において判例を批判するのとは異なって，当座貸越では478条の類推適用を肯定してよいと主張するものもみられる（払戻しを観念できるから）。

　(b)　**機械払の場面**

　(i)　**対面払の場面との比較**　　機械払の場面では，機械を操作するだけで取引が完了するという点に，特徴がある。対面払の場面のように，担当係員（自然人）が払戻手続時に注意を尽くしたかどうかを問題とする余地がないのである。つまり，478条が想定する場面とは，様相が大きく異なるわけである。それゆえ，比較的早くから，機械払の場面で478条が適用されるとしても，弁済システムの設置管理運営にかかる注意義務（システム構築責任〔⇨(a)(i)(イ)2)〕）を問題とすべきことと指摘されていた。その他，もっぱら免責約款の解釈・適用・効力の問題とすべきといわれることもあった。

　(ii)　**判例の展開**　　判例をみると，まず，CD機でのキャッシュカード機械払について，免責約款の解釈・適用・効力の問題として，銀行の無過失を認定した例がある。銀行のシステム構築責任に言及して，それが免責約款の効力を否定しなければならないほど安全性を欠くものということはできないとしたものである（前掲最判平成5・7・19）。

　つぎに，ATM機での通帳機械払について，まさに478条の適用の問題として，銀行の有過失を認定した例がある。銀行のシステム構築責任に言及して注意義務違反を認定したものである（前掲最判平成15・4・8）。

　(iii)　**預貯金者保護法と被害補償約款**　　近時，機械払の場面における偽造・盗難カードを用いた預貯金債権の不正払戻しから預貯金者を保護するために，預貯金者保護法が制定されている。

　また，全国銀行協会（銀行の業界団体）の申し合わせをふまえて，銀行は，現在では，免責約款と併せて，被害補償約款を定めている（⇨**表3-2**）。

【表3-2】　預貯金者保護法と被害補償約款

預貯金者保護法
概　要
1.　偽造カード等を用いた不正払戻しの場合 （原則）機械払の場面で，偽造カード等（2条3項・4項を参照）を用いた不正払戻しには民法478条の適用なし，払戻しは無効な弁済（3条）……預金者は，預金の全額の払戻し（返還）を請求できる。 （例外）預金者に故意があったとき，または銀行が善意・無過失で，預金者に重過失があったときは，例外としてその払戻しは有効な弁済（4条——預金者の帰責事由を要件とする準則）。
2.　盗難カード等を用いた不正払戻しの場合 （原則）機械払の場面で，盗難カード等（盗難通帳を含む。2条3項・5項を参照）を用いた不正払戻には，民法478条の適用あり……ただし，被害補塡制度の下で，銀行への通知，説明等の所定の手続を経たうえで，払戻しの額に相当する金額の全額の補塡を請求できる（5条1項）。 （例外）銀行が善意・無過失で，預金者に過失があったときは，補塡額は4分の3に減額（5条2項）。また，銀行が善意・無過失で，預金者に重過失があったときのほか，近親者による払戻しのときなど一定の場合には，銀行の補塡義務を免除（5条3項——預金者の帰責事由を要件とする準則）。 その他，期間制限がある（5条6項）。
3.　機械式金銭借入れの場合 偽造・盗難カード等を用いた機械式金銭借入れ（例えば，総合口座の自動貸付〔法2条7項〕）にも，1，2と同様の準則があてはまる（3条・4条2項，5条4項5項）。
被害補償約款
概　要
1.　預貯金者保護法の適用対象の不正払戻等との関係 機械払の場面における，偽造カード・盗難カード等（盗難通帳を含む）を用いた不正払戻等について，預貯金者保護法を前提に，預貯金の払戻しに伴う当然の一般法理を注意的に規定。
2.　預貯金者保護法の適用対象外の不正払戻等との関係 対面払の場面における盗難通帳を用いた不正払戻，インターネットバンキングにおけるフィッシング詐欺による不正送金等についても，全銀協その他業界団体の申し合わせをふまえて，被害補償を規定。

> **Column 3-4**　預貯金者の認定または預貯金契約の当事者の確定
>
> 　例えば，銀行・金融機関Pとの間で，預金契約が締結され，預金口座が開設されている場合に，口座名義人はAであるが，預金について実質的な利益を有する者はXである，というとき，誰を預金者または預金契約の当事者とみるべきかが問題となる（⇨LQ民法Ⅳ第16章**第4節**も参照）。
>
> **1　従前の議論**
>
> 　かつては，預金者の認定基準について，主観説，客観説，折衷説と考え方が分かれていた。その後，判例が集積するのと前後して，学説では，客観説が有力となった。これは，原則として原資拠出者（出捐者）を預金者とみる（例外として実際に預入れをした者〔預入行為者〕が資金を横領して自分の預金としたと

きは，その預入行為者とみる）見解である。その後の判例でも，まず，かつての特殊な定期預金との関係で（前掲最判昭和48・3・27ほか），つぎに，一般の定期預金との関係で（前掲最判昭和59・2・23ほか），出捐者を預金者とみるにあたって，これが判例上確立した準則である，とした。判例が預金担保貸付に478条の類推適用を認める，というとき，その前提として，預入行為者による定期預金の預入れについて，出捐者を預金者とみたうえで，預入行為者による借入れ以後の段階を問題としていたのである（⇨(a)(ii)〔イ〕）。

2　近時の議論の展開

(1)　近時の判例・学説

しかし，近時の判例をみると，出捐者を預金者とみる，という準則によらずに，預金者の認定または預金契約の当事者の確定をしたとみられるものがある。例えば，誤振込事例との関係で，最判平成8・4・26民集50巻5号1267頁がある。そして特に，保険料保管用普通預金口座との関係で，最判平成15・2・21民集57巻2号95頁（損害保険会社Xの損害保険代理店A〔代表者A´〕が，「X代理店A〔A´〕」名義の普通預金口座を開設したとき，預金債権はA〔A´〕に帰属する，という），また，弁護士預り金用普通預金口座との関係で，最判平成15・6・12民集57巻6号563頁（委任者Xから債務整理事務の委任を受けた弁護士Aが，A名義で普通預金口座を開設したとき，預金債権はAに帰属する，という）がある。学説では，客観説を基礎にその修正・変容から説明を試みるものもある。例えば，前掲最判平成15・2・21との関係では，（代理を伴う）委任一般における物の所有権の帰属を考えるのとは異なって，金銭の所有権については，金銭の「占有＝所有権」理論（⇨ Column 2-4 ）から，Aが受領した金銭は，常に金銭の受領者（占有者）である代理店Aに帰属するとみたり，前掲最判平成15・6・12との関係でも，委任における前払費用であることを強調して，弁護士Aに帰属するとみたりしたうえで，出捐を金銭の所有権の帰属と結び付けて考えるわけである。しかし，平成15年の2判決では，口座の名義のほか，預金の管理の態様（通帳・届出印の保管等）に言及している。銀行の認識を考慮するわけである。そこで，一方で，従前の判例でも，出捐関係のほか，所掲の諸事情が総合的に判断されているとみて，なお客観説を基礎にその延長から説明を試みるものもある。他方で，客観説では出捐関係こそが決定的で，銀行の認識を考慮に入れないのだとすると（これが客観説と呼ばれる所以である），平成15年の2判決では口座の名義に言及していることから，客観説とは異質の判断枠組みを採用した，とみるものもある。このようにみるとき，口座名義・口座開設者・契約締結の代理権を主たる要素として（さらに，口座管理者を補完要素として），契約当事者認定の一般法理に照らして，預金契約の

当事者を確定したとみるのが有力である。従前の議論は預金または預金契約の特殊性にとらわれた結果，契約当事者認定の諸準則との対照が十分とはいえなかったこと（預金者の認定と預金契約の当事者の確定も，明確に区別されてこなかった，と指摘されている）のほか，客観説は定期預金についてはあてはまるものの，普通預金にはあてはまらない（入金によって新たに1個の預金債権が成立するものと扱われるから〔⇨第5節 **1**(2)〕）とみることなどが，その論拠である。もっとも，平成15年の2判決を統一的に理解できるかどうか，また判例変更があったとみるべきかどうか等，なお複雑な議論が展開されている。

(2) 銀行取引実務および預金保険法，犯罪収益移転防止法

　前述のように，今日の銀行取引においては，様々の手続を要する。そして，預金契約の当事者の確定の観点では，例えば，預金保険法に基づく，ペイオフ（金融機関が破綻した場合の，預金等の保護——1金融機関あたり1人あたり元本1000万円とその利息等）の前提としてのいわゆる名寄せ作業等が，一定の意味をもつ。同一の金融機関内では，名寄せ作業で，同一の預金者が有する複数の預金口座等を集約，合算して，預金額を確定しなければならないからである。また例えば，犯罪収益移転防止法に基づく本人確認手続等（取引時確認〔犯罪収益移転4条〕）も，一定の意味をもつ。預金契約締結にかかる取引時確認で看取可能な，表示の客観的意味を基本とすべきことになるからである。そして，平成15年の2判決が，銀行の認識を考慮しつつ，契約当事者認定の一般法理に照らして判断するのだとすると，（結論としては）この判断枠組みはこれらの法律と整合する，ということができる。もっとも，これらの法律は，預金契約の当事者の確定とは趣旨・目的を異にする，ということを，指摘しておくべきだろう（⇨(a)(i)(イ)）。

5 弁済の客体

　弁済の客体とは，債権の目的（給付）のことである（⇨第2章）。民法は，特に与える債務について，弁済の効力の観点で規定を置いている。

(1) 弁済として引き渡した物の取戻し

　弁済者が他人物を引き渡した場合には，弁済者がその物の処分権を有していない限り，原則として債権者はその所有権を取得することができない。これは有効な弁済とはいえず，債務も消滅しない。そこで，弁済者はさらに有効な弁済をしなければならないが，それと引き換えに，引き渡したその他人物を取り

戻すことができる（475条）。

475条は，有効な弁済と引き換えに弁済者に特別の返還請求権を認めることに，意義がある（弁済者には占有訴権も物権的請求権も認められないから）。有効な弁済を要件とするのは，債権者の利益をも考慮したものである（例えば，債権者が代金を支払済みであるとき）。

もっとも，475条は，もともとが種類債権である場合，すなわち，さらに有効な弁済をすることが可能な不特定物の引渡しを目的としている場合にのみ適用される（特定物であれば，それが不可能だから）。

なお，475条は，弁済者と債権者の間の法律関係を定めたものである。真の所有者の法的地位にはかかわらない。

他方で，弁済者がさらに有効な弁済をするまでの間に，債権者が弁済として受領した物を善意で消費したときまたは譲渡したときは，その弁済は有効となる（476条前段）。債権者が善意であればよく，過失の有無にかかわらない。この場合，債権者が第三者から賠償の請求を受けたときは，弁済者に対して求償することができる（同条後段）。例えば，債権者が真の所有者から不当利得の返還を請求されたり，真の所有者に取り戻された譲受人から債務不履行を理由とする損害賠償を請求されたりしたときに，弁済者に対する求償の問題となる。

もっとも，債権者が，即時取得その他の原因で，弁済として受領した物の所有権を取得（原始取得）したときは，債権は消滅する。

いずれにしても，475条・476条は，適用場面が相当限定されて，問題となることはほとんどない。

(2)　預貯金口座に対する払込み

今日では，金銭債務の弁済（履行）は，預金口座（または貯金口座）への払込み（日常用語でいう振込み）によって行われることが多い。

この場合，債権者がその払込相当額にかかる預金債権の払戻請求権を取得した時に，弁済の効力が生じる（477条）。債権者が預金債権を確定的に取得したとみることができる時期を基準時とするというのが，その趣旨である。

もっとも，当事者が振込みによる弁済に合意していた場合であっても，例えば，債権者が複数有するうちの想定しない預金口座への振込みなど，むしろ当

事者の当該意思に反するような振込みによって弁済の効力が生じるとみてよいのかどうか，見解の一致をみていない。

6 弁済の提供

(1) 意 義

債務の履行は，給付の内容・性質に応じて，債務者の行為のみで完了する場合もある。例えば，請負契約，委任契約その他に基づく債務で結果の引渡しを必要としないとき，また不作為債務のときである。これに対して，履行着手，履行過程，そして最終段階での債権者の受取り（受領）その他の協力行為が必要となる場合もある。むしろそのような債務がほとんどである。この場合，債務者がなすべきことをすべて行ったとしても，債権者が必要な協力行為をしない限り，債権は消滅しない。それにもかかわらず，債務者にその結果を負担させるのは，不当である。そこで，民法は，一方で，受領遅滞の制度（413条以下）（⇨第4章**第7節**）をもって，他方では弁済の提供の制度（492条以下）をもって，債権者・債務者の利益または責任のバランスを調整している。すなわち，受領遅滞との関係で把握すべき効果としては，注意義務の軽減，増加費用の負担，危険負担を挙げる。これに対して，弁済の提供との関係で把握すべき効果としては，債務者の債務不履行責任の免責，債権者の同時履行の抗弁権の喪失を挙げる。これらの効果を，債権者の行為（受領しなかったこと）と債務者の行為（提供をしたこと）のどちらに結び付けることができるか，という視点が，それを支える論拠の1つである。

(2) 効 果

(a) 債務不履行責任の免責

債務者は，弁済の提供の時から，「債務を履行しないことによって生ずべき責任」，すなわち債務不履行責任を免れる（492条）。債権者から損害賠償の請求をされることもないし，双務契約であれば契約を解除されることもないのである（解除に債務者の帰責事由を要件としないので，解除を債務不履行「責任」とみることは適切ではないが，492条の文言としてはそのようにされている）。その結果，債権者（担保権者）によって担保権を実行されることもない。また，提供時以後，

約定利息も発生しないし，遅延損害金（遅延利息），違約金も発生しない。そして，これらを弁済の提供のいわば防御的効果とみることができる。

　また，双務契約であれば，弁済の提供によって債権者（相手方）が同時履行の抗弁権を失う（533 条）。これが 492 条で規定されていないのは，533 条で一般的に規定されているからであるが，これも弁済の提供のいわば攻撃的効果とみることができる。

　以上が，弁済の提供の基本的効果である。もっとも，弁済の提供は，特に双務契約の場合に契約の双務性との関係で位置づけるときに，実際上の意味をもつ（⇨(3)(c)）。

(b)　債権の存続

　弁済の提供およびその効果は，弁済およびその効果とは異なる。債務者が弁済の提供をしても，それだけでは債権は消滅しない（大判明治 38・12・25 民録 11 輯 1842 頁）。それでも債権を消滅させようというのであれば，債権者が受領その他の必要な協力行為をするのでない限り，債務者としては供託をするしかないのである。すなわち，債権者が受領を拒んだときは，債務者としては弁済の目的物を供託することができる。そして，供託時に債権が消滅する（494 条以下）（⇨(3)，**7**(2)(a)）。

(3)　方　　法

(a)　現実の提供（493 条本文）

　(i)　意　義　　現実の提供とは，「債務の本旨に従って」「現実に」提供をすることをいう。すなわち，債務者がなすべきことをすべて行った場合のことをいう（大判大正 10・3・23 民録 27 輯 641 頁）。例えば，債権者の受領のみが必要ということであれば，債務者としては債権者が直ちに受領することができるように給付を提供しなければならない（大判大正 10・7・8 民録 27 輯 1449 頁）。

　現実の提供があったと認定できるかどうかについては，債務者が履行期に履行場所で債務の本旨に従って現実に提供をしたかどうかが，一応の基準となる。ここでも，「契約その他の債務の発生原因及び取引上の社会通念に照らして」判断するよりほかはない（415 条 1 項ただし書）。

　(ii)　問題となる場面　　判例をみると，金銭債務で，金銭以外の支払手段

ではどうか，また金額に争いがある場合に一部額を提供したとき，有効な現実の提供があったと認められるかどうかが問題となることが多い。

判例によると，金銭以外の支払手段は，支払が確実で通貨と同様の支払手段として通用しているときは，有効な提供である（郵便為替〔大判大正8・7・15民録25輯1331頁〕，銀行振出の小切手〔最判昭和35・11・22民集14巻13号2827頁，最判昭和37・9・21民集16巻9号2041頁〕）。また，一部額の提供は，債権者の承諾がない限り，有効な提供でない（大判明治44・12・16民録17輯808頁，大判大正4・12・4民録21輯2004頁など）。したがって，元本のほかに支払債務がある場合には，その全額を提供しなければ，有効でない（費用，利息〔前掲大判大正4・12・4〕，遅延損害金〔大判大正8・11・27民録25輯2133頁〕などとあわせて提供することが必要）。もっとも，本来の金額にわずかに足りないだけであれば，有効とされることがある（大判大正9・12・18民録26輯1947頁，大判昭和9・2・26民集13巻366頁，最判昭和35・12・15民集14巻14号3060頁など）。ここでは信義則に照らした判断が意味をもつ。賃貸借契約で，賃料に争いがある場合に，提供された賃料が本来の金額に不足するときは，債務不履行を理由とする契約の解除の効力が争われた例もしばしばみられる（最判昭和40・12・10民集19巻9号2117頁，最判昭和41・3・29判時446号43頁など）。

超過額の提供も問題となることがある。判例によると，複数の不動産のうちの他の一部も賃貸借の目的物となっているかどうかが争われている場合に，債務者がその部分を含めた賃料を提供したときは，有効な提供でない。その部分も目的物となっていた，と認められるおそれがあるからである（最判昭和31・11・27民集10巻11号1480頁）。本来の金額のみを授受できるときは，有効とみる余地があろう。

その他，判例をみると，持参債務で債務者が目的物を持参したが，債権者が住所地に不在であったとき（大判明治38・3・11民録11輯349頁，前掲大判大正10・3・23），債権者が第三の場所に「来会」，「出向」しなかったとき（大判大正7・6・8民録24輯1168頁，最判昭和32・6・27民集11巻6号1154頁）も，有効な提供である。また，大豆粕売買で，弁済の場所に「深川渡」とする慣習がある場合に，売主が深川倉庫で口頭の提供をしたときは，買主がたとえその慣習を知らなかったとしても，有効な提供である（大判大正14・12・3民集4巻685頁）。

ここでも，信義則に照らした判断が意味をもつ。

　(b)　**口頭の提供**（493条ただし書）

　(i)　**意　義**　　口頭の提供とは，債権者があらかじめ受領を拒んでいる場合，または，債務の履行について債権者の行為を必要とする場合に，弁済の準備をしたことを通知してその受領の催告をすることをいう。前者であれば，債務者にとって現実の提供をすることが無駄であったり（それにもかかわらず，まず現実の提供をせよ，というのは当事者間の公平に反する），後者であれば，現実の提供をすることが不可能であったりする。それゆえ，口頭の提供をすれば足りるとされている。

　口頭の提供というとき，債務者は弁済の準備をすることが必要である。実際には何らの準備をせずに，単に口先で弁済の準備をした旨を表明したからといって，それで済むわけではない。

　(ii)　**問題となる場面**

　(ア)　口頭の提供で足りる場合

　1)　債権者のあらかじめの受領拒絶の場合　　まず，債権者が受領を拒んでいる場合とは，それを明示・黙示に表明しているときのほか，契約の存在を否認して争うとき，契約を解除したと主張して争うときなどが考えられる。判例をみると，債権者（賃貸人）が，債務者（賃借人）に対して賃料とともに立替金の支払を求めたり，賃料の増額を申し入れたりして，これらの過大額でなければ受領しないとする一方，債務者が適正額について提供したとして，債務不履行を理由とする契約の解除の効力が争われるときに，口頭の提供を要するとした例がみられる（最判昭和40・9・28判夕184号119頁，最判昭和50・4・8金法763号36頁——信義則）。他方で，口頭の提供をしなければ，原則として不履行責任を免れない。

　2)　債権者の先行的協力行為を必要とする場合　　つぎに，債務の履行について債権者の行為を必要とする場合とは，履行にあたってまず受領以外の債権者の協力行為（先行的協力行為）を必要とする場合のことで，これには2系統ある。1つ目は，履行にあたって債権者の取立・立会等を必要とするときである。2つ目は，取立債務等以外で，債権者の先行的協力行為を必要とするときである。例えば，履行にあたって債権者がまず履行場所や履行期日を指定す

べきとき（大判大正 10・11・8 民録 27 輯 1948 頁），その他，債権者（注文者）から
まず材料が供給されて，債務者（加工者）がそれを加工するというときなどで
ある。

　もっとも，この場合，協力行為がされない限り，債務者は債務不履行責任を
負わない。他方で，協力行為がされると，現実の提供をしなければ，不履行責
任を免れない。こうしてみるとき，口頭の提供は，防御的効果との関係で，例
えば引渡し等についてすでに履行遅滞に陥っている債務者が，債務不履行状態
を解消するために，意味をもつ。さらに，攻撃的効果との関係で，特に双務契
約の場合に，債権者（相手方）を受領遅滞に陥らせるためにも，意味をもつ
（⇨(c)）。

　(イ)　口頭の提供すら必要ないとされる場合　　債務者が債務不履行責任を
免れるために，口頭の提供すら必要でないとされる場合がある。

　1)　債権者の受領拒絶の意思が明確な場合　　まず，判例をみると，債
務者（賃借人）の契約条項違反等を理由として債権者（賃貸人）が賃貸借契約を
解除したと主張する一方，（当該解除が認められないと判明して）一定時期以後の
賃料の受領を拒絶している場合のように，債権者が契約の存在を否定する等弁
済を受領しない意思が明確と認められる場合に，現実の提供はもちろん口頭の
提供を要しないとした例がみられる（最大判昭和 32・6・5 民集 11 巻 6 号 915 頁，
最判昭和 34・6・2 民集 13 巻 6 号 631 頁）。もっとも，これらの具体的な事案では，
債権者がすでに受領遅滞に陥っていたとみることもできる。それゆえ，学説で
は，むしろつぎの 2)　の場合として把握すべきだとされることがある。

　2)　債権者がすでに一部受領遅滞に陥っている場合　　つぎに，判例を
みると，賃貸借契約が終了したと主張して債権者（賃貸人）が一定時期以後の
賃料の受領を拒絶する一方，債務者（賃借人）の当該賃料不払を理由として賃
貸借契約を解除したと主張する場合のように，1)　の場合の準則を確認しつつ，
債務者の不履行責任を問うためには，受領拒絶の態度を改めて，以後賃料が提
供されれば確実に受領すると表示するなど，受領遅滞を解消させるための措置
を講じたうえでなければならないとする例がみられる（最判昭和 45・8・20 民集
24 巻 9 号 1243 頁，最判昭和 56・3・20 民集 35 巻 2 号 219 頁など）。1)　の場合を含め
て，これらの具体的な事案では，一度賃料を提供するなどしたのにかかわらず，

賃貸人が受領を拒んだので，賃借人としてはそれ以後の賃料支払についてなすすべがなくなった，という場面で，争いが生じている。判例のいわんとするところはよく理解できるだろう。

(iii)　準備の程度

(ア)　現実の提供と口頭の提供との関係　　例えば，目的物の引渡しについて，持参債務の場合と取立債務の場合で比べると，前者での現実の提供と後者での口頭の提供で，債務者の行為の程度には差が生じる。これに対して，取立債務の場合に，（将来するべき）現実の提供と（現在するべき）口頭の提供で比べると，債務者の準備の程度には質的に差が生じないことがある。

また例えば，口頭の提供で足りるとされる場合のうち，加工の例では，まず材料が供給されれば債務者（加工者）が加工できるだけの準備をしておくことが必要である。しかし，その後，債権者（注文者）による指示・検査等を経て完成すべきときはどうか。こうしてみると，当事者がどうすれば弁済の提供があった，と認定されるのか，つまり，債務者が行うべきは現実の提供か口頭の提供か（要件面），そのどちらかで質的に差があるのか（内容面）など，流動的だといわざるをえないだろう。同様のことは，医師・患者間の契約における診療の実施などでも，あてはまる。当事者の意思を契約の解釈によって明らかにしたうえで，社会通念を考慮しつつ，信義則に照らして，柔軟に判断することが必要となろう。

(イ)　受領拒絶の場合と先行的協力行為を必要とする場合の関係　　債権者の受領拒絶の場合であれば，債権者が翻意して受領するといえばいつでも債務者が給付を完了することができる程度の準備で足りる（債権者が受領を拒んでいるのだから）。判例をみると，金銭債務につき，債務者・金融機関間に融資契約があったときに，準備として十分と認定した例がある（大判大正7・12・4民録24輯2288頁）。学説では，債権者の受領拒絶の程度次第では，その翻意後，給付の完了まで相当期間がかかることになってもやむをえないとする。債権者の先行的協力行為を必要とする場合のうち，取立債務等のときは，債権者が必要な協力行為をするといえば直ちに債務者が給付を完了することができる程度の準備が必要である（まず債権者の協力行為を要するというだけだから）。受領拒絶の場合と比較して，内容面で相当高度のこともある。このとき，例えば，現実の

提供と口頭の提供が近接して，質的に差が生じないこともあろう。

(c) 双務契約における双務性と弁済の提供

例えば，売買契約で引渡しにつき取立債務が発生する場合には，そもそも，債権者（買主）が履行期に代金を提供しない限り，債務者（売主）は引渡しについて履行遅滞に陥らない（同時履行の抗弁権）。これは，売主による口頭の提供の有無にかかわらない。そして，このことは，期限の定めのある債務（412条1項2項）であれ，期限の定めのない債務（同条3項）であれ，あてはまる。ここでは，口頭の提供は，意味をもたない。他方で，売主が目的物を提供すれば，買主は支払について履行遅滞に陥る（同時履行の抗弁権の喪失）とともに引渡しについて受領遅滞に陥る。そして，特に，すでに履行遅滞に陥っている売主は，提供によってその不履行状態を解消する一方，今度は買主を履行遅滞とともに受領遅滞に陥らせることができる。ここでこそ，口頭の提供が意味をもつ。

7 供 託

(1) 意 義

(a) 制度の概観

供託とは，法の定める一定の場合に，金銭その他物または有価証券を，供託所等に提出（寄託）して管理をゆだねつつ，その供託所等を通じて債権者等の特定の相手方に取得させることによって，一定の目的を達成するための制度である。

供託の制度は，その目的に応じて，以下の①〜⑤の5種類ある。

まず，①弁済供託は，弁済者が弁済の目的物を供託することをいう。債権者の受領拒絶，受領不能，または確知不能の場合に，債務者としては弁済供託によって債務を免れることができる（494条）。また，商法で商行為に関する特則がある（商524条1項など）。

例えば，履行にあたって債権者の受領が必要な場合に，債権者が受領を拒んだときは，債務者としては弁済の提供によって債務不履行責任を免れることができる。しかし，提供によっては債務は消滅しないので，そのままでは債務を免れることができず，それが債務者にとって負担となることがある（口頭の提

供で足りる場合〔493 条ただし書〕とはいえ，債権者が翻意して受領するといえばいつでも給付を完了することができる程度の準備を継続することが必要となるから）。そこで，このような場合に，債務者を債務から解放するというのが，弁済供託の制度趣旨である。弁済供託については，本款で説明する。

つぎに，②執行供託は，民事執行法等による手続の際に，執行機関または執行当事者が執行の目的物を供託することをいう。債権執行の場面では，執行供託と併せて弁済供託の性質ももつ，とみられる。

このほか，③一定の債務または他人の損害を担保するための担保（保証）供託（366 条 3 項・461 条 2 項など。その他，民訴法上〔裁判上〕，税法上，業法上様々），④供託物を保管するための保管供託（商 527 条など。その他，業法上様々），⑤その他の特殊（没収）供託（公選 92 条）がある。なお，保管供託の場面でも，実質的には弁済供託または担保（保証）供託の性質ももつ，とみられる（③所掲のほか，394 条 2 項・578 条など）。

供託の方法や手続については，弁済供託につき 495 条に規定があるほか，供託法および供託規則に通則が定められている。

(b)　弁済供託の性質

(ⅰ)　**私法的側面**　　弁済供託は，第三者のためにする契約（537 条以下）による寄託（657 条以下）とみるのが通説である。すなわち，弁済者（諾約者）と供託所（要約者）を当事者とする契約に基づいて，債権者（受益者）に寄託契約上の権利（供託物還付請求権）を取得させる，とみるのである（⇨(3)(b)(ⅰ)㋐）。

供託所は債権者のために供託物を保管する，というのみである。そうすると，供託による債務消滅の効果は，契約の効果として生じるわけではない。そうではなく，494 条の法定の効果として生じる，とみるべきことになる。

(ⅱ)　**公法的側面**　　供託の相手方に着目してみると，目的物が金銭および有価証券であれば，国家機関である法務局等を供託所として，保管および事務を供託官が取り扱う（供 1 条以下）。それら以外の物品であれば，法務大臣が指定する倉庫営業者または銀行を供託所として，一定の取扱いが定められている（供 5 条以下）。それゆえ，供託は，公法的側面ももつ，とされている。（最大判昭和 45・7・15 民集 24 巻 7 号 771 頁を参照）。

(2) 弁済供託の要件と主体・客体等

(a) 要　件

(i) 債務の存在　　弁済供託は，債務の存在を前提とする（大判昭和 3・6・28 民集 7 巻 533 頁，大判昭和 13・6・11 民集 17 巻 1249 頁を参照）。

(ii) 供託原因の存在　　弁済供託は，履行にあたって債権者の受領が必要な場合に，（広い意味で）債権者が受領をしないときに，認められる。

供託をすることが認められる事由（供託原因）は，以下の(ア)〜(ウ)の 3 種類ある。

(ア)　債権者の受領拒絶　　これは，弁済者が弁済の提供をした場合に，債権者が受領を拒んだときのことである（494 条 1 項 1 号）。

これには先立つ提供を要する。結局，債務者は，先立つ提供によって債権者を受領遅滞に陥らせることを要する。受領という過程を経ずに債権が消滅する効果を有する（だから債務者は自らなし得べきことをすべき）一方，債権者からすれば供託物還付請求手続が加わることになって，不利益となるからである。

従前の判例をみると，債権者があらかじめ受領を拒んでいる場合であっても先立つ提供を要するとしつつ，提供をしても債権者が受領しないことが明らかなときは，提供を要しないで直ちに供託をすることができるとしてきた（大判明治 45・7・3 民録 18 輯 684 頁，大判大正 11・10・25 民集 1 巻 616 頁）。

(イ)　債権者の受領不能　　これは，債権者が弁済を受領することができないときのことである（494 条 1 項 2 号）。

これには先立つ提供を要しない。また，債権者の帰責事由を要しない。受領不能は一時不能でもよい（大判昭和 9・7・17 民集 13 巻 1217 頁）。

(ウ)　債権者の確知不能（不確知）　　これは，債権者を（過失なく）確知することができないときのことである（494 条 2 項）。供託実務では，債権者不確知ということが多い。

確知不能とは，債権者または弁済受領権者が存在するものの，弁済者からみてそれが誰か分からないときのことをいう。事実上分からないときでも，法律上分からないときでもよい。よく挙げられるのは，例えば，相続が開始したが，相続人が誰か分からず，被相続人の債務が誰に帰属するのか分からないとき，また例えば，債権譲渡の効力について，当事者（譲渡人と譲受人）に争いがある

ときなどである（⇨第5章**第2節**）。

　債権者の確知不能を理由とする供託は，弁済者の無過失を要する（494条2項ただし書）。これは，善良な管理者の注意をもってしても分からないときのことをいう。供託の効力を争う側が，弁済者の有過失について主張・立証責任を負う。

　(ⅲ)　**債務の本旨に従った弁済と同一の内容であること**　供託の内容は，債務の本旨に従った弁済と同一の内容である必要がある。判例をみると，金銭債務で金額に争いがある場合に一部額を提供したときに関連して，その一部額を供託したとき，有効な供託があったと認められるかどうかが問題となることが多い。

　一部額の供託は有効な供託でない（大判昭和12・8・10民集16巻1344頁）。もっとも，本来の金額にわずかに足りないだけであれば，有効とされることがある（前掲大判昭和13・6・11——後日不足額を追加供託，前掲最判昭和35・12・15）。ここでも信義則に照らした判断が意味をもつ。債務の一部ずつの弁済供託の合計額が債務全額に達したときは，その全額について有効である（最判昭和46・9・21民集25巻6号857頁）。不法行為を理由とする損害賠償請求訴訟の控訴審係属中に，加害者が被害者に第一審判決で支払を命じられた損害賠償金の全額を供託した場合に，控訴審の審理の結果，その提供額が損害賠償債務の全額に満たないことが判明したときも，有効な供託とすることが当事者間の公平にかなう（最判平成6・7・18民集48巻5号1165頁）。

　金額に争いがある場合の一部供託を債権者が無留保で受領したときは，有効な供託として債務全額が消滅する。債権者は供託を受諾する意思を表示したと認められるからである（最判昭和33・12・18民集12巻16号3323頁）。債権者が留保付で受領したときは，残額について債務は消滅しない（最判昭和38・9・19民集17巻8号981頁）。債権者が受領まで一貫して供託金額を超える金額（利息）を請求する訴訟を続行したときも，残額について債務は消滅しない。債権者が別段の留保の意思表示をしたとみるべきだからである（最判昭和42・8・24民集21巻7号1719頁）。

　(b)　**主体・客体等**

　弁済供託の当事者，目的物，その他関連する供託の手続等については，以下

【表 3-3】 供託主体・客体

主 体			適用条文
当事者	供託者	弁済者 債務者の代理人も，供託をすることができる。また，第三者も，弁済をすることができるとき（474），供託をすることができる。	494
	相手方	債務履行地の供託所 ※債務履行地（最小行政区画〔市区町村〕）に供託所が存在しない場合，「履行地外の相当なる供託局」（大判昭和 8・5・20 民集 12 巻 1219 頁）……債務履行地の属する行政区画（都道府県）内における最寄りの供託所	495 I
		目的物が金銭および有価証券であれば，法務局等を供託所とする。それら以外の物品であれば，法務大臣が指定する倉庫営業者または銀行を供託所とする。	495 II （供 1，5） 非訟 94 も参照
客 体			
目的物		金銭，有価証券，その他動産のことも不動産のこともある。実際上は，金銭であることが多い。	
	原 則	その目的物自体を供託する。	
	例 外	目的物が供託に適しないとき，または滅失・損傷その他の事由による価格の低落のおそれがあるとき，または保存について過分の費用を要するときなどは，弁済者は，裁判所の許可を得て，その物を競売してその代金を供託することができる。	497 非訟 95 も参照
		※自助売却（権） 債務者に代金による供託を可能にして，債務者の損害を防止する競売（による代金の供託）のこと。 （具体例） 爆発物，青果鮮魚，家畜など，その他にも巨大物，多量物等様々	民執 195
	特 則	商人間の売買で，自助売却（権）の要件を緩和	商 524 II
その他		＊参考　供託の手続と供託の通知 供託をしようとする者は，供託書に必要事項を記載して，供託の目的物を添えて，供託所に提出する。	（供則 13）
		そして，供託者は，遅滞なく，債権者に供託の通知をしなければならない。	495 III （供則 16）
		※現在では，供託書正本および供託通知書は，供託物還付請求の手続の際の添付書類としても不要とされている。	（供則 24）

のようである（⇨**表 3-3**）。

(3) 弁済供託の効果と供託物の払渡し

(a) 効 果

供託によって，供託時に，債権が消滅する（494 条 1 項柱書後段）。質権，抵当権などの担保権も消滅する（付従性）。

もっとも，弁済者は，一度供託をしても，一定の事由が発生するまでは，供託物を取り戻すことができる（496 条）（⇨(b)(i)(イ)）。従前の学説では，供託物の取戻しを解除条件として，遡及的に供託の効力が失われるとみるのが通説であ

る（大判昭和 2・6・29 民集 6 巻 415 頁も参照）。民法も効力発生時を条文上明確化したことを，その論拠の 1 つとして加えることになろう。

　判例をみると，金銭債務で金額に争いがある場合に一部額が供託されたときに関連して，その一部額の還付を受けたときはどうか，弁済としてどのような効力を有するかが問題となることが多い。

(b)　供託物の払渡し

　供託物の還付と供託物の取戻しを併せて，供託物の払渡しという（供 8 条，供則 22 条などを参照）。

(i)　民法上の供託物払渡し

　(ア)　供託物還付請求権（供託物引渡請求権）　債権者は，弁済の目的物または自助売却による代金が供託されたときは，供託所または供託物の保管者に対して，供託物の還付を請求することができる（498 条 1 項，供 8 条 1 項）。

　供託物還付請求権（供託物引渡請求権）は，本来の履行請求権と同一の内容である。それゆえ，債務者に反対給付をすべき義務を負うときは，債権者は，その給付をしなければ，供託物を受け取ることができない（498 条 2 項，供 10 条）。これは，例えば，双務契約で，債権者が先履行義務を負うとき，または，債務者が同時履行の抗弁権を有するときに，あてはまる。

　(イ)　供託物取戻請求権　弁済者は，一度供託をしても，一定の事由が発生するまでは，供託物を取り戻すことができる（496 条 1 項）。供託は，弁済者の便宜と，その保護を目的とする制度であるから，弁済者が翻意すれば供託物を取り戻せるようにするというのが，その趣旨である。

　供託物取戻請求権は，債権者または第三者を害しない限りで，認められる。債権者が供託を受諾せず，または供託を有効と宣告した判決が確定しない間に限って，取戻しが認められるにすぎない（496 条 1 項）。また，供託によって（債務とともに）質権または抵当権が消滅したときは，はじめから取戻しが認められない（同条 2 項）。取戻しが認められてこれらが復活するならば，後順位担保権者等を害するおそれがあるというのが，その趣旨である。判例をみると，譲渡担保権が消滅したときも，取戻しは認められない（同条 2 項の類推適用）（最判昭和 53・12・22 判時 922 号 49 頁）。他方で，学説では，それら以外の人的担保および物的担保が一度消滅したときであっても，取戻しが認められるとみて，供

託物が取り戻されるとこれらの人的担保および物的担保が復活する，とみるのが多数である。

　従前の判例によると，供託物取戻請求権の消滅時効について，債権の消滅時効の一般準則が適用される。このとき，その消滅時効は，供託の基礎となった債務について「紛争の解決などによって不存在が確定する」時，または，「消滅時効が完成する」時など，供託者が免責の効果を受ける必要が消滅した時から進行する（前掲最大判昭和45・7・15，最判平成13・11・27民集55巻6号1334頁）。

　　(ii) 供託法上の供託物払渡し　　供託者は，供託が錯誤によるときまたは供託原因が消滅したときも，供託物を取り戻すことができる（供8条2項）。

8 弁済による代位

(1) 総説——弁済による代位の意義

　ここでは，債務者以外の者が債務を消滅させた（弁済した）後の当事者関係について述べることになる。その前提としては，特に第7章「多数当事者の債権・債務関係」の学修が進んでいることが望ましい。各位の状況に合わせて，学修の順序を変えたり，関係する頁を参照したりすることを推奨する。

　図3-1のように，主たる債務者Bに代わって保証人（⇨第7章**第6節**）CがC自身の保証債務を弁済した場合，CはBに対して求償権（γ）を取得する（459条以下）。しかし，求償権は担保権のない一般債権にすぎないので，Bに他の一般債権者Dがいるような場合，Cの求償権（γ）とDの債権（β）との間には，「債権者平等の原則」（⇨第6章**第1節 1**(1)）が働くことになり，Cは充分な償還を受けることができないおそれがある。Cは自身の債務ではないBの債務を代わりに弁済したものであるから，Cの求償権は他の一般債権者より有利な扱いを受けてよい。

　そこで，Cのような弁済者を保護するために，一定の要件の下で，Cにより弁済を受けた債権者Aの権利をCに移転させることにより，Cの求償権を「担保」する制度がある。これを「弁済による代位」という（499条〜504条）。弁済による代位の効果を生じさせる弁済のことを「代位弁済」といい，代位をする者を「代位者」という（502条1項参照）。代位弁済した点をとらえて「代位弁済者」と呼ばれることもある。代位者が代位するのは，まず，債権者が債

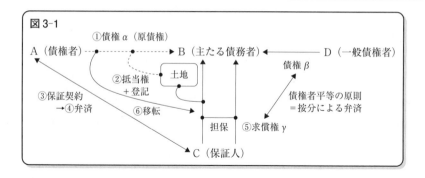

図 3-1

務者に対して有していた債権であり，これを「原債権」という。原債権が代位者に移転することに伴い，担保の附従性（随伴性）（⇨第 7 章**第 6 節 1** (3)(c)）から，原債権に付されていた抵当権や保証などの担保（権）も代位者に移転し，代位者はこの担保（権）にも代位することができる。

(2) **弁済による代位の要件**

(a) **代位の 2 つの態様──法定代位と任意代位**

(i) 概 要 代位は，第三者弁済（⇨**4** (1)(b)）の態様に応じて 2 種類ある。すなわち，第三者が債務者のために弁済をするにつき「正当な利益を有する」場合に生じる「法定代位」と，有しない場合に生じる「任意代位」とである（499 条・500 条参照。平成 29 年の民法改正後には「法定代位」〔改正前民法 500 条〕と「任意代位」〔同民法 499 条〕という用語は失われたものの，概念の本質的な部分はなお残っており，本書でも両者の語を用いて説明をする）。代位は求償権の行使を確保するためのものであるから，ここにいう「弁済」には，求償権を発生させる債務消滅行為（代物弁済，供託，相殺，混同，物上保証人に係る抵当権の実行など）が広く含まれる。弁済が前提となる以上，そもそも，第三者弁済ができない場合（474 条参照）は，代位も生じない。注意を要するのは，「債務者のために弁済した」（499 条）という表現であり，ここには，他人の債務を弁済するという意味と，自らの債務を弁済するという意味が含まれている。例えば，物上保証人はそもそも債務を負う者ではないので，その被担保債務を弁済すれば第三者弁済として代位が生じるのに対して，保証人は自らの保証債務を弁済すること

によって代位が生じるといった具合である。

　(ii)　**両者の差異**　　法定代位と任意代位との差は，原債権の代位者への移転に伴う，対抗要件の具備の要否に現れる。まず，任意代位にしろ，法定代位にしろ，弁済によって原債権が当然に代位者に移転することに違いはない。しかし，この原債権の移転は原理的には債権譲渡（⇨第5章**第2節**）に類似するところ，法定代位の場合には，債務者，第三者取得者（⇨(4)(b)），および，第三者につき対抗要件の具備の必要なくその移転を各当事者に対抗できるのに対して，任意代位の場合には，債権譲渡の規律に合わせて467条所定の対抗要件の具備がなければその移転を対抗できない（500条参照）。任意代位が生じるのは，弁済について「正当な利益」を"有しない者"についてであり，代位者の範囲が限定される法定代位とは異なり，誰がこれにあたるか不明確であるため，原債権の債務者および第三者取得者の不測の損害を避ける（特に二重弁済を防止する）べく，債権譲渡に合わせた対抗要件の具備が求められると説明される。

　(b)　**法定代位の場合**

　法定代位が生じるのは，弁済をするにあたり「正当な利益を有する者」についてである。平成29年の民法改正前は「法定代位権者」と一般的に呼ばれていたが，先の通り改正後は「任意代位」の語が失われたこともあって，単に「代位権者」と呼ばれている（504条1項）。「正当な利益を有する者」の評価は，弁済をしないと，①債権者から執行を受ける立場にある者と，②債務者に対する自らの権利の価値を喪失する者といった具合に大別される。

　①については，不可分債務者，連帯債務者（大判昭和11・6・2民集15巻1074頁），保証人（大判明治30・12・16民録3輯11巻55頁），連帯保証人（大判昭和9・10・16民集13巻1913頁），物上保証人（大判昭和4・1・30新聞2945号12頁），抵当不動産の第三取得者（大判明治40・5・16民録13輯519頁）などがこれにあたり，②については，後順位抵当権者（大決昭和6・12・18民集10巻1231頁），後順位譲渡担保権者（最判昭和61・7・15判時1209号23頁），一般債権者（大判昭和13・2・15民集17巻179頁），抵当不動産の賃借人（最判昭和55・11・11判時986号39頁）などがこれに当たるとされている。

　(c)　**任意代位の場合**

　例えば，第三者が債務者から頼まれて純粋に第三者という立場で弁済したと

いうように，「正当な利益」を"有しない"者が弁済した場合であっても，代位は生じる。これが任意代位である。法定代位との差が，対抗要件の具備の要否の点に帰着されるのは(a)で示した通りである。

(d)　求償権の存在

代位は，求償権の確保のための制度である以上，その前提として求償権の存在が必要となる。それゆえ，代位弁済者が原債権や担保権を行使するにあたっては，求償権の成立を主張立証しなければならない（最判昭和61・2・20民集40巻1号43頁参照）。したがって，代位弁済者が求償権を放棄しているような場合にあっては代位は生じない。

(3)　弁済による代位の効果

(a)　代位の内容

代位弁済者は，弁済によって消滅する債権たる「原債権」の移転を法律上当然に受け，附従性により原債権に付されていた担保についても行使する権利を取得する。代位の内容について定める501条にいう「債権の効力及び担保としてその債権者が有していた一切の権利を行使することができる」とは，このことを意味する。したがって，代位弁済者は，債権者が有していた履行請求権，損害賠償請求権，詐害行為取消権などの権利のほか，担保として原債権に付されていた物的担保権も人的担保権も行使できる。ただし，根抵当の場合には，元本確定前に被担保債権が譲渡されてもこれに随伴せず（随伴性がない），その譲受人は根抵当権を行使できないことから，代位の場合においてもその規律と平仄が合わせられている（398条の7第1項後段）。

他方，債権者の"地位"により行使が認められる，原債権に係る解除権や取消権については，代位弁済者は代位行使することはできず，債権者のみが行使することができる。後述(c)のように，一部代位と解除との関係については個別の規定がある（502条4項参照）。

(b)　求償権と原債権（担保権）との関係

求償権と原債権とは別個独立の債権であるため，代位者は，債務者に対して求償権を行使することも，原債権を行使することもできる。しかし，両者は独立した債権であるがゆえに，両者の関係をいかにとらえるかが問題となる。

　判例（最判昭和 60・1・22 判時 1148 号 111 頁，最判昭和 61・2・20 民集 40 巻 1 号 43 頁参照）は，弁済による代位が，代位弁済者の債務者に対する求償権を確保するために，本来，弁済によって消滅するはずの原債権と担保権を，代位弁済者に移転させて，「代位弁済者がその求償権を有する限度で右の原債権及びその担保権を行使することを認めるもの」であることを前提に，以下のような性質を導出する。

① 　原債権および担保権の前提として求償権の存在が必要である。

② 　原債権と求償権とは，元本額，弁済期，利息・遅延損害金の有無・割合を異にすることにより総債権額が個別に変動する。

③ 　原債権と求償権とは，債権としての性質に差異があることにより個別に消滅時効にかかる。

④ 　原債権および担保権は求償権と附従的な関係にあり，求償権が消滅すると原債権およびその担保権も消滅するなど，求償権と運命を共にする。

⑤ 　原債権および担保権の行使については，求償権の限度で認められる。

⑥ 　原債権および担保権の行使は求償権により制約を受け，求償権の存在や債権額と独立して行使が認められるわけではない。

⑦ 　代位行使の相手方は，求償権と原債権との双方につきそれぞれ付着している抗弁をもって代位弁済者に対抗できる。

⑧ 　担保権の実行があったときの被担保債権として優先弁済を受けるのは原債権であって，求償権ではない。

⑨ 　債務者から代位弁済者に対して，一部の弁済があったとき（「内入弁済」という）には，その弁済は原債権と求償権との両者に，それぞれ弁済充当（⇨ **2** (2)）の規定に従って充当される。

　これらのうち，民法は⑤⑥について具体的な規律を有している（501 条 2 項参照）。また，別個独立性から，原債権または求償権の一方に時効障害事由が生じても，原則的に他方には影響しないことや，原債権につき 169 条 1 項に基づく時効期間の変更があっても求償権には当然に影響するものではない（最判平成 7・3・23 民集 49 巻 3 号 984 頁）といったことも導かれる。

　(c) 　一部弁済（一部代位）の場合

　代位弁済者は，一部弁済にあっても，債権者の権利に代位することができ，

これを,「一部代位」という（502 条）。この場合には, 債務者の債務が残っているため, 代位弁済者に債権者の権利を自由に行使させることは債権者の権利を害することになる。このため, 債権者の保護と代位弁済者の利益との調整が求められる。

　まず, 一部代位であっても, 債権者の権利は, その弁済の範囲に従い当然に代位弁済者に移転する。例えば, 債権者の貸金債権につき, 債務者所有の不動産に抵当権が設定されていたとすれば, 一部弁済によって債権者の貸金債権（原債権）および抵当権の一部が代位弁済者に移転し, 抵当権については, 債権者と準共有の関係になる。このとき, 一方では, 代位弁済者が一部代位により債権者の権利を行使するために債権者の同意が必要となり（502 条 1 項）, 他方では, 債権者は代位弁済者の同意を要することなく単独で自らの権利をなお行使することができる（同条 2 項）。仮に, 債権者の同意の下に, 代位弁済者が一部代位により債権者の権利を行使したとしても, その配当は債権者に劣後することになる（同条 3 項）。なお, 一部代位が生じたとしても, 債権者の “地位” に属するものである原債権に係る解除権の行使は債権者のみに認められる。このとき, 解除により原債権（＝債務）の発生原因が消滅するのであるから, 債権者は代位弁済者に対して, 一部弁済を受けた価額と利息を償還しなければならない（同条 4 項）。

　一部代位については, 判例が, 代位弁済者は債権者の同意なく単独で債権者の権利を行使することができるとしていた（大決昭和 6・4・7 民集 10 巻 535 頁参照）。しかし, これに対しては, 債権者の権利行使の期待を奪うとの批判があったことから, 平成 29 年の民法改正は, 同判例の規範を否定して, 債権者の同意を要件とするに至ったことに注意を要する。

(4)　代位権者相互間の関係

(a)　概　要

　例えば, 図 3-2 において, 保証人 E が保証債務を弁済した後, 債権者 A の権利に代位して, 物上保証人 D 所有の乙土地に対する抵当権を実行したとする。このとき, D にしてみれば, 債務者 B の E に対する求償債務または A から E に移転した原債権（α 債権）を第三者弁済したことになり, 今度は, A の

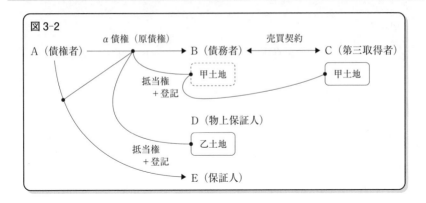

図 3-2

Eに対する保証債権に代位してその履行を請求するというように，代位の循環が生じてしまうことになる。そこで，501条はかような循環を防ぐべく，代位者相互間の関係について規律している。

(b)　保証人または物上保証人と第三取得者との関係

ここにいう「第三取得者」とは，**図3-2**のCのように，債務者が設定した担保権の目的財産（以下では「抵当権の目的不動産」を例とする）を取得した者をいう（501条3項1号）。第三取得者は，抵当権の負担が付いていることを認識しており，かつ，抵当権の負担分が控除された価格で，目的不動産を取得しているはずである。それゆえ，第三取得者は，その取得した不動産について抵当権を実行されたり，その被担保債権を第三者弁済したりしたとしても，保証人Eおよび物上保証人Dに対して債権者に代位しない（同号）。その一方で，保証人または物上保証人が保証債務や被担保債務を弁済したときには，第三取得者に対して債権者に代位できる（501条1項）。

なお，債務者B所有の甲土地と物上保証人D所有の乙土地は，α債権を被担保債権とした共同抵当の関係にある。このとき，第三取得者CとDとの関係がいかなるものとなるのかは，392条をめぐって複雑な問題が生じうる（⇨ LQ民法Ⅱ〔第4版〕第10章**第9節 ❸**）。

(c)　保証人同士の関係

図3-3のように，共同保証（⇨第7章**第6節 ❻**(2)）の場合には，各保証人はその数に応じて代位が生じる（501条3項4号本文参照）。もっとも，共同保証の

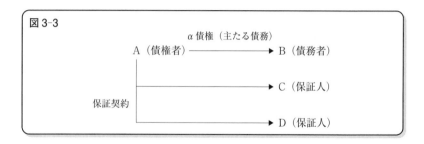

図3-3

α債権（主たる債務）

A（債権者）━━━━━━━━▶ B（債務者）

━━━━━━━━▶ C（保証人）

保証契約

━━━━━━━━▶ D（保証人）

場合には，代位の前提となる求償権の範囲と代位できる範囲との関係が問題となる。まず，共同保証人間の負担部分は原則として平等（456条〔427条準用〕）であるため，各共同保証人間の求償権の範囲は，その数に応じて定まることになり，501条3項4号本文所定の代位の割合と一致することになる。しかし，負担部分にしろ，求償権の範囲にしろ，当事者間で変更することが可能であり，その際は，求償の範囲と代位の範囲とにずれが生じることになる。また，共同保証人間に保証連帯や連帯保証（⇨第7章第6節 **6**（1）（2））の関係がある場合や被保証債権が不可分債権（⇨第7章第5節 **1**）である場合と，これらが（で）ない場合とでは，負担部分を超えて弁済をした場合の求償権の範囲に差が生じる（465条参照）ため，同じく，代位の範囲との間に差が生まれる。共同保証人が有する各自の代位権は求償権の担保としての役割を果たすものである以上，その範囲は求償権の範囲に制限されるべきであり，501条2項にいう「保証人の1人が他の保証人に対して債権者に代位する場合には，自己の権利に基づいて当該他の保証人に対して求償をすることができる範囲内」とはこの趣旨である。

(d) **物上保証人同士の関係**

図3-4のように，複数の物上保証人間については，第三取得者同士の関係に平仄を合わせ，提供した財産の価格に応じて，債権者に代位することになる（501条3項3号参照）。

なお，弁済による代位（代位弁済）が生じる前に，物上保証人について共同相続が開始されて抵当目的物について共有関係が生じた場合には，その共同相続人もそれぞれ1人と数えて代位割合を定めるというのが，判例の立場である（最判平成9・12・18判時1629号50頁参照）。

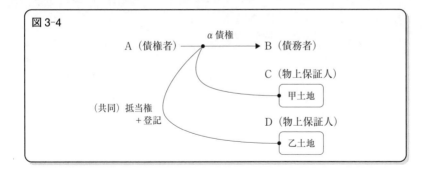

図 3-4

(e)　第三取得者同士の関係

　図 3-5 のように，債務者 B が自身の所有する複数の不動産に債権者 A のために抵当権を設定した後に，その各不動産について，第三取得者が生じた場合，第三取得者間においては，取得した担保目的物の価格に応じて，他の第三取得者に対して債権者に代位することになる（501 条 3 項 2 号）。

　例えば，図 3-5 において，C が α 債権を第三者弁済として全額弁済した場合，α 債権の価格である 1500 万円につき，甲・乙・丙の各土地の価格比により，C は D および E に対して債権者に代位することができる。したがって，D に対しては 1500×7/20＝525 万円，E に対しては，1500×1/4＝375 万円についてそれぞれ代位できる（抵当権を実行できる）。

(f)　保証人と物上保証人との関係

(i)　保証人 1 人と物上保証人 1 人の場合　　まず，保証人と物上保証人との間は，その数に応じて，債権者に代位する（501 条 3 項 4 号本文）。例えば，図 3-6 において，α 債権を担保するべく，物上保証人 C と保証人 D しかいないのであれば，C と D とで各自の弁済額の 2 分の 1 につき，それぞれ，債権者 A に代位できることになる。すなわち，A の抵当権の実行により C 所有の甲土地が 600 万円で買い受けられたとすれば，C は D に対して 300 万円につき，D が保証債務の弁済として 2000 万円を支払ったのであれば，D は C に対して 1000 万円につき，それぞれ，代位できることになる（もちろん，物上保証人については担保目的物の価値を超えて償還する必要はない）。

(ii)　保証人 1 人または複数と物上保証人が複数いる場合　　保証人とは別

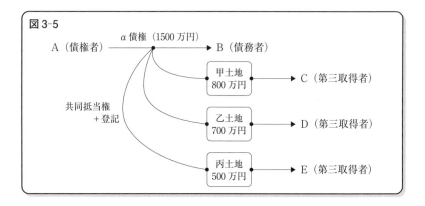

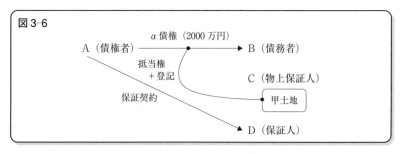

に物上保証人が複数いる場合には，保証人の負担部分を除いた残額について，各物上保証人は，提供した財産の価格に応じて，債権者に代位することになる（501条3項4号ただし書）。

　図3-7において，保証人Eが保証債務の履行としてα債権の全額について弁済したとする。このとき，まず，α債権の価格である2000万円を，保証人「E・F」および物上保証人「C・D」の合計4人の頭数で割り，これによって保証人E・Fが他の代位弁済者から代位されることになる負担額を算出する（501条3項4号本文：各500万円）。そのうえで，債権額から，E・Fの当該負担額（合計1000万円）を除いた額である1000万円について，物上保証人C・Dの抵当目的物の価額の割合に応じて，他の代位弁済者から代位されることになる負担額を算出する（同号ただし書）。すなわち，Cにつき，1000×2/5＝400万円，Dにつき，1000×3/5＝600万円となる。この結果，Eは，Fに対しては500

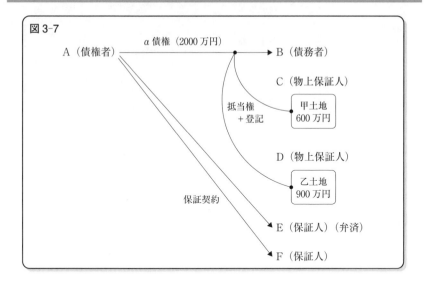

図 3-7

A（債権者）　α 債権（2000 万円）　→　B（債務者）

C（物上保証人）

抵当権＋登記　甲土地 600 万円

D（物上保証人）

乙土地 900 万円

保証契約

E（保証人）（弁済）

F（保証人）

万円，C に対しては 400 万円，および，D に対しては 600 万円を，それぞれ債権者に代位できることになる。

> **Column 3-5**　求償権と代位の範囲とが異なる場合の問題
>
> (c)保証人同士の関係でも述べたように，複数の保証人がいる場合に他の保証人に対して債権者に代位できる範囲は，求償権を行使できる範囲に限定される（501 条 2 項参照）。しかし，**図 3-7** の例と同じく，E が保証債務の弁済として α 債権の弁済をした場合には，E は一方で，465 条に従うと，F に対して 1000 万円の求償権を取得することになり，他方で，501 条 3 項 4 号本文に従うと，F に対して 500 万円の範囲でのみ債権者に代位できることになる。一般的な理解によれば，このとき，E は F に対して，そもそも求償権自体の範囲が 500 万円になると考えられている。条文からは判然としない問題である。

(g)　保証人と物上保証人との資格を兼ねる者がいる場合

図 3-8 における C および D のように，保証人と物上保証人との資格を兼ねる者がいる場合，501 条 3 項 4 号ただし書の処理をするには，保証人と物上保証人との資格を 1 つの資格と考えるべきか，あるいは，それぞれ別な資格として考えるべきか（結果として "5 人" いることになる）が問題となる。また，仮に，1 つの資格であるとしても，「保証人 1 人」とするか，または，「物上保証人 1 人」とするかも問われる。いずれの見解を採るかによって，計算の前提となる

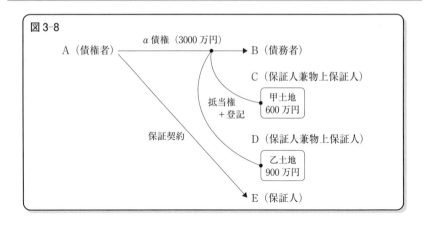

図 3-8

頭数が変わり，負担額も変動する。さらに，仮に「保証人 1 人」と考えるとき
でも，「保証人 1 人」とするか，「保証人兼物上保証人 1 人」とするかによって，
代位弁済者の優先権に変化が生じる。すなわち，両者は「保証人 1 人」を前提
とした負担額の計算方法自体は変わらないが，物上保証人としての負担である
抵当権の実行まで認めるかどうかが異なることになり，「保証人兼物上保証人
1 人」とする場合にはこれが認められることになる。判例は，「二重の資格を
もつ者も 1 人と扱い，全員の頭数に応じた平等の割合」で代位するとしており
（最判昭和 61・11・27 民集 40 巻 7 号 1205 頁），これは，「保証人兼物上保証人」
とする趣旨であると考えられている。

　例えば，図 3-8 において，E が保証債務の弁済として α 債権の全額を弁済
したとする。このとき，保証人の数（C・D・E）に応じて，各人が保証人とし
て代位を受ける負担を算出し（501 条 3 項 4 号本文：各 1000 万円），そのうえで，
物上保証人の資格も有する C および D は，その負担額の範囲内で物上保証人
としての責任も負うことになる。したがって，E は，C および D に対して，C
および D の保証人としての資格に基づき 1000 万円の範囲で債権者 A に代位
することができ，あるいは，C および D に対して，物上保証人としての資格
に基づき 1000 万円の範囲で債権者 A に代位することもできる。つまり，E は
甲および乙土地について抵当権を実行してそれぞれ 600 万円，900 万円の配当
を受けた後，C および D が保証人としての資格により代位を受ける額である

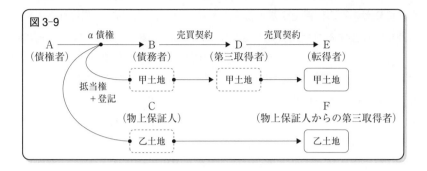

図 3-9

各 1000 万円についてこれを充当した残額，すなわち，400 万円および 100 万円を，保証人としての C および D に対してそれぞれ請求することができることになる。

(h)　**第三取得者または物上保証人からの目的不動産の取得者の扱い**

図 3-9 のように，第三取得者 D からさらに目的不動産を取得した者（E）は第三取得者としての扱いを受け，501 条 3 項 1 号および 2 号が適用される。また，物上保証人 C から目的不動産を取得した者（F）についても，物上保証人としての扱いを受け，同条項 1 号，3 号，および 4 号が適用される（501 条 3 項5 号）。

⑸　**債権者の債権証書および担保物交付義務**

代位弁済によって全部弁済を受けた債権者は，債権証書および自己の占有する担保物を代位者に交付しなければならない（503 条 1 項）。また，一部弁済の場合には，債権者は，債権証書に代位を記入し，かつ，自己の占有する担保物の保存を代位者に監督させなければならない（同条 2 項）。

⑹　**担保保存義務**

(a)　**概　要**

民法 504 条 1 項前段所定のいわゆる「担保保存義務」は，債権者の故意または過失による担保の喪失または減少に基づき代位権者（弁済をするについて正当な利益を有する者）を免責させることを通じて，反射的に，債権者に自己の担保

を代位権者のために保全する義務を課すものである。これは，代位権者の代位の期待を保護するためのものとされる。例えば，債権者Ａが，債務者Ｂに対して有する3000万円の金銭債権を被担保債権として，Ｂ所有の甲土地（評価額2000万円）に第1順位の抵当権の設定を受け，併せて，Ｃが当該債権を保証したとする。Ｃが保証債務の弁済をする前に，Ａが当該抵当権を放棄（絶対的放棄）した場合には，Ｃは，保証債務の弁済によってＡに代位して行使することができたはずの抵当権を失うことになり，代位の期待が奪われる。それゆえ，Ｃは代位できたはずの抵当権の目的不動産たる甲土地の価格である2000万円について免責を受けられることになる。

　担保保存義務にいう"義務"とは，違反によって債務不履行や不法行為に基づく損害賠償責任を発生させる意味での"義務"ではなく，代位権者の代位の期待を保護するために，担保の喪失または減少による不利益は債権者自らが負担すべきである旨を定めたにすぎないとされる（「間接義務」と呼ばれる）。

　(b)　要　件

　(i)　償還を受けることができなくなること　　代位権者がいる場合において，債権者が，「故意又は過失」によって，担保を喪失または減少させたことにより，代位権者が「償還を受けることができなくなる」ことが必要となる。

　担保保存義務は代位権者の代位の期待自体を保護するものであり，求償権の満足を問うものではない。それゆえ，ここにいう「償還」とはあくまで代位との関係に限ったものであり，担保の喪失または減少にもかかわらず，代位権者が充分な償還を受けられるような状況があったとしても，免責を導出する際の障害とはならない。その一方で，代位の期待が保護されればよいのであるから，担保の喪失または減少があっても，なお充分な担保があれば，代位権者の免責は導出されない。例えば，債権者Ａが，債務者Ｂに対して有する3000万円の金銭債権を被担保債権として，Ｂ所有の甲土地（評価額3000万円）と乙土地（評価額4000万円）とに共同抵当の設定を受け，併せて，Ｃが当該債権を保証した場合において，Ａが甲土地の抵当権を放棄しても，代位権者Ｃは免責されない。乙土地があれば，Ｃにとって自身の求償権の担保としては充分だからである。

　(ii)　担保の喪失または減少があったこと　　代位権者がいる場合において，債権者が，「故意又は過失」によって「担保を喪失し，又は減少させた」こと

により，代位権者が償還を受けることができなくなることが必要となる。

　ここにいう「担保」とは，要するに優先弁済権を付与することになる担保（権）をいい，具体的には，質権，抵当権，譲渡担保，代物弁済予約といった物的担保（の性質をもつもの）のみならず，保証といった人的担保も含まれる。その一方で，一般債権者の債権の引当てにすぎない一般担保（⇨第6章**第1節 *1*** (1)）はこれには含まれない（大判大正元・10・18民録18輯879頁）。例えば，債権者たる金融機関が融資を停止したために債務者の資金繰りが悪化し倒産した場合には，一般担保が失われることにはなるが，この“担保”の喪失をとらえて，債権者の担保保存義務を問うことはできないというのが，“一般担保は含まれない”ということの意味である。

　「喪失」または「減少」とは，担保の放棄や差替えといったことのみならず，例えば，抵当不動産につき登記手続を怠っていた間に，第三者に当該不動産を取得され所有権移転登記まで経由されてしまった結果，抵当権の対抗力が失われた，というようなことも含まれる（大判昭和6・3・16民集10巻157頁参照）。一方，抵当権を実行しない間に，抵当不動産の価格が下落し，実質的に担保が“減少した”ことは，信義則に反するような事情がない限り，原則として代位権者の免責を導出しない（大判昭和8・9・29民集12巻2443頁参照）。

(c)　効　果

　債権者の担保保存義務違反が認められる場合，代位権者は償還を受けられなくなった限度（≒担保につき代位できなくなった限度）で免責される（「(a)概要」で示した例を参照せよ）。連帯債務者や保証人といった自ら債務を負う者はその債務が，物上保証人のように責任のみ負う者はその責任が，実定法上，当然に縮減されるのであって，免責請求権が生じるわけではない。実際には，例えば，保証人であれば，債権者からの保証債務の履行請求に対する免責の抗弁，物上保証人であれば，抵当権の不存在確認請求や免責を前提とした抵当権設定登記の抹消登記手続請求といった形で用いられることになる。

　免責の評価時は，担保の全部が失われたときはその喪失が確定した時（前掲大判昭和6・3・16），一部が失われたときはその残部が実行された時（大判昭和11・3・13民集15巻339頁）とされている。

(d)　債権者の担保保存義務の"免除"

　(i)　**合理的な理由がある場合**　　債権者が担保を放棄する等の行為は，経済上または経営上，必ずしも不当なことではない。例えば，債務者から債務の一部弁済を受けたことにより，より低額な担保に差し替えたり，複数の担保の一部を解除して債務者に有効に利用してもらったり（それにより利潤を上げたり，新たな融資を受けたり）といった具合である。しかし，これらの行為はいずれも「故意」による担保の「喪失」にあたるため，代位権者の免責を生じさせるおそれがあり，この意味で，担保保存義務は，ある種"不合理な"規律でもある。それゆえ，債権者が担保を喪失または減少させたことにつき，取引上の社会通念に照らして合理的な理由がある場合には，代位権者は免責を受けられない（504条2項）。具体的には，代位権者からの504条1項に基づく免責の主張等に対する抗弁として，債権者側がかかる「合理的な理由」を主張できることを意味する。

　(ii)　**担保保存義務免除特約がある場合**　　担保保存義務の不合理性ゆえに，この"義務"を免除する旨の特約が実務において広く用いられており，これを，一般に「担保保存義務免除特約」という。判例も古くからその有効性を認めてはいるものの（大判昭和12・5・15新聞4133号16頁），「金融取引上の通念から見て合理性を有し，保証人等が特約の文言にかかわらず正当に有し，又は有し得べき代位の期待を奪うものとはいえないときは，他に特段の事情がない限り，債権者が右特約の効力を主張することは，信義則に反するものではなく，また，権利の濫用に当たるものでもない」として，例外的に，信義則または権利濫用の法理によって一定の制限を受ける場合を認める（最判平成7・6・23民集49巻6号1737頁）。具体的には，代位権者からの504条1項に基づく免責の主張等に対する抗弁として，債権者は担保保存義務免除特約の存在を主張することができ，これに対する再抗弁として，代位権者側が同特約の締結に係る信義則違反または権利濫用を主張するということになる。

　(iii)　**両者の関係**　　債権者の担保保存義務を免除する機能をもつ上記の(i)および(ii)は，債権者側が選択的に用いることが許される。この結果，まず，担保保存義務免除特約がある場合においては，代位権者の免責の主張に対して，債権者側は担保保存義務免除特約締結の事実，または，504条2項所定の「合

理的な理由」があることを，抗弁として選択的に主張することができ，債権者が同特約締結の事実を主張するのであれば，代位権者側はこの特約の締結が信義則違反または権利濫用にあたる旨を抗弁として主張できることになる。これに対して，担保保存義務免除特約がない場合には，債権者側は，504条2項に基づく抗弁の主張のみが可能となる。

(e) 物上保証人からの担保目的物の取得者（第三取得者）の扱い

先の通り，504条1項前段所定の免責の効果は，実体法上，当然に生じる。それゆえ，物上保証人の下でかかる免責の効果が生じたとすれば，これは，物上保証人が提供した抵当不動産に負担される責任の一部または全部が当然に消滅することを意味する。したがって，当該抵当不動産の第三取得者においても，その免責の効果を享受できることになる。判例（最判平成3・9・3民集45巻7号1121頁参照）の示すところであり，この趣旨は504条1項後段に明文化されている。また，この反面，担保保存義務免除特約の効果によって，物上保証人の下で免責の効果が生じなかったのであれば，その効果が生じなかった抵当不動産の第三取得者も，改めて免責の効果を享受することはできない（最判平成7・6・23民集49巻6号1737頁参照）。

> **Column 3-6　弁済による代位をめぐる特約**
>
> 弁済による代位をめぐっては，担保保存義務免除特約のほか，実務上，種々の特約が用いられている。例えば，求償権については，求償権が発生した翌日から遅延損害金が生じるとしたり，事前求償権（460条）の発生要件を追加したり，あるいは，共同保証人間の求償範囲を変更したり（放棄したり）といったことがある（求償特約）。また，代位についても，502条所定の代位の範囲を変更したり，一部代位が生じた場合に債権者と債務者の取引関係が継続している間は代位権者は債権者に代位して権利行使することができないとしたり（代位権不行使特約），といった合意がなされることがある。

第 3 節　相　　殺

1 相殺の意義

(1)　相殺の概念

　相殺とは，当事者が互いに同種
の債権・債務を有する場合に当事
者の一方から相手方に対する意思
表示によって，当事者間に相対立

図 3-10　　　　　債権 α
　　　　A ―――――→ B
　　　　　　←――――
　　　　　　　債権 β

して存在する両債権を対当額において消滅させることをいう（505 条 1 項本文・
506 条 1 項前段）。債権相互（債権・債務）の差引決済である。例えば，A が B に
対して 1000 万円の債権 α を有し，B が A に対して 2000 万円の債権 β を有す
る場合に，A または B が相殺の意思表示をするとき，両債権は，対当額（債権
額の重なる 1000 万円の範囲）において，消滅する。この相殺の効果は遡及効をも
ち，相殺に適した状態（相殺適状）が生じた時点に遡って，債権・債務が消滅
したことになる（506 条 2 項）。

　相殺の意思表示をする当事者が有する債権を自働債権という。これに対して，
相殺される当事者（相手方）が有する債権を受働債権という。なお，「反対債
権」という語が用いられることがある。これは，一般に，ある債権に対立して
存在する債権のことをいう。使われる文脈に応じて，自働債権を指しているこ
とも，受働債権を指していることもある。もっとも，「B が債権 β の履行を請
求したときに，A が債権 α による相殺をもって対抗する」，という文脈におい
て，債権 α を指して反対債権と呼ぶのが通常である。

　なお，銀行取引の場面で，銀行・金融機関と顧客の間において銀行側からす
る相殺を順相殺，顧客側からする相殺を逆相殺という。

(2)　相殺の性質

　相殺は，当事者の一方から相手方に対する一方的意思表示による（506 条 1
項前段）。相殺は，相手方のある単独行為である。民法の定める一方的意思表

示による相殺を，相殺契約との対比で，法定相殺と呼ぶ。

　これに対して，契約自由の原則から，合意（契約）によって，相殺と同一の目的を達成することができる。これを，法定相殺との対比で，相殺契約と呼ぶ（⇨**4**）。以下の説明は，特にことわらない限り，法定相殺についてあてはまる。

2 相殺の機能

　AB 間に債権 α，債権 β が相対立して存在するとき，A または B は，相殺に対する期待および利益を有する。これは，相殺につぎのような機能が認められることに基づく。

(1) 簡易決済機能

　仮に相殺を認めないとする場合との対比で，相殺を認める場合，対当額について差引計算した債権 β の残額 1000 万円を A が B に支払ったとき，この 1 回の支払だけをもって，債権 α，債権 β を簡単に決済することができる。

(2) 公平確保機能

　仮に相殺を認めないとする場合との対比で，相殺を認める場合，A は債権 α の支払を受ける限りでのみ債権 β のうち対当額 1000 万円を支払ったことになって，当事者間の公平を確保することができる。

(3) 担保的機能

(a) 意　義

　相殺を認める場合，当事者 AB 間の関係では，簡易決済機能，公平確保機能が認められる（⇨(1)(2)）。その反面として，B の他の債権者に対する関係では，A は債権 β のうち対当額 1000 万円の限りで独占的に債権 α を回収できたことになる一方，B の他の債権者はその限りで債権を回収できなくなる。つまり，AB 間で債権 α，債権 β が相対立して存在するとき，それだけで，A は，自働債権である債権 α について，受働債権である債権 β をあたかもその担保であるようにして，将来，相殺によって対当額の限りで債権 α の優先弁済を受けることができる。A が相殺をする当事者であるとき，その相殺は，債権 β の消滅

原因であるが，債権 β を担保として債権 α の事実上の優先弁済を実現することができる。

特に銀行取引においては，この担保的機能が自覚的に利用されている（⇨ **4**）。

(b) 限　界

しかし，相殺は，あくまで担保的機能をもつにとどまるのであって，物的担保そのものではない。すなわち，物的担保と比較すると，相殺では，被担保債権にあたる自働債権も，目的債権にあたる受働債権も，相殺前には特定していない。そして，相殺には，原則として公示性がない。それゆえ，ある時突然，一般債権者の 1 人がした相殺によって，債務者の責任財産（積極財産）が，それだけ減少する。それでは，相殺に対する期待および利益がどこまで認められるべきか。つまり，第三者との関係で，相殺の担保的機能が，どのような条件の下でどこまで認められるべきかが，問題となる（⇨ **5**）。

(4)　補論・相殺権

当事者間で債権が相対立して存在するとき，当事者の一方は，一定の要件の下で，相殺の意思表示によって，両債権を対当額において消滅させることができる。このように，法定相殺をすることができることを指して，相殺権を有するということがある。例えば，相殺の意思表示をした，というのと同義で，相殺権の行使と表現できるわけである。これは，法定解除をすることができることを指して，解除権を有するということと，パラレルにとらえることができる。さらに，将来，相殺によって差引計算（清算）できると合理的に期待することができることを指して，相殺権を有するということもある。相殺に対する期待が合理的なものとして保護される，というのと同義で，相殺権の保護，と表現できるわけである。使われる文脈に応じて，この後者の意味のことを含んでいることもある（例えば，「差押えと相殺」の問題。また例えば，「債権譲渡と相殺」の問題—— 469 条の見出しで「債権の譲渡における相殺権」とされている）。

3 相殺の要件

相殺の要件は，それがなければ相殺が認められない積極的要件（相殺適状）

と，それがあれば相殺が認められない消極的要件（相殺禁止）に分かれる。

　もちろん，そもそも当事者が相殺の意思表示をしなければ，債権の消滅という効果を生じない（当事者援用主義）（⇨ **1**(2)）。

(1)　相殺の積極的要件（相殺適状）

　相殺の積極的要件は，ひとことでいえば，相殺適状である。相殺に適した状態にあることを，相殺適状という。以下のように整理してみよう。

(a)　相殺適状

(i)　同一の当事者間に債権が相対立して存在すること（505条1項本文）

　原則として，相殺の意思表示をする当事者が有する債権を自働債権，相手方が有する債権を受働債権として相殺するのでなければならない（例外というべき特別の場合について， Column 3-7 。また，第三者相殺〔三者間相殺〕について ⇨ **8**）。

(ii)　両債権が同種の目的を有すること（505条1項本文）　　金銭債権がその典型である。その他，同種の代替物の引渡しを目的とする種類債権であっても，相殺をすることができる（実際上ほとんど問題にならない）。

　履行地（⇨**第2節 3**(1)(a)(i)）が異なるとき（厳密には同種の目的を有するとはいえないであろう）であっても，相殺をすることができるが，相殺の意思表示をした当事者は，相手方に対して，相殺によって生じた損害を賠償しなければならない（507条）。損害とは，例えば，本来の履行地との相違から生じた為替料や運送費，為替相場や市場価格の相違から生じた損害などが想定されている（実際上ほとんど問題にならない）。

(iii)　両債権が弁済期にあること（505条1項本文）　　相手方が有する期限の利益を一方的に奪うことは許されない，というのが，この要件の趣旨である。

　そうすると，原則として，弁済期未到来の債権を自働債権として相殺することはできない。自働債権の弁済期は原則として現実に到来していることを要するわけである。例えば，**図3-11**①では，2月15日に，Aは債権αを自働債権として相殺することができない。直ちにBに弁済を請求・強制するのと同じだからである。

　これに対して，弁済期未到来の債権を受働債権として，相殺の意思表示をす

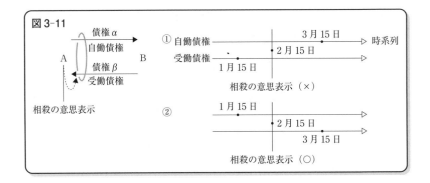

る当事者が現に期限の利益を放棄して（136条2項），相殺することは差し支えない。例えば，**図3-11** ②では，2月15日に，Aは債権αを自働債権として相殺することができる。直ちに当事者AB間に相殺適状を作り出せるからである（期限の利益を放棄することができるのだからそれでよい，というわけではなく，相殺の意思表示の時点で，期限の放棄等によって弁済期を現実に到来させていなければならない点に留意〔⇨**(b)(ii)**〕）。

　本要件のうち，特に自働債権の弁済期が到来していることという要件は，特約によって緩和する（相殺適状を繰り上げる）ことができる（⇨**4**）。

　なお，判例によると，期限の定めのない債権は，債権発生と同時に弁済期にあるといえるから，これを自働債権として直ちに相殺することができる。相手方が催告を受けて，履行遅滞の責任が生じている（412条3項）ことを要しない（大判昭和17・11・19民集21巻1075頁）。

　(iv)　債権の性質が相殺を許さないものではないこと（505条1項ただし書）

　伝統的な通説によると，これも相殺の積極的要件（相殺適状）として挙げられる。もっとも，債権の性質が相殺を許さないことについて，相殺の効力を争う側が主張・立証責任を負う。相殺の消極的要件（相殺禁止）として挙げるのがふさわしいだろう。

> **Column 3-7**　**第三者の有する債権または第三者に対する債権による法的主張が認められる特別の場合**
>
> 　505条1項本文の原則（⇨**(i)**）に対しては，例外というべき特別の場合がある。

1　第三者が相手方に対して債権を有していることを理由とする法的主張

　連帯債務の場合には 439 条 2 項により，保証の場合には 457 条 3 項により，第三者すなわち他の連帯債務者または主たる債務者が債権者に対して債権を有していることを理由とする履行拒絶権が認められる。ここでは相殺自体が認められるわけではない（⇨第 7 章第 3 節，第 6 節）。

2　相殺の意思表示をする当事者が第三者に対して債権を有していることを理由とする法的主張

　連帯債務の場合には 443 条 1 項により，保証の場合には 463 条 1 項により，求償義務者たる他の連帯債務者または主たる債務者が第三者すなわち債権者に対して債権を有していることを理由とする，履行拒絶権が認められる。求償権利者との関係でみたときは履行拒絶権にほかならず，ここでも相殺自体が認められるわけではない（⇨第 7 章第 3 節，第 6 節）。

　また，債権が譲渡された場合には，469 条により，譲渡された債権の債務者が第三者すなわち譲渡人に対して有する債権を自働債権とする相殺（相殺を譲受人に対抗すること）が認められる。このとき，判例によると，譲受人に対して相殺の意思表示をすることになる（最判昭和 32・7・19 民集 11 巻 7 号 1297 頁）（⇨第 5 章第 2 節）。

⒝　相殺適状の現存

　（i）　弁済等による一方の消滅と相殺　　相殺適状は，相殺の意思表示の時点で存在していなければならない。一旦相殺適状が生じた時点以後，相殺の意思表示の時点以前に，一方の債権が弁済，代物弁済，更改，相殺などによって消滅した場合には，原則として相殺をすることができない（最判昭和 54・7・10 民集 33 巻 5 号 533 頁〈判例 3-1〉）。

〈判例 3-1〉**最判昭和 54・7・10 民集 33 巻 5 号 533 頁**
【事案】⑴　A 信用金庫が，Z の振り出した手形を支払場所に呈示したがその支払が拒否されたことから，Z に対して手形債権 ρ の支払を求めて訴えを提起した。第 1 審口頭弁論期日に，Z は，つぎの①，②の事実の下で，（差し押さえて，転付命令を得た）B の A に対する預金債権群 β を自働債権，A の Z に対する手形債権 ρ を受働債権として相殺する意思表示をした。
　①　A は，B に対して貸付金債権群 α_1，α_2 を有していた。B は，A に対して預金債権群 β を有していた。B は手形交換所の取引停止処分を受けたので，

Aの銀行取引約定書に基づいて，AB間に相殺適状が生じた。Aは，書面甲をもって，貸付金債権群 α_1 を自働債権，預金債権群 β を受働債権とする相殺の意思表示をしたこと，また，書面乙をもって，貸付金債権群 α_2 を自働債権，預金債権群 β を受働債権とする相殺の意思表示をしたことと主張するが，各書面はいずれもBに到達しなかった。

② Zは，Bに対する手形債権を被保全権利として，BのAに対する預金債権群 β について仮差押えをし，右仮差押決定正本は，第三債務者であるAに送達された。そして，Bに対する手形債権に基づく強制執行として，BのAに対する預金債権群 β について差押え・転付命令を得て，右命令は，第三債務者であるAに，また債務者であるBに，それぞれ送達された。預金債権群 β の満期は順次到来して，ZA間に相殺適状が生じた。

(2) 第1審口頭弁論期日後，Aは，改めて，書面丙をもって，①の書面乙に記載された貸付金債権群 α_2 を自働債権，預金債権群 β を受働債権とする相殺の意思表示をして，この書面丙は，Zに，また（公示送達により）Bに，それぞれ到達した。

【判旨】破棄差戻。「ところで，相殺適状は，原則として，相殺の意思表示がされたときに現存することを要するのであるから，いつたん相殺適状が生じていたとしても，相殺の意思表示がされる前に一方の債権が弁済，代物弁済，更改，相殺等の事由によつて消滅していた場合には相殺は許されない（民法508条はその例外規定である。），と解するのが相当である。また，債権が差し押さえられた場合において第三債務者が債務者に対して反対債権を有していたときは，その債権が差押後に取得されたものでない限り，右債権及び被差押債権の弁済期の前後を問わず，両者が相殺適状になりさえすれば，第三債務者は，差押後においても右反対債権を自働債権とし被差押債権を受働債権として相殺することができるわけであるけれども，そのことによつて，第三債務者が右の相殺の意思表示をするまでは，転付債権者が転付命令によつて委付された債権を自働債権とし，第三債務者に対して負担する債務を受働債権として相殺する権能が妨げられるべきいわれはない。」

(ii) **特に時効による一方の消滅と相殺** ただし，一方の債権が時効によって消滅した場合には，例外として相殺をすることができる（508条）。現在では，両債権が相殺適状にあるとき当事者はあたかも債権・債務関係は決済されたと（そして，相手方から請求があれば，相殺をもって抗弁すればよいと）考えるのが通常であるとみて，相殺に対する期待を保護するのが508条の趣旨である，

と説明されている。

　この508条の趣旨から，すでに消滅時効にかかった他人の債権を譲り受けて，これを自働債権として相殺することはできない（大判昭和15・9・28民集19巻1744頁，最判昭和36・4・14民集15巻4号765頁）。実践的な例を挙げると，CのBに対する債権γが時効にかかった場合に，Cはいまやその債権γを回収できないのだからとAがこれを安く譲り受けて，これを自働債権としてBのAに対する債権βと相殺することはできない。当事者AB間では相殺適状が生じたことはないのだから，相殺に対する期待はあり得ないわけである。

　また，判例によると，この508条の趣旨から，消滅時効が援用された債権を自働債権として相殺しようとするときは，その消滅時効期間が経過する前に相殺適状が生じていたのでなければならない（最判平成25・2・28民集67巻2号343頁〔以下「最高裁平成25年判決」という〕——過払金返還債権を自働債権とする相殺）。したがって，「その消滅以前に」（508条）とは，消滅時効期間が経過する前のことを指すことになる（消滅時効に関する判例の不確定効果説を前提とすると，消滅時効期間の経過時を基準とするのか，それとも時効の援用時を基準とするのかが，問題として現れるわけである）。そして例えば，AがBに対して有する債権αを自働債権，BがAに対して有する債権βを受働債権としてAが相殺の意思表示をする場合に，一旦相殺適状が生じた時点以後，債権αの消滅時効期間が経過したときは，その後の，Aの相殺の意思表示の時点と，Bの時効の援用の時点の先後関係にはかかわらない（特に，Bの援用が先であるときであっても構わない）ことになる。

　なお，最高裁平成25年判決は，「既に弁済期にある自働債権と弁済期の定めのある受働債権とが相殺適状にあるというためには，受働債権につき，期限の利益を放棄することができるというだけではなく，期限の利益の放棄又は喪失等により，その弁済期が現実に到来していることを要するというべきである」とする（具体的な事案では，相殺適状時においてすでにその消滅時効期間が経過していた，として，相殺の効力を認めず）。

　また，古い裁判例をみると，債権者が主たる債務者に対して有する債権（主たる債権）が時効によって消滅したために連帯保証人に対する債権（保証債権）も消滅した場合であっても，その消滅前に相殺適状が生じていたときは，債権

者は，この保証債権を自働債権として，連帯保証人が債権者に対して有する債権を受働債権として相殺することができる，という。これに対して，学説では，批判がみられる。保証債権は付従性によって消滅したのであって，時効によって消滅したわけではないことに加えて，債権者の信頼を保護するといっても，保証人の期待を害して不公平であることなどが，その論拠である。

(2)　相殺の消極的要件（相殺禁止）

相殺の消極的要件は，相殺禁止である。相殺の積極的要件（相殺適状）を満たす場合であっても，相殺禁止にかかるときは，相殺は認められない。以下のように整理してみよう。

(a)　性質上の相殺禁止（505 条 1 項ただし書）

「なす債務」の場合（⇨第 2 章第 2 節）がその典型である。例えば，近隣農家 D と E が，小麦の収穫期に，互いにそれぞれ 7 日間ずつ，D が E のために，E が D のために作業を手伝うものと合意した場合（作為債務）である。また例えば，近隣住人・世帯主 F と G が，互いに夜何時以降は騒音を出さないものと合意した場合である（不作為債務）。これらの場合，（互いに）現実に弁済しなければ意味がない。

(b)　当事者の意思表示による禁止（505 条 2 項）

この旨の意思表示を相殺禁止特約という。当事者は，相殺禁止特約について悪意・重過失の第三者に対して対抗することができる。例えば，C の B に対する債権 γ について相殺禁止特約が締結されている場合に，A が債権 γ を譲り受けて，この債権 γ と B の A に対する債権 β を相殺するときに，譲受人 A の主観的態様が問題となる。譲渡制限特約と同様の問題が生じるわけである（⇨第 5 章第 2 節）。

(c)　自働債権とすることができない場合

(ⅰ)　**自働債権について相手方が抗弁権を有している場合**　例えば，相手方が，同時履行の抗弁権（533 条）を有しているとき，また例えば，債権者と保証人の関係において，保証債権を自働債権とする相殺について，保証人として補充性に基づく催告の抗弁権（452 条），検索の抗弁権（453 条）を有しているとき（その他，受託保証人と主たる債務者の関係において，事前求償権を自働債権とす

る相殺について，主たる債務者として対抗手段〔461条1項〕を有しているとき〔大判昭和15・11・26民集19巻2088頁〕）など（⇨第7章**第6節**）である。これらのとき，当事者の一方の意思によって相手方の有している抗弁権を奪うことは許されないわけである。

(ii) **自働債権について債権者が処分権限を有していない場合**　例えば，XがYに対して債権χを有し，YがXに対して債権ψを有する場合に，Xの債権者Wが債権χを差し押さえたときは，差押債務者Xは，債権χを自働債権，債権ψを受働債権として相殺することができない。このとき，債権χの「取立てその他の処分」を禁止されている（民執145条1項）からである。また例えば，Xが債権χをWに質入れした（質権を設定した）ときも，同様である（大判大正15・3・18民集5巻185頁）。

⒟ **受働債権とすることができない場合**

(i) **受働債権が不法行為等を理由とする損害賠償債権である場合**　この場合には，その債権を受働債権とすることができないときがある（509条）。なお，509条にいう「債務」とは，相殺の意思表示をする当事者（加害者）の債務のこと，すなわち受働債権のことである。

㋐ **相殺禁止の趣旨**　相殺禁止の趣旨には，2系統ある。趣旨①としては，被害者が，損害の現実の賠償を受けられるようにすることである。不法行為を理由とする損害賠償債権について，被害者に現実かつ迅速に弁済を受けられるようにするわけである（「治療代・薬代は現金で」）。それゆえ，加害者には相殺の便利を認められるべき利益がない，とみることもできる。趣旨②としては，不法行為の誘発を防止することである。例えば，PがQに対して貸付金債権を有している場合に，Qが返済を遅滞したときは，Pが報復的にQに危害を加えたり，または自力救済的にQの現金その他を奪取したりして，Pの不法行為を事後的に誘発するおそれがあるので，それを防止するというわけである。もっとも，被害者の保護と加害者の制裁のどちらの側面に重点を置くかで，ニュアンスの差が生じる。

㋑ **相殺禁止の趣旨と，相殺の可否**

1)　**自働債権が不法行為等を理由とする損害賠償債権である場合**　判例によると，不法行為を理由とする損害賠償債権は，被害者がこれを自働債権

として相殺することは差し支えない。相殺禁止の趣旨①②があてはまらないからである（最判昭和42・11・30民集21巻9号2477頁）。相殺の意思表示をする当事者は，不法行為を理由とするか債務不履行を理由とするかにかかわらず，損害賠償債権を自働債権とすることができる。

　　2)　受働債権が不法行為を理由とする損害賠償債権である場合　　不法行為を理由とする損害賠償債権のうち，悪意による不法行為に基づく損害賠償債権，また，人の生命・身体の侵害（人的損害）による損害賠償債権は，加害者がこれを受働債権として相殺することはできない（509条1号・2号）。

　509条1号にいう「悪意」は，破産法253条1項2号にいう「悪意」と同じである（破253条1項3号も参照）。さらに書き下すならば，「損害を与える意図」，「積極的に他人を害する意図」のことである。つまり，709条にいう「故意」またはそれに準じる不法行為を理由とする損害賠償債権を受働債権とすることはできないわけである。

　従前の判例をみると，例えば，同一の不法行為を理由とする場合に，一方が使用者責任（715条）に基づく人的損害に関する損害賠償債権，他方が共同不法行為（719条）に基づく物的損害に関する損害賠償債権であるとき（最判昭和32・4・30民集11巻4号646頁）も，また，当事者双方の過失に基づく同一の不法行為（交叉的不法行為）を理由とする場合に，ともに物的損害についての損害賠償債権であるとき（自動車衝突事故）も，一貫して，相殺を認めなかった。

　しかし，学説では，とりわけ交叉的不法行為に関する従前の判例に対して批判が強かった。禁止されるべきは，故意またはそれに準じる不法行為を理由とする損害賠償債権，また，人的損害を理由とする損害賠償債権を受働債権とする相殺ではないか，とみたのである。509条1号・2号の規定の下では，交叉的不法行為に関する従前の判例は先例としての意義を失っている。

　なお，自動車損害賠償保障法の責任保険（強制保険）制度の存在を視野に入れたとき，相殺によって損害賠償債権が消滅しても，損害賠償責任が成立したことまでは否定されず，保険給付を受ける権利は失われない，とみられる。そうすると，当事者双方が責任保険に加入しているような場面では，相手方被害者の保護に欠けるところはない，ということになる。

　　3)　受働債権が債務不履行を理由とする損害賠償債権である場合　　債

務不履行によって生じた人的損害を理由とする損害賠償債権は，債務者がこれを受働債権として相殺することはできない（509条2号）。

　念頭に置かれているのは医療過誤事例で，その損害賠償責任について，（診療契約に基づく）債務不履行構成も，不法行為構成もある。そうすると，債務者（医師）の「悪意」によって債務不履行が生じるおそれは，通常，存在しない。そうではなく，債務不履行によって生じた人的損害について，債権者（患者）に現実の賠償を受けさせるようにする必要性があるといえる。

　なお，条文上は，509条1号は不法行為の場合にのみあてはまるのに対して，2号は不法行為の場合にも債務不履行の場合にもあてはまる，という書き分けがされている。

　　4)　相手方が譲り受けた不法行為等を理由とする損害賠償債権を受働債権とする場合　相殺の相手方が，不法行為を理由とするか債務不履行を理由とするかにかかわらず，不法行為等を理由とする損害賠償債権を譲り受けたのであれば，相殺の意思表示をする当事者は，それを受働債権とすることができる（509条ただし書）。

　　(ii)　受働債権が差押禁止債権である場合　一定の債権は，民事執行法その他法律の規定に基づいて，差押えが禁じられるものがある。このような債権を，差押禁止債権という。例えば，扶養料債権（民執152条1項1号，その4分の3相当部分），賃金（給料）債権（民執152条1項2号。その4分の3相当部分），退職金債権（民執152条2項。その4分の3相当部分），その他（健康保険法61条，生活保護法58条など）が，これにあたる。差押禁止の趣旨は，債権者の生活保障の目的で，特定の債権者が現実に弁済を受けられるようにすることである。

　差押禁止債権は，法律上それを受働債権とすることができない（510条）。この相殺を認めると，差押禁止の趣旨が掘り崩される，というのがその趣旨である。

　510条の趣旨からすると，差押禁止債権は，その債権者がこれを自働債権として相殺することは差し支えない。債権者はなお処分権限を有するからである。なお，条文上も，この場合を射程の外においている。

　債権の譲渡性と法律の規定による譲渡禁止，譲渡禁止と差押禁止については，第5章**第2節**を参照。

Column 3-8　差押禁止債権が預貯金債権に転化した場合

　差押禁止債権が，債権者の預金口座に入金されて，それがいわば預金債権に転化した場合に，その預金債権は差押禁止という属性を承継するか。例えば，年金給付金がその受給者の預金口座に振り込まれたとき，銀行が，受給者に対する貸付金債権を自働債権として，その（転化した）預金債権を受働債権として相殺することができるかが問題となる。

　判例によると，この場合，その給付金が受給者の銀行における預金口座に振り込まれると，それは受給者の当該銀行に対する預金債権に転化し，受給者の一般財産になる。原則として，差押禁止債権としての属性を承継しない（最判平成 10・2・10 金判 1056 号 6 頁の是認した原審判決〔札幌高判平成 9・5・23 金判 1056 号 9 頁〕）。この相殺を認めるものとしたわけである。

　学説をみると，この相殺を認めるものとしつつ，場合によっては相殺の意思表示が権利濫用（相殺権の濫用〔⇨ **Column 3-10**〕）にあたるとするものがある。その判断にあたっては，①振込みと相殺との近接性（預金債権に転化することを待ち受けて銀行が相殺の意思表示をしたものか否か），②預金口座における入金の一義性（年金給付金等以外に入金があるか否か），③自働債権の性質（生活資金の貸付債権か，保証債権か）などが考慮される要素である，という。

　(iii)　その他法律の規定による相殺禁止　募集株式の引受人は，株式会社に対する債権と，株金払込請求権を相殺することができない（会社 208 条 3 項）。資本充実の原則に基づくものである。

　使用者は，前借金その他労働することを条件とする前貸しの債権と賃金（給料）債権を相殺することができない（労基 17 条）。さらに，判例によると，賃金の全額支払の原則（労基 24 条 1 項本文）から，使用者は，原則として，労働者に対する債権と賃金債権を相殺することができない。同原則は賃金（給料）債権を受働債権とする相殺を禁止する趣旨をも包含する，という（最判昭和 31・11・2 民集 10 巻 11 号 1413 頁，最大判昭和 36・5・31 民集 15 巻 5 号 1482 頁）。例外として，賃金過払を理由とする不当利得返還請求権と賃金債権を相殺することは，一定の要件の下で認められる（最判昭和 44・12・18 民集 23 巻 12 号 2495 頁，最判昭和 45・10・30 民集 24 巻 11 号 1693 頁）。

　(iv)　受働債権が差押えを受けた債権である場合　差押えを受けた債権を受働債権とする相殺については，「差押えと相殺」の問題となる（⇨ **5**）。

4 法定相殺・相殺契約等補論

(1) 法定相殺の方法

　相殺の相手方は，受働債権の債権者である。受働債権が譲渡された場合には，譲受人である（前掲最判昭和32・7・19）。受働債権が差し押さえられた場合に，差押債権者が取立権を有するとき（民執155条）は，その差押債権者でもよい（最判昭和39・10・27民集18巻8号1801頁）。その取立権限に相殺の意思表示を受領する権限も含むからである。もちろん，差押債務者でもよい（最判昭和40・7・20判タ179号187頁）。また，差押債権者が転付命令を得たときは，その差押債権者である（大判明治31・2・8民録4輯11頁，大判昭和8・9・8民集12巻2124頁，前掲最判昭和32・7・19を参照）。受働債権が譲渡された場合と同列に扱われるからである。

　相殺の意思表示をするのは，裁判外であっても裁判上であってもよい。訴訟において，原告の請求に対して，被告が，請求権の存否を争いつつ，予備的に，原告に対する反対債権をもって相殺を主張する，という場合が多い。その他，判例をみると，本訴において訴訟物となっている債権の全部または一部が時効により消滅したと判断されることを条件として，反訴において当該債権のうち時効により消滅した部分を自働債権として相殺を主張することができる，としている（最判平成27・12・14民集69巻8号2295頁――過払金返還債権を自働債権とする相殺）。

　判例によると，相殺の意思表示の内容は，相対立する両債権を消滅させる意思が表れていればよい。相殺をする旨を明示することを要しない（大判大正6・7・4民録23輯1269頁）。また，どの債権を自働債権または受働債権とするものか，識別可能性があればよく，その発生日時，発生原因などを明示する必要はない（大判昭和7・5・6民集11巻887頁）。

　相殺の意思表示には，条件または期限を付けることができない（506条1項後段）。条件を付けることができないのは，相手方の法的地位を著しく不安定にするからである（単独行為〔一方的意思表示〕は，原則として，条件に親しまない行為である）。また，期限を付けることができないのは，相殺には遡及効がある（506条2項）以上，無意味だからである。これに対して，当事者間の合意（契

約）で，条件または期限を付けることは差し支えない（⇨(2)）。

(2)　相殺契約と相殺予約

(a)　相殺契約の意義

前述のように，契約自由の原則から，当事者間の合意（契約）によって，法定相殺と同一の目的を達成することができる。これを，相殺契約と呼ぶ。もっとも，相殺契約によって法定相殺と同じ内容を合意したのでは，あまり意味はない。そうではなく，法定相殺と異なる内容を合意することに，意味がある。例えば，相殺の効果について遡及効をもたないとすることができる。また，民法の定める相殺の要件（積極的要件〔相殺適状〕または消極的要件〔相殺禁止〕）の適用を受けないものとすることができる。前者は，例えば，SのTに対する債権，TのUに対する債権，UのTに対する債権を，STU3者間で「相殺する」合意があてはまる。後者は，例えば，不法行為を理由とする損害賠償債権または差押禁止債権を受働債権として「相殺する」合意があてはまる。

(b)　相殺予約の意義

相殺契約によく似たものとして，相殺予約といわれるものがある。その用語法については一致をみていない。すなわち，一般に，次の(i)～(iii)の3種類のものを総称して相殺予約と呼ぶ（狭義の相殺予約との対比で，広義の相殺予約と呼ぶこともある）。そして（広義の）相殺予約は，使われる文脈に応じて，そのいずれかを指すこともあれば，いくつかを組み合わせたものを指すこともある。

(i)　**停止条件付相殺契約**　　将来一定の事由が生じたときに，それを停止条件として，当事者間に相対立して存在する両債権が対当額において当然に「相殺される」ものとする合意をいう。相殺契約の1つである。

(ii)　**（狭義の）相殺予約**　　将来一定の事由が生じたときに，予約完結権を有する当事者が実際に行使して，両債権を「相殺する」ものとする合意（予約）をいう。文字どおりの相殺予約である。広義の相殺予約との対比で，狭義の相殺予約と呼ぶこともある。相殺契約の1つである。

(iii)　**期限の利益喪失特約（相殺適状繰上特約）**　　両債権の弁済期が到来していることという要件，特に自働債権の弁済期が到来していることという要件は，特約によって緩和する（相殺適状を繰り上げる）ことができる。すなわち，

将来一定の事由が生じたときに，（自働債権について）相手方が当然に期限の利益を喪失するものと合意しておく。このとき，（受働債権について）相殺の意思表示をする当事者が当然に期限の利益を放棄するものと合意しておくのが通常である。こうして，当事者間に直ちに相殺適状を作り出せるようにするわけである。法定相殺において，期限の利益を喪失して相殺適状を繰り上げるものとする特約があることから，これを期限の利益喪失特約または相殺適状繰上特約と呼ぶ。

なお，期限の利益喪失特約は，一般に（広義の）相殺予約とされるものの，厳密にいえば相殺契約ではない。民法の定める相殺の要件の下で相殺することを予定する当事者間で，一方の債権または両債権について期限の利益に関する特約がある（だけである）。それゆえ，準法定相殺と呼ぶことがある。

(c) 銀行取引と（広義の）相殺予約

銀行取引においては，銀行取引約定書に基づいて，（広義の）相殺予約が締結される。このとき，期限の利益喪失特約が締結されるのが通常である。すなわち，顧客について，支払停止または破産・民事更生手続・会社更生手続，手形交換所の取引停止，差押え（民事執行法）・保全差押え（国税徴収法）・仮差押え（民事保全法）など，顧客の財産状態の悪化を徴表する一定の事由が生じたときに，貸付金債権について顧客が当然に期限の利益を喪失するものとする一方，預金債権について銀行が期限の利益を放棄するものとして，直ちに相殺適状を作り出せるようにするのである。このとき，「破産・民事再生手続・会社更生手続」については，その「申立て」時に，「差押え・保全差押え・仮差押え」については，その命令，通知等の「発送」時に，期限の利益を喪失するものとするのが通常である。こうして，常に，破産手続等が開始される前または差押え等が効力を生じる前に相殺適状が生じるようにするのである。さらに，このとき，期限の利益喪失特約とともに停止条件付相殺契約または（狭義の）相殺予約が締結されるのが通常である。すなわち，顧客について期限の利益の喪失など一定の事由が生じたときは，直ちに相殺の意思表示をすることができるようにするのである。こうして，条件の成就または予約完結権の行使により，常に，銀行の相殺が優先すること，つまり，相殺の担保的機能をできる限り強化することを企図しているのである（⇨図3-13，Column 3-9）。

5 差押えと相殺

　Bの債権者の1人であるCがBのAに対する債権βを差し押さえた後に，同じくBの債権者の1人であるAがBに対する債権αを自働債権として相殺すること（請求に対するAの抗弁以下，債権αによる相殺をもってCに対抗すること）が認められるか，認められるとすればどのような条件の下でどこまで認められるか。これを「差押えと相殺」の問題という。

　このとき，仮にAがBに債権βを弁済するときはどうなるか。481条がこれを規律する。すなわち，差押えを受けた（〔改正前民法〕支払の差止めを受けた）第三債務者Aは弁済（の効力）を差押債権者Cに対抗することができない。これに対して，Aが債権αを自働債権として相殺するときはどうなるか。相殺は弁済と実質的に同じであるから，Aは相殺（の効力）をCに対抗することもできないのだろうか。511条がこれを規律する。

　以下の(1)〜(2)を，**図3-12**を用いて説明しよう。

(1)　差押えの時期と自働債権の取得時期：511条1項

　まず，511条1項前段と後段に対応させて，差押えの時期と，自働債権の取得時期で大きく2つに場合分けをして説明しよう。

(a)　511条1項前段と後段

　(i)　**受働債権が差し押さえられた後で，第三債務者が差押債務者に対して自働債権を取得した場合：511条1項前段**　　511条1項前段は，差押後に取得した債権を自働債権とする相殺を禁じている。差押えの実効性を確保するのが，その趣旨である。実践的な事例を挙げるならば，同じくBの債権者の1人であるDから，Dはいまやその債権の全額を回収することは事実上できないのだからとAがこれを安く譲り受けて，これを自働債権としてBのAに対する債権βと相殺することはできない。当事者AB間では相殺適状が生じたことはないのだから，相殺に対する期待もあり得ないわけである。

　511条にいう「差押えを受けた」（〔改正前民法〕「支払の差止めを受けた」）とは，481条にいうのと同じで，差押え（民執145条）または仮差押え（民保50条）によって，第三債務者が差押債務者に対する弁済を禁じられることである。

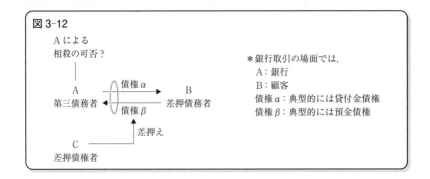

図 3-12

(ii)　受働債権が差し押さえられる前に，第三債務者が差押債務者に対して自働債権を取得した場合：511 条 1 項後段

(ア)　511 条 1 項前段の反対解釈から導かれること：差押前に取得した債権を自働債権とする相殺は禁じられない　　仮に現在の 511 条 1 項前段にあたる規定のみで考えるとして，それらを反対解釈するとどうなるかというと，差押前に取得した債権を自働債権として相殺することは禁じられない，ということが導かれる。すなわち，C が債権 β を差し押さえる前に，AB 間に債権 α，債権 β が相対立して存在していた。そして，その他相殺の積極的要件（相殺適状）が満たされるとき，A は相殺することができたはずであった。つまり，A は相殺に対する期待および利益を有していた。その後，C が債権 β を差し押さえるかどうかは偶然の事情であるから，差押えがこうした当事者間の従来の法律関係を変更するものではないはずである。つまり，債権者に対抗することができた事由を（差押債権者に）なお対抗することができる（禁じられない）ことには変わりがない。

　それでは，A が債権 α を自働債権として相殺すること（相殺を C に対抗すること）が，どのような条件の下でどこまで認められるべきか。これには解釈上幅があり得る。これらを，511 条前段を反対解釈してそれを一定の基準で制限した範囲で相殺を認める制限説と，反対解釈してそれを何ら制限しない範囲で相殺を認める無制限説の，大きく 2 つに分けることができる。

　特に問題となるのは，自働債権，受働債権ともに差押後に弁済期が到来する場合である。この場合，さらに**図 3-13** ⓐと**図 3-13** ⓑに場合分けすることが

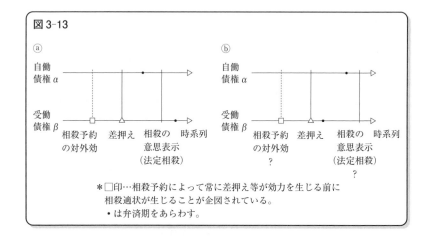

図 3-13

* □印…相殺予約によって常に差押え等が効力を生じる前に
　相殺適状が生じることが企図されている。
* • は弁済期をあらわす。

できる。**図 3-13** ⓐは，自働債権 α の弁済期が受働債権 β の弁済期よりも先に到来するときである。これに対して，**図 3-13** ⓑは，自働債権 α の弁済期が受働債権 β の弁済期よりも後に到来するときである。

　(イ)　511 条 1 項後段から導かれること：差押前に取得した債権を自働債権とする相殺は無制限に認められる　　民法は，無制限説を採用することを条文上も明確化している。つまり A が（債権 β の）差押前に取得した債権 α を自働債権とする相殺について，両債権の弁済期の先後による制約はない。債権法改正にかかる議論をみると，要綱仮案段階では，「これは，昭和 45 年判決〔後掲最大判昭和 45・6・24 民集 24 巻 6 号 587 頁……著者注〕以来，無制限説を前提として実務上の運用がされてきたという実態を踏まえると，無制限説を前提とした相殺の担保的機能は，社会において広く認知されており，公示が不完全であるとはいえ，これによって差押債権者の期待が害されるとは言い難く，この実務を改めなければならない必要性は必ずしも高くないという理由に基づくものである」と説明されていた。相殺に対する期待および利益，つまり相殺の担保的機能を最大限に保護するというのが，ここでの論拠である。

　とはいえ，規定がなく引き続き解釈にゆだねられている部分（相殺予約の対外効の問題）がある。それゆえ，従前の判例，学説を簡潔に押さえておこう。

⒝　**判例，学説等**

　従前の判例をみると，法定相殺または相殺予約の対外効が認められるのは**図 3-13** ⓐの場合であるか**図 3-13** ⓑの場合であるかで，変遷がみられる。重要であるのは，最高裁判所の昭和 39 年大法廷判決（最大判昭和 39・12・23 民集 18巻 10 号 2217 頁）と昭和 45 年大法廷判決（最大判昭和 45・6・24 民集 24 巻 6 号 587頁）である。

　そして，両大法廷判決のほか近時の裁判例をみると，どうやら，法定相殺における法的処理を先行させて，それを基礎に相殺予約の対外効が決まるという判断構造が採られている。

　⒤　**従前の判例**　　昭和 39 年大法廷判決の多数意見は，法定相殺について制限説を採ることを前提に，法定相殺が認められる場合に限って相殺予約の対外効が認められるとした。**図 3-13** ⓐでは相殺に対する期待および利益が保護されるべき正当なものであるという価値判断である。これに対して，昭和45 年大法廷判決の多数意見は，まず，法定相殺について，**図 3-13** ⓑでも Aは相殺を C に対抗することができるとする（無制限説）。つぎに，**図 3-13** ⓑでも相殺予約があればその対外効が認められるとする（対外効無制限説）。契約自由の原則を支えとして，相殺の担保的機能を重視する価値判断を基礎としたものである。

　そして，その後の判例においても，昭和 45 年大法廷判決が踏襲されてきた（最判昭和 45・8・20 判時 606 号 29 頁，最判昭和 45・11・6 判時 610 号 43 頁ほか）。

　⒤⒤　**従前の学説**　　判例を前提に，特に法定相殺の法的処理について無制限説を採るのであれば，その論拠として，①昭和 45 年大法廷判決のほか，②差押債権者 C は，相殺によって担保的に機能するよう条件づけられた債権を差し押さえたにすぎない，という差押えの実効性に関する理解，③債権 β についてその債務者 A の不履行を助長したり，不誠実な債務者 A を保護したりすることになるとの批判があることから，それに対して応接するための，遅延損害金（遅延利息）の賠償による調整，相殺権の濫用法理による制限の有用性，④定期預金を考えると，弁済期（満期）が到来しても，自動的に書き換えて継続するのが通常で，継続的取引を考えると，預金総額と貸付金総額の「にらみ合わせ」で多数の債権を多数の債務の担保とみるのが通常である，という，銀

行取引における両債権の弁済期の先後の偶然性または無意味性，⑤一般債権者との関係では，利害の対立がより大きい破産（包括執行）において債権者平等の原則が修正されて相殺が優先されている（破103条3項〔旧17条〕，破67条〔旧98条〕）のだから，差押え（個別執行）においてはなおさら相殺が優先されるべきである，という，破産法の準則との対比などが，挙げられてきた。

　もっとも，学説では，法定相殺の法的処理について制限説（弁済期先後関係説）を採りつつ，相殺予約の対外効については，期待利益説（合理的期待説）を採るものが多数とみられていた。特に期待利益説についていえば，具体的事情のもとで，両債権の弁済期の先後の関係にかかわらず，相殺に対する合理的期待があるときに相殺を認める見解であって，そこで考慮されるべき要素としては，例えば，相殺予約の存否およびその公知性，受働債権への質権設定の有無，銀行取引など取引の種類等に照らした両債権の牽連性などがある。

　(iii)　債権法改正　　相殺予約の対外効の問題については，引き続き解釈にゆだねられているというべきだろう（⇨ Column 3-9 ）。

> **Column 3-9**　**法定相殺の法的処理に関する無制限説との関係でみた，相殺予約の意味**
>
> 　法定相殺の法的処理について無制限説を採るときであっても，受動債権の弁済期の到来後自働債権の弁済期の到来前の間に，差押債権者が受働債権を取り立てるなどすることに対して，相殺の意思表示をしようとする者は異議を述べることができない。相殺の担保的機能をいかに重視するとしても，それはやはり物的担保とは異なるのである。また，その間は，相殺の意思表示をしようとする者は，受働債権について不履行に陥っていることになる。このこととの関係でみたとき，相殺予約は，（意味がなくなるどころか，）なお意味をもつ。銀行取引約定書に基づく相殺予約についていえば，この相殺予約によって，常に，破産手続等が開始される前または差押え等が効力を生じる前に相殺適状が生じるようにして，常に，銀行の相殺が優先するようにしているのである。また，銀行が不履行に陥ることもない（遅延損害金〔遅延利息〕による調整の問題は生じない）ようにしているのである。

(2)　差押えの時期と自働債権の発生時期：511条2項──**差押時には未発生の債権である場合**

さらに，Aは，Cによる債権βの差押時には未発生であるが，発生原因は存

在していて，差押後に具体的に発生した債権αを自働債権として，債権βを受働債権として相殺することができる。

　511条2項は，破産法の準則と平仄を合わせている。破産法についていえば，「破産者に対し破産手続開始前の原因に基づいて生じた財産上の請求権」（財団債権を除く）を破産債権としたうえで（破2条5号），破産手続開始後に具体的に発生したこの破産債権を自働債権として相殺することを認めている（破67条）。そして，511条2項本文についていえば，差押後に取得した債権が差押前の原因に基づいて生じたものであるときも，相殺に対する期待および利益は保護に値するとみたうえで，破産法も，破産法特有の根拠で相殺が認められる範囲を広げたわけではなく，そうすると包括執行と個別執行の機能の類似性に照らして，破産手続と強制執行の手続相互間で同様の基準とすることか望ましい，というのがその趣旨である。

　自働債権となる，差押前の「原因」に基づいて生じた債権（債権α）とは，典型的には，現在の契約によって発生する将来債権である。もっとも，それに限らず，条件付法律行為によって発生する債権も含まれる。この「原因」は，目的債権の発生原因と同じ原因であることは必要でない。そして，この「原因」には，契約（法律行為）はもちろん，事務管理，不当利得，不法行為が含まれる。

　従前の判例をみると，銀行取引の場面で，委託を受けた保証人（銀行）が破産手続開始後に保証債務を履行したことによって発生した事後求償権を自働債権，預金債権を受働債権として相殺することができる旨言及したことがある（最判平成24・5・28民集66巻7号3123頁——委託を受けない保証人の事例における傍論。参照条文は破産法67条）。511条2項本文は，主として，強制執行における相応の場面を念頭に置いている。

　その他，銀行取引の場面では，預金債権の差押えとの関係で，差押前に締結されていた銀行取引約定書に基づく，差押後に発生した手形買戻請求権を自働債権とする相殺であったり，銀行取引以外の場面では，将来の代金債権の差押えとの関係で，差押前に締結されている現在の売買契約または請負契約に基づく，目的物の契約不適合を理由とする損害賠償請求権を自働債権とする相殺であったり，将来の賃料債権の差押えとの関係で，差押前に締結されている現在の

賃貸借契約に基づく，差押後に発生した賃貸人に対する必要費償還請求権とか保証金返還請求権とかを自働債権とする相殺であったり（どのような場面かという点で，最判平成 13・3・13 民集 55 巻 2 号 363 頁，最判平成 21・7・3 民集 63 巻 6 号 1047 頁を参照），（逆に）それらの請求権の差押えとの関係で，差押前に締結された賃貸借契約に基づく，差押後に発生した賃料債権を自働債権とする相殺であったりを，想定することができる。

　511 条 2 項ただし書については，差押前に原因が存在する債権を差押後に他人から譲り受けたときは，形式的には同項本文にあたるとしても，相殺に対する期待はあり得ない（それゆえ，相殺は認められない）とみたものである。なお，判例によると，委託を受けない保証人の事例では，相殺は認められない（前掲最判平成 24・5・28。参照条文は破 72 条 1 項 1 号〔類推適用〕）。511 条 2 項ただし書の類推適用によって，強制執行の相応の場面に対応することになる。

6　相殺権の濫用

　相殺の積極的要件が満たされる場合にも，相殺を認めることが公平な結果を生むとは限らないときがある。このとき，相殺の意思表示が権利濫用にあたると評価されることがある。これを相殺権の濫用という。

　相殺権の濫用法理は，「差押えと相殺」の問題において，無制限説による不都合を回避する手段として注目されている（⇨**5**(1)(b)(ii)(iii)）。もっとも，相殺権の濫用法理は，権利濫用法理一般と同様に，一般的な射程を有しており，また例外的にあてはまるものである。

> **Column 3-10**　**相殺権の濫用が論じられる例**
>
> **1　狙い撃ち相殺**
>
> 　例えば，A が B に対して債権 α を有し，B が A に対して債権 β ほか複数の債権を有する（弁済期は債権 β について最初に到来し，ほかの債権についてその後順次到来する）場合に，債権 β を B の債権者 C が差し押さえて，転付命令を得た，とする。A が，債権 β について供託等をしないまま，弁済期が債権 β より後に到来する B のほかの債権を完済したうえで，債権 α と，特に差押え・転付の対象である債権 β とを相殺する場面を，狙い撃ち相殺と呼ぶ。下級審裁判例では，当事者の（相殺適状にある）債権・債務の選択の自由を原則としつつ，この場面での相殺を，当事者間の公平および信義則に反して，権利濫用と

して許されないとしたものがある。

2 同行相殺

例えば，A銀行甲支店に預金口座を開設している顧客Bが振り出した手形を，顧客CがA銀行乙支店で割り引いてもらった場合に，その後，この手形が不渡りになった，とする。Aが，資力のあるCに買戻しを請求するのではなく，手形金債権とBのA（甲支店）に対する預金債権とを相殺する場面を，同行相殺と呼ぶ。この場面での相殺は，Bの一般債権者を害するおそれがある。裁判例には，銀行の権利行使方法の選択の自由を原則として，当然には権利濫用にあたらないとみるものがある（最判昭和53・5・2判時892号58頁）。

3 駆込相殺

例えば，A銀行に預金口座を開設している顧客Bが振り出した手形を，Bの財産状態の悪化をいちはやく推知したCがA銀行で割り引いてもらった場合に，その後，手形が不渡りになったとする。Aは，手形金債権とBのAに対する預金債権を相殺して決済する。こうした一連の場面を，駆込相殺と呼ぶ。この場面での相殺は，Bの一般債権者を害するおそれがある。AとCがぐるになってCに優先弁済を受けさせる目的があるときは，相殺権の濫用と評価される可能性がある。

4 担保付債権との相殺

例えば，AがBに対して担保付債権αを有し，BがAに対して債権βを有する場合に，債権βをBの債権者Cが差し押さえた，とする。Aが，債権αの担保から回収するのではなく，債権αと債権βを相殺する場面を，担保付債権との相殺と呼ぶ。この場面での相殺は，Bの一般債権者を害するおそれがある。裁判例には，当然には権利濫用にあたらないとみるものがある（最判昭和54・3・1金法893号43頁）。

7 相殺の効果

(1) 債権の消滅

相殺によって，当事者間に相対立して存在する両債権は，対当額において消滅する（505条1項本文）。例えば，両債権の債権額が異なるときは，債権額の大きい債権が，差引計算した残額（残債権）について存続する。

(2) 遡 及 効

相殺の効果は，遡及効をもつ。すなわち，相殺適状が生じた時点に遡って，

債権・債務が消滅したことになる（506条2項）（⇨ **1** (1)）。現在では，両債権が相殺適状にあるとき当事者はあたかも債権・債務関係は決済されたと考えるのが通常であるとみて，相殺に対する期待を保護するのが遡及効の趣旨であると説明されている。

相殺の遡及効から，相殺適状が生じた時点以後は，約定利息は発生しない。また，履行遅滞の責任は生じない。

なお，判例をみると，賃貸借で，賃料不払を理由として契約が解除された場合に，その後，賃借人が解除前にすでに相殺適状にあった賃貸人に対する債権とその賃料債権とを相殺する意思表示をして，その賃料債権が解除前の相殺適状が生じた時点に遡って消滅するときであっても，その解除の効力には影響を与えない（大判大正10・1・18民録27輯79頁，最判昭和32・3・8民集11巻3号513頁，最判昭和43・10・31民集22巻10号2350頁）。賃借人は，（相殺の遡及効によって）賃料不払は生じないのだから契約の解除もまた効力を生じない，などと主張することはできないわけである。

Column 3-11　**修補に代わる損害賠償債権と請負代金債権の相殺**

従前の判例を踏まえていうと，損害賠償債権額のほうが請負代金債権額より小さい場合に，両債権がいわば全体として同時履行の関係にある（533条）ことによって，注文者がその差額にかかる履行遅滞の責任を負わない（最判平成9・2・14民集51巻2号337頁）。また，注文者からこの同時履行の関係にある両債権を相殺することができるが，相殺の遡及効は，いまみた責任を負わないという効果に影響しない（最判平成9・7・15民集51巻6号2581頁）。これは，具体的には，請負代金の請求に対する抗弁以下，注文者が相殺をもって抗弁したが，その損害賠償債権額を争って訴訟等が進行するうちに，観念的にはその差額について遅延損害金（遅延利息），違約金その他が発生する，という場面で，意味をもつ。

従前の判例を踏まえていうと，注文者からこの両債権を相殺することができる（最判昭和51・3・4民集30巻2号48頁，最判昭和53・9・21判時907号54頁）。すなわち，修補に代わる損害賠償債権は，代金減額・等価関係創出機能を有する（前掲最判昭和51・3・4）ので，この両債権は同時履行の関係にあるとはいえ，相殺を認めても相手方の不利益とはならず，むしろ，相殺による清算的調整が両当事者の便宜と公平にかない，法律関係を簡明にすることができる，というのが，その理由である（前掲最判昭和53・9・21）。この両債権の債権額が

異なるときであっても，両債権は，いわば全体として同時履行の関係にある（前掲最判平成 9・2・14，前掲最判平成 9・7・15 ——請負代金債務の全額の支払を拒むことが信義則に反するときはこの限りでない）。そして，注文者が相殺の意思表示をしたときは，相殺後の請負代金残債務について，相殺の意思表示をした日の翌日から履行遅滞による責任を負う。注文者の損害賠償債権が相殺適状時に遡って消滅したとしても，相殺の意思表示をするまで請負代金債務の全額について履行遅滞による責任を負わなかった，という効果に影響しない，というのがその理由である（前掲最判平成 9・7・15）。なお，<u>損害賠償債権額のほうが大きい場合で請負人が相殺の意思表示をしたときに，相殺後の損害賠償残債務</u>について，同様のことがあてはまる（最判平成 18・4・14 民集 60 巻 4 号 1497 頁）。

（改正前民法 634 条が削除されて，請負における特殊性は姿を消したしたものの，）これらは，先例としての意義を失わないだろう。学説では，<u>損害賠償債権額のほうが小さい場合に請負人から両債権を相殺することができるのかどうか</u>，議論がある。

(3)　相殺の充当

例えば，債権者 A が債務者 B に対して有する 50 万円の債権 α_1（弁済期：令和 y_1 年 5 月 31 日）および 50 万円の債権 α_2（弁済期：令和 y_1 年 7 月 31 日）と，B が A に対して有する 60 万円の債権 β_1（弁済期：令和 y_1 年 6 月 30 日），30 万円の債権 β_2（弁済期：令和 y_1 年 8 月 31 日），30 万円の債権 β_3（弁済期：令和 y_1 年 8 月 31 日）およびその利息 5 万 4000 円の債権 β_4（年利 18%）について，A が相殺の意思表示をした場合には，自働債権 α 群が，受働債権 β 群すべてを消滅させるのに足りないから，債権 β 群のどれを消滅させるのか定める必要がある。これを，相殺の充当という。

これについて，合意があればそれによる。合意がなければ，相殺適状が生じた時期の順序に従って，対当額について消滅する（以上，512 条 1 項）。そして，指定充当の規定を除く，弁済の充当の相応の規定を準用して充当する（512 条 2 項）。もっとも，指定充当の規定は準用されない（512 条 2 項 2 号）。相殺の遡及効が認められる趣旨（⇨(2)）と整合しない（相手方の期待が一方的に奪われるのは適当でない）からである。冒頭の例では，債権 α_1，α_2 と，債権 β_1 が，相殺適状が生じた時期の順序に従って，対当額について消滅する。そして，β_1 に充

当されて余る α_2 の 40 万円を，債権 β_4 に充当した後，債権 β_2 と債権 β_3 に，30 万円ずつで案分して充当する（債権 β_2 と債権 β_3 が 12 万 7000 円ずつ残る）。

　以上に対して，受働債権 β 群すべてが，自働債権 α 群を消滅させるのに足りないときにも，512 条を準用する（512 条 3 項）。どの債務 β 群を消滅させるかではなく，その逆でどの債権 α 群を消滅させるかという問題である（弁済「充当」とパラレルな意味での相殺「充当」の問題ではない）が，両者とも問題状況に変わりはないからである。

　1 個の自働債権 α または 1 個の受働債権 β について，弁済として数個の給付をすべきものがある場合（例えば，複数回分割払の特約〔合意〕があるとき）にも，512 条を準用する（512 条の 2）。

8 第三者相殺

　例えば，K が L に対して債権 κ を有し，L が M に対して債権 μ を有する場合に，K が，債権 κ を自働債権，債権 μ を受働債権として相殺することが認められるか。これを，第三者相殺（または三者間相殺）の問題という。企業間決済で，第三者相殺を利用することに一定のメリットがあるとされている。

　このとき，仮に K が L に債権 μ を弁済するときはどうなるか。474 条がこれを規律する。すなわち，第三者も，原則として，弁済をすることができる（474 条 1 項）。特に，正当な利益を有する者である第三者が弁済の提供をした場合には，それにもかかわらず債権者が受領を拒絶すれば，受領遅滞となる（⇨**第 2 節 4**(1)(b)(iii)）。これに対して，K が債権 κ を自働債権として相殺しようとするときはどうなるか。相殺は弁済と実質的に同じであるから，K は相殺をもって L に対抗することができるのだろうか（⇨**図 3-14**）。

　判例をみると，K が抵当不動産の第三取得者，L が債権者（抵当権者），M が債務者（抵当権設定者）である場合に，K の第三者弁済が認められるからといって，相殺は弁済と法的性質が異なるのだから，相殺の要件に照らして，第三者相殺は認められない，という（大判昭和 8・12・5 民集 12 巻 2818 頁）。学説では，K または L の財産状態悪化時を念頭に，第三者相殺を一般的に肯定することに対しては慎重でありつつ，他方で K が物上保証人または第三取得者である場合には第三者相殺を認める見解が有力である（⇨**第 2 節 4**(1)(b)(i)）。平時には

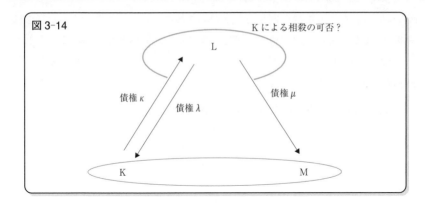

図 3-14　　　　　　　　　　　　　　　　　　K による相殺の可否？

L

債権 κ　　　　債権 λ　　　　　　　債権 μ

K　　　　　　　　　　M

これを認めるというのは，債権 μ について債権 κ をもってする代物弁済である
とみたうえで，事実上 L が代物弁済の合意（承諾）を拒否する理由はない，と
みることなども，論拠の 1 つである。他方で（L の財産状態にかかわらず）K が
物上保証人または第三取得者である場合にはこれを認めるというのは，物上保
証人または第三取得者の法的地位は，連帯債務者または保証人と実質的に同じ
であること（K が相殺によって債務 μ にかかる責任を免れるという利益は，他の一般
債権者に優先する，とみること）なども，論拠の 1 つである。

　債権法改正にかかる議論では，当初は，第三者相殺にかかる規律を創設する
ことが検討されていた。そして，①L の財産状態悪化時を念頭に，債権者間
の公平が害される，という懸念がみられる（K は，もはや券面額の価値を有しない
債権 κ について，なお券面額の価値を有する債権 μ をもって，事実上の優先弁済を受け
たことになる）ことから，L の無資力を要件として K による第三者相殺を認め
ないとする準則，また②K の財産状態悪化時を念頭に，当事者間 KL 間の公
平が害される（L が M に対して債権 λ を有しているときは，KL 間ではもはや券面額
の価値を有しない債権 λ が残るだけとなって，L の相殺に対する期待および利益が害さ
れる），という懸念もみられることから，ⓐ第三者弁済制限特約（474 条 2 項た
だし書）とパラレルに，当事者 KL の意思表示による第三者相殺制限を認める
準則，さらに，ⓑ債権譲渡における相殺権の対抗（469 条）とパラレルに，L
の債権 λ をもってする相殺権の対抗を認める準則，その他③「差押えと相殺」
の問題（511 条）とのバランスで，債権 μ の差押後の，K による第三者相殺を

認めないこととする準則を盛り込む案が示された。しかし，以上にみた懸念は根強く，また，倒産法の関連する議論にゆだねられるべき点があることなどから，検討事項として取り上げること自体が断念された。第三者相殺の要件・効果等は，引き続き解釈にゆだねられている。

> **Column 3-12　第三者相殺の実践的な事例**
>
> 　企業間決済の場面で，第三者相殺を利用することに一定のメリットがあるというとき，具体的にどのような場面で利用されているのか。そして，その場合の法律関係はどこまで明らかになっているのか。2つの裁判例が現れている。
>
> **1　最高裁平成 7 年判決**
>
> 　まず，商社 K（K が子会社，M が親会社という関係がある）と運送会社 L（L が下請，M が元請という関係がある）の 2 者間で，期限の利益喪失特約とともに相殺予約が締結されている場合に，差押等将来一定の事由が生じたとき，K が，K が L に対して有する売買代金債権 κ を自働債権，L が M に対して有する請負代金債権 μ を受働債権として相殺することができるとされていたとき（M は相殺予約の当事者ではない）について，債権 μ の差押債権者 P との関係で相殺予約の対外効を否定した例がある（最判平成 7・7・18 判時 1570 号 60 頁）。これについては，図 3-14 をそのまま用いることができるので，記号等をそろえている。
>
> 　最高裁平成 7 年判決の原審は，まず，この相殺予約の対内効について，具体的な事案では，KM が親子会社であること等を勘案して，KL 間相殺予約は，当事者 KL に M を加えた 3 者間において有効であるとした。つぎに，この相殺予約の対外効について，「差押えと相殺」との関係で，KL2 者間の相殺予約にかかる相殺をもって P に対抗するための基盤を欠いていること，また，KL2 者間の特約のみによって差押えを排除できるとすると P の利益を害すること，として，その対外効を否定した。
>
> 　これに対して，最高裁は，本件相殺予約の法的性質を一義的に決することには問題もなくはないとしつつ，「右相殺予約に基づき K のした相殺が，実質的には，M に対する債権譲渡といえることをも考慮すると，M は K が P の差押え後にした右相殺の意思表示をもって P に対抗することができないとした原審の判断は，是認することができる」，とした。最高裁平成 7 年判決を踏まえていうと，KL が選択した法形式が相殺予約であっても，（裁判所の認定する）法実質としては，債権譲渡（L が K に債権 μ を譲渡する方式または〔KM の一体性を前提に〕K が M に債権 κ を譲渡する方式），または，KM 間の債務引受である場合が生じる。当事者の意思を契約の解釈によって明らかにすることが重要

である。他方で，将来一定の事由が生じたときは直ちに KM 間で債権譲渡ま
たは債務引受が生じるようにしておくことで，P の差押えを排除できる余地が
残されている。

2　最高裁平成 28 年判決

つぎに，信託銀行 K，証券会社 M（K，M は完全親会社 N を同じくするとい
う関係がある）と証券会社 L の間で，デリバティブ取引にかかる基本契約（ネ
ッティングを含む）を締結するにあたって，期限の利益喪失特約とともに相殺
予約が締結されている場合に，当事者の一方に破産等将来一定の事由が生じた
とき，K が，K および M が L に対して有する債権と，L が K および M に対
して有する債権を相殺することができる，とされていたときについて，L にか
かる民事再生手続開始後，K が，一括清算にかかる M の L に対する清算金債
権を自働債権，一括清算にかかる L の K に対する清算金債権を受働債権とす
る相殺をすることは，民事再生法 92 条 1 項によって認められる相殺にあたら
ない，とした例がある（最判平成 28・7・8 民集 70 巻 6 号 1611 頁）。これについ
ては，**図 3-14** をそのまま用いることができないので，そこに債権の矢印等を
適宜書き加えて検討してほしい。

最高裁平成 28 年判決の原審は，（民事再生法による相殺制限〔民再 93 条〕に
はかからないとみたうえで，）KL は，それぞれのグループ企業同士で総体的に
リスク管理をすることを企図していて，この相殺予約は，分社化が進んだ金融
機関のデリバティブ取引における慣行といえる程度に広く用いられていたと推
認されること等から，K による相殺は，民事再生法 92 条 1 項によって認めら
れる相殺にあたるとした。

これに対して，最高裁は，民事再生法 92 条 1 項について，（相殺の担保的機
能を前提に）2 当事者間の相殺を保護することは，再生債権者間の公平，平等
を基本原則とする再生手続の趣旨に反するものではないことから，（民法の法
定相殺の要件と平仄を合わせて）「再生債務者に対して債務を負担する」ことを
要件として，再生債権者による相殺を認めている，とみた。しかし，他人の有
する再生債権をもってする相殺は，その文言に反して，再生手続の基本原則を
没却するもので，認められない，とした。このことは，相応の相殺予約が締結
されている場合であっても異なるものではない，ともいう。もっとも，千葉勝
美裁判官の補足意見がいうように，デリバティブ取引の性質，当事者およびそ
れらを支配下に置く企業グループにおけるリスク管理の観点等を踏まえて，
KM 間の一体性を勘案することで，法定相殺の要件を実質的に満たす余地が残
されている。

第4節　代　物　弁　済

1 代物弁済の意義

(1)　代物弁済の概念

代物弁済とは，本来の給付に代えて他の給付をすることによって債権を消滅させるものとする，債権者と債務者その他の弁済者の契約である。弁済者が現実に「他の給付」（代物給付）をしたときには，これが弁済と同一の効力を有する（482条）。

弁済者が本来の給付に代えて他の給付をすることは，それ自体は債務の本旨に従った履行ではない。債権者は，代物給付を受領する義務はない。それでもよい，と債権者が承諾すれば，債権者と弁済者の合意，すなわち，代物弁済契約が成立する。

民法は，代物弁済契約は諾成契約であることを条文上も明確化しつつ，代物給付時に債権が消滅することとしている。

(2)　代物弁済の性質

(a)　双務・有償契約

「他の給付」（代物給付）によって債権を消滅させることが有償交換の関係にある。

(b)　諾成契約

代物弁済契約は合意だけで成立して，代物給付をするべき義務（代物交付義務）が生じる。そして，弁済者が現実に代物給付をしたときに，代物交付義務が履行されて，債権消滅の効果が生じる。すなわち，他の給付をしたことを，代物交付義務の履行とみることになる。

ここでポイントとなるのは，代物弁済の要件・効果は，代物弁済契約という合意のレベルと，代物弁済契約に基づく履行，すなわち，代物給付による債権消滅のレベルで分けて考えることができる，ということである。それゆえ，学説では，「プロセスとしての代物弁済」ととらえるものがみられる（⇨**3** **4**）。

2 代物弁済の実際上の機能

代物弁済は，実際上は，債権回収の手段や債権担保の手段として用いられる。

(1) 債権回収の手段

例えば，小売業者Pと卸売業者STUが取引関係にあった場合に，その後P
の財産状態が悪化したとする。そこで，Sが弁済に代えてPの在庫商品の大半
の引渡しを受けると，Sは他の債権者に先駆けて，事実上の優先弁済を受けた
ことになる（⇨第6章第3節）。

(2) 債権担保の手段

例えば，XのYに対する1億円の貸付金債権χについて，XY間で停止条
件付代物弁済契約または代物弁済の予約の形式をとって，Yが弁済しないとき
にY所有不動産（時価3億円相当）の所有権をXに譲渡するものと合意して，
（将来の）所有権移転請求権を保全する仮登記をして，Xが（将来の）その不動
産の所有権の取得を第三者に対抗することができるようにしておく場合（不登
3条・105条2号）が，これにあたる。Yが弁済しないときに，条件の成就また
は予約完結権の行使によりXがその不動産の所有権を取得して，仮登記に基
づいて本登記に改める（不登106条）と，Xは他の債権者に先駆けて，優先弁
済を受けたことになる（177条）。

従前の判例をみると，当初は，その形式を尊重して，債権額と不動産価額の
との間に相当な不均衡があるときに限って，暴利行為として反公序良俗性ゆえ
に無効とするにとどまった（3~4倍程度が肯否の分かれ目）。しかし，その後，
不動産の「まる取り」の問題について清算義務を認めた（最判昭和42・11・16
民集21巻9号2430頁）ことをはじめとして，「仮登記担保権」として担保の実
質に即した取扱いをするようになった（判例法理の集大成として，最大判昭和49・
10・23民集28巻7号1473頁）。それでも，個別事案の解決を通じて展開された
判例法理には，一般化にあたって疑義の残る点があり，立法的な解決が必要と
された。そこで，判例法理を原則として承認しつつ，法律関係を明確にして利
害を合理的に調整するために，仮登記担保契約に関する法律が制定された。そ

の結果，清算義務が法定の義務とされて，その他抵当権に近づけた取扱いがされることになって，結局「まる取り」の「うま味」がなくなってしまったので，この手段はあまり利用されなくなっている（⇨ LQ 民法Ⅱ〔第4版〕第12章**第3節**，LQ 民法Ⅳ第7章**第2節**）。

3 代物弁済の要件

(1) 合意（契約）のレベル

(a) 債権の存在

債権の不存在にもかかわらず，代物弁済にかかる合意をしたときは，意思表示の一般的な規律にゆだねられる。結論として代物弁済契約の効力が否定されるときは，すでに給付されたものがあれば，非債弁済となる（121条の2のほか，特に705条）。

(b) 債権者の承諾（両当事者の合意）の存在

本要件ゆえに，代物弁済を契約とみることになる。

(2) 履行（債権消滅）のレベル

(a) 「他の給付をした」こと

「他の給付」（代物給付）は，その種類を問わない。代物弁済契約に応じて，金銭の支払，物の所有権の譲渡，債権の譲渡，手形・小切手の交付など様々である。本来の給付と「他の給付」は等価値である必要はない。両給付の価値が異なるときでも，その不均衡は原則として問題にならない（もっとも，代物弁済契約が反公序良俗性ゆえに無効とされることはあり得る〔⇨ **2**(2)〕）。

「給付をした」とは，その給付をすると約束しただけでは足りず，現実に給付を完了したことをいう。判例によると，代物給付が不動産所有権の譲渡であるときは，本来の給付に代えてその所有権を移転する合意だけでは足りず，引渡しおよび所有権移転登記手続を完了しなければならない（大判大正6・8・22民録23輯1293頁，最判昭和39・11・26民集18巻9号1984頁，最判昭和40・4・30民集19巻3号768頁）。

(b) 「本来の給付に代えて」他の給付をしたこと

銀行が振り出した自己宛小切手が交付された場合には，その支払の確実性か

ら，現実の提供があったと認められる（最判昭和 37・9・21 民集 16 巻 9 号 2041 頁）（⇨第 2 節 **6**(3)(a)(ii)）。

　一般の商人が振り出した手形・小切手が交付された場合には，現実の提供があったとは認められない。それでは，原因債権との関係はどうなるかというと，それが既存の原因債権の「広義の支払（弁済）のために」授受されたときは，原因債権と手形・小切手上の債権が併存する。これに対して，「支払（弁済）に代えて」授受されたときは，原因債権とともにその担保（権）が消滅する。これは，一般に，代物弁済であると考えられている。

　判例をみると，当事者の意思が不明であるときは，「広義の支払（弁済）のために」（支払〔弁済〕の確保のために）授受されたとみるべきとしている（大判大正 7・10・29 民録 24 輯 2079 頁，最判昭和 45・10・22 判時 613 号 85 頁）。原因債権が消滅するとすれば，債権者にとって不利益となるからである。

4 代物弁済の効果

(1)　合意（契約）のレベル

(a)　代物交付義務

代物弁済契約に基づいて，代物交付義務が生じる。

(b)　代物給付の目的物が不動産である場合

　原則として契約時に目的物の所有権が移転する。その後，現実の代物給付時に債権が消滅するのであるが，特にその間，弁済者は代物交付義務および所有権移転登記義務を負う。

　従前の判例をみると，①所有権移転の効果は，原則として代物弁済契約の成立時に生じるが，債権消滅の効果は所有権移転登記手続の完了時まで生じない（最判昭和 40・3・11 集民 78 号 259 頁，最判昭和 57・6・4 判時 1048 号 97 頁，最判昭和 60・12・20 判時 1207 号 53 頁）。②特約で，債権者が不動産の所有権移転登記手続に必要な一切の書類を受領した時点で直ちに代物弁済による債権消滅の効果を生じるものとすることができる（最判昭和 43・11・19 民集 22 巻 12 号 2712 頁）。以上の法律関係は，代物弁済契約の諾成契約としての法的性質から，見通しよく説明できよう。これらは，先例としての意義を失わないだろう。

　なお，代物弁済の予約についていえば，予約完結の意思表示による本契約の

成立時に，所有権移転の効果が生じる（前掲最判昭和40・3・11を参照）。

(c)　当初の給付をもってする履行

債権者は代物弁済の契約前の当初の給付の履行を請求することができるか，また弁済者は当初の給付を履行することができるか。

ここで問題となるのは，例えば金銭の支払に代えて不動産所有権を譲渡する，という場合のように，一旦，他の給付によって弁済する，とした後で，なお当初の給付をもって債権を消滅させることができるのか，もはや代物給付をもってしか消滅させることができないのか，である。これについて特約があればそれによる（代物給付を，それでもよい，と債権者が承諾したことにおいて，債権者に生じるべき利益はもちろん不利益をも甘受する意思がある，とみてよいときもあろう）。特約がなければどうかというと，当初の給付をもってする債権消滅を一律に否定する理由はないように思われる。代物弁済の法的構造をどうとらえるか，そして，代物弁済の契約後は，債権または給付の内容または個数はどうなるか，選択債権や任意債権との関係はどうかなど，付随する法律関係を含めて，解釈にゆだねられている（従前の判例をみると，所有権移転登記手続の完了前に支払によって「既存債務」が弁済されたときは，代物弁済契約は効力を失う，とした例がみられる〔最判昭和43・12・24判時546号60頁〕。これをどのように位置づけるかも問題となろう）。

(2)　履行（債権消滅）のレベル

代物弁済では，弁済者が現実に「他の給付」をしたとき，これが弁済と同一の効力を有する。すなわち，債権および担保（権）が消滅する。弁済に関する474条以下の規定も類推適用される。

代物弁済契約も有償契約であるから，代物弁済で引き渡された目的物が契約に適合しない場合は，売買の契約不適合に関する特則（562条以下）が準用される（559条）。

第 5 節　更　　改

1　更改の意義

(1)　更改の概念・性質

　更改は，更改前の債権（以下「旧債権」という）を消滅させる一方，更改後の
債権（以下「新債権」という）を発生させる契約である（双務・有償契約，諾成契
約）（513 条）。

(2)　更改の制度の存在意義

　古くは，債権譲渡・債務引受が認められず，そのような目的を実現しようと
するならば，当事者の交替による更改によらざるを得ないとされていた。しか
し，今日では，債権譲渡・債務引受が認められる（⇨第 5 章**第 2 節**，**第 3 節**）。

　また，契約自由の原則が確立されているから，給付内容の変更（目的の変更）
にかかわらず，債権の同一性を維持することが可能である。判例・学説では，
一般に，債権の同一性を失わせるのはむしろ例外であるとして，当事者の意思
が特に明確でない限り，更改の成立をたやすく認めるべきでないとしてきた
（大判昭和 7・10・29 新聞 3483 号 17 頁）。こうして，更改の制度の存在意義は乏し
いとされてきた。

　もっとも，1 個の契約により，旧債権を消滅させる一方，新債権を発生させ
ることができる，という更改の概念が有用であることは，否定されていない。
例えば，流動性預金・決済性預金（普通預金・当座預金）で，入金によって債権
額が増加する 1 個の預金債権と扱うための法律構成を考えるときがあてはまる。
また，典型的には資金決済・証券決済，企業間決済を念頭に，多数の債権・債
務を一括して決済する方法としての，ネッティング（netting）による決済，集
中決済機関（CCP〔central counterparty：取引当事者と別の清算機関〕）を介在させ
た決済にかかる法律関係を考えるときがあてはまる（債権法改正にかかる議論に
おける，更改の制度の新たな類型としての「三面更改」制度創設をめぐる議論を参照）。

(3)　代物弁済，準消費貸借との関係

　更改には，代物弁済，準消費貸借と類似する部分がある。いずれも，当初の給付とは異なる他の給付をすると合意して債権を消滅させる制度である。他方で，それぞれの対比で相異点がみられる。

　まず，代物弁済では，債権が消滅するだけである。他方で，債権消滅の効果発生には，現実に代物給付をしたことまで要する（⇨**第4節 1**(2)，**3**(2)）。

　つぎに，準消費貸借では，そもそも旧新両債権の間の関係が問題となる。これは，原則として当事者の意思による。判例をみると，当事者の意思が不明であるときは，債権の同一性を維持して，単に消費貸借の規定に従うべきとしてきた。学説では，担保（権）・抗弁（権）の帰趨を演繹的に一律に決定するのは適当でないとして，当事者の意思，また，債権の同一性を，個別に検討すべきとするのが，支配的である（⇨ LQ 民法Ⅳ第 10 章**第3節**）。

　具体的には，支払手段として手形が授受された場合や，手形の書換がされた場合等に，また，利息を元本に組み入れる場合や，数口の貸付金を 1 口にする（貸付金の統合）場合等に，これを単なる期限の猶予とみるか，または代物弁済ほかのどれとみるかが，問題となることがある（⇨**第4節 3**(2)(b)）。

2　更改の要件

(1)　序　　論

　旧債権を消滅させる一方，新債権を発生させるとみられるほど，債権の重要な部分を変更する契約をした場合に，更改の成立が認められる（513条）。客観的要件たる債権の重要な部分の変更（給付内容の変更，債権者の交替，債務者の交替の3つ〔同条各号〕）とともに，主観的要件たる更改の意思（そのような合意をしたこと）が必要である。

(2)　債権の存在

　旧債権が不存在の場合は，本要件上，更改契約は無効で，新債権は発生しない。ただし，旧債権（の発生原因である契約）に取消原因がある場合に，なお当事者が異議をとどめないで（単純に）更改をしたときは，追認をしたとみなされる（125条）から，新債権は有効に確定する。

債権者の交替による更改で，旧債権がすでに弁済等で消滅している場合に，それにもかかわらず債務者が単純に承諾した（合意をした）ときについては，弁済による債権消滅の抗弁（権）は消滅する（⇨**3**(2)）。

(3) 更改契約の締結

給付内容の変更による更改は，同一当事者（債権者・債権者）の契約による。

債権者の交替による更改は，新債権者・旧債権者・債務者の三面契約（3者間の合意）による（515条1項）。そして，更改契約を確定日付のある証書によってすることが，第三者対抗要件である（同条2項。467条2項も参照）（⇨第5章**第2節**）。

債務者の交替による更改は，債権者・新債務者・旧債務者の間の三面契約はもちろん，債権者・新債務者の間の契約によることもできる（514条1項前段）。このとき，債権者から旧債務者に対して，更改契約が成立した旨の通知をすることが，効果発生要件である（同項後段。472条2項も参照）（⇨第5章**第3節**）。

(4) 新債権の成立

新債権（の発生原因である更改契約）は，その成否または当否が問われる。新債権が不存在の場合は，本要件上，更改契約は無効で，旧債権は消滅しない。

(5) 債権の内容上重要な部分の変更

条文上3つ挙げられる（⇨(1)）うち，給付内容の変更のみ，「重要な変更をするもの」という限定が付されている（513条1号）。そもそも債権の同一性を失わせるものではないと評価されるときは，更改と認められないわけである。これに対して，当事者の変更は，それ自体で，重要な部分を変更するものとみることができる。もっとも，更改の成否はあくまで更改の意思次第であって，これをむしろ債権譲渡・債務引受とみるべきときが多いだろう。その他，例えば発生原因の変更（性質の変更）について，また，条件・期限に関する変更についても，給付内容の変更による更改の要件一般に即して，更改の成否が判断されることになる（ただ，特に期限に関する変更については，通常，重要な部分を変更するものとはみられないだろう）。

3 更改の効果

(1) 担保（権）の帰趨

原則として，旧債権にかかる担保（権）は消滅する。

例外として，債権者の単独の意思表示で，旧債権の担保として設定された担保を引受人が負担する債務に移すことができる（518条1項本文）。ただし，第三者がこれを設定した場合には，その承諾を得なければならない（同項ただし書。472条の4も参照）（⇨第5章**第3節**）。

移転される担保の範囲は，質権または抵当権に限定されている。もっとも，根抵当権については，元本の確定前に当事者の交替による更改があった場合には，518条1項にかかわらず，新債権に移転することはできない（398条の7第4項）。

なお，担保の範囲について，その限度として，旧債権の目的の限度とされている。これは，質権または抵当権で担保している範囲のことをいう（346条・375条）。

(2) 抗弁（権）の帰趨

原則として，旧債権にかかる抗弁（権）は消滅する。

債権者の交替による更改についても，原則どおりとなる。ただ，旧債権（の発生原因である契約）に無効原因がある場合に，特に反公序良俗性を理由とする無効のときは，特別の考慮（例外）が認められよう（債務者の交替による更改との関係で，大判大正8・3・7民録25輯405頁，債権譲渡との関係で，最判平成9・11・11民集51巻10号4077頁〔⇨第5章**第2節**〕を参照）。

債務者の交替による更改についても，原則どおりとなる。免責的債務引受の472条の2に相当する規定は，ここでは存在しない。

(3) 効果に関連するその他の問題

消滅時効に関する問題は，新債権との関係で決まる。もっとも，旧新両債権・債務ともに，債権の消滅時効に関する一般原則（166条）どおりとされることがほとんどだろう。

　債務者の交替による更改の新債務者は，旧債務者に対して求償権を取得しない（514条2項。472条の3も参照）（⇨第5章**第3節**）。

　更改によって発生した新債権（債務）の不履行が生じた場合に，債権者が更改契約を解除すること（法定解除）が認められるかが，問題とされている。古い裁判例をみると，これを認める態度もみられるが，学説では，これを認めないのが支配的である。更改契約は，旧債権の消滅，新債権の発生によって完結しており，新債権（債務）の不履行を更改契約の不履行と考える余地がないから，解除を考える余地もまたない，というのがその論拠である。もっとも，約定解除，合意解除を妨げない。

第6節　免　　除

■1 免除の意義

　免除とは，債権者から債務者に対する一方的意思表示によって，債権を消滅させることをいう（519条）。特に債権者からみれば，債権の放棄である。免除の意思表示は，相手方のある単独行為である。これに対して，契約自由の原則から，契約によって，債権を消滅させることができる。第三者のためにする契約（537条）としての免除契約も有効である。

　債権の一部を免除することもできる。これを一部免除という。債権はその範囲で消滅する。

■2 免除の要件

　債権が存在し，債権者がその処分権限を有すること，そして，債権者が債務者に対して免除の意思表示をしたことが要件である。

　免除の意思表示は，方式を要しない。また，明示であるか黙示であるかにかかわらない。

　ある契約と，当該契約の履行としての免除自体は，一応区別される（例えば，和解契約で，債権の全部または一部を免除する場合等）。もっとも，当該契約にかかる意思表示中に，免除の意思表示自体を含むとみるべきときが，ほとんどだろ

う。

　なお，免除の意思表示は単独行為であるが，条件をつけてもよい。相手方の
法的地位を不安定にするわけではないからである。

3　免除の制限

(1)　債権が第三者の権利の目的となっている場合

　債権を差し押さえられた債権者（差押債務者）は，当該債権の「取立てその
他の処分」を禁止されて（民執 145 条 1 項），処分権限を有しないから，その後
の免除をもって差押債権者に対抗できない（最判昭和 44・11・6 民集 23 巻 11 号
2009 頁）。

　債権を質入れした債権者（質権設定者）は，質権者に対して，当該債権の
「担保価値を維持する義務」を負うから，「債権の放棄，免除……等当該債権を
消滅，変更させる一切の行為その他当該債権の担保価値を害するような行為を
行うこと」は，同義務の違反として，許されない（最判平成 18・12・21 民集 60
巻 10 号 3964 頁）。

　土地の借地権者が借地上の所有家屋に抵当権を設定したときは，その後の借
地権の放棄をもって抵当権者および競落人に対抗できない（大判大正 11・11・
24 民集 1 巻 738 頁）。

　「取立てのための債権譲渡」で，当事者の意思が取立権限の付与（取立委任）
にとどまるときは，譲渡人はなおその債権につき処分権限を失わず，譲受人は
当該債権自体を取得しないから，免除その他の処分をすることができない（譲
受人による債権譲渡との関係で，大判昭和 2・4・5 民集 6 巻 193 頁を参照）。これに対
して，取立目的で債権が譲渡されたとき（信託的譲渡）は，譲受人（受託者）は，
譲渡人（委託者）に対して，取立目的を超えて債権を行使しない義務を負うが，
当該債権自体は移転しているから，受託者がした免除自体は有効である（大判
昭和 9・8・7 民集 13 巻 1588 頁）。

(2)　その他性質上の制限

　扶養請求権について，生活保障という趣旨に照らして，かかる権利を将来に
わたって放棄することはできない（881 条）。

株金払込（株式払込）請求権について，資本充実の原則から，かかる義務の全部または一部を免除することができない（大判大正 4・11・20 民録 21 輯 1886 頁，大判昭和 3・4・23 民集 7 巻 225 頁）。

運送契約で，運送事故につき保険契約に基づき支払われる保険金のみをもって塡補することと合意したときは，せいぜい，荷送人が保険金額を超える損害部分の賠償請求権のみを放棄する旨の意思表示をしたと解することしかできない。一切の放棄だとすれば，保険者は，かかる放棄がなければ保険代位に基づき運送人に対して取得すべき賠償請求権の金額の限度において保険金支払義務を免れるので，結局，荷送人は，運送人からも保険会社からも損害賠償を受けられなくなるからである（最判昭和 43・7・11 民集 22 巻 7 号 1489 頁，最判昭和 51・11・25 民集 30 巻 10 号 960 頁）。

退職金債権については，賃金の全額支払の原則（労基 24 条 1 項本文）が適用されるが，同原則は退職金債権を放棄する旨の意思表示の効力を否定する趣旨を含まない。もっとも，放棄の意思表示の効力を肯定するには，労働者の自由な意思に基づくことが明確でなければならない（最判昭和 48・1・19 民集 27 巻 1 号 27 頁）。

4　免除の効果

債権は消滅する。全部が消滅するときは，それとともに担保（権）も消滅する。

第 7 節　混　同

1　混同の意義

混同とは，債権および債務が同一人に帰属することによって，その債権・債務が消滅することをいう（520 条）。例えば，債権者が債務者を相続した場合，債権者である会社と債務者である会社が合併した場合，債権者の債務者に対する債権をその債務者が譲り受けた場合等が，これにあたる。

混同は，一つの事実（事件）である。

現在では，自分が自分に対して請求すること，または自分の財産の一方から

他方に弁済することは無意味であることが，混同による債権・債務消滅の趣旨とみるのが，一般である。したがって，債権・債務を存続させておくことに意味がある場合には，混同の例外が認められる。そして，民法では，そのような場合の典型として，債権が第三者の権利の目的となっている場合の例外が定められている（520 条ただし書）。また，現在では，国・地方公共団体，独立行政法人，民間企業その他の組織が複雑化して，同一の主体に属すべき財産でも，組織内部の別個の部局，部門または本支店等で別個の財産（別会計）として管理されることがある。そこで，民法の定める例外だけでは狭いとみて，債権・債務を存続させておくことに法律的または経済的に意味があるときには，520 条ただし書の趣旨を類推して混同の例外をより広く認めるべきとされている。

　なお，混同による消滅は，債権のみならず物権についても生じる。そして，物権についても同様の規定がみられる（179 条）。

② 混同の要件

　債権が存在し債権者がその処分権限を有すること，そして，債権および債務が事実として同一人に帰属したことである。

③ 混同の効果

(1) 原　　則
原則として，債権・債務は消滅する。それとともに担保（権）も消滅する。

(2) 例　　外
(a) 債権・債務が消滅しないとされる場合
　例外として，債権・債務を存続させておくことに意味があるとされる場合がある（⇨**1**）。

　(i) 債権が第三者の権利の目的となっている場合（520 条ただし書）　これは，民法の定める例外である。

　(ii) 債権・債務の帰属する財産が分離している場合　例えば，限定承認（922 条以下）の場合（925 条），財産分離（941 条以下）の場合（950 条 2 項〔925 条を準用〕），組合員の 1 人が組合に対する第三者の債権を譲り受けた場合，その

他，同一の主体に属すべき財産でも，別個の財産（別会計）とされる場合等である。

(iii)　**証券化された債権または電子化された債権の場合**　　例えば，手形・小切手の場合（手 11 条 3 項・77 条 1 項，小 14 条 3 項），その他，社債等有価証券の場合，または，電子記録債権の場合（電子債権 22 条 1 項）である。

(b)　**賃貸借の当事者間における混同が問題となる事例**

不動産の所有者たる原賃貸人の地位とその転借人の地位が同一人に帰属することになった場合には，原賃貸人の転借人に対する直接請求権（613 条 1 項）が混同によって消滅するにとどまり，原賃貸借関係および転貸借関係は当然には消滅しない（大判昭和 8・9・29 民集 12 巻 2384 頁，最判昭和 35・6・23 民集 14 巻 8 号 1507 頁）。

不動産の賃借人がその不動産を買い受けたがその旨の登記をしない間に，第三者がその不動産を二重に買い受けて先にその旨の登記を経由したため，第 1 買主たる賃借人が所有権の取得を第 2 買主たる第三者に対抗できない場合（177 条）には，いったん混同によって消滅した賃借権は，その第三者に対する関係では消滅しなかったものとされる（最判昭和 40・12・21 民集 19 巻 9 号 2221 頁，最判昭和 47・4・20 判時 668 号 47 頁）。

土地の所有権と賃借権とが同一人に帰属することになった場合に，その賃借権が対抗要件を具備したもので，その対抗要件の具備後にその土地に抵当権が設定されていたときは，179 条 1 項ただし書の準用によって，賃借権は消滅しない（最判昭和 46・10・14 民集 25 巻 7 号 933 頁）。このことが，法定地上権（388 条）の成否を考えるにあたって，ポイントとなる場面がある（⇨ LQ 民法 II〔第 4 版〕第 10 章**第 6 節**）。

Column 3-13　**自動車損害賠償保障法に基づく損害賠償債権および債務が同一人に帰属した場合の，保険会社に対する直接請求権の帰趨**

判例によると，例えば，夫 X が妻 Y の同乗する所有自動車甲の運転を誤って交通事故を起こして，XY が死亡した場合に，Z が XY を相続して，自賠 3 条に基づく被害者 Y の加害者・保有者 X に対する損害賠償債権と X の Y に対する損害賠償債務が同一人に帰属することになったときは，520 条本文の適用によって，かかる損害賠償債権が混同によって消滅する。その結果，自賠

16条に基づく被害者 Y（Z）の保険会社に対する直接請求権も消滅する（最判平成元・4・20民集 43 巻 4 号 234 頁）。これに対して，学説では，批判が強い。X が Y を相続する場合（加害者相続型），Y が X を相続する場合（被害者相続型），第三者 Z が XY をともに相続する場合（第三者相続型）の 3 つの類型に分けたうえで，被害者相続型，第三者相続型では被害者保護に欠ける，という。X が生存していれば Y（Z）には直接請求権が認められるのに対して，X が死亡すればそれが認められなくなる，というのが，理由である。そこで，なお直接請求権を認めるべく，様々な主張がみられる。

第**4**章
債権の効力

　この章では，債権の対内的効力として，債務が履行されなかった場合に，債権者が債務者に対して求めることができる内容である債務不履行と，それに関連して問題となる民法上の諸制度について概説する。

第1節　総　　説

1 債権の効力に関する民法の規定

　債権は，債権者が，債務者に対して，作為・不作為などの一定の給付（履行）を求めることのできる権利である。

　民法は債権の効力について，債権者と債務者の関係としての効力（対内的効力）である債務不履行の責任等（412条〜422条の2），債権者であることを理由として債務者以外の者に干渉することを認める効力（対外的効力）である債権者代位権（423条〜423条の7）・詐害行為取消権（424条〜426条），とを定めてい

る。これらに加え，債権の効力として，債権に対する不法行為・妨害排除請求権の成否（第三者に対する効力）も議論される。

2 債権の対内的効力

　債権は，債務者が債務の本旨に従った内容の給付を行い，債権者が受領して債権の目的を達成し消滅する。債権者は，債務者との関係で，給付保持力・請求力・訴求力・執行力・貫徹力・摑取力をもつと一般に解されている。

　債務者が履行すると，債権者はそれを受領して自らのもとに保持することが認められる（給付保持力）。給付保持力が認められないと，債権者は受領した給付を保持することが法律上根拠を欠き，不当利得（703条以下）として給付した者に対して返還しなければならない。このため，給付保持力は債権が権利として認められるための最低限の効力であると言われる。

　請求力とは，債務者が履行すべきであるにもかかわらず，債務を任意に履行しない場合に，債権者が債務者に対して請求をすることにより，履行を促す効力である。履行請求には，債権が成立し，履行期が到来していれば足りる。

　しかしながら債務者が請求されても履行しない場合には，債権者は，裁判所に対して，履行の強制を求めて訴えを提起できる（訴求力）。訴求力は，法が自力救済を禁じている反面として認められ，民事訴訟法が定める手続に従う（自力救済の禁止について⇨ Column 4-1 参照）。裁判所が請求認容の判決を出し，それを受けて債務者が任意に債務を履行すれば，債権者はこれを受領し，債権は消滅する。

　債務者がなお履行しないときには，債権者は民事執行法の手続に従い，確定判決（債務名義）に基づき強制執行の申立てをし，執行機関を通じて強制執行を行う。これを執行力という。

執行力は，債権の強制的実現であるが，これには債権をそのまま実現する貫徹力（物の引渡しなど）と，損害賠償として債務者の一般財産から実現させる摑取力とがある。

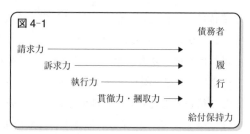

図 4-1

	債務者
請求力 ⟶	
訴求力 ⟶	履
執行力 ⟶	行
貫徹力・摑取力 ⟶	
	給付保持力

債権のこれらの効力は，債権であれば一般的に認められるものであるが，当事者が特約によって制限することも認められ，債務の性質上，これらの効力の一部を欠くこともある。

3 債権の対外的効力

債権は本来，債務者以外の者に対してはその効力を主張できないが，例外的な事情がある場合には，債権の効力を債務者以外の者に及ぼすことができる。債務者の一般財産の状態が悪化している場合に，債権者は債務者が第三者に対して有する債権を代位行使したり（債権者代位権〔423条以下〕），債務者がなした財産処分を取り消してその流出した財産を債務者に戻させる（詐害行為取消権〔424条以下〕）ことがそれである。

4 債権の第三者に対する効力

債権は，債権者が債務者に対して，債務の履行という一定の行為を請求する権利であるが，債権それ自体が財産的価値を有する存在であり，債務の性質上それを許さないものを除いて，流通性をもつ債権も多い。このように，今日の社会で重要な意義を有する債権に対して侵害行為がなされた場合，不法行為が成立し得る。債権侵害と不法行為に関する詳細はLQ民法Ⅴ〔第2版〕第2編第2章第4節2(2)に譲る。また，妨害排除が認められる債権がある。これについては，LQ民法Ⅳ第12章第5節3を参照されたい。

5 債務と責任

債務は，それが履行されない場合，債権者は債務者が有する一般財産に対して，不履行の後始末を求めることとなる。これを責任といい，債務が履行されない場合，債務者は自分の財産を差し出して，その責任を果たすことが求められる。債務を負う者と責任を負う者とは，通常は重なっているが，これが重ならないという場合もある。

債務は負っているが債務者の一般財産が債務の引当てとならない場合を責任なき債務という。当事者間での不執行の合意を結んでいた場合や，相続で限定承認がされた場合（922条以下）などがこれにあたる。

債務者の依頼により自己の財産をその担保に供した物上保証人や抵当権を消滅させずに担保不動産を取得した第三取得者などは，自己が債務を負っているわけではないが，債務が履行されなければ自己の財産を失うことになる点で，これらは債務なき責任といわれる。

Column 4-1　自力救済（自救行為）の禁止

　債務不履行や，不法行為がなされた場合に，司法手続によらずに自己の判断で自力で権利の実現を図ることは，原則として認められない。私人の判断に権利の回復をゆだねると，間違いも起こり得るし，間違いでなかったとしても，権利回復の方法や程度が相当・妥当であるとは限らず，自力救済を法が広く認めては，実力が支配する無法状態を招来しかねない。そこで近代法は，自力救済を原則として禁止し，その代わりとして，債権を実現するための法制度を完備することとした。これにより私権が制度的に守られ，その濫用も抑止されることが期待できる。しかしながら，事態が切迫しており，法的手続による権利の救済を待っていては，その権利の回復が不可能になるおそれが大きいときなど，ごく限られた場合には，自力救済が例外的に認められることがないではない。最高裁も，「私力の行使は，原則として法の禁止するところであるが，法律に定める手続によつたのでは，権利に対する違法な侵害に対抗して現状を維持することが不可能又は著しく困難であると認められる緊急やむを得ない特別の事情が存する場合においてのみ，その必要の限度を超えない範囲内で，例外的に許されるものと解することを妨げない」として，例外的にこれを認める可能性があることを判示している（最判昭和 40・12・7 民集 19 巻 9 号 2101 頁）。しかしながら自力救済が適法と裁判所で認められることはほとんどなく，多くの場合，そうした行為は不法行為とされて権利回復者が損害賠償責任を負うことになる。

第 2 節　債務不履行・履行期と履行の強制

1 債務不履行とは

(1) 債務不履行の意義

　債務不履行とは，債務者が債務の本旨に従った履行をしない場合をいう。「履行をしない」には，債務の履行が不能な場合を含む。このとき，債務の発生原因および取引上の社会通念に照らして債務者の責めに帰することのできな

い事由があれば債務者は免責されるが，それがない場合は，債務者に損害賠償
の問題が生じる。

(2) 債務不履行の諸態様

債権は契約自由の原則が支配している領域であり，債権者と債務者は契約を
締結するにあたり，基本的に自由に債権債務関係を創設でき，民法はこれを許
している。そこで，債務者が陥る債務不履行の態様・結果も，一様ではなく，
債務の内容を検討することが不可欠であるが，債権債務関係が契約に起因して
いる場合，その不履行の有無は契約各則によって定められている契約の内容に
照らして判断される。

② 債務が履行されていない場合の債権者の対応

(1) 債務が履行されていない場合

債務が履行可能であるにもかかわらず履行されていない場合，債権者は債務
者に対して履行を請求することができ，また，履行を強制すること（強制履行）
まで認められている（414条）。強制履行では，債務が実現されるべきときに実
現されていないことが問題であって，債務者に責めに帰すべき事由が存するか
どうかとは別の問題である。

強制履行は，債務を実現するために端的な方法であるが，制約もあり，すべ
ての債務でこれが認められるわけではない。履行請求権の法的性質については，
債権の本来的権能と位置づける伝統的な立場と，債務不履行の救済手段として
位置づける立場とが存在する。

履行の請求は，履行が可能であることが前提である。履行が不能な場合は，
そもそもその実現が期待できないから，請求しても無駄であり，したがって請
求することもできない。履行が可能か不能かの判断は，債務の発生原因および
取引上の社会通念によって判断する（412条の2第1項）。

(2) 債権者のとりうる選択肢

債務が履行されない場合に，債権者は，あくまで現在の債務者に履行を求め
る方向で対応することとし，強制履行までを求めるか，履行しない債務者との

関係を切断しほかの手段を検討するか，が選択肢として考えられる。他の者と新たに債権債務関係を結び，債権者が求める履行を実現させるためには，履行されていない債権債務関係を清算することが必要である。民法はそのための仕組みとして，法定解除の規定を置いている。債務が契約によって生じた場合には，契約解除権（履行遅滞の場合は541条，履行不能の場合は542条）が発生する。解除については，契約法の説明に譲る。

3 各種債務の履行期

　債権者が債務者に履行請求できるのは，債務の履行期が到来してからである。412条は，債務の種類に応じて，その履行期を定めている。

　特定の期日を履行期とした債務を，確定期限付債務という。履行期として確定された日が経過すると，債務者には，履行遅滞の問題が発生する（412条1項）。ただし，債務の履行をするにあたって債権者の協力が必要な場合，双務契約において相手方に同時履行の抗弁（533条）がある場合には，履行期の到来と期日の経過という事実だけでは，債務者は遅滞に陥っていることにならない。

　412条2項は，不確定期限を付した債務（不確定期限付債務）の定めである。不確定期限付債務とは，期限が到来することは確実だが，その時期がいつになるのか，債権成立時には確定していない債務をいう。「ある人が死亡し相続が生じたとき」や，「当該年度における履行地での桜の開花宣言の日」，などが挙げられる。人はいつか死ぬものでその結果相続も生じるし，桜が開花しない年はないと解されるから，その時期は，約束した時点で正確な日にちまではわからないとしても，必ず到来し，これらは条件ではなく期限である。不確定期限付債務の場合，債務者が期限の到来したことを知った時，または，債務者がその期限の到来した後に履行の請求を受けた時のいずれかの早い時から，債務者は遅滞の責任を負う。この規定は，債務者自身が情報収集を怠らずに期限が到来したことを知った時だけでなく，債権者が期限到来を知って履行請求をすることで，債務者に遅滞の責任が発生することを定めている。もっとも，ゴルフ場開場の履行期が問題とされた事例で最高裁は，当初予定されていた時期よりも合理的な期間の遅延は許されるものとした（最判平成9・10・14判時1621号86

頁）。

　債務の履行について期限を定めていない，期限の定めのない債務の場合，債務者は，債権者から履行の請求を受けた時から遅滞の責任を負う（412条3項）。このような債務としては，当事者間で履行期を定めなかったという場合のほか，法定債務に多くの例（善意の不当利得者の返還債務について，大判昭和2・12・26新聞2806号15頁）や，安全配慮義務違反の場合（最判昭和55・12・18民集34巻7号888頁）がある。ただし，不法行為に基づく損害賠償請求権は，不法行為時から遅滞に陥る（最判昭和37・9・4民集16巻9号1834頁。学説では異論がある）。

4　履行の強制とその方法

(1)　履行の強制に関する民法の規定

　債務者が債務を任意に履行しないとき，債権者は，民事執行法その他の強制執行の手続に関する法令の規定に従って，国家機関である裁判所を通じて，強制的に債権の内容を実現することができる。ただし，債務の性質が履行の強制を許さないときは除かれ（414条1項），また，債務の履行が不能な場合も，履行を求めることはできない（412条の2第1項）。

(2)　履行の強制の種類とその内容

　414条が定める履行の強制方法は，直接強制・代替執行・間接強制その他の方法である。

(a)　直接強制

　直接強制は，執行機関である国家の機関が債務内容を直接実現させる方法であって，金銭債務や動産・不動産の引渡しといった，与える債務に分類される債務の実現に適している。

　債権が不動産の引渡しである場合，執行官が債務者の不動産等に対する占有を解いて債権者に占有を取得させる方法により行う（民執168条1項）。

　債権が動産の引渡しである場合，執行官が債務者からこれを取り上げて債権者に引き渡す方法により（民執169条1項），当該目的物を第三者が占有している場合には，執行裁判所が債務者の第三者に対する引渡請求権を差し押さえ，請求権の行使を債権者に許す旨の命令を発する方法による（民執170条1項）。

(b)　代替執行と判決代用

代替執行は，債務者以外の第三者を通じて債務の内容を実現させ，その費用を債務者から取り立てる方法，あるいは，債務者がした行為の結果を除去し，または将来のために適当な処分を債務者の費用でなす強制方法である（民執171条1項）。債務者自身により履行されるのでなくても，債務の内容を実現できる代替的な給付が認められる債務の実現が該当する。

作為を目的とする債務のうち，債務者本人でなくても履行可能なものについて行われるもので，自動車修理や建物の取壊しなどが該当する。なお，名誉毀損が認められた場合の謝罪広告の掲載（最大判昭和31・7・4民集10巻7号785頁。憲法違反も争われたが合憲）も代替執行による。

代替執行に類するものとして，意思表示をすべきことを債務者に命じる判決その他の裁判が確定した，または和解等にかかる債務名義が成立したとき，債務者は，その確定または成立の時に意思表示をしたものとみなされるものがあり（民執177条1項），判決代用と呼ばれることもある。これは，意思表示による効果を得ることが必要な場面で用いられる。

(c)　間接強制

間接強制は，作為または不作為を目的とする債務で，代替執行による強制履行ができないものについて，執行裁判所が，債務者に対し，遅延の期間に応じて，または相当と認める一定期間内に履行しないときは直ちに，債務の履行を確保するために相当と認める一定の額の金銭を債権者に支払うことを命ずる方法によって，債務者に心理的圧迫を加えて，債務の内容を実現させる強制方法である（民執172条1項）。債務者自身による履行が必要な債務や，不作為債務（夜間に騒音を出さない債務）などがある。

不作為債務を間接強制によって実現しようという場合，債権者は債務者が不作為義務に違反するおそれがあることを立証することで足りる（最決平成17・12・9民集59巻10号2889頁。居酒屋営業をしないことを求めた事案）。

(3)　強制履行が許されない・認められない場合

履行の強制が許されない場合として414条が規定するのは，債務の性質が履行の強制を許さないときであり（同条1項ただし書），債務者の自由意思が重視

される内容の債務などがそれにあたる。芸術家に作品の創作を依頼した場合，このような債務は，履行を強制すると，自由な創作を阻害すると考えられているため，強制の契機が入り込むことは許されない。したがって，どうしても履行がなされないときには，債権者は，解除して損害賠償を求めるほかない。

なお強制履行が，「実現されるべき権利の趣旨・内容，債権者の権利保護の必要性，当事者双方の現在の状況その他の事情に照らし，当該権利の内容を著しく超過し，債務者に過大な負担をもたらす場合」，強制執行による権利行使は権利の濫用として執行が認められないことがある（札幌地判令和2・2・21裁判所ウェブサイト）。

(4) 強制履行による債権の実現と損害賠償

債権が強制履行によって実現することができたとしても，債権実現までに手間がかかり，債務の履行が遅れたことそのこと自体により，あるいは強制履行の実施のための費用負担等，債権者に損害が発生する可能性がある。このため債権者は，強制履行の原因となった債務不履行によって損害が発生した場合には，債務者の責めに帰すべき事由が存在しなかったという事情がなければ，その賠償を求めることができる（414条2項）。

Column 4-2 自然債務・不完全債務

債務者が任意に履行する場合には，債権者はその履行を受けられるが，履行がなされなくても請求したり，裁判所に訴えて履行を強制したりすることはできない債務もその存在が認められ，こうした債権の一部の効力をもたない債務のことを自然債務（不完全債務）という。自然債務はローマ法に起源をもち，自然債務の規定をもつ国もあるが，日本の現行民法には規定がない。女給（ホステス）が自分に贈与を約束した客に対して履行を求めた事案で大審院は，債務者が債務を自発的に履行することは弁済として認められるが，履行されないときに強制的に実現させることはできない「特殊ノ債務関係」であるとし（大判昭和10・4・25新聞3835号5頁〔カフェー丸玉事件〕），これは実質的に自然債務を認めたと評価されている。

このほか，公序良俗違反の債務や利息制限法違反の債務などが自然債務の例として挙げられることがある。しかし公序良俗違反の債務は，無効である。利息制限法違反の債務を自然債務とすると，支払わせるために様々な力が働きが

ちである。破産免責許可決定のあった債権について，債務者がこれを任意に弁済することは可能であるが，破産者は破産手続中に自由財産から破産債権に対する弁済を強制されるものではないことからすると，破産者がした弁済が任意の弁済にあたるか否かは厳格に解すべきであって，少しでも強制的な要素が伴う場合には任意の弁済ということはできないとしたが（最判平成18・1・23民集60巻1号228頁），破産免責許可後の債権は自然債務であって任意の履行を受けることはできると解しつつ，任意性の認定にはかなり慎重であることがうかがえる。なお，不執行の合意があった場合に，これに違反して差押えを実行された場合，不執行の合意等は，いわゆる強制執行力を排除または制限する法律行為であるが，これは実体法上，債権者に不作為義務を負わせるにとどまり，執行機関を直接拘束するものではなく，この場合の強制執行が民事執行法規に照らして直ちに違法になるということはできないとされる（最決平成18・9・11民集60巻7号2622頁）。

　こうした債権の一部の効力をもたない債務を一般的に自然債務という形で集約することには否定論が有力で，多くの論者は，任意に履行されればそれを適法に受領できる債務の一種としての意義を認めるにとどまっている。

第3節　債務不履行の成立要件

1 債務不履行の成立要件

(1) 総　説

　債務が履行されないと，債権者には様々な不利益が生じる。こうした場合に，債権者は，自己に生じた不利益を債務者に塡補を求めることがある。これが債務不履行に基づく損害賠償の問題である。

　債務不履行に基づく損害賠償請求権が成立するためには，①債務が発生していること，②債務の本旨に従った履行がなされていない，または履行が不能であること，③損害が発生していること，④債務不履行と損害との間に因果関係が存在すること，の要件が満たされることが必要である。しかしこれらの要件が満たされても，契約その他の債務の発生原因および取引上の社会通念に照らして，債務者に責めに帰することのできない事由が存在すれば，損害賠償は認められない。

(2) 債務の発生

債務不履行は，債権者・債務者間に債権が存在することを前提とする。債務が不成立・無効などの理由のため存在しなかった場合は，それを前提とした債務不履行ではなく，不法行為の問題として扱われている。

(3) 債務の本旨に従った履行がされていない，または履行が不能であること

「債務の本旨」とは，「債務の本来の目的」といった意味であり，具体的内容は，当事者の合意内容に照らして決せられる。合意した内容が債務者の履行によって達成されているかどうかにより債務不履行の有無が判断される。民法の典型契約の不履行も，債務不履行であるが，それらについては，個別契約において合意された内容が重要であることから，契約法の説明に譲る。

履行が不能であることも，債務の本旨に従った履行がされていないことの一側面である。これは履行不能が債務不履行に含まれることについて疑義が生じないように規定されたものと説明されている。

(4) 損害の発生

履行遅滞の場合の損害賠償は，履行の遅滞により生じた不利益である遅延賠償が主となる。

履行不能の場合の損害は，履行が不能なことにより生じた不利益であり，履行に代わる賠償である塡補賠償が認められる。

その他の債務不履行においては，不履行となった債務の追完が可能かどうかにより，遅延賠償または塡補賠償が認められることになる。

(5) 債務不履行と損害との間の因果関係の存在

債務不履行と損害との間には，事実的因果関係が存在していなければならない。債権者に損害が発生しても，債務不履行と事実的因果関係がない損害は，そもそも賠償の対象とならない。医療事故などでは，医療関係者の債務不履行と患者の不良転帰との間に事実的因果関係が存在するか明確でないことがあるが，債務不履行が損害の原因であるといえなければ，債務者である医療関係者の責任を問うことはできない。債務不履行において事実的因果関係があるかど

うかの問題は，なす債務のうちの手段債務で問題とされることが多い。

　事実的因果関係の有無は，「あれなければこれなし」（but-for test）の関係が存するかどうかが基準とされる。原因とされる行為が作為の場合は当該作為と結果との間に結びつきがあるか，不作為の場合であれば，当該事案において債務者がなすべきであった作為がなされていれば，結果が生じなかったといえるかがその判断基準となる（最判平成 11・2・25 民集 53 巻 2 号 235 頁）。

　事実的因果関係の存在については，幼児への注射（ルンバール）と，その治療実施直後に異変が生じ，結局，重度の後遺障害が残った事案において，最高裁は，訴訟上の因果関係の立証は，一点の疑義も許されない自然科学的証明ではなく，経験則に照らして全証拠を総合検討し，特定の事実が特定の結果の発生を招来した関係を是認し得る高度の蓋然性を証明することであり，その判定は，通常人が疑いを差し挟まない程度に真実性の確信を持ち得るものであることを要し，かつ，それで足りるとして，当該注射と重度障害との間の事実的因果関係を肯定した（最判昭和 50・10・24 民集 29 巻 9 号 1417 頁）。裁判が紛争当事者間で損失の公正な分担を決する手続であることから，こうした判断も是認できるものである。

　債務不履行と損害との間に事実的因果関係があることが認められても，その損害のどこまでが賠償の対象とされるかについては，損害賠償の範囲の問題として，416 条によって決せられる。

② 債務不履行の類型別検討

(1) 総　説

　当事者が実現を約束した債務が実現されていないことについては，様々なものがあり得る。これについて現行法は，一元的に「債務の本旨」に反するかどうかによって判定する立場を採用したが，改正前民法で通説だった債務不履行を履行遅滞・履行不能・その他の債務不履行の 3 つに分類する方法は，現行法でもなお有用としてこれを支持する論者が多い。以下でも，債務不履行を履行遅滞・履行不能・その他の債務不履行，に分ける立場から概説する。

(2) 履 行 遅 滞

履行遅滞とは，履行可能であるにもかかわらず，履行期を過ぎても債務が履行されないことである。

(a) 履行期の徒過

債務の履行期について，412条が規定している（前掲）。同時履行の抗弁や留置権の存在など，債務者が履行しないことを正当化する事由であるが，それが認められる場合には，履行期が経過していたとしても履行遅滞とはならない。

(b) 履行が可能なこと

履行が可能なことが履行遅滞の要件である。履行が不能になっていれば，それは履行不能であり，履行遅滞の問題ではない。履行が可能か不能かについては，契約その他の債務の発生原因・取引上の社会通念等によって判断する（412条の2）。ただし，金銭債務には履行不能はなく（419条），契約締結時に指定していた通貨が履行期に使用できない状況にあるときは，これに代替する通貨によって履行がなされるべきである（402条2項）。

遅れた履行が当事者にとって意味がないとされる場合，当該履行遅滞は履行不能である（定期行為・542条1項4号）。

(3) 履 行 不 能

履行不能とは，債務の履行が不可能であることをいう。履行不能は，特定物が履行の目的である場合に主に問題となる。目的物が種類物の場合は，同種の物が市場に存在する限り，履行不能の問題にはならない。

履行不能を理由とする損害賠償を請求するためには，①債務の履行が不能なこと，②不能により損害が発生したことが，必要である。

(a) 債務の履行が不能なこと

(ⅰ) **不能かどうかの判断**　　履行が不能かどうかの判断は，契約その他の債務の発生原因および取引上の社会通念によって決せられる（412条の2）。特定物を引き渡す債務で目的物が壊れたとすれば，同じ物を供給することは不可能である。このような物理的不能の場合がその典型例であるが，それだけでなく，取引上の社会通念に照らして不能な場合も含む。売買目的物が二重に譲渡され，争う当事者が対抗要件を先に備えたときは所有権移転登記が完了した時

点で履行不能になる（最判昭和 35・4・21 民集 14 巻 6 号 930 頁。ただし所有権移転請求保全の仮登記〔最判昭和 46・12・16 民集 25 巻 9 号 1516 頁〕や，移転登記前に処分禁止の仮登記がなされた場合〔最判昭和 32・9・19 民集 11 巻 9 号 1565 頁〕ではまだ履行遅滞には至っていないとする）。履行することが社会経済上明らかに合理的とはいえないという場合も，通常は不能と判断してよい。売買契約後に目的物の譲渡が禁止されたなど，法律の規定により不能となる場合も含まれる。

　　(ii)　**一部不能と全部不能**　　不能が目的物の一部について生じたとき（一部不能），債務全体への影響は，当該債務の目的に照らして判断する。一部不能にすぎなくても，それが債権の目的の実現に障害となり達成できなくなるという場合は，全体として履行不能として扱う。

　　(iii)　**不能の発生時期**　　現行法では，契約成立前に不能が生じていた原始的不能と，契約成立後に不能が生じた後発的不能とを区別しないで規律されている。そこで不能の発生時期に関わりなく契約は有効に成立するが，結局債務は履行できないので，債務不履行で処理することになる。履行不能であることが判明すれば，債権者は履行期の経過を待たずに解除できるが，履行請求をすることはできない。

　　(b)　**履行期前の履行拒絶**

　債務者が債務の履行を拒絶する意思を明確に表示したときには，債権者は債務の履行に代わる損害賠償を求めることができる（415 条 2 項 2 号）。債務者が履行を拒絶する意思を明確に表示する場合には，債務が履行されることは期待できないため，債権者に履行期の経過を待つことを求めることなく，履行に代わる損害賠償を求めることができる。

　本来，履行期が到来するまでは，債務者が債務を履行する意思をまったく欠いていたとしても，客観的には債務不履行は発生していない。しかし債務者が強固に履行しない意思を明確に表示した場合にまで，客観的な不履行状態が生ずるまで待つことを債権者に求めるのは無駄であり，酷でもある。債権者が早期にこの関係から離脱できれば，代替的な給付を債務者以外の者から得ることができる可能性もある。債務が履行不能となっている場合には履行期を待つことなく関係から離脱できることとの均衡も考える必要がある。もっとも 415 条 2 項 2 号では，債務者が履行を拒絶する意思を強く，明確に表示することが必

要である。したがって，債務者が単に履行を渋るような態度を示したことや，履行期の先延ばしを求めるにとどまる場合は，履行拒絶が明確に表示されたというには不十分であって，そもそも履行拒絶の意思表示とも評価できない。これに対して，履行期前に明確な履行拒絶の意思が認められるという場合には，債権者は，履行不能と同様に，塡補賠償を求めることができる。

(c) 履行遅滞中・受領遅滞中の履行不能

　債務者に責任があって履行遅滞中に，当事者の責めに帰することのできない事由によって履行不能が生じた場合，あるいは，債権者の受領遅滞中に，当事者の責めに帰することのできない事由によって不能となった場合，民法は，履行遅滞の原因が債権者・債務者のどちらにあるかにより，その後の履行不能を履行遅滞・受領遅滞を生じさせた一方当事者に帰せしめるという立場を採用している。この場合，履行不能になった原因が，債務者の責めに帰することができない事由によったとしても，履行遅滞になったことについて債務者の責めに帰すべき事由があった場合は，債務者の責めに帰すべき事由による履行不能であるとみなされる（413条の2第1項）。ただし，履行遅滞がなくても履行不能になったことを証明できれば，債務者は責任を負わない。

　債権者が債務の履行を受けることを拒み，または受けることができない場合に，履行の提供があった時以後に当事者双方の責めに帰することができない事由によって，その債務の履行が不能になったときは，その不能は債権者の責めに帰すべき事由によるものとみなされる（413条の2第2項）。

(4)　その他の債務不履行

　その他の債務不履行とは，履行遅滞でも履行不能でもない債務不履行で，債務の本旨に合致しない場合で，その結果，債権者に損害が発生した場合である。この場合の債務不履行は，債務の種類や履行の内容等に応じて非常に多様で，履行遅滞・履行不能とは大きく様相を異にする。

　その他の債務不履行を理由とする損害賠償の成立要件は，①何らかの給付がなされること，②なされた給付が債務の本旨に合致しないこと，である。

(a)　給付がなされたこと

　その他の債務不履行では，給付が一応はなされていることが必要であるが，

それが債務の本旨に合致していないものであるため，債務不履行として扱われる。

(b)　なされた給付が，債務の本旨に合致しないこと

「債務の本旨に合致しない」ことをどのように判断するかについては，債務の構造を分析的に解する立場があり，これによれば，債務者が債権者に対して負担する義務は，給付義務と付随義務，保護義務とに分類することができ，それぞれに応じた不履行が存在するとされる（呼び方は論者により若干の違いがある）。他方で，こうした債務の分類が概念整理として有用であることは認めつつも，問題とされる義務違反が必ずしも常に明確に区別できるものばかりではないことを理由として，当事者が目指した履行の内容を個別に解釈すれば足りると解する立場がある。

(i)　給付義務と付随義務・保護義務からの説明　　債務者が負っている債務の中心的な義務を給付義務といい，給付義務が適切に履行されるために配慮することが求められる周辺的な義務を付随義務という。また，債権者の生命・身体や財産を害さない義務として保護義務が認められる。

給付義務とは，物の売買であれば，目的物を引き渡すことであり，雇用などの労務の給付であれば，労務に従事すること，賃貸借であれば賃貸借目的物を引き渡すこと，などである。この主たる給付義務を本旨に従って履行しないことが債務不履行では中心的な問題となる。

付随義務とは，給付義務とは異なる周辺的な義務である。空調設備の販売・設置に際しては，買主の居宅に機材を設置することに加えて正しい使い方を説明することや，建物の売買ではその家屋の緊急設備について説明すること（最判平成17・9・16判時1912号8頁）など，契約の趣旨・目的に沿って給付を実現するために適切に措置を行う義務を売主は負っており，信義則がその義務の根拠とされる。給付義務が当事者の合意から導き出されるのに対して，債務者がどのような付随義務を負うかについて，当事者間に明確な合意が存在するとは限らない。付随義務違反が生じても，給付義務の違反と異なり，直ちに全体として債務不履行があるということにはならない。

保護義務は，不法行為法によって保護される債権者の生命・身体・財産を害してはならないという義務と同様のものである。

　(ii)　**結果債務・手段債務**　　債務者が履行として何らかの行為を求められる債務には様々なものがあるが，一定の結果達成が必要な債務を結果債務，そうではなく，債務の履行において一定の結果達成をめざして努力することを求められる債務を，手段債務という。前者は物の給付に関する債務やなす債務であっても一定の結果を得ることが債務内容に含まれている債務等が妥当し，後者は医師や弁護士などの専門的職業人の役務提供に関する債務等が妥当する。

　債務が結果債務と理解される場合は，結果を得られていないことそれ自体をもって，債務不履行があったとされる。その例としては，自動車修理や，清掃業務などが挙げられる。

　手段債務と解される債務は，結果が達成されていなくても，それだけでは債務不履行とはならない。手段債務の債務不履行の存否は，結果達成に向けてなされた履行が，債務の結果実現に照らして適切だったかどうかが，評価の対象となる。実施された医療の結果が思わしくなく，あるいは弁護士の受任した事件が敗訴に終わったとしても，望まない結果が生じただけで債務不履行があったことにはならない。

　診療債務によって医療機関は，人の生命および健康を管理する業務に従事する者として，危険防止のために経験上必要とされる最善の注意を尽くして診療にあたる義務を負担しており（最判昭和 36・2・16 民集 15 巻 2 号 244 頁），その注意義務の基準となるのは，診療当時のいわゆる臨床医学の実践における医療水準である（最判昭和 57・3・30 判時 1039 号 66 頁）。具体的事案では，当該事実関係の推移に照らして，当該医療職としてなすべき客観的注意義務の内容とされる，医療水準に沿った処置を実施していたかが，債務不履行の有無の判断に際して考慮される。

　医療における注意義務に関する基準は，医師以外の弁護士や公認会計士，税理士といった専門的職業人の職務遂行に関する債務の場合に共通するものがある。なお，手段債務の不履行が問題となった場合には，債権者は，債務者のなした履行のいかなる点に不履行があったのかを立証しなければならない。これは安全配慮義務違反を主張する場合と共通する。

───◆判例 4-1 ◆─── 最判平成 7・6・9 民集 49 巻 6 号 1499 頁

【事案】 X は，昭和 49 年 12 月，A 病院で未熟児として出生後，Y 病院に転送されたが，未熟児網膜症を発症し強度の視力低下をきたした。X および X の両親が，Y 病院が X に実施した処置に債務不履行があったとして損害賠償を請求した。

【判旨】 破棄差戻。「ある新規の治療法の存在を前提にして検査・診断・治療等にあたることが診療契約に基づき医療機関に要求される医療水準であるかどうかを決するについては，当該医療機関の性格，所在地域の医療環境の特性等の諸般の事情を考慮すべきであり，右の事情を捨象して，すべての医療機関について診療契約に基づき要求される医療水準を一律に解するのは相当でない。そして，新規の治療法に関する知見が当該医療機関と類似の特性を備えた医療機関に相当程度普及しており，当該医療機関において右知見を有することを期待することが相当と認められる場合には，特段の事情が存しない限り，右知見は右医療機関にとっての医療水準であるというべきである。そこで，当該医療機関としてはその履行補助者である医師等に右知見を獲得させておくべきであって，仮に，履行補助者である医師等が右知見を有しなかったために，右医療機関が右治療法を実施せず，または実施可能な他の医療機関に転医をさせるなど適切な措置を採らなかったために患者に損害を与えた場合には，当該医療機関は，診療契約に基づく債務不履行責任を負うものというべきである。また，新規の治療法実施のための技術・設備等についても同様であって，当該医療機関が予算上の制約等の事情によりその実施のための技術・設備等を有しない場合には，右医療機関は，これを有する他の医療機関に転医をさせるなど適切な措置を採るべき義務がある。」

(ⅲ)　**安全配慮義務違反**　　安全配慮義務とは，「ある法律関係に基づいて特別な社会的接触の関係に入つた当事者間において，当該法律関係の付随義務として当事者の一方又は双方が相手方に対して信義則上負う義務として一般的に認められる」ものであり（最判昭和 50・2・25 民集 29 巻 2 号 143 頁），その違反は，債務不履行である。

安全配慮義務は，公務員の雇用関係において使用者が被用者の生命・健康等を危険から保護するように配慮する義務が認められたのが出発点であるが，これに限られるものではなく，運行委託契約，元請けと下請け（最判平成 3・4・11 判時 1391 号 3 頁）などにおいても認められ，保育園や在学関係でも，安全配慮義務違反が主張される。もっとも，未決拘留関係で勾留者に対して医学的に

不要な処置を実施したかどうかが争われた事案で，安全配慮義務の存在を否定する判決もある（最判平成 28・4・21 判時 2303 号 41 頁）。

　安全配慮義務違反が問題とされる事例では，債務者が何をどのように安全配慮すれば結果が避けられたのか，その予防策には，実行可能性が高いものからそうでないものまで，様々なものが考えられる。判例は，ヘリコプターが墜落した場合に，具体的な安全配慮義務違反内容を特定する主張立証責任は債権者側にあるとしており（最判昭和 56・2・16 民集 35 巻 1 号 56 頁），その内容は不法行為構成において加害者とされた者にいかなる過失があったのかを指摘するのと変わらないと指摘されている。

　なお，安全配慮義務違反に基づく損害賠償請求において，相当額の範囲の弁護士費用が損害に含まれるとする（最判平成 24・2・24 判時 2144 号 89 頁）など，判例では，不法行為への接近を示す一方，履行補助者の過失は直ちには債務者の安全配慮義務違反とはならないこと（最判昭和 58・5・27 民集 37 巻 4 号 477 頁），死亡した被用者の遺族に固有の慰謝料請求権はなく，安全配慮義務違反を理由とする損害賠償債務は期間の定めのない債務であり，請求のときから遅滞に陥ること（最判昭和 55・12・18 民集 34 巻 7 号 888 頁）など，不法行為との違いも認められる。

◁ 判例 4-2 ▷ **最判昭和 59・4・10 民集 38 巻 6 号 557 頁**

【事案】 A は，以前勤めていた B 会社の商品を窃取しようとして会社を訪れたところ，顔見知りの C が宿直していた。A は C を死亡させ，商品を盗んで逃走した。B 会社の社屋は，夜間の来訪者に対する防犯措置は不十分だった。C の遺族が B 会社に対し安全配慮義務違反に基づく損害賠償を請求した。

【判旨】 棄却。「雇傭契約は，労働者の労務提供と使用者の報酬支払をその基本内容とする双務有償契約であるが，通常の場合，労働者は，使用者の指定した場所に配置され，使用者の供給する設備，器具等を用いて労務の提供を行うものであるから，使用者は，右の報酬支払義務にとどまらず，労働者が労務提供のため設置する場所，設備もしくは器具等を使用しまたは使用者の指示のもとに労務を提供する過程において，労働者の生命及び身体等を危険から保護するよう配慮すべき義務（以下「安全配慮義務」という。）を負つているものと解するのが相当である。もとより，使用者の右の安全配慮義務の具体的内容は，労働者の職種，労務内容，労務提供場所等安全配慮義務が問題となる当該具体

的状況等によつて異なるべきものであることはいうまでもないが，……，Ｂ会社は，……宿直勤務の場所である本件社屋内に，宿直勤務中に盗賊等が容易に侵入できないような物的設備を施し，かつ，万一盗賊が侵入した場合は盗賊から加えられるかも知れない危害を免れることができるような物的施設を設けるとともに，これら物的施設等を十分に整備することが困難であるときは，宿直員を増員するとか宿直員に対する安全教育を十分に行うなどし，もつて右物的施設等と相まつて労働者たるＣの生命，身体等に危険が及ばないように配慮する義務があつたものと解すべきである。」

(iv)　契約締結前段階での関係者の義務　　契約の成立前段階では，当事者間には契約関係がないため，契約による関係の規律とはならないはずである。しかし近時は，契約交渉に入った段階から，当事者間に一定程度の信義則上の義務が生じており，その当事者間においては誠実に対応すべきことが認められるようになっている。しかし，不法行為責任での一般的注意義務を超える契約責任に類似したものが認められても，契約責任というわけではない（最判平成23・4・22民集65巻3号1405頁〈判例4-3〉）。これが契約締結前の義務という問題で，従前は契約締結上の過失という形で議論されていたが，それにとどまらない。

契約締結前の義務には以下の，①契約の締結に至らない場合・無効な場合，②契約は有効に成立したが当事者の信頼に反した場合，があることが学説上指摘されている。

①　契約の締結に至らない場合・契約が無効な場合　　分譲マンションの買受希望者が工事変更等を指示しながら結局購入しなかった事案において，裁判所は，契約類似の信頼関係に基づく信義則上の責任が契約不成立の場合にも当てはまり，相手方が契約が有効に成立するものと信じたことによる損害（信頼利益）の賠償を命じている（最判昭和59・9・18判時1137号51頁）。

契約締結前の義務につき，当事者には相手方の信頼を裏切らないように行為する義務，交渉を継続するように至ったときは誠実に交渉する義務といった義務が，信義則から導き出される。もっとも，契約交渉がどの段階に至ったら信頼関係が生じたといえるかについては，個別事情を勘案して決する。契約は，当初は自由に交渉を開始し，それが接触を重ねることで自由度が狭まっていく，

ということであり，交渉での駆引きがどこまで認められるかという問題にも関連するもので，契約における信義則に即した解決が求められる。

②　契約は有効に成立したが当事者の信頼に反した義務違反が存する場合

これについて，説明義務違反と自己決定権の侵害の有無が争われるものがある。最判平成15・12・9民集57巻11号1887頁は，火災保険契約に際しての地震保険に加入するか否かの意思決定は，財産的利益に関するものであるため，保険会社からの情報提供や説明に不十分，不適切な点があっても，特段の事情が存しない限り，慰謝料請求権の発生を肯認し得る違法行為と評価することはできないとする。

> ◁ 判例 4-3 ▷ 最判平成23・4・22民集65巻3号1405頁
> 【事案】A信用協同組合は，実質的な債務超過の状態で，Aの代表理事らは，これが改善されなければ早晩，Aが破綻することを十分に認識し得ていた。Aの支店長CはBに対してそのことを説明しないまま出資勧誘をし，Bは出資したが，Aはその後，経営破綻し，Bは出資にかかる持分払戻しを受けることができなくなった。BはAに対し，出資勧誘に当たり，Aが実質的な債務超過の状態にあり経営が破綻するおそれがあることをBに説明すべき義務に違反したとして債務不履行責任を追及した。原審はBの請求を一部認容。
> 【判旨】破棄自判。「契約の一方当事者が，当該契約の締結に先立ち，信義則上の説明義務に違反して，当該契約を締結するか否かに関する判断に影響を及ぼすべき情報を相手方に提供しなかった場合には，上記一方当事者は，相手方が当該契約を締結したことにより被った損害につき，不法行為による賠償責任を負うことがあるのは格別，当該契約上の債務の不履行による賠償責任を負うことはないというべきである。……一方当事者が信義則上の説明義務に違反したために，相手方が本来であれば締結しなかったはずの契約を締結するに至り，損害を被った場合には，後に締結された契約は，上記説明義務の違反によって生じた結果と位置付けられるのであって，上記説明義務をもって上記契約に基づいて生じた義務であるということは，それを契約上の本来的な債務というか付随義務というかにかかわらず，一種の背理であるといわざるを得ないからである。契約締結の準備段階においても，信義則が当事者間の法律関係を規律し，信義則上の義務が発生するからといって，その義務が当然にその後に締結された契約に基づくものであるということにならないことはいうまでもない。」

(ⅴ)　契約の余後効——契約終了後の責任　　契約終了後は，関係者は無関係に戻るはずであるが，契約責任が契約終了後も認められる場面として，契約

終了後の契約責任（余後効）という問題がある。民法では，委任契約終了後の，善処義務（654条）があり，一定程度こうした問題を前向きにとらえている。また一般に，アフターケアやアフターサービス，売買目的物の消耗部品の供給，営業譲渡された者が一定期間一定地域内で競業しない（競業避止義務）などが広く行われている。これらは，信義則に基づいて契約終了後も一定期間，契約上の義務を債務者だった者に課すものであるが，契約が存続しているのとまったく同じレベルで当事者を義務づける，とはいい得ないものと考えられる。

　契約の余後効の問題は，あえてこの問題を立てる積極的な意味はなく，多くは不法行為責任で解決できるといった批判や契約締結前と同様の問題があるほか，いかなる契約において契約存続中に認められた義務が契約終了後も存続が認められるのかを検討することが重要であるとの指摘がなされている。

> **Column 4-3**　**平成 29 年改正前民法における債務不履行の類型論**
>
> 　債務不履行類型を 415 条で包摂するために，改正前民法で通説は，ドイツにおける三分説に従った類型分け（履行遅滞，履行不能，不完全履行）を承継してきた。すなわち，債務不履行には，①履行期を過ぎても債務を履行しない場合である履行遅滞，②債務を履行することが不能な場合である履行不能，③債務が一応履行されたが不完全なものが含まれる場合である不完全履行（積極的債権侵害），の三類型があるとされる。これらにはすべて債務者に帰責事由が存することが必要とされ，その理由は過失責任主義によると説明された。
>
> 　しかしその後，主たる債務と異なる側面での債務不履行（安全配慮義務），債務の時期的な広がり（債務成立前の責任としての契約交渉の不当破棄，債務終了後の責任としての契約終了後の責任）など，債務は三類型にとどまらないことが指摘され，その不十分さが批判されることが多くなっていた。
>
> 　不完全履行に対しては，その源をドイツ民法におく債務不履行類型であって，多様なものが包摂され，類型として積極的な意味がなく，日本法では必要がないとの批判がなされてきた。改正法では，端的に債務の本旨に従わない履行かどうかを判断すれば足りるとして，統一的な不履行概念が準備されたと説明されることとなった。そのため，改正法の解説には，不完全履行を独立の不履行類型として言及しないものもある。

3　債務不履行の成立を阻却する事由

(1)　債務者の責めに帰することができない事由

　債権者に損害が生じていたとしても，債務不履行が債務者の責めに帰することができない事由によることを債務者の側で立証できた場合は，債権者の賠償請求は認められない（415 条 1 項ただし書）。

　これは，債務者は，債務不履行が「自己の責に帰すべからざる事由」によって生じたことを証明するのでなければ，その責任を免れることができず（最判昭和 34・9・17 民集 13 巻 11 号 1412 頁，最判昭和 52・3・31 集民 120 号 341 頁），債務者に故意・過失がない場合または債務者に債務不履行の責任を負わせることが信義則上酷に失すると認められるような事由がある場合をいうとされていたもの（最判昭和 52・3・31 判時 851 号 176 頁）を，契約その他の債務の発生原因および取引上の社会通念を基準とするように改められたものである。その理由は，債務者が債務を負ったのは，債務者の選択の結果であり，過失責任主義により守られる債務者の行動の自由の問題とは無関係とされたことである。ここでは，債務者が約束した利益状態を債権者に与えていない場合には契約違反が存在するとの立場から，債務の内容を吟味し，引き受けた約束の範囲内かどうかが不履行の成否の基準となる。もっとも，これは民法改正前の実務の判断を条文上明確にしたに過ぎないとの説明もあり，なお過失責任主義の立場を変えていないとの見解もある。

(2)　不可抗力との抗弁

　債務者の責めに帰することができない事由の例としては，まず不可抗力として一括される例がある。例えば，当事者の力では支配・統制を観念することのできない自然現象（豪雨とそれに伴う洪水，台風，地震，津波，大火災など）や社会現象（重大な感染症の蔓延，戦争のぼっ発など）が考えられる。また，従前は違法でなかった取引が，法改正により禁じられたといった場合もある。これらは，当事者の努力や対応では回避できない内容のものであり，それゆえに帰責事由がないとされる可能性が高いものと思われる。ただし金銭債務は，不可抗力を抗弁とすることができない（419 条 3 項）。

⑶　債務者の責任能力

　債務不履行の成否を検討するにあたり，債務者に責任能力があることは必要
であるかについては，債務不履行責任では過失責任主義が否定されたこと，債
務の締結段階で行為者の責任能力の有無は評価されていることから，債務者に
責任能力があることは，債務不履行における積極的な要件ではないとする立場
が有力である。もっとも，賃貸借契約において賃借人が自殺したため，賃借目
的物の価値の低下による賠償が求められた事案でその責任能力の有無が問題と
されたものがあり，責任能力がなかったと認定することに慎重な判決もある
（京都地判平成 29・12・13 消費者法ニュース 116 号 374 頁など）。

⑷　帰責事由の不存在に関する証明責任

　債務は履行されるのが通常であるので，不履行の事実がある場合に，債務者
に責任がないと主張する場合には，債務者側で自分は無責であることを主張・
立証すべきである。賃借権の譲渡が不能になったことにつき，譲渡者は履行不
能が自己の責めに帰することができない事由によって生じたことを証明する必
要がある（最判昭和 34・9・17 民集 13 巻 11 号 1412 頁）。

⑸　債務不履行を理由とする損害賠償請求権の消滅時効

　債務不履行を理由とする損害賠償請求権も，消滅時効にかかる。履行不能の
場合，損害賠償請求権は本来の履行請求権の拡張ないし内容の変更であって本
来の履行請求権と法的に同一性を有するとして，その消滅時効は，本来の債務
の履行を請求し得る時から進行を始める（最判平成 10・4・24 判時 1661 号 66 頁，
最判昭和 35・11・1 民集 14 巻 13 号 2781 頁）。

4 履行補助者について

⑴　履行補助者の意義

　履行補助者とは，債務者が債務の履行のために使用する者である。債務の履
行では，履行補助者を用いることが広く行われている。ネット通販による売買
契約で商品を購入者のもとまで届けるためには，販売者は運送会社等の利用が
不可欠であるが，ここでの運送会社が履行補助者の例である。また運送会社も，

運送業務自体を行うのは被用者である配達員である。履行補助者を用いることで，債務者は活動範囲を拡大し，その結果によって利益の拡大を図ることができる。このように，債務の履行のために債務者が補助者を使用することは，債務の性質がこれを許さない場合を除いて，原則として認められるが，それゆえに債務者は履行補助者のなした不履行に対して，責任を負うことになる。

(2) 履行補助者の使用に基づく債務者の責任

履行補助者により債務不履行が生じたという場合，債務者がその結果に対して債務者自身も責任を負うのは，報償責任上当然と解される。判例も，415条にいわゆる債務者の責に帰すべき事由を債務者の故意過失だけでなく，履行補助者の故意，過失をも含むものと解すべきであるから，履行補助者の過失により家屋が滅失したことは，賃借人の過失により賃借物の返還義務が履行不能になったとする（最判昭和30・4・19民集9巻5号556頁は賃借人の妻の失火について債務者の責任を肯定した事案。最判昭和35・6・21民集14巻8号1487頁は賃借人の使用人も履行補助者であると認めた）。

履行補助者を利用することの責任に関して，履行補助者の使用が禁止されている場合はそのこと自体が債務不履行であるが，使用が禁止されていない場合には，履行補助者の行為が債務者自身による債務不履行と同様と考えられるかどうかを判断枠組みとするように理解されている。

5 履行に代わる損害賠償

(1) 債務の履行に代わる損害賠償の成立要件

415条2項は，損害賠償を請求できる場合として，債務の履行が不能であるとき（同項1号），債務者がその債務の履行を拒絶する意思を明確に表示したとき（同項2号），債務が契約によって生じたものである場合において，その契約が解除され，または債務の不履行による契約の解除権が発生したとき（同項3号）に，債権者は債務の履行に代わる損害賠償の請求をすることができると定める。債務が契約によって生じたものである場合，債権者は，その契約が解除され，または債務の不履行による契約の解除権が発生したときもまた，履行に代わる損害賠償を求めることができる。

(2)　履行に代わる損害賠償の内容

　履行に代わる損害賠償は，履行がなされたならば得られたはずの地位と等しい経済的地位を回復させることを内容とし，これを填補賠償という。履行が不能である場合は，債権者は履行を求めることができないが，これに代わってその賠償を求めることができる。

　債務者が債務の履行を拒絶する意思を明確に表示したとき，あるいは，債務が契約によって生じたものであり債務の不履行により契約の解除権が発生したとき，債権者には解除権と填補賠償の両者が併存する。

第4節　債務不履行に基づく損害賠償とその範囲

1 総　　説

　債務不履行が認められ，債務者に責めに帰することができない事由が存在しない場合，債権者は債務者に対して生じた損害の賠償を求めることができる。債務不履行から生じたとされる損害のどこまでを賠償すべき損害と認め，それをどのように金額に評価するかがここでの問題である。

2 損害賠償の方法

(1)　金銭賠償の原則

　損害賠償は金銭によって行う（417条）。生じた損害を回復するという方法（原状回復）は採用されていないが，別段の意思表示があればそれによることもできる。

　金銭による損害賠償であれば，金銭が存在する限り履行不能が生じることはなく（債務者に賠償資力がないこととは別である），金銭支払は履行が容易であり，また，金銭に評価することができない利益は存在しないと考えられることから，民法では金銭賠償が原則とされた。

　この結果，生じた損害を具体的な金額に換算するという作業が必要になる。

(2)　損害賠償の具体的な支払方法——一時金・定期金

　損害賠償金を支払う方法には，一時金方式と定期金方式とがあり，伝統的には一度で全額を支払う一時金方式が採用されてきた。一時金は，将来受領するはずだったものを前倒しで受領するものであるため，中間利息の控除が必要である（417条の2）。

　しかし被害者に重度障害が後遺症として残り，どの程度の生存を望むことができるかがはっきりしない状況で一時金方式による支払とすると，多くの仮定の事情に従ってこれを算定せざるを得ない。しかし算定後，予想よりも長い期間生存したり，逆に予想よりも短い期間しか生存できなかった場合，いずれの場合にも予想が外れると，影響を受ける当事者には酷な事態も発生しかねない。そこでこうした場合には，定期金方式のほうが実践的であり，望ましいとの意見から，裁判でも定期金方式での請求が認められるようになっている。交通事故に起因する後遺障害による逸失利益につき民訴法117条により是正をはかることができるようにすることが相当と認められる場合がある（最判令和2・7・9民集74巻4号1204頁）。

3 損害について

(1)　損害の意義

　債務不履行における損害について，債務不履行により生じた，現在の債権者の財産状態と本来あるべき財産状態の差額を損害ととらえる「損害＝差額」説が通説である。この立場では，債務不履行の目的物の価格が変動した場合，損害も変動するため，どの時点の価格が賠償されるべきかという損害額算定の基準時の問題が生じる。

　他方，損害とは，不履行によって生じた不利益そのものであり，損害額算定の基準時の問題は発生しないという「損害＝事実」説も有力である。この説では，目的物の価格変動は損害の金銭的評価の一場面として，損害賠償の基準時は，損害の金銭評価が複雑になるだけとされている。

(2)　損害概念の分類とその具体的算定

　損害は，財産的損害（財産上の不利益）と非財産的（精神的）損害（精神的苦痛

ないし不利益＝慰謝〔慰藉〕料）とに分類され，財産的損害は，さらに，既存財産の減少である積極的損害と，債務不履行がなければ得られたであろう利益の喪失である消極的損害とに分けられる。

積極的損害では，現実に出費した費用がその対象であるが，出費全額が常に損害として認められるわけではなく，通常ならば必要と一般に認められる費用が対象になる。

消極的損害についても，それが賠償の対象とされるためには，失われた利益として，それが得られる可能性が十分に存在したところ，債務不履行のために得られなかった，ということを説得できるものであることが必要である。

損害賠償はまた，履行に代わる損害賠償である塡補賠償と，遅延したことにより生じた損害の賠償である遅延賠償とに分けられる。履行遅滞であれば遅延賠償，履行不能の場合は塡補賠償，その他の不履行の場合はそれが追完可能かどうかによって遅延賠償・塡補賠償が問題になる。さらに，契約が履行されたなら債権者が得られたであろう利益としての履行利益と，契約が有効に成立すると信頼したために被った損害である信頼利益とに分けられる。

債務不履行においても，非財産的損害として慰謝料の支払を求めることができる。ただし，安全配慮義務違反の事例において，債権者本人の慰謝料は認められているが（最判平成 3・4・11 判時 1391 号 3 頁），債権者の家族など，債権者以外の者については，固有の慰謝料は認められていない（前掲最判昭和 55・12・18）。

慰謝料は精神的苦痛ないし不利益を賠償するものであるが，苦痛を感じるかどうか，どの程度感じるかなど，その大きさは人によって千差万別である。しかしこれでは個別事情においてばらつきが激しくなってしまう可能性があるため，慰謝料の算定については，被害を受けた部位や大きさ等によってどの程度の金額が認められるかの類型化による基準が，これまでの判例の積み重ねの上に形成されている。

損害賠償の具体的な金額について，実務においては，個別損害項目を積み上げる方式として，積極的損害と消極的損害，さらに慰謝料の三者を合算して算定することが行われている。これに対して損害事実説によれば，損害はあくまでも債権者の被った損害そのものであり，それを金銭に換算した結果が損害額

ということになり，必ずしも上記の項目の合算に縛られるわけではない。

(3)　金銭債務の特則

　金銭債務の場合，その損害額は，債務者が遅滞の責任を負った最初の時点における法定利率（404条）によって算定される。これは履行遅滞によって，利息相当額の損失は当然に発生していると解されるためである。ただし，当事者間で定めた約定利率が法定利率を超えるときは，約定利率によって定める（419条1項）。

　債権者は損害が発生したことを証明することは必要なく（同条2項），履行遅滞の事実さえ立証すれば足りる。その反面として，それ以上の損害が発生したとしても，それを請求することはできない。金銭債務の回収のために弁護士費用等の取立て費用を請求することも認められていない（最判昭和48・10・11判時723号44頁）。

4　損害賠償の範囲の決定

(1)　前提としての事実的因果関係の存在の必要性

　債務不履行による損害賠償の範囲に含まれるのは，不履行と条件関係のある損害である。この場合，債務不履行と，「あれなければこれなし」公式でつなげることのできる関係のある損害であって（事実的因果関係の存在），かつ，それが損害賠償されるべき損害の範囲に含まれること（判例によれば相当因果関係）である。

(2)　損害賠償の範囲を決する必要性

　債務不履行による損害賠償について，事実的因果関係が認められる損害であったとしても，それが賠償の範囲に常に入るとは限らない。債務不履行に起因する不利益は，無限に拡大する可能性があるからである。

　確かに，債務不履行を起点として，債権者の生活関係には不幸が連綿と続くということがあり得るかもしれない。しかしながらこの場合に，引渡しの遅れを理由とする損害賠償請求を認めるとすれば，その範囲は，例えば，せいぜいアパートへの引越しのために要した費用や引渡しの遅れに起因する苦痛への慰

謝料までと解されるのが一般的に受け入れられる範囲であろう。債務不履行が生じた場合に，無限に拡大する可能性のある，条件関係のある損害のうち，賠償すべき範囲をどこまで認めるかが，損害賠償の範囲を決する問題である。

改正前民法の議論では，債務不履行から一般に生じるであろうと認められる損害を「相当因果関係のある損害」といい，債務者が知っていた，または知ることができた事情が因果関係判断の基礎となるとし，416条1項は相当因果関係の原則を規定したもので，2項は相当因果関係の基礎とすべき特別の事情の範囲を示すものとされていた。しかしこうした理解は，完全賠償主義を採用するドイツ法と制限賠償主義の日本法との構造の差にもかかわらず相当因果関係で説明することが適当でないこと（賠償範囲を制限するために相当因果関係を用いるのか，賠償範囲を広げるために相当因果関係を用いるのか），相当因果関係概念の曖昧さから，それに代替する見解として，①事実的因果関係からの損害の認定，②保護範囲の判断＝事実的因果関係のある損害のうち，どこまで賠償させるのが妥当かという政策的価値判断，③損害の金銭的評価＝保護範囲内にあると判断された損害（＝事実）を，どのようにして金銭に評価するかを区別して論じるべきとされた。

(3)　賠償範囲の決定に関する完全賠償主義・制限賠償主義

損害賠償の範囲を決するについては，そもそも損害賠償の範囲を制限すべきでなく，損害発生の原因を与えた以上，それと因果関係のある損害をすべて賠償させるべきと考えるか（完全賠償主義），損害賠償はもともと制限的に考え，一定の範囲しか認められないと考えるか（制限賠償主義），という立場の相違がある。債権者側からは，損害賠償の範囲は広いほうが望ましいだろうが，債務者側からは，できるだけ制限されるほうが望ましいだろう。

(4)　現行民法の立場

(a)　通常損害・特別損害

損害賠償の範囲の決定について416条は，損害を通常損害と特別損害とに区分し，債務不履行によって通常生ずべき損害（通常損害）を賠償させることをその目的とするという制限賠償主義を採用し（同条1項），特別の事情によって

生じた損害（特別損害）については，当事者がその事情を予見すべきであった
ときには，債権者はその賠償を請求することができるとする（同条2項）。

　通常損害は，目的物から得ることが確実だった営業利益，第三者への損害賠
償金など，債務不履行によって通常生ずるだろうと一般に受け入れられる損害
であり，当然に損害賠償の範囲に入るのに対して，特別損害は，当事者が予見
すべきものである場合にのみこれに含まれる。

　通常損害と特別損害の区別は，ある損害が通常損害ならば，債権者は損害の
発生を証明しさえすれば当然に賠償が認められるのに対して，特別損害であれ
ば，損害発生の証明だけでは足りず，当事者が特別の事情について予見すべき
であったことを証明することが必要である。もっとも，実際に生じた損害が，
通常損害になるのか，特別損害になるのかは，関係者の属性や契約内容などの
事情を考慮して，具体的に決さざるをえない。同じ種類の物の売買でも，買主
が業者であれば転売を予定するのが普通であろうから，転売による利益も通常
損害として対処するのに対して，買主が個人の場合は，自己使用が通常である
と想定され，転売による利益は債務者がこれを予見すべき場合に限って認めら
れることになる。

　損害賠償の範囲について規定がない不法行為にも416条が類推適用され，特
別の事情によって生じた損害について不法行為の加害者がその事情を予見しま
たは予見することができたときには，賠償する責任がある（最判昭和48・6・7
民集27巻6号681頁）。

(b)　予見すべきであることについて

　特別損害が認められるためには，それが予見すべきであると評価される場合
でなければならない。

　予見すべき対象は，通常損害よりも損害の範囲が広くなることについての特
別の事情をいう。また予見すべき主体として誰が予見すべきか，条文の文言で
は「当事者」とされているが，損害賠償の範囲に含まれることにより負荷を負
うのは債務者であることから，債務者と解するのが通説・判例であり，この立
場が踏襲されると解されている。

　予見すべき時期について，当事者がその事情を予見し，または，予見しうべ
きであったかどうかは，債務不履行の時を標準として判断するのが相当である

とする（最判昭和 40・4・16 集民 78 号 615 頁。なお，大判大正 7・8・27 民録 24 輯 1658 頁）。

(c)　損害軽減義務

　債務不履行により損害が発生しまたはそれが拡大している際に，債権者も損害が拡大するのを放置するのではなく，その発生拡大を防ぐために合理的な行動をとることができた場合，こうした行動をとるべき義務があるとする考え方があり（損害軽減義務），これが債権者に認められるかは，信義則によって決せられる。債権者が損害軽減義務に反した場合，債権者は損害賠償額の全額を相手方に求めることはできず，結果的に賠償額が減額されるが，これが公平に適うとされる。

　判例として，債務者に対して営業利益相当額の損害賠償の全額を認めることは条理上認められないとし，416 条 1 項にいう通常損害の全額請求を認めなかったものがある（最判平成 21・1・19 民集 63 巻 1 号 97 頁〈判例 4-4〉）。

〈判例 4-4〉 **最判平成 21・1・19 民集 63 巻 1 号 97 頁**

【事案】 カラオケ事業用店の賃借人（X）が，賃貸人（Y）の債務不履行により当該店舗で営業ができなくなった場合に，営業不能期間に X に生じた営業利益喪失の損害の賠償を Y に求めたが，その期間内に X は他の地域で営業が可能な事情があった。

【判旨】 一部破棄差戻。「Y が本件修繕義務を履行したとしても，老朽化して大規模な改修を必要としていた本件ビルにおいて，X が本件賃貸借契約をそのまま長期にわたって継続し得たとは必ずしも考え難い。……本件店舗部分における営業の再開は，いつ実現できるか分からない実現可能性の乏しいものとなっていたと解される。……店の営業は，本件店舗部分以外の場所では行うことができないものとは考えられないし，……保険金の支払を受けているというのであるから，これによって，……整備するのに必要な資金の少なくとも相当部分を取得したものと解される。

　そうすると，遅くとも，本件本訴が提起された時点においては，……損害を回避または減少させる措置を何ら執ることなく，本件店舗部分における営業利益相当の損害が発生するにまかせて，その損害のすべてについての賠償を Y らに請求することは，条理上認められないというべきであり，民法 416 条 1 項にいう通常生ずべき損害の解釈上，本件において，X が上記措置を執ることができたと解される時期以降における上記営業利益相当の損害のすべてについて

その賠償を Y らに請求することはできないというべきである。」

5 損害の算定における諸問題

(1) 不履行類型別における損害の具体的内容

　履行遅滞の場合，問題となる損害とは，履行が遅れたことによる損害の賠償（遅延賠償）である。債権者は履行されるまでの代替物の調達，履行されない間，目的物を利用して収益をあげる機会を失ったとする得べかりし利益などが問題となり得るところで，認められることも多い。目的物の価格が継続して上昇してそれが広く認識されている場合には，上昇価格でも通常損害とされる（最判昭和 28・12・18 民集 7 巻 12 号 1446 頁）。

　履行不能の場合，本来の給付は不能であるため，債権者は，履行に代わる損害賠償（塡補賠償）を求めることになる。物の売買で引渡し債務が履行不能となった場合の損害は，同種の物を他から調達する費用等や，その物を利用して収益をあげる機会を失ったことにより得られなかった利益などである。履行不能になったのが履行期の前であっても，履行不能時を基準として損害賠償額を決すべきである（最判昭和 35・12・15 民集 14 巻 14 号 3060 頁）。履行不能の場合，通常損害は，最終口頭弁論期日当時における本来の給付の価額に相当するものである（最判昭和 30・1・21 民集 9 巻 1 号 22 頁）。履行遅滞後に目的物が引き渡されたが，遅滞中に価格が下落し買入価格との差額である転売価格が減少した場合は，特段の事情のない限り，損害額は履行期と引渡時との市価の差額である（最判昭和 36・4・28 民集 15 巻 4 号 1105 頁，最判昭和 36・12・8 民集 15 巻 11 号 2706 頁）。目的物を債務者が不法に処分した結果，履行不能となったときの損害賠償は，原則としてその処分当時の目的物の時価だが，目的物価格が騰貴しつつある特別の事情があって債務者がその特別事情を知っていたか，または知りえた場合は，騰貴した現在の時価による損害賠償を請求し得るとする。ただし，債権者が騰貴前に目的物を他に処分したと予想された場合はこの限りでない（最判昭和 37・11・16 民集 16 巻 11 号 2280 頁）。買主が，自己使用目的で購入した不動産売買契約で履行不能となったという場合でも，買主は債務不履行がなければ，騰貴した価格のあるその不動産を現に保有しえたはずであるから，買主

の受ける損害額は，その不動産の騰貴した現在の価格を基準として算定するのが相当である（最判昭和 47・4・20 民集 26 巻 3 号 520 頁）。

　その他の債務不履行の場合の損害，追完が可能な場合は，履行遅滞に準じ，追完が不能な場合は，履行不能に準じる。付随義務違反の場合，それが軽微な義務違反なものであれば，債権者に損害が発生するとは限らない。保護義務違反を理由とする損害賠償は，実質的には不法行為を理由とする損害賠償と同様の内容となる。

(2)　損害賠償額算定の基準時

(a)　問題の所在

　賠償すべき損害の範囲が確定したところで，それを金銭に換算評価する作業が必要である。損害賠償の原因となった目的物の価格が上下するなど，変動する場合，損害賠償に際して，いかなる時点での価格を損害賠償額とするかについて，決める必要が出てくる。この問題を損害額算定の基準時の問題という。

(b)　価格の変動（主に高騰）について

　賠償すべき損害の金銭評価であるが，目的物の価格が変動している事情がある場合に，これをどのように扱うか。

　損害額算定について，基準時を設けることを考えるとすると，その基準時になり得る可能性のあるのは，履行期・債務不履行時・解除時・価格騰貴時（中間最高価格時）・訴訟提起時・口頭弁論終結時などの多様なものが候補として考えられる。

　判例は，不法行為に関する事案の損害算定について 416 条を類推適用し，価格騰貴により得られた可能性のある利益喪失の損害賠償請求について，当該価額に相当する利益を確実に取得したであろう特別の事情を不法行為の当時，予見しまたは予見できた場合でなければならないとした（大連判大正 15・5・22 民集 5 巻 386 頁〔富喜丸事件〕。これにつき⇨民法Ⅴ〔第 2 版〕第 2 編第 4 章**第 4 節 3**(1)(b)(ii)参照）。

　このほか，履行遅滞後に目的物が引き渡された場合に，遅滞中に市場価格が下落し，買入価格との差額である転売価格が下落した場合は，特段の事情のない限り，損害額は履行期と引渡し時との市場価格の差額としたもの（前掲最判

昭和36・12・8）などがある。

　学説では，この問題を416条の損害賠償の範囲として位置づける見解では，価格変動がある事実は基準時の問題を発生させるのではなく，目的物を上昇した価格で処分できたかどうかそれが確実であったことを立証すべきとする。

第5節　損害賠償額の調整・賠償額の予定

1　損害賠償額の調整・概説

　債務不履行の損害賠償額の調整方法について，民法には過失相殺に関する規定（418条）しか存在しておらず，損害賠償額の調整のための一般的規定はない。このため，過失相殺の規定には当事者間の公平に関して疑義のある事情が存する場合の根拠規定としての機能を果たすことになっているという事情がある。

2　過　失　相　殺

(1)　過失相殺の意義

　債権者の過失が債務不履行の発生，または損害の発生もしくは拡大の原因となった場合には，賠償責任の存否および賠償額について斟酌する（過失相殺・418条）。預けた物が腐敗しやすく低温で保存することが必要だったのに，当該物を預ける際に低温で保存することを求め忘れ，それが常温で保存された結果，目的物が腐敗してしまったという場合，こうした事情を適確に伝えなかった者には，損失の発生について過失がある。この場合，債権者は自己の過失が引き起こした結果，あるいは事故の過失が損害の拡大に至った結果については，それを債務者に転嫁することはできず，自ら負担すべきである。418条と類似の規定は，不法行為（722条2項）にも存在するが，418条は損害賠償額のみならず責任の存否についても考慮するとされ，過失相殺するかどうかについては裁判所の裁量でなく義務とされている点が異なる。裁判所は債務者の主張がなくても職権で過失相殺をすることができるが，債権者に過失があった事実の立証責任は債務者が負う（最判昭和43・12・24民集22巻13号3454頁）。

⑵　**過失相殺の要件・効果・方法**

　過失相殺における「債権者の過失」とは，当事者の公平の観点から，損害賠償額を減額することが適当と考えられるような債権者の一切の事情を意味するものと考えられており，それが過失相殺の制度趣旨にも適合する。下級審では多様な事情が過失相殺として斟酌されるべき債権者の過失として争われているが，安全配慮義務違反によりうつ病に罹患したことの損害賠償が問題とされた事案において，自己の精神的健康にかかる情報を雇用者に申告していなかったとしても過失相殺されない（最判平成 26・3・24 判時 2297 号 107 頁）。

　債務不履行における過失相殺では，債権者の過失は，債務不履行の発生だけでなく，損害の発生や拡大に過失があった場合も含まれて考慮される。また，公平の実現という趣旨から，債権者本人だけでなく，履行補助者など，債権者側に属する者の過失についても考慮される。

　過失相殺は，当事者の個別事情から「過失相殺割合 3 割」等により，「公平」を旨として損害賠償額の算定に際して減額が行われる。

3　損 益 相 殺

　債務不履行により債権者に損害が発生したが，それが同時に債権者に利益をももたらした，という場合がある。債権者が債務不履行によって死亡した場合，死亡者は将来の生活費を払う必要がなくなる。この場合，損害賠償額の算定に際して，生活費を控除しないとすると，債権者の相続人は結果的に，債権者が受けた損害以上の賠償を受けることになる。そこで，生活費の出費が抑えられることによる利得を，損害賠償額から控除することが行われる。これを損益相殺といい，民法上，条文はないが，当然のことと解されてきた。

　判例は，損害と利益との間に同質性がある場合には，公平の見地からその損害額から利益を差し引く処理を認めている。その際，債権者に生じた控除対象となる利益は何かが問題であり，生活費（大判大正 2・10・20 民録 19 輯 910 頁）は控除対象となるものの，生命保険・損害保険といった保険給付や，社会保険給付は控除の対象とならないとされる（火災保険に関して最判昭和 50・1・31 民集 29 巻 1 号 68 頁）。これは，保険給付は保険契約に基づいて給付されるのであって，既払保険料の対価たる性質を有し，たまたま第三者が債務不履行に基づく

損害賠償義務を負う場合でも損益相殺として控除すべき利益には当たらないからであると説明される。このように利益を控除すべきかどうかは，当該給付の趣旨から個別に判断される。

4　中間利息の控除

　債務不履行によって債権者が死亡し，その損害賠償を債権者の相続人が一時金で取得するという場合には，相続人は，消極損害について，死亡した債権者が，将来，順次得てゆくはずであった収入を，前倒しでまとめて一括して，その時点で取得することになる。そこでこうした場合には，算定された金額総額から，利益を取得すべき時までの利息相当額を差し引くという作業が必要である（417条の2）。将来において取得すべき利益についての損害賠償の額を定める場合に，利益を取得すべき時までの利息相当額を控除するときは，損害賠償請求権が生じた時点における法定利率を用いることとされている（417条の2第1項。法定利率については，404条）。将来，負担すべき費用の損害賠償額を定める場合に，負担すべき時までの利息相当額の控除についても，同様である（同条第2項）。

5　賠償額の予定

　相手方が債務不履行に陥った場合に備えて当事者があらかじめ取り決めておくことがあるものとして，賠償額の予定がある（420条）。これは債務不履行が生じた場合の損害賠償額について，当事者間であらかじめ合意しておくことであり，債務不履行が生じた場合は一定の金額（例えば，100万円）を支払うといった条項がそれである。

　紛争発生に備えて損害賠償額を予定しておけば，債権者は債務不履行があった際に損害発生を立証する必要がなく，迅速な損失回復が可能であるため，こうした取決めによって，履行が促されることが期待される。債務者は，債務不履行を生じさせた場合に，場合によっては高額になる損害賠償について，賠償額の予定額以上の責任を免れるという点で便宜な側面がある。

　もっとも，債務者に債務不履行責任を免れる事由が存するときには，こうした取決めがあったとしても，履行されないことが債務不履行にならないとされ

る以上，予定された賠償を支払う必要はないと解するのが当事者の意思に合致するものとされる。

　賠償額の予定は原則的には有効だが，その合意内容である遅滞の期間の長短にかかわらず一定額とする約定は特異なものとして認められなかったり（最判昭和50・5・23金法761号26頁），特別法による制限（利息制限法4条，消費者契約法9条，特定商取引法49条2項，最判平成19・4・3民集61巻3号967頁），公序良俗違反による全部無効・一部無効（民90条違反。ただし最判平成18・11・27民集60巻9号3732頁や最判昭和40・5・21集民79号125頁は公序良俗違反を認めていない）など，民法上や民法以外の特別法により効力を否定される場合はある。また，賠償額の予定があっても，過失相殺の適用を排除するものではなく，債務不履行に関して債権者に過失があれば，特段の事情のない限り，損害賠償の責任およびその額を定めるについてこれを斟酌して過失相殺される（最判平成6・4・21集民172号379頁）。

　賠償額の予定は，契約と同時になす必要はなく，金銭以外のもので定めてもかまわない。賠償額を予定していても，履行請求や解除の請求は制限されない（420条2項）。こうした定めを設けたとしても，債権者が本来的な履行請求権や解除権を放棄したとは認められないからである。

　なお当事者が，違約金という言葉を用いていた場合でも，賠償額の予定と推定される（420条3項）。これは推定であるため，当事者が賠償額の予定として損害賠償の代わりとする意思を有していなかった（損害賠償についての事前の取決めとは別の，制裁としての「違約罰」との趣旨である場合）ことを反証できれば，この推定は覆り，債務者はそれに応じた金銭を支払わなければならないことになる。

　このように，債権者・債務者両者に意義をもつ賠償額の予定は，契約自由の原則から基本的には肯定される。この規定は，当事者が金銭でないものを損害の賠償に充てるべき旨を予定した場合にも準用される（421条）。

6 免責・責任制限条項

　デジタルカメラのメモリーカードに製造上の不具合があり，そのために海外旅行の際に撮影した写真がすべて駄目になったという場合，利用者が製造会社

に対して，海外旅行費を含めた損害賠償を求めても，そうした要求に個別に対応することは，メモリーカードを大量生産している製造会社にとっては困難である。このため，こうした事態が発生する場合に備え，契約によりあらかじめ当事者の責任を免除したり（免責条項），制限する（責任制限条項）条項が設けられることがあり，広く用いられている。不具合のメモリーカードを回収し，新品のメモリーカードと交換する以上のことはしない，という条項などがその例である。

　こうした条項を準備することも契約自由の原則から認められ，またこれを定めることで，損害賠償が天井知らずになってしまうことを予防することができる。ただし，この種の条項が一方当事者にとって一方的に有利な場合などには，その効力は制限されることがある。契約当事者が故意で引き起こした損害の責任も免除される内容である場合などは公序良俗に反し無効である（90条）。消費者契約では，事業者と消費者との間で，事業者の損害賠償責任を全部免除したり故意・重過失により発生した損害賠償責任を一部免除・限度設定するといった条項は無効とされる（消契8条）。

第6節　損害賠償による代位・代償請求権

1 損害賠償による代位の意義

　Aが，Bから無償で借りていた（使用貸借）甲を紛失したという場合，甲の返還義務をBに対して負っているAは，甲の交換価値相当額を損害賠償としてBに支払わなければならない。しかしAがBにこれを支払えば，甲の所有権はBの意思表示を要することなく，当然にAのものとなる。これを損害賠償による代位（賠償者代位）という。

　422条は，債権者が，損害賠償として債権の目的である物または権利の価額の全部の支払を受けた場合には，債務者は，その物または権利について，当然に債権者に代位すると定める。仮にその後，甲が出てきた場合，この規定がないと従前の所有者Bが，Aからの甲の損害賠償を受領し，かつ，出てきた甲の所有権をも保持し続けることになり不公平となることを考慮したものである。

　こうした公平の趣旨に鑑みて，賠償者の代位は規定のある債務不履行の場合だけでなく，不法行為による損害賠償の場合にも類推適用される。

② 損害賠償による代位の要件・効果

　損害賠償による代位の要件は，損害賠償全部の支払である。この場合，物または権利の価額の「全部」の支払を受けることが必要で，一部の支払では代位は生じない。ここでの「支払」は，実際の弁済のほか，弁済と同視できる事由である代物弁済や相殺などでもよい。

　代位されるのは物の所有権や，損害賠償請求権などの物または権利である。物の所有権が侵害され，それに代わる権利が発生した場合，それもまた取得できる。ただし，性質を異にする権利については代位取得できない（最判平成元・4・27 民集 43 巻 4 号 278 頁〈判例 4-5〉）。代位の要件が満たされると，物または権利は，当事者の意思表示等を要せずに当然に移転する効果を生じる。

　損害賠償による代位により目的物の所有権が移転した後，当該目的物が発見され，旧債務者の手元に帰ってきたという場合，代位者が目的物を債権者に返還して代位のために支払った賠償の返還を求めたり，旧債権者が賠償を返還するから戻ってきた目的物を引き渡してほしいと旧債務者に求めることができるか。これについては，損害賠償による代位の制度趣旨は，公平を図るもので，債権者から強制的に所有権を奪う趣旨は含まれておらず，当事者がこれを求めるならば，肯定するというのが通説とされている。

> 〈判例 4-5〉最判平成元・4・27 民集 43 巻 4 号 278 頁
> 【事案】被用者が受傷した労災事故において，使用者が被用者に損害賠償をした後，使用者が労災保険給付の代位を主張した。
> 【判旨】破棄自判。「民法 422 条の賠償者による代位の規定は，債権の目的たる物又は権利の価額の全部の損害賠償を受けた債権者がその債権の目的たる物又は権利を保持することにより重複して利益を得るという不当な結果が生ずることを防ぐため，賠償者が債権の目的たる物又は権利を取得することを定めるものであり，賠償者は右の物又は権利のみならず，これに代わる権利をも取得することができると解することができる。そして，右規定が不法行為による損害賠償に類推適用される場合についてみるに，賠償者が取得するのは不法行為により侵害された権利又はこれに代わる権利であると解されるところ，労災保険

　法に基づく保険給付は，業務上の事由又は通勤による労働者の負傷，疾病，障害又は死亡に対して迅速かつ公平な保護をすること等を目的としてされるものであり（労災保険法1条），労働者が失つた賃金等請求権を損害として，これを塡補すること自体を目的とする損害賠償とは，制度の趣旨，目的を異にするものであるから，労災保険法に基づく給付をもつて賠償された損害に代わる権利ということはできない。したがつて，労働者の業務上の災害に関して損害賠償債務を負担した使用者は，右債務を履行しても，賠償された損害に対応する労災保険法に基づく給付請求権を代位取得することはできないと解することが相当である。また，労災保険法に基づく給付が損害賠償により塡補されたものと同一の損害の塡補に向けられる結果となる場合に，いかなる者に対して，いかなる範囲，方法で労災保険法による給付をするかは，労災保険制度に関する法令において規律すべきものであるところ，関係法令中に損害賠償債務を履行した使用者が労災保険法に基づく給付請求権を取得することを許容する規定は存しない。」

3 代償請求権

(1)　代償請求権の意義

　代償請求権とは，履行不能を生じたのと同一の原因によって，その履行の目的物の代償と考えられる権利または利益を債務者が得た場合に，債権者は，その被った損害の額の限度で，債務者が得た権利の移転，または利益の償還を請求することができる権利である（422条の2）。

　判例は，賃借目的物の家屋が賃借人の責めに帰することのできない火災で焼失し目的物返還義務者はこの返還義務を免れたが，返還義務者が焼失家屋の火災保険金を受領した場合には，債務者が得た保険金の引渡しを目的物所有者が求めることができるとすることが当事者間にとって公平で，改正前民法536条2項後段はその法理の表れであるとして，代償請求権についての条文がなかった時期にこれを認め（最判昭和41・12・23民集20巻10号2211頁），通説も肯定してきたところ，条文化されたものである。

(2)　代償請求権の成立要件

　代償請求権の成立要件は，①履行不能の発生，②履行不能と同一の原因によ

って債務者が債務の目的物の代償となる権利または利益を取得すること，である。

　①②に加え，③履行不能となったことについて債務者に帰責事由がないこと，が代償請求権の成立要件になるかについても見解が分かれる。債務者に帰責事由がない場合には，債権者は債務者に対して不履行の責任を追及することはできないが，債務者はこれについての代償を得ることで利得を得る。他方，債務者に帰責事由があれば，債権者はそれを基礎に債務者に不履行の責任を追及することができ，債務者に利得が残ることはなく，代償請求権を認める積極的な意味がない。現行法は債務者の帰責事由の必要性を明文で規定していないことから，その要否は解釈にゆだねられており，学説上も，これを必要と解する立場と不要と解する通説の立場が存在するが，本制度も当事者間の公平を根拠とする立場からは，帰責事由は要しないと解されている。

(3) 代償請求権の効果

　代償請求権の効果として，債権者は被った損害の額の限度で，債務者が得た権利の移転または利益の償還を請求できる。この場合，債務者が受領している額が損害額を上回っているとしても，債権者は，自己が被った損害額までしか，債務者に対してその権利・利益の移転を求めることはできない。

第7節　受領遅滞

1 総　説

　受領遅滞とは，債務者が履行の提供をしたが，債権者が債務の履行を受けることを拒み，または履行を受けることができないため，履行が完了できない場合である（413条）。

　債務には，不作為債務などのように債務者の行為のみによって履行が完了できるものがある一方で，物の売買などでは，買主が物を受け取ってくれないと債務者は履行を完了できない。買主が目的物を受け取らなければ，売主は当該目的物を保管する手間や費用などが余分にかかる可能性がある。保管中に目的

物が破損するなどの事態が現実化するおそれもある。供託（494条以下）での対処は，売買目的物が供託に適さない場合（497条）には用いることができない。

　民法には，債務者が債務の履行に際しその本旨に従い，自らなすべきことを果たすことで義務を果たしたことになり，その後の責任を免れる弁済の提供（492条）規定があるが，受領遅滞も同じ問題を扱う。ここでの重点は，債権者の対応に債務者の負担を転嫁することにある。

　受領遅滞が生じた場合に，その効果として債務者からの解除や，損害賠償請求を認めるかについては，受領遅滞の法的性質をどのように解するかで争いがある。受領遅滞は，民法が特別に定めた法定責任であるとする立場からは，受領遅滞を理由とする解除や損害賠償は，法文に規定がない以上，認められない。しかし債権者に受領義務を認め，受領遅滞も債務不履行の1つであると位置づければ，解除・損害賠償も認められる余地がある。

2　受領遅滞の成立要件と効果

(1)　受領遅滞の法的性質

　受領遅滞が法定責任であるとする立場は，債権者が目的物を受領するかどうかは債権者の任意であるとして，受領を義務づけられることを否定する。もっとも，当事者が特約で受領義務を設けることは排除しない。これに対して，413条が債務不履行の一般規定に隣接して置かれていることは，債務不履行責任の一種と位置づけられているとの理解を補強するが，413条は債権者の受領義務の有無や債権者の帰責事由の要否を規定しておらず，その効果として特定物の保管に関する注意義務の軽減と，増加費用が債権者の負担となることのみを定めている。

　受領遅滞について折衷的な見解は，契約その他の債権の発生原因を考慮し個別に受領義務が債権者に存在するかを信義則に照らして評価する。その義務の存在を肯定できる場合には債務不履行として解除等を認める。

　鉱石供給に関する継続的契約関係において，信義則を根拠に受領義務を認め，鉱石引取りの拒絶は債務不履行の効果を生じるとして，債権者の損害賠償義務を肯定した判例（最判昭和46・12・16民集25巻9号1472頁）があるが，一般論としては解除には否定的である（最判昭和40・12・3民集19巻9号2090頁）。

(2)　受領遅滞の成立要件

受領遅滞の成立には，①債務の本旨に従った履行の提供がされたこと，②債権者の受領拒絶または受領不能，の2つの要件を満たすことが必要である。受領遅滞が債務不履行であると主張する場合には，上記に加えて，③債権者に帰責事由があることも必要である。

①の債務の本旨に従った履行の提供については，弁済の提供として認められるものと同じ内容を現実になすことが原則として必要だが，口頭の提供で足りる場合にはそれによる。これらがなされていない場合には，債務者の債務不履行である。

②の債権者の受領拒絶または受領不能は，事実として生じていることで足りる。

③の債権者の帰責事由は，受領遅滞を債務不履行と理解する場合について必要とされる要件であり，債務を受領しないことが債権者の責めに帰すべき事由によることが必要である。

(3)　受領遅滞の効果

債務が特定物の引渡しである場合，債権者による受領遅滞によって生じる目的物の保管に関する債務者の注意義務は，自己の財産に対するのと同一の注意をもって保存すれば足りる（413条1項）。また，受領遅滞によって履行費用が増加したときの増加額は，債権者の負担とされる（413条2項）。

受領遅滞が債務不履行の要件も満たす場合には，債権者に受領遅滞が認められた場合の効果として，条文に規定のある上記の効果に加え，解除権・損害賠償請求権が債務者に発生する。

(4)　受領遅滞にある者からの解除

受領遅滞にある者が契約を解除したいという場合は，債権者は受領遅滞を解消するのに足りる意思表示をしたうえで解除の前提としての催告をしなければならない（最判昭和35・10・27民集14巻12号2733頁）。

(5) 受領遅滞か履行遅滞か

債務が履行されていない場合，それが債権者による受領遅滞なのか，債務者による債務不履行（履行遅滞または履行不能）なのかを区別することが必要となる場合もある。この場合の区別の方法として，不履行の危険を当事者のどちらに負担させるのが適切か，支配可能な領域が当事者のどちらかで決するという見解が支持されている（作業所を閉鎖したことによる就労不能と使用者の賃金支払義務について，最判昭和50・4・25民集29巻4号481頁）。

3 受領遅滞中に当事者双方無責の事由によって履行不能が生じたとき ───

債権者が受領遅滞の状態にある時以後に，当事者双方の責めに帰することができない事由により履行が不能になったときは，その履行不能は，債権者の責めに帰すべき事由によるものとみなされる（413条の2第2項）。債権者は反対給付の履行を拒むことができず（536条2項），契約の解除もなし得ない（543条）。債務者が自己の債務を免れたことにより利益を得たときは，債権者に償還することが必要である（536条2項）。

第 5 章

債権譲渡・債務引受・契約上の地位の移転・有価証券

　この章では，契約によって債権を移転する場合（債権譲渡），債務を移転する場合（債務引受）を中心に，契約上の地位の移転（契約譲渡・契約引受），有価証券を扱う。

第 1 節　総　　説

　古くは，債権・債務は債権者・債務者間の法鎖とされ，当事者が交替すれば債権・債務の同一性を失うとされ，債権譲渡・債務引受が認められず，そのような目的を実現しようとするならば，当事者の交替による更改によらざるを得ないとされていた。しかし，今日では，当事者の交替という目的を実現する方法として，債権譲渡・債務引受の制度が存在する。さらに，例えば，売主または買主の地位，賃貸人または賃借人の地位といった，債権・債務のみならずそれを含めた契約当事者の地位を譲受人に移転させることを目的とする，契約上の地位の移転（契約譲渡・契約引受）が認められている。

第2節　債権譲渡

1　債権譲渡の意義

(1)　一般の債権の譲渡と有価証券の譲渡等

　民法典は，第3編第1章第4節において，「債権の譲渡」と題して一連の規定群をおいている。

　債権譲渡というとき，譲渡される対象となる債権は，一般（普通）の債権であって，もともと債権者の特定している債権である（⇨第1章**第1節**）。一般の債権は，具体例を考えると枚挙にいとまがないが，債権譲渡の文脈でよく目にするのは，例えば代金債権（売掛債権），貸付金債権，賃料債権，賃金（給料）債権，報酬債権，預貯金債権などである。これらの債権は，権利（債権）と証券が結合されておらず，権利の発生，移転，行使について証券を必要としない。特に預金債権についていえば，通常，普通預金，定期預金その他各種の預金証書が作成されるが，一方で，紛失等によって証書がない場合であっても，他の方法によって真の債権者であると証明することができれば，その預金債権を行使して，払戻しを受けることができる（証拠証券としての性質）。他方で，（弁済受領権者以外の者である）預金証書と届出印の持参人に対して，弁済者が善意・無過失で弁済すると，その弁済は有効とされ，債権は消滅する（478条。免責証券としての性質）。その意味では，証券と債権との間に実体法上の一定の関係はみられるが，それだけではこれを有価証券とみることはできない（証券の所持人を権利者と推定して特に権利の行使，譲渡について証券を必要とする，というわけではないから）。貯金債権についても同様である。

　また，民法典は，第3編第1章第7節において，「有価証券」と題して一連の規定群をおいている。

　有価証券の具体例は様々であるが，さしあたり，手形，小切手を念頭に，権利と証券が結合されて権利の取得，行使，譲渡について証券を必要とするものとしておこう（⇨**第5節**）。

　本節では，一般の債権の譲渡について説明しよう。

(2) 債権譲渡の性質

債権譲渡とは，債権の同一性を変えることなく，譲渡人（旧債権者）と譲受人（新債権者）の契約によって債権を移転することをいう。債権譲渡によって，債権の権利主体（帰属）が変わる。例えば，A が B に対して債権 α

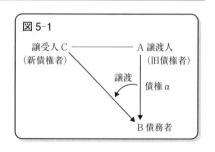

図 5-1

譲受人 C ────── A 譲渡人
（新債権者）　　　　　　（旧債権者）

譲渡

債権 α

B 債務者

を有する場合に，債権 α を C に譲渡するとき，A を譲渡人，C を譲受人という。そして債務者 B からすれば，債権者が A から C に変わる（図 5-1）。

そしてこのとき，譲渡人 A と譲受人 C の関係，そして，（譲渡の）当事者以外に対する関係としての，債務者 B 以外の第三者に対する関係，債務者 B に対する関係の，それぞれの法律関係が生じる。

(a) 譲渡人と譲受人の関係

債権譲渡は，譲渡人と譲受人の契約，すなわち意思表示（の合致）のみによって，債権移転の効果を生じる。その他の方式は必要でない。これを，債権譲渡の意思主義という。物権変動の意思主義（176 条）と同様である。

契約の当事者は，譲渡人と譲受人である。債務者は当事者ではない。契約の内容は，債権譲渡の経済的目的・機能に応じて，様々である。例えば，売買契約，代物弁済契約，譲渡担保設定契約などがある（⇨ **2**）。

債権譲渡の効果として，債権が譲渡人から譲受人へ移転して，その権利主体（帰属）が変わる。もっとも，債権譲渡が（譲渡の）当事者間で有効に存在するときに，その事実や効果をその当事者以外に主張できるかどうかは，別の問題である。

譲渡人と譲受人のその他の法律関係は，契約の内容によって定まる。例えば，譲渡人が債務者の資力を担保することがある（その場合の推定規定として，569 条）。

(b) 債務者以外の第三者に対する関係

債権譲渡が当事者間で有効に存在するときに，その事実や効果を債務者以外の第三者に主張するためには，一定の要件を満たす必要がある。すなわち，債権譲渡のいわゆる確定日付ある通知・承諾が第三者対抗要件となる（467 条〔と

りわけ 2 項〕）。これを，債権譲渡の対抗要件主義という。物権変動の対抗要件主義（不動産物権変動につき 177 条，動産物権譲渡につき 178 条）と同様である（⇨ **5**）。

(c)　債務者に対する関係

以上のように，債権譲渡と物権変動とを同様にとらえてよい側面がある。しかし，物権変動と対比したとき，債権譲渡に特有の事象として，債務者に対する関係が生じる。まず，債権譲渡が有効に存在するときに，その事実や効果を債務者に主張するためには，一定の要件を満たす必要がある。すなわち，債権譲渡の通知・承諾が債務者対抗要件（権利行使要件）となる（467 条 1 項）。つぎに，債務者は，譲渡人に対して抗弁を有していることがある。このとき，債務者から譲受人に対する抗弁の対抗の問題が生じる（468 条。特に相殺権について，469 条）（⇨ **6**）。

2　債権譲渡の機能

債権譲渡の機能は，当事者の追求する経済的目的に応じて，様々である。以下の(1)～(3)を，**図 5-1** を用いて説明しよう。

(1)　債権回収の手段

例えば，C も A に対して債権 β を有する場合に，A の財産状態が悪化して債権 α のほかにめぼしい財産がないときであっても，C がなお券面額の価値を有する債権 α を A から C に譲渡させると，もはや券面額の価値を有しない債権 β を消滅させることができる。その法律構成としては，代物弁済のほか，債権 α の売買に基づいて A が C に対して取得する対価（代金債権）と C の債権 β との相殺などが考えられる。強制執行の手続によらず簡易な方法で，債権 β の回収を図ることができるわけである。

もちろん，強制執行の手続によって債権 α を差し押さえて，債権 β の回収を図るという方法も考えられる。そのうえで転付命令を得て，支払に代えて債権 α が C に移転されると，債権 β を消滅させることができる（⇨第 1 章**第 4 節**）。

もっとも，実際には，A の財産状態の悪化から債権 α が重複の関係でさらに第三者に譲渡されて（または差し押さえられて），債権回収のための債権譲渡

（または差押え）が競合することも多い（⇨ **5** (3)，第 6 章**第 3 節**）。

(2)　取立ての手段

　A が債権 α を C に取り立ててもらう場合に，（債権譲渡の法形式をとらず）債権 α の取立権限を C に付与するときもある。このとき，A が本人であり，C は代理人として本人 A の名で取り立てることになる。これに対して，A が債権 α を C に譲渡して取り立ててもらうときもある。これをもって，（債権譲渡の法形式をとりつつ）実質的には債権 α の取立権限を C に付与する手段とするわけである。このとき，C は自己の名で簡便に取り立てることができる。

　これをふまえてみると，当事者が取立目的で債権を譲渡した場合（取立てのための債権譲渡）に，債権譲渡の効果をどこまで貫徹することができるのかが，問題となる。

　判例・学説によると，一般に，取立てのための債権譲渡は 2 種類ある。1 つ目として，当事者の意思が取立権限の付与にとどまるときは，A はなお債権 α の処分権を失わず，取立て等の処分が可能である一方，C は債権 α 自体を取得しない。これを取立権限付与型と呼ぶ。これに対して，2 つ目として，当事者の意思が債権 α の移転に及ぶときは，C は債権 α 自体を取得するが，A に対して取立ての目的の範囲内において債権 α を行使すべき義務を負う。これを信託的譲渡型と呼ぶ。

　取立権限付与型か信託的譲渡型かは，当事者の意思によって決まる。

　いずれにしても，債務者や第三者が取立てのための債権譲渡であることを知らないときは，当事者はその事実や効果を主張することができないというべきである。学説では，譲渡人または譲受人が債務者や第三者の悪意・重過失について主張・立証責任を負うとみるのが有力である。

(3)　資金調達の手段

　※　以下(a)～(c)の記述は，**5**～**7**のほか，**第 3 節**を理解したうえで読むのが望ましい。

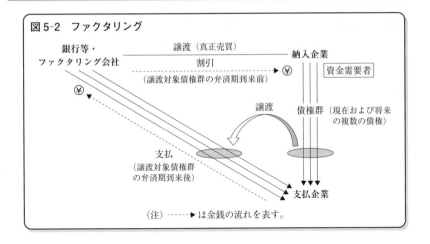

図 5-2 ファクタリング

（注）……▶ は金銭の流れを表す。

(a) 換価（現金化）の手段

A が債権 α を C に譲渡して買い取ってもらうと，弁済期が到来する前に早期に債権 α を現金化できる。もっとも，A が取得する対価は，弁済期までの運用利益（利息相当額など）のほか，特に債権 α の管理・回収にかかるコストや B の不履行のリスクなどが反映（控除）されて，券面額よりも低いのが通常である。

例えば，納入企業が支払企業に対して取得する現在および将来の複数の売掛債権等を銀行・金融機関やファクタリング会社に買い取ってもらうとき，これをファクタリングという。ファクタリングの特徴として，納入企業は，売掛債権等を早期に現金化して，債権の管理・回収にかかる事務手続やコスト，不履行のリスクを免れる。また，支払企業は，買掛債務等の手形による支払を廃止して，手形の発行・管理にかかる事務手続やコストを免れる。

なお，近時は，手形による支払に代わる新たな決済方法として，いわゆる一括決済システムが普及している。一括決済システムは，納入企業，支払企業，銀行等・ファクタリング会社の三面契約を基礎とする。基本的な仕組みには，2 系統ある。1 つ目として，納入企業の売掛債権等の銀行等・ファクタリング会社への譲渡を基軸とする場合には，一括ファクタリング方式，一括信託方式，債権譲渡担保方式などがある。これに対して，2 つ目として，支払企業の買掛

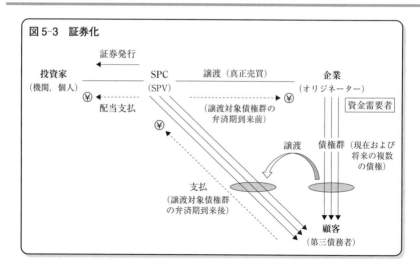

図5-3　証券化

債務等の銀行等・ファクタリング会社による債務引受を基軸とする場合には，併存的債務引受方式などがある。いずれにしても，譲渡された債権，または引き受けられた債務につき，銀行等・ファクタリング会社が，その債務者として弁済する，という形式で，納入企業と支払企業の間の決済が行われるわけである。

(b)　証券化（流動化）の手段

一般に，一定の財産（不動産，動産，債権その他）を引当てとして証券等を発行して行う資金調達を，証券化（流動化）という。投資家に販売されるのが有価証券（の形態の投資商品）である場合を証券化という。有価証券以外（の形態の投資商品）である場合を含めて広く流動化という。

例えば，資金調達を望む企業（オリジネーター）が顧客（第三債務者）に対して取得する現在および将来の複数の債権を SPV（Special Purpose Vehicle：証券を発行する目的のために設立された特別目的組織〔例えば，SPC（Special Purpose Company：特別目的会社）〕）に譲渡し，SPV を通じてそれら債権（から生じるキャッシュ・フロー）の信用力のみを裏づけにして証券（ABS〔Asset Backed Securities：資産担保証券〕）等を発行して資金を調達するとき，これを債権流動化という（オリジネーター・SPV 間の関係と区別するために，ここでは，オリジネー

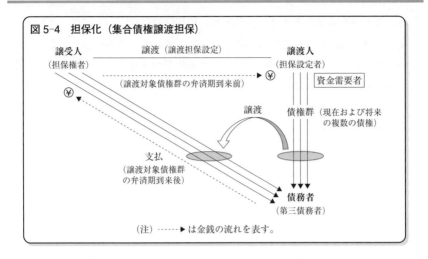

図 5-4　担保化（集合債権譲渡担保）

（注）------▶ は金銭の流れを表す。

ターの顧客，すなわち目的債権の債務者のことを，第三債務者ということがある）。

　証券化（流動化）の主要な特徴として，オリジネーターではなく，その資産の信用力に基づいて資金調達が行われる。その目的を十分に達成するためには，オリジネーターの一般財産からその資産が完全に切り離され，オリジネーターの倒産等の事情がその資産から生じるキャッシュ・フローに影響しないことが前提となる。これを倒産隔離（bankruptcy remote）という。特に債権流動化においては，オリジネーターから SPV への債権譲渡が完全に行われることが必要となる。すなわち，真正売買（true sale）であって（集合）債権譲渡担保等ではないことが重要となる。

　⒞　担保化の手段

　一般に，一定の財産を担保として行う資金調達を，担保化という。債権を担保化する方法は，2 種類ある。1 つ目として，債権に質権を設定する方法を，債権質（362 条以下）という。これに対して，2 つ目として，債権を譲渡する方法を，債権譲渡担保という。債権担保化というとき，典型的には，債権譲渡担保，それも集合債権譲渡担保のことをいう。

　債権譲渡担保では，形式上は債権譲渡であるが，それを通じて実質的には債権を担保化する手段とされている。このとき，個別債権を目的として譲渡担保を設定することもある。これに対して，現在および将来の複数の債権を目的と

して譲渡担保を設定するとき，これを集合債権譲渡担保という。

　集合債権譲渡担保と呼ばれるものには，いくつかのバリエーションがあるが，その主要な特徴として，担保設定後も，財産状態の悪化等一定の事由が生じるまでは，譲渡人（担保設定者）が目的債権を取り立てることができ，当該取立てにかかる債権は消滅する。そして現実にその一定の事由が生じたときにはじめて，譲渡担保権の（私的）実行として，譲受人（担保権者）が目的債権を債務者（第三債務者）から取り立てる（担保化の当事者である譲渡人〔担保設定者〕・譲受人〔担保権者〕の関係と区別するために，ここでも，売掛先その他，目的債権の債務者のことを第三債務者ということがある）。現象面を見ていれば，担保設定後，担保実行までは，新たな債権が発生し，取立てによって債権が消滅することを繰り返す。

　近時は，事業のライフサイクルに着目して，例えば，企業の在庫等から売掛債権等へと循環する一定の財産（収益）を，集合動産譲渡担保，集合債権譲渡担保等の方法で担保化したうえで，一定の融資枠を設定して行う資金調達が注目されている。これを ABL（Asset Based Lending：資産担保融資）と呼ぶ。

> ### Column 5-1　流動資産担保融資保証制度
>
> 　中小企業が有する在庫等，売掛債権等を担保化して銀行から資金を調達するにあたって，信用保証協会が債務を保証する制度である。動産，債権の担保化の手法の先駆けとして，経済産業省・中小企業庁の主導で創設された（⇨**表 5-1**）。
>
> #### 【表 5-1】　流動資産担保融資保証制度
>
> | | |
> |---|---|
> | **趣　旨** | 中小企業が有する在庫等の動産，また，売掛債権等の債権を担保化して銀行から資金を調達するにあたって，信用保証協会が債務を保証する制度。
不動産担保に依存することのないような形で，中小企業の資金調達の円滑化，多様化を企図。 |
> | **沿　革** | 平成 13 年　売掛債権担保融資保証制度の創設（※債権に限定），平成 19 年　流動資産担保融資保証制度へ衣替え（※動産に拡大）。 |
> | **概　要（担保化にかかる部分）** | |
> | **（契約内容）** | 借入限度額 2.5 億円，動産譲渡担保，債権譲渡担保について，銀行と信用保証協会の（準）共有。 |
> | **（対象資産）** | 動産とは，在庫（仕入，製品），その他原材料，半製品等。設備は除外。債権とは，売掛先が国・地方公共団体を含む事業者である債権で，売掛債権（物品，役 |

務），報酬債権（運送，建築）等。

（**対抗要件**）民法または動産債権譲渡特例法の第三者対抗要件具備義務。

（**期中管理**）銀行に対する在庫，売掛債権等の状況の報告義務。
※売掛先，第三者対抗要件等に応じて，担保対象資産の掛目の弾力的運用（最大100%可）。

＊参考
（改正前民法下）経産省は，売掛先となる国・地方公共団体に対して譲渡禁止特約の解除を要請。
（改正民法下）経産省は，資金調達目的の場合には，譲渡制限特約に反する譲渡は債務不履行を理由とする損害賠償・解除・取引停止等の問題にはならないとの解釈を紹介。

③ 債権の譲渡性

(1) 原　　則

(a) 債権譲渡自由の原則

民法は，どのような債権であっても，原則として譲渡することができるものとしている（466条1項本文）。これを債権譲渡自由の原則という。一般の債権は，もともと債権者が特定している債権である（その流通が予定されていない）が，これを，その同一性を変えることなく，契約によって譲渡することができるわけである。

(b) 関連問題──将来債権の譲渡の有効性

将来債権も，原則として譲渡することができる。将来債権というとき，典型的には，将来発生すべき金銭債権を念頭においている（⇨**7**）。

(2) 例　　外

債権は，例外的に譲渡することができないことがある。これには，性質上の譲渡制限，当事者の意思表示による譲渡制限，法律の規定による譲渡禁止の3つがある。

(a) 性質上の譲渡制限

債権は，その性質上，譲渡することができないものがある（466条1項ただし書）。どのような債権がこれにあたるかは，一般論としては，債権の発生原因となる契約の趣旨・内容，当事者間の法律関係の特殊性などに照らして，判断することになる。

　(i)　**債権者と債務者の間の一定の関係を基礎とする債権**　　債権者の属人的要素に着目した債権は，債権者が変わると，給付の内容がまったく変わってしまうことがある。そうでなくても，債務者が，特定の債権者だからこそ給付をすることに意味があると考えて，（債権の発生原因となる）契約を締結することがある。例えば，特定の人に教えること，特定の人の肖像画を描くことなどである。このとき，債権者の変更によって債権としての同一性が失われてしまうのであれば，その債権を譲渡することができない，というべきだろう。そもそも債権譲渡とはいえず，債務者が債権者の変更を承諾するときは，これを債権者の交替による更改とみるわけである（⇨第 3 章**第 5 節**）。そうでなければ，なおその債権を譲渡することもできなくはないが，それでも構わない，という趣旨での債務者の承諾が必要となる，というべきだろう。

　また，債権者と債務者の間の個人的な信頼関係を基礎とする債権は，債権者が変わると，権利行使の態様がまったく変わってしまうことがある。例えば，賃貸借における借主の債権（賃借権）などが，これにあたる。なお，これらを譲渡することは，それぞれの契約関係において当事者の一方（賃借人）が第三者と交替することにほかならず，これを契約上の地位の移転とみるのが適切である。そして，このとき，原則として相手方（賃貸人）の承諾が必要となる（539 条の 2〔⇨**第 4 節**〕。特に賃借権の譲渡について，612 条 1 項〔⇨LQ 民法Ⅳ第 12章**第 5 節**〕）。

　(ii)　**特定の債権者が行使すべき特別の意味のある債権**　　契約に基づく扶養請求権は，譲渡することができない。特定の人を扶養することは，(i)の要素も含んだうえで，その特定の債権者が行使することに意味があるからである。不法行為を理由とする慰謝料（慰藉料）請求権も，譲渡することができない，とされている。被害者（債権者）の精神的苦痛を慰藉するという目的に鑑みて，一身専属的なものとみられるからである（金額が具体的に確定した後についても，これを単純な金銭債権とみることができるかどうか，争いがある）。

　(b)　**当事者の意思表示による譲渡制限**

　債権は，当事者の意思表示によって，譲渡を禁止または制限されることがある（466 条 2 項）。この旨の意思表示を譲渡制限の意思表示という（⇨**4**）。

(c)　その他法律の規定による譲渡禁止

(i)　具体例　　債権は，民法その他の法律の規定に基づいて，譲渡が禁じられるものもある。このような債権を，譲渡禁止債権という。例えば，扶養請求権（881条），保険給付請求権（健保61条，国健保67条等），年金受給権（国年24条）等がこれにあたる。いずれも，債権者の生活保障という目的で，特定の債権者が現実に弁済を受けられるようにするというのが，その趣旨である。

(ii)　譲渡禁止と差押禁止　　譲渡禁止債権は，その差押えを禁じる規定があることが多い。そうでなくても，債権者の生活保障という，譲渡が禁じられる趣旨に照らして，原則として，差押えも禁じられるとみるべきである。もっとも，譲渡禁止債権についても，例えば国税滞納処分における差押えのように，法律の規定に基づいて差押えが許されることがある（国年24条ただし書）。

これに対して，差押禁止債権（⇨第3章**第3節**）は，それぞれの法律でその譲渡を禁じる規定がないこともある。例えば，賃金（給料）債権（民執152条1項2号），退職金債権（同条2項）等である。

それでは，差押禁止債権は，その譲渡も禁じられるか。判例をみると，退職金債権について，譲渡自体は禁じられないものの，賃金の直接支払の原則（労基24条）から，譲受人は，使用者に対して支払を求めることができない（最判昭和43・3・12民集22巻3号562頁）。学説では，差押禁止の趣旨を，債務者の意思に基づかない処分を禁止して特定の債権者が弁済を受けられるようにするものとみて，必ずしも譲渡は禁じられないとするものがある。これに対して，差押禁止の趣旨を，債権者の生活保障という目的で特定の債権者が現実の弁済を受けられるようにするものとみて，それを徹底するために譲渡も禁じられるとするものがある。

4 　譲渡制限の意思表示（譲渡制限特約）

(1)　意　　義

466条2項は，当事者が債権の譲渡を禁止または制限する旨の意思表示を，譲渡制限の意思表示と呼んでいる。

譲渡の禁止に限らず，広く制限というのは，一般に第三者への譲渡を禁止する場合のみならず，特定の第三者への譲渡を禁止する場合や，特定の条件の下

での譲渡に限定する場合なども含まれることを明らかにするためである。例えば，「466条3項の制約の下であれば譲渡を認める」という場合であってもよい。また，（債務者と譲渡人の間の）特約に限らず，広く（当事者の）意思表示というのは，債権の発生原因となるのが単独行為である場合に，債務者の単独の意思表示によって譲渡を制限するときなども含まれることを明らかにするためである。もっとも，（発生原因となる）単独行為は，遺言による場合（特に遺贈）などに限られる。

　以下では，債権の発生原因となるのが契約である場合に，その当事者間で特約が締結された場合を念頭に，（従前は譲渡禁止特約と呼んでいたのを）ほぼ従前どおり，譲渡制限特約と呼ぶ。

(2)　目　　的

　譲渡制限特約は，債務者からみて弁済の相手方（債権者）を固定するために利用される。もっとも，その利用目的は，改正前民法の起草当時に想定されていたものと，今日の実務で利用されているものとでは，大きく異なっている。

　すなわち，起草当時には，経済的弱者の地位にある債務者が，債権者が交替して取立てが厳しくなるのを避けるために特約を利用することが想定されていた（もっとも，その実効性はそもそも疑わしいが）。

　これに対して，今日では，国・地方公共団体，銀行・金融機関等，債務者とはいっても経済的強者の地位にある債務者が，自らの便益または利益を図るために特約を利用している。例えば，銀行取引においては，各種の預金債権（または貯金債権）について譲渡制限特約が締結され，約款および預金証書（または貯金証書）にその旨が記載されているのが通常である。その目的は様々で，例えば，弁済の相手方を固定して，銀行が名義書換など事務手続の煩雑化を避けること，また，いま誰が債権者なのかという点で過誤払の危険を避けることである。また例えば，銀行と顧客の間に常に貸付金債権と預金債権が相対立して存在するようにして，相殺可能性を確保することである（⇨第3章**第3節**ほか）。

　もっとも，近時は，国・地方公共団体は，特約を外すようになっている（⇨ Column 5-1 ）。

(3)　譲渡制限特約に反する譲渡

※　以下の記述は，**5**，**6**を理解したうえで読むのが望ましい。

　民法は，譲渡制限特約は弁済の相手方を固定したいという債務者の利益を確保するためのものである，という考え方を基礎に法律関係を整理して，特約に反する譲渡にかかる準則を明確化している。

(a)　原　則

(i)　特約に反する譲渡の有効性

特約に反する譲渡もその効力を妨げられない（466条2項）。このとき，譲渡人と譲受人の間では，譲渡自体は有効であり，債権は譲受人に移転する。

　そうすると，特約の効力は債務者と譲渡人の間の相対的なものにとどまる。もっとも，特約に反する譲渡だからといって，譲渡人が必ずしも債務不履行責任を負うとは限らない。譲渡の制限というのは，例えば，「466条3項の制約の下であれば譲渡を認める」という場合であってもよく（⇨(1)），その限りで，弁済の相手方を固定したいという債務者の利益が確保されるのであれば（⇨(2)），特約違反が債務者に対する債務不履行とならないときもあり得るからである。特約がどのような内容であるのか，特に特約に反する譲渡が債務不履行となるのはどのような場合であるのか，当事者の意思を契約の解釈によって明らかにすることが重要である。

　従前の判例をみると，特約の効力について，物権的効力説を基礎とするものとみられていた。しかし，その後，判例でも，物権的効力説からは直ちに導くことができないような結論を採るものがみられるようになっていた（債権者は，特約の存在を理由に譲渡の無効を主張する独自の利益を有しない〔最判平成21・3・27民集63巻3号449頁〕）。466条2項の規定の下では，物権的効力説は解釈としての意義を失っている。

(ii)　関連制度・債務者の供託権

466条2項との関係で，債務者に供託権が認められる（466条の2第1項）。弁済の相手方を固定したいという債務者の利益を保護するため，要件を緩和して供託権を認めるというのが，その趣旨である（特約に反する譲渡自体は有効で，譲受人が債権者であると確定しているから，債権者の確知不能を原因とする供託〔⇨第3章**第2節**〕はできないというべきだろう。しかし，誰を弁済の相手方とすることができるかは，依然，譲受人の主観的態様次第で

あるという状況に変わりはない。そこで，明文で供託権を認めるわけである。そして，わざわざ特約を締結している債務者はその保護の必要性が高いとみて，当然に供託をすることができるようにするわけである）。もっとも，債権譲渡自体は有効で，債権は譲受人に移転しているから，債務者は，現在の債権者たる譲受人に弁済することは差し支えない。

この供託をした債務者は，遅滞なく，譲渡人および譲受人に供託の通知をしなければならない（466 条の 2 第 2 項）。

債務者が供託した金銭の引渡しを請求することができるのは，譲受人に限られる（466 条の 2 第 3 項）。特約に反する譲渡自体は有効で，譲渡人は債権者としての地位を失っているからである（悪意・重過失の譲受人に対する関係では，譲渡人への弁済その他の債権消滅をもって対抗することができる〔466 条 3 項〕，という限りにおいて，譲渡人は弁済受領権限を有することになる。そこで，明文で供託金引渡請求権者を譲受人に限定する必要があるわけである）。

なお，債務者は，債務履行地が債権者の住所により定まるときは，譲渡人の住所を管轄する供託所に供託することができる（〔債権者としての地位を失っている譲渡人との関係で〕債務者保護の観点。466 条の 2 第 1 項かっこ書）。

(b) 例 外

(i) 悪意・重過失の譲受人に対する悪意の抗弁（権）

(ア) 意 義　原則（466 条 2 項）に対する例外として，悪意・重過失の譲受人その他の第三者に対する，債務者の履行拒絶権および弁済その他による債権消滅の抗弁（権）が認められる（悪意の抗弁〔権〕）（466 条 3 項）。弁済の相手方を固定したいという債務者の利益を確保するというのが，その趣旨である。もっとも，債権譲渡自体は有効で，債権は譲受人に移転しているから，債務者は，特約の内容に応じて制限を解く承諾をして，現在の債権者たる譲受人に弁済することは差し支えない（⇨(e)）。

債務者が特約の存在と譲受人その他の第三者の悪意・重過失の主張・立証責任を負う（大判明治 38・2・28 民録 11 輯 278 頁も参照）。

(イ) 将来債権と譲渡制限特約　将来債権の譲渡で「対抗要件具備時」までに譲渡制限特約が締結された場合には，譲受人は常に悪意とみなされ，債務者は譲受人に対して特約の存在を前提として対抗することができる（466 条の 6

第 3 項・466 条 3 項・466 条の 5 第 1 項)。対抗要件具備後に特約が締結された場合
には, 譲受人は特約を知るすべもなく, 重過失もないから, 債務者は譲受人に
悪意の抗弁を対抗することはできない。

　466 条の 6 第 3 項は, 467 条の債権譲渡の通知・承諾時を「対抗要件具備時」
として, これを基準時としていることに注意を要する (つまり, 債務者対抗要件
が具備されると, 同条項の要件を満たす)。そして, 「対抗要件具備時」を基準時と
するのは, 対抗要件具備前であれば, 債務者は譲渡を知るすべもなく, 特約に
よって弁済の相手方を固定するという自らの期待・利益がなお保護されてしか
るべきである一方, 対抗要件具備後は, 譲渡人は債権の処分権を実質的に失っ
ているので, いまさら特約によって自らを弁済の相手方とすることもできない
とみるべきである, というのがその論拠である。

　なお, 債権譲渡登記によって第三者対抗要件が具備された場合について,
466 条の 6 第 3 項の適用にあたっては, 動産債権譲渡特例法 4 条 2 項所定の通
知がされて債務者対抗要件が具備された時点を「対抗要件具備時」として,
466 条の 6 第 3 項の適用がある (動産債権譲渡特 4 条 3 項⇨**表 5-2** も参照)。

　**(ii)　関連制度・債務者の遅滞における譲受人の催告権, 譲渡人の破産にお
ける譲受人の供託請求権**　　466 条 3 項, また, 466 条の 2 との関係で, 譲受
人にこれら一定の催告権, 供託請求権が認められる (466 条 4 項, また, 466 条の
3)。有効に譲り受けた債権の回収にかかる譲受人の利益をも保護するため, 譲
受人のこれらの権利を認める, というのが, その趣旨である。つまり, 資金調
達の手段としての債権譲渡の円滑な利用に資するようにしようというのである
(催告権〔466 条 4 項〕の関係でいえば, 債務者が悪意・重過失の譲受人に対して悪意の
抗弁をもって対抗したからといって, 譲渡人自体は債務者に対して履行を請求すること
はできず, 債務者が譲渡人に履行しないままだと, 譲受人はその債権を回収することが
困難となることがある。また, 供託請求権〔466 条の 3〕の関係でいえば, 譲渡人につ
いて破産手続が開始した後で債務者が破産管財人に弁済したときは, 譲受人の金銭引渡
請求権が財団債権として保護されるとしても, 事実上その債権を全額において回収でき
ないのがほとんどである。そこで, 明文で, 譲受人のこれらの権利を認めて, 債権の回
収にかかる譲受人のリスクを回避するわけである)。

　もっとも, 譲受人の供託請求については, 債権の全額を譲り受けたこと, か

つ，第三者対抗要件を具備していることが要件である。譲受人が，供託請求の前提として，これらの主張・立証責任を負う。

　なお，債務者の履行請求から相当期間経過後，または債務者に対する供託請求後に，債務者が譲渡人に対してした弁済は，譲受人に対抗することができなくなる（468条2項・1項）。他方で，譲渡人について破産手続が開始する前に債務者が譲渡人にすでに弁済していたときは，もはや供託請求はできず，譲受人の金銭引渡請求権は破産債権として保護されるとしても，やはり事実上その債権を全額において回収できないことがほとんどである。

(c)　原則に対する特則：預貯金債権と譲渡制限特約

　原則（466条2項）に対する特則として，特約に反する預金債権の譲渡について，債務者は悪意・重過失の譲受人に対して特約をもって対抗することができる（466条の5第1項）。このとき，債権譲渡自体が無効である。弁済の相手方を固定したいという債務者の利益を最大限に確保するというのが，その趣旨である（ここでは，特に，銀行取引の場面における，約款等における譲渡制限特約の存在が念頭におかれている）。他方で，預金債権に関する限り，資金調達の手段としての債権譲渡を利用する場面を想定し難いともみられている。

　もっとも，譲渡制限特約の付された預金債権に対する強制執行をした差押債権者については，466条の5第1項は適用されない（同条2項）。特則に対する除外である（⇨(d)も参照）。

(d)　例外に対する除外：譲渡制限特約と差押え・転付命令による移転

　例外（466条3項）に対する除外として，債務者は差押債権者に対しては悪意の抗弁をもって対抗することができない（466条の4第1項）。差押えの実効性を確保するというのが，その趣旨である（特約の効力は債務者と譲渡人の間の相対的なものにとどまるが，それでも，仮に466条3項に相当する規定が適用されることになれば，〔実際上〕私人間の合意によって強制執行を免れる財産を作り出すことになってしまう，というわけである）。

　もっとも，466条の4でいう差押債権者は，強制執行の手続において差押えをした債権者に限られている。その他の，例えば，担保権実行の手続において差押えをした担保権者などは，除かれる。

　以上の限りで，従前の判例（最判昭和45・4・10民集24巻4号240頁）は実質

的に維持される。

　なお，別の問題として，悪意・重過失の譲受人が譲り受けた債権をその債権者が差し押さえたときは，債務者はその差押債権者に対して悪意の抗弁をもって対抗することができる（466条の4第2項）。そもそも，合意によって強制執行を免れる財産を作り出すことにあたらないほか，譲受人の債権者に譲受人以上の権利を与えるのは適切でないことが，その趣旨である。

> **Column 5-2** **譲受人からの転得者との関係**
>
> 　直接の譲受人が譲り受けた債権を第三者がさらに譲り受けた場合に，譲渡制限特約とその対抗という観点で，債務者，譲受人，転得者間の法律関係が問題となる。譲受人の主観的態様と，転得者の主観的態様に応じていくつかに場合分けすることができる。問題となるのは，㋐譲受人は悪意（または重過失）であるが，転得者は善意の場合，および，㋑譲受人は善意であるが，転得者は悪意（または重過失）の場合である。
>
> 　㋐の場合であれ㋑の場合であれ，特約の付された金銭債権を念頭におくならば，原則として，特約に反する譲渡もその効力を妨げられず（債権は転得者に移転して），他方，債務者には供託権が認められる。そして，債務者が任意に供託すれば，供託金の引渡しを請求することができるのは「譲受人」である。ここで，この供託金引渡請求権者には「転得者」をも含む趣旨かどうかが，検討されるべきだろう。例外として，債務者は特約について悪意の譲受人に対して悪意の抗弁をもって対抗することができるが，他方，譲渡人の破産において，（悪意の）「譲受人」から債務者に対する供託請求権が認められる。ここでまた，供託請求権者にはこの「転得者」をも含む趣旨かどうかが，検討されるべきだろう。結論として，転得者との関係では，㋐の場合であれ㋑の場合であれ，債務者は転得者に悪意の抗弁をもって対抗することができるとしつつ，譲渡人に対して弁済するか供託するかを選択できる（債権譲渡自体は有効で，債権は転得者に移転しているから，中間者たる直接の譲受人を問題にする余地はない）一方，転得者は，債務者が弁済を選択したときは譲渡人から譲り受けた債権に相当する額を回収するが，特に譲渡人の破産においては債務者に供託を請求することもできて，いずれにしても債務者がどこかの段階で任意にまたは請求に応じて供託すれば，転得者は供託金の引渡しを請求することができる，と考えることが，466条以下の趣旨・制度設計に沿うのではなかろうか（差押債権者との関係とのバランス〔⇨(d)〕）。

(e) 制限を解く承諾

譲渡制限特約は，債務者からみて弁済の相手方を固定するために利用されるから，債務者が譲渡の前または後に，特約の内容に応じて制限を解くのに必要な承諾（債権譲渡の対抗要件としての承諾を兼ねることもある）をした場合には，特約の効力を認める必要はない。

債権の二重譲渡事例において，特約に反する譲渡について第三者対抗要件が具備された後，債務者が制限を解く承諾をする前または後で第三者が同一の債権について利害関係をもった場合を例として説明しよう。この場合，第三者が利害関係をもつことになったのが債務者の承諾の前であれ後であれ，特約に反する譲渡の効力は妨げられず，先に第三者対抗要件を具備した譲受人が，後に利害関係をもった第三者に優先する。債務者は，制限を解く承諾をすることは差し支えないのであるが，その承諾の相手方となるのは，先に第三者対抗要件を具備した譲受人に限られる。

従前の判例は，特約に反する譲渡について債務者が「禁止」を解く承諾をした場合に，その譲渡が譲渡時に遡って有効になる，としたうえで，第三者が利害関係をもった時期との関係で，展開をみた。これは，物権的効力説を基礎とするものとみられる限り，先例としての意義を失っている。

5 債権譲渡の対抗要件

(1) 467条の債務者対抗要件（権利行使要件）

(a) 意　義

債権譲渡が有効に存在するときに，その事実や効果を債務者に主張するためには，債権譲渡の通知・承諾が必要である（467条1項）。これを，債権譲渡の債務者対抗要件（権利行使要件）と呼ぶ。なお，動産債権譲渡特例法に特則がある（⇨表5-2）。

債権譲渡の通知とは，譲渡人が債権譲渡の事実を債務者に知らせることである。承諾とは，債務者が債権譲渡の事実を知っていると表明することである。いずれも，意思表示ではなく，観念の通知である（⇨(5)）。

(b) 趣　旨

債務者は債権譲渡契約の当事者ではない。債権譲渡契約が締結されたとして

も，債務者は譲渡を知るすべがなく，そのままでは，債権の権利主体（帰属）の変更を知らずに，譲渡人に弁済することになるおそれがある。それゆえ，譲受人が権利を行使して債務者に弁済を求めるときは，債務者に債権譲渡を認識させることが必要である。そこで，民法は，債権譲渡の通知・承諾を，債務者対抗要件とした。この手続を経ることによって，譲受人は自らの権利行使を保障される一方，債務者は二重弁済の危険から保護される。

(c) 基本的法律関係

(i) **債権譲渡の通知・承諾がある場合**　債権譲渡の通知・承諾がある場合は，譲受人は債務者に対して権利を行使することができる。債務者は，譲受人から弁済を求められたときは，それに応じて弁済しなければならない。

　もっとも，譲渡人，譲受人，債務者の関係において，債権譲渡の通知・承諾が債務者対抗要件として機能するのは，他の第三者が関係していないときに限られる（⇨(3)(a)）。

(ii) **債権譲渡の通知・承諾がない場合**　債権譲渡の通知・承諾がない場合は，譲受人は債務者に対して権利を行使することができない。債務者は，譲受人から弁済を求められたときは，債権譲渡の事実を認めないものとして弁済を拒絶できる。そして，譲渡人をなお債権者とみて弁済することができる。他方で，譲渡人に対して抗弁を有していたときは，これをもって譲渡人に対抗することができる。

　債務者が債権譲渡の事実について知っているときであっても，このことがあてはまる（最判昭和 49・11・21 民集 28 巻 8 号 1654 頁を参照）。もっとも，債務者が積極的に債権譲渡の事実を認めて，譲受人を債権者として弁済することはできる（大判明治 38・10・7 民録 11 輯 1300 頁）。債権譲渡は債権譲渡契約のみによってその効果を生じるから，債権譲渡の通知・承諾がないときであっても，譲受人が債権の帰属主体となること自体は否定されないわけである。

(2) 467 条の第三者対抗要件

(a) 意　義

　債権の譲渡が有効に存在するときに，その事実や効果を債務者以外の第三者に対抗するためには，債務者に対して債権譲渡の通知・承諾を確定日付のある

証書によってすること（債権譲渡の「確定日付ある通知・承諾」）が必要である（467条〔とりわけ2項〕）。これを第三者対抗要件と呼ぶ。なお，動産債権譲渡特例法に特則がある（⇨**表5-2**）。

　債権譲渡の確定日付ある通知・承諾があれば，債務者対抗要件と第三者対抗要件が併せて具備されることになる。

　　(i)　債権譲渡の「確定日付ある通知・承諾」　　467条の第三者対抗要件が機能する前提となるのは，確定日付のある証書の制度である。

　証書に確定日付があれば，その作成の日付について，これを任意に操作できないものとして，完全な証拠力が認められる。なお，証書は確定日付がなければ第三者に対してその作成の日付について完全な証拠力が認められない旨を定めていた規定（改正前民施4条）は削除されている（が，このことは，「証書に確定日付があれば，……」，という命題が真であることには影響しない〔⇨ **Column 5-9** 〕）。

　証書に確定日付があるものとされるのは，民法施行法5条所定の場合に限られる。よく利用されるのは，同条1項2号の私署証書への日付押捺による方法（公証人役場で通知書・承諾書に日付の押捺を受けたうえで，それをもって債権譲渡の通知・承諾をすること）のほか，とりわけ同条1項6号の内容証明郵便による方法（内容証明郵便〔郵便48条・58条以下〕をもって債権譲渡の通知・承諾をすること）である。同条1項1号の公正証書による方法も，実務上意味をもつことがある（特に債権譲渡の承諾との関係で，譲渡人，譲受人，債務者の3者で，債権譲渡契約に，債務者の承諾をするという形で，公正証書を作成することがある〔⇨(5)(b)(iii)，**6**(2)(b)〕）。

　確定日付のある証書が必要であるというとき，判例をみると，当初は，通知・承諾のあった事実について必要だとしていた（大判明治36・3・30民録9輯361頁）。通知・承諾の日付を確定日付によって証明しなければならないとしていたわけである。これに対して，現在では，通知・承諾そのものについて必要だとしている（大連判大正3・12・22民録20輯1146頁，最判昭和49・3・7民集28巻2号174頁 **判例5-1** 。以下，最高裁昭和49年判決という）。確定日付のある証書によって通知・承諾をしさえすればよいわけである。

　　(ii)　467条の第三者　　177条の第三者と同様の議論がみられる。

　一般に，第三者とは，当事者およびその包括承継人以外の者のことをいう。そして判例および学説は，467条の第三者を，一般的な意味の第三者より制限

的にとらえている。

判例によると，通知・承諾の欠缺を主張する正当の利益を有する者（大判大正2・3・8民録19輯120頁），債権そのものに対して法律上の利益を有する者（大判大正8・8・25民録25輯1513頁など）のことである。例えば，債権の二重譲渡事例における譲受人相互間，その他，債権質権者，譲渡担保権者，差押債権者などである。

学説では，（判例とほぼ同様の趣旨で）債権そのものについて譲受人の地位と両立し得ない法律上の地位を取得した者のこととするものがある。このようなとらえ方次第では，債務者対抗要件を権利行使要件と呼ぶのがふさわしいことになる（⇨(1)）。

いずれにしても，第三者対抗要件が実際上の意味をもつのは，同一の債権が重複の関係でさらに第三者に譲渡された場合または差し押さえられた場合である（⇨(3)(b)）。

(b)　趣　旨

まず，債権譲渡の通知・承諾を必要とするのは，債務者が公示機関（情報センター）としての役割を果たすようにするためである。すなわち，債権譲渡の事実の有無，そして債権の現在の帰属主体（いま誰が債権者なのか）について，債権譲渡の通知・承諾によって債務者のもとに情報を集めるようにする。第三者は，例えばこれからその債権を譲り受けようとするときに，債務者に照会して回答を得る。こうして，通知・承諾による債務者の認識を基軸として，第三者からの照会に対する回答によってそれが表示されることをもって，債権譲渡を公示するわけである。

つぎに，確定日付のある証書を必要とするのは，仮装共謀により債権譲渡の通知・承諾の日付（対抗要件の具備時期）が操作されないようにするためである。例えば，AのBに対する債権 α がAC間とAD間とで二重に譲渡されたとしよう。ここで仮に，第三者対抗要件として単純な通知・承諾で足りるとするときは，譲渡人A，債務者B，さらに譲受人の一方CまたはDが仮装共謀すれば，通知・承諾の日付を事実に反して操作できてしまう。債権譲渡の通知・承諾の日付が二重譲渡事例における優劣決定の基準となるときは，譲受人の他方は，その権利を害されることになる。そこで，確定日付のある証書を必要と

することによって，債権譲渡の通知・承諾の日付（対抗要件の具備時期）を固定化しようとするわけである。

> ◁ 判例 5-1 ▷ **最判昭和 49・3・7 民集 28 巻 2 号 174 頁**
>
> **【事案】** 昭和 44 年 2 月 13 日頃，X は，P が Q（東京都下水道局長）に対して有する債権を譲り受け，P は債権譲渡の通知として Q 宛の債権譲渡証書に公証人から同 14 日付の印章の押捺を受け，同午後 3 時頃 Q に持参して交付した。同 14 日，Y は，P に対する金銭債権の執行を保全するため，本件債権に対する仮差押命令を得て，この仮差押命令は同午後 4 時 5 分頃 Q に送達された。X は，X の債権譲受が Y の仮差押えに優先する旨主張して，この仮差押えの執行の排除を求める第三者異議の訴えを提起した。
>
> **【判旨】** 破棄自判。「思うに，民法 467 条 1 項が，債権譲渡につき，債務者の承諾と並んで債務者に対する譲渡の通知をもつて，債務者のみならず債務者以外の第三者に対する関係においても対抗要件としたのは，債権を譲り受けようとする第三者は，先ず債務者に対し債権の存否ないしはその帰属を確かめ，債務者は，当該債権が既に譲渡されていたとしても，譲渡の通知を受けないか又はその承諾をしていないかぎり，第三者に対し債権の帰属に変動のないことを表示するのが通常であり，第三者はかかる債務者の表示を信頼してその債権を譲り受けることがあるという事情の存することによるものである。このように，民法の規定する債権譲渡についての対抗要件制度は，当該債権の債務者の債権譲渡の有無についての認識を通じ，右債務者によつてそれが第三者に表示されうるものであることを根幹として成立しているものというべきである。そして，同条 2 項が，右通知又は承諾が第三者に対する対抗要件たり得るためには，確定日附ある証書をもつてすることを必要としている趣旨は，債務者が第三者に対し債権譲渡のないことを表示したため，第三者がこれに信頼してその債権を譲り受けたのちに譲渡人たる旧債権者が，債権を他に二重に譲渡し債務者と通謀して譲渡の通知又はその承諾のあつた日時を遡らしめる等作為して，右第三者の権利を害するに至ることを可及的に防止することにあるものと解すべきであるから，前示のような同条 1 項所定の債権譲渡についての対抗要件制度の構造になんらの変更を加えるものではないのである。
>
> 　右のような民法 467 条の対抗要件制度の構造に鑑みれば，債権が二重に譲渡された場合，譲受人相互の間の優劣は，通知又は承諾に付された確定日附の先後によつて定めるべきではなく，確定日附のある通知が債務者に到達した日時又は確定日附のある債務者の承諾の日時の先後によつて決すべきであり，また，確定日附は通知又は承諾そのものにつき必要であると解すべきである。そして，

> 右の理は，債権の譲受人と同一債権に対し仮差押命令の執行をした者との間の
> 優劣を決する場合においてもなんら異なるものではない」。

(c)　限　界

債権譲渡については，確定日付ある通知・承諾が第三者対抗要件であって，通知・承諾による債務者の認識（回答によるその表示）をもって，債権譲渡を公示する。不動産物権変動については，登記が第三者対抗要件で，登記によってその物権変動を公示する（177 条）ことに相当する。

しかし，こうして対比してみたとき，467 条の対抗要件制度には限界があることがわかる。すなわち，第三者対抗要件ないし公示方法は，以下の①〜③の理由から完全とはいえない。

①公示性という観点で，債務者には，第三者からの照会に回答する義務はない。回答を拒否することも，うそをつくこともあり得る。他方で，義務はないにもかかわらず，その回答をするときには，債務者の負担でしかない（現在では，国・地方公共団体，独立行政法人，民間企業その他の組織が複雑化して，同一の主体に属すべき財産でも，組織内部の別個の部局，部門または本支店等で別個の財産〔別会計〕として管理されることがある。そのような場合には，各方面との調整にかかる事務手続が相当の負担となる）。②対抗要件具備時期の固定化という観点で，確定日付のある証書によって通知・承諾をしさえすればよい（通知・承諾の事実〔日付〕を確定日付ある証書をもって証明するのではない）とき（⇨(a)(i)，(b)，(3)(b)(i)），通知・承諾の日付と確定日付（の日付）とにずれが生じることもある。③二重譲渡事例における優劣決定基準という観点で，債権譲渡の通知・承諾が重複して第三者対抗要件が競合することもある。とりわけ，二重譲渡事例において債権譲渡の通知が同時に到達したときまたは到達の先後が不明のときは，到達時を基準とする現在の判例によると優劣を決定することができない（⇨(3)(b)(ii)）。他方で，そもそも，債務者は債権譲渡契約の当事者ではないのにかかわらず，二重譲渡事例においては優劣を判断して弁済の相手方を判断しなければならないのは，債務者の負担でしかない（そして弁済の判断を誤れば，優先譲受人との関係で二重弁済のリスクが，劣後譲受人との関係で不当利得の返還請求のリスクが生じるのは，酷ともいえる）。

(3)　債権の二重譲渡事例における法律関係

図 5-5

	AC 間	AD 間
(i)	単純な通知	通知なし
(ii)	単純な通知	単純な通知
(iii)	単純な通知	確定日付ある通知
(iv)	確定日付ある通知	通知なし
(v)	確定日付ある通知	確定日付ある通知

　例えば，A の B に対する債権が AC 間と AD 間とで二重に譲渡されたとしよう。そして，以下の(a)(b)を，図 5-5 を用いて説明しよう。

(a)　各類型における法律関係

　(i)　**一方が単純な通知，他方が通知なしである場合**　　AC 間の譲渡について単純な通知が到達しているが，AD 間の譲渡についてそもそも通知が到達していない場合，譲受人 C・D 相互間の関係では，いずれの譲渡についても第三者対抗要件は具備されていない。C・D と債務者 B との関係では，AC 間について債務者対抗要件が具備されているが，AD 間についてはそうではなく，D は B に対してそもそも権利を行使することができない。C が AC 間の譲渡について通知が到達したことを主張・立証すると，B は弁済を拒絶できなくなる。

　　(ア)　**B が直ちに C に弁済したとき**　　本旨弁済としてそれは有効な弁済となる（大連判大正 8・3・28 民録 25 輯 441 頁〔傍論〕）。D は権利を行使することができない。

　　(イ)　**B が直ちに C に弁済することなく，別の事情が生じるとき**　　ⓐB が直ちに C に弁済することなく，D を債権者と認めるときは，これを単純な承諾とみて，(ii)の処理があてはまる。ⓑB が直ちに C に弁済することなく，AD 間の譲渡について確定日付ある通知・承諾が到達したときは，(iii)(イ)の処理があてはまる。つまり，単純な通知が債務者対抗要件たり得るのは，他の第三者が確定日付ある通知・承諾によって第三者対抗要件を具備するまでである。

　(ii)　**いずれも単純な通知である場合**　　AC 間，AD 間いずれの譲渡についても単純な通知が到達したのみの場合，譲受人 C・D 相互間の関係では，い

ずれの譲渡についても，第三者対抗要件は具備されていない。C・Dは，それぞれの譲渡の事実および効果を，相互に主張することができず，いずれも優先しない。C・Dと債務者Bとの関係では，C・Dいずれかから請求を受けたときにBが弁済を拒絶できるかどうかで議論がある。弁済拒絶否定説と弁済拒絶肯定説に分かれる。

　いずれの譲渡についても債務者対抗要件は具備されていることから，Bは弁済を拒絶できないとみるのが，前者である。

　これに対して，C・Dは相互に対抗不能であっていずれも優先しないことから，その優劣が決まるまでBは弁済を拒絶できるとみるのが，後者である。もっとも，BがC・Dいずれかを債権者と認めて任意に弁済したときは，本旨弁済としてそれは有効な弁済となる。

　後者に対しては批判もある。弁済を義務づけられた立場にある債務者が，債務者対抗要件が具備されたにもかかわらずいつまでも弁済を拒絶できるのは適切ではないというものである（いずれの譲渡についても第三者対抗要件が具備されていないから，いずれの単純な通知も債務者対抗要件としての意味を失っていない。そして，C・Dいずれかから請求を受けたときは，Bは弁済を拒絶できず，いずれかの請求に応じて弁済したとき，またはいずれかに任意に弁済したときは，有効な弁済としてBは免責される，というのも，すでに債権の二重譲渡事例にかかる別の事例〔確定日付ある通知の同時到達事例〕で判例上認められている法律関係である〔⇨(b)(ii)(ア)〕）。

　　(iii)　**一方が単純な通知，他方が確定日付ある通知である場合**　　弁済の時期や債権譲渡の時期との関係で，さらにいくつかに場合分けできる。

　　(ア)　AC間の譲渡について到達した単純な通知に基づいてBが直ちにCに弁済し，その後AD間の譲渡について確定日付ある通知が到達したとき

　　1)　AD間の譲渡がBの弁済後であれば，AD間の譲渡はそもそも無効である。Bの弁済によって消滅した債権をD

が譲り受けたことになるからである（大判昭和7・12・6民集11巻2414頁）。Dから請求を受けたときは，Bは債権の消滅をもって対抗することができる。

2)　AD 間の譲渡が
B の弁済前であれば，
AD 間の譲渡は有効であ
る。しかし，B が C に
弁済したとき，AD 間の

図 5-7

譲渡については通知が到達していない。(i)の処理があてはまる。

(イ)　(ア)と異なって，AC 間の譲渡について単純な通知が到達したが，B が
直ちに弁済することなく，
AD 間の譲渡について確
定日付ある通知が到達し
たとき　判例によると
次のように考えられる。

図 5-8

すなわち，譲受人 C・D 相互間の関係では，AD 間の譲渡について第三者対抗
要件が具備されている。その反面として，AC 間の譲渡についての単純な通知
は債務者対抗要件としての意味を失う。D が優先する。C・D と債務者 B との
関係では，B は，いまみたプロセスで C・D 間で D が優先するものと判断す
ることができる。D だけを唯一の債権者と扱わなければならない（前掲大連判
大正 8・3・28，大判昭和 7・6・28 民集 11 巻 1247 頁）。

　(iv)　一方が確定日付ある通知，他方が通知なしの場合　　AC 間の譲渡に
ついて確定日付ある通知が到達しているが，AD 間の譲渡についてそもそも通
知が到達していない場合，譲受人 C・D 相互間の関係では，AC 間の譲渡につ
いて第三者対抗要件が具備されている。C・D 相互間では C が優先する。C・
D と債務者 B との関係では，C だけを唯一の債権者と扱わなければならない。

　(v)　いずれも確定日付ある通知である場合　　AC 間，AD 間いずれの譲
渡についても確定日付のある通知が到達している場合には，債権譲渡の確定日
付ある通知が重複して，第三者対抗要件が競合する（⇨(b)）。

　(b)　特に，第三者対抗要件が競合する場合

　(i)　優劣決定基準

　(a)(v)で，譲受人 C・D 相互間の関係では，何を優劣決定基準とすればよいか。

　(ア)　確定日付の先後か，通知の到達時の先後か　　例えば，確定日付（の

先後）を優劣決定基準とすることも考
えられなくはない。確定日付の証拠力
が，その論拠である。画一・明確に優
劣を決定することができるというわけ
である。そして，仮装共謀によって日
付が操作されることもないというわけ
である。これを確定日付説と呼ぶ。実
際，確定日付説がかつての判例・通説

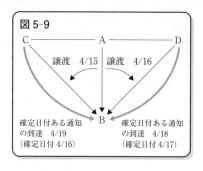

でもあった。しかし，確定日付説には問題がある。債権譲渡の第三者対抗要件
として通知・承諾が必要とされる趣旨と相容れないからである。すなわち，**図
5-9**のように，確定日付の先後と第三者対抗要件の具備時期（通知の到達時）の
先後の関係に齟齬が生じる場合で，4月16日付の確定日付ある通知が19日に
到達したとき，AC間の譲渡について第三者対抗要件が具備されるとともに，
AD間の譲渡について具備されたはずの第三者対抗要件が意味を失う。その反
面として，確定日付（の日付）が4月16日と最先であることがわかりさえすれ
ば，Cは通知を急ぐ（Aをせかす）必要はなくなる。通知によって債務者のも
とに情報を集めるというインセンティブが働かなくなるのである。

　これに対して，確定日付ある通知が到達した時期（の先後）を優劣決定基準
とすることとしたのが，最高裁昭和49年判決である。債権譲渡の第三者対抗
要件として通知・承諾が必要とされる趣旨が，その論拠である。通知・承諾に
よる債務者の認識を基軸として第三者対抗要件制度が成り立つのだから，債務
者の認識時，すなわち通知の到達時（または承諾時）が基準であるというわけ
である。これを到達時説と呼ぶ。到達時説が現在の判例・通説である。

　(イ)　確定日付を必要とするのは通知そのものについてか，通知のあった事
実についてか　判例は従来，通知そのものについて確定日付（のある証書）
が必要だとしている（⇨(2)(a)(i)，(b)。そして最高裁昭和49年判決も）。つまり，通
知に確定日付（のある証書）があればよいわけである。しかし，通知について
確定日付（のある証書）が必要だとしたうえで通知が到達した時期を基準とす
るときには，到達時説にも問題がなくはない。確定日付（の日付）と通知の到
達時とが乖離することになるからである。そうすると，到達時は一般の証拠方

法によって証明することになるから，確定日付（のある証書）はいわば「そえもの」にすぎないことになり，確定日付の証拠力もその機能を発揮できない。通知の到達時を操作できる余地がわずかながら残ることにもなる。

　もっとも，判例は当初，通知のあった事実について確定日付（のある証書）が必要だとしていた。通知の到達時を確定日付（のある証書）で証明するわけである。そして学説にも，本来はそのように解するべきとみるものがある。債権譲渡の第三者対抗要件として確定日付（のある証書）が必要とされる趣旨が，その論拠である。通知の到達時を固定化する（⇨(2)(b)）のであれば，まさに通知の到達時（または承諾時）についてこそ確定日付の証拠力にかからせるべきだというわけである。これを到達時確定日付説と呼んでおこう。

　そして，通知の到達時を証明する確定日付（のある証書）の先後を優劣決定基準とすることが，理想であろう。しかし，これを実現する手続は，現在の日本には存在しない（ただし，実務では，内容証明郵便を利用して確定日付〔のある証書〕とするとき，到達の有無等をめぐる紛争に備えて，配達証明郵便〔郵便47条を参照〕を併用するのが通常である）。それゆえ，通知について確定日付（のある証書）を必要としたうえで通知が到達した時期を基準とする現在の判例が，いわば妥協として受け容れられている。

> ◀︎ Column 5-3 ▶︎　**確定日付ある承諾の場合**
>
> 　債務者が確定日付のある証書をもって承諾するときは，最高裁昭和49年判決によると，「確定日附のある債務者の承諾の日時の先後」が優劣決定基準となる。しかし，その意味は判然としない。
>
> 　通知・承諾による債務者の認識を基軸として第三者対抗要件が成り立つとき，承諾そのものが債務者の認識を明らかにするものである。そうすると，優劣決定基準となるのは，公正証書によって承諾するときは公正証書に付された日付（民施5条1項1号），私署証書によって承諾するときは公証人役場等でその証書に付された日付（同項2号），内容証明郵便で承諾するときはその日付（同項6号），である。つまり，いずれにしても確定日付の日付（の先後）である。

　(ウ)　**法律関係のまとめ**　　判例の到達時説による場合には，譲受人C・D相互間の関係ではDが優先する。C・Dと債務者Bとの関係では，Dだけを唯一の債権者として扱わなければならない。それにもかかわらずCに弁済したときは，劣後譲受人に対する弁済の問題となる（⇨(4)）。

(ii)　同時到達事例または到達先後不明事例　　判例の到達時説による場合には，AC 間の譲渡と AD 間の譲渡について確定日付ある通知が同時に到達したとき（同時到達事例）または到達の先後が不明のとき（到達先後不明事例），譲受人 C・D 相互間の関係で優劣を決定することができない。それでは，これらの事例で法律関係はどうなるか。

㋐　譲受人相互間および譲受人と債務者の間の基本的法律関係　　まず，判例によると，同到達事例においては，その譲受人 C・D 相互間の関係では，相互に自己のみが唯一の優先譲受人であると主張することはできない。しかし，通知が後に到達した後順位の譲受人との関係では，先順位の譲受人 C・D いずれも優先譲受人としての地位を主張することができる（最判昭和 53・7・18 判時 905 号 61 頁〔以下，最高裁昭和 53 年判決という〕）。つまり，C・D をいわば同順位の譲受人とみるわけである。C・D と債務者 B との関係では，C・D 各譲受人は各譲受債権額の全額について B に請求することができる。C・D いずれかから請求を受けたときは，弁済その他によって債権が消滅したのでない限り，単に同順位の他の譲受人が存在することを理由としたのでは B は弁済を拒絶できない（最判昭和 55・1・11 民集 34 巻 1 号 42 頁〔以下，最高裁昭和 55 年判決という〕）。そして C・D いずれかの請求に応じて弁済したとき，または C・D いずれかに任意に弁済したときは，有効な弁済として B は免責される。

つぎに，判例によると，到達先後不明事例においては，通知が同時に到達したものとして扱われる（最判平成 5・3・30 民集 47 巻 4 号 3334 頁〔以下，最高裁平成 5 年判決という〕）。そうすると，到達先後不明事例では，譲受人 C・D 相互間および C・D と債務者 B との間の基本的法律関係は，同時到達事例と同様に考えることになる（もっとも，最高裁平成 5 年判決の具体的な事案では，債権者の確知不能を理由として債務者が債権額を弁済供託していた〔⇨㋑㋒〕）。

㋑　各譲受人の全額請求を認める場合の法律関係　　同順位の各譲受人の全額請求を認める場合，譲渡された債権の帰属の形態をどのようにみるかが問題となる。また，全額の弁済を受けた譲受人に対する分配請求が可能とみるかどうかが，なお問題となる。

判例をみると，同時到達事例の最高裁昭和 53 年判決も最高裁昭和 55 年判決も，譲渡された債権の帰属の形態については言及していない。また，最高裁昭

和 55 年判決は，その具体的な事案では，同順位の譲受人の 1 人が債務者に対して弁済を求めた給付訴訟で，同順位の他の譲受人はこの訴訟に参加しなかった。このとき，全額の弁済を受けた譲受人に対する分配請求の問題には関わらないから，判断の対象ともされなかった。到達先後不明事例の最高裁平成 5 年判決は，その具体的な事案では，債権者の確知不能を理由として債務者が債権額を弁済供託していた。そして，全額請求した同順位の各譲受人（正確には，同順位の譲受人と差押債権者）が，それぞれ全額の還付請求権の帰属確認を求めた確認訴訟で，このように弁済供託が絡む場合については，公平の原則に照らして，同順位の譲受人がそれぞれ譲り受けた債権額に応じて按分して供託金還付請求権を取得するものとした。しかし，弁済供託が絡まない場合には関わらないから，判断の対象ともされなかった。

　学説では，最高裁昭和 55 年判決を契機に，例えば，譲受債権の帰属関係につき，（真正または不真正）連帯債権説，非多数当事者債権説，また，他の譲受人からの分配請求の可否につき，肯定説，否定説など，様々の見解が主張されている。また，最高裁平成 5 年判決を契機に，弁済供託が絡まないときまでその射程が及んでいる——按分等一定の準則を推論できるとすべきかどうかで評価が分かれるほか，これらの法律関係について，特に他の譲受人からの分配請求の可否（「一人占めか分配か」）の点で，問題となる時期は譲渡人（債務者）の平時か危機時か，重視すべきは譲受人（債権者）間の競争か平等か等を分析軸として，様々の見解が主張されている。

　　(ウ)　同時到達事例または到達先後不明事例と弁済供託の可否　　供託実務をみると，同時到達事例においては，最高裁昭和 55 年判決以降は，債権者の確知不能を理由とする弁済供託（494 条 2 項）を認めていない。到達先後不明事例においては，最高裁平成 5 年判決以降も，債権者の確知不能を理由とする弁済供託を認めている。つまり，債務者の現在の判断としての到達先後不明と，（裁判所の事実認定を経て）最終的に確定する到達先後不明とは異なる，というわけである。

> **Column 5-4**　**同時到達事例または到達先後不明事例における債務者の対応**
> 　例えば，確定日付ある通知が同日に複数到達した場合に，それが同時に到達したことが容易に判明するときは，債務者としてはいずれかの譲受人に債権額

全額を弁済してよい。弁済を受けられなかった譲受人から請求を受けても，債務者はそれを拒絶できる。その譲受人は到達の先後の主張・立証で挫折するからである。しかし，債務者の現在の判断として到達の先後が不明であるときは，債務者としては債権者の確知不能を理由として弁済供託をしてしまうのがよい。こうして，紛争を譲受人相互間の関係に移行させることができるからである。

> **Column 5-5**　**債権差押えと債権譲渡が競合した場合**
>
> 　債権差押えと債権譲渡が競合した事例で差押命令・差押通知書と債権譲渡の確定日付ある通知がともに（第三）債務者に到達して競合する場合がある。差押えについていえば，民事執行法による差押えの場合には，差押命令が（第三）債務者に送達された時点で差押えの効力が生じる（民執145条5項）。国税徴収法による滞納処分としての差押えの場合には，債権差押通知書が（第三）債務者に送達された時点で差押えの効力が生じる（税徴62条3項）。そして差押債権者と譲受人の相互間の関係では，差押命令・債権差押通知書の送達（到達）時と確定日付ある通知の到達時の先後が，優劣決定基準となる。
>
> 　民事執行法による差押えの場合には，一般に，債務者は供託をすることができる（「権利供託」〔民執156条1項〕）。国税徴収法による滞納処分としての差押えの場合には，民事執行法の権利供託と同様の供託をすることができないが，さらに民事執行法による差押えが競合したときは，同様の供託をすることができる（滞納強制調整20条の6第1項。また，同法36条の6第1項も参照）。
>
> 　民事執行法による債権差押えと債権譲渡が競合した事例においては，とりわけ，差押命令と確定日付ある通知が同時に到達したときまたは到達の先後が不明であるときには，（第三）債務者としては権利供託してしまうのがよい（現在の判断として到達の先後が不明であるときは，権利供託と併せて債権者の確知不能を理由として弁済供託してしまうのがよい〔混合供託〕）。国税徴収法による債権差押えと債権譲渡が競合した事例においては，同様の供託をすることができないが，これらと民事執行法による差押えが競合した事例においては，同様の供託をすることができる（最判平成9・6・5民集51巻5号2053頁を参照）。

(4)　劣後譲受人に対する弁済

　二重譲渡事例において，到達時説によると，確定日付ある通知が後に到達した譲受人が劣後する。判例によると，債務者がそれにもかかわらず劣後する譲受人等に対して弁済したときは，478条の適用がある（最判昭和61・4・11民集40巻3号558頁〔以下，最高裁昭和61年判決という〕）。

　すなわち，467 条と 478 条は，それぞれの規律する次元が異なるから，一方が他方を排除するという関係にはない。それゆえ，劣後譲受人等に対する弁済は，467 条によって決定した優劣に矛盾するから直ちに無効とみるのではなく，478 条によってその効力を判断することになるわけである（最高裁昭和 61 年判決によると，弁済者の善意・無過失の要件を満たすときは，優先譲受人は債務者から弁済を受けられないが，劣後譲受人等に不当利得の返還を請求すればよい）。

　ただ，実際に弁済者の善意・無過失の要件を満たすかどうかが問題である（最高裁昭和 61 年判決によると，「優先譲受人の債権譲受行為又は対抗要件に瑕疵があるためその効力を生じないと誤信してもやむを得ない事情があるなど劣後譲受人を真の債権者であると信ずるにつき相当な理由があることが必要である」）。最高裁昭和 61 判決は，その具体的な事案では，債務者の過失を認定して，劣後譲受人への弁済を無効とした（事案をみる限り，債務者は高度の法律知識をもって臨まなければならないようである）。

(5)　債権譲渡の通知・承諾補論

(a)　債権譲渡の通知

　債権譲渡の通知は，意思表示ではなく，観念の通知である。

　(i)　通知の主体　　通知は，譲渡人がするものでなければならない（467 条 1 項）。譲受人がする通知は無効である。もし譲受人が通知することを認めてしまうと，詐称譲受人が譲渡の事実を偽って虚偽の通知をすることができてしまうからである。

　譲渡人は，通知をする義務がある。しかし譲渡人が通知しないときに，譲受人が債権者代位権を行使して譲渡人に代位して通知することはできない（大判昭和 5・10・10 民集 9 巻 948 頁）。

　譲受人が譲渡人の代理人または使者として通知することはできる（最判昭和 46・3・25 判時 628 号 44 頁）。実際に，集合債権譲渡担保（本契約型）においては，譲受人（担保権者）が譲渡人（担保設定者）から白地の債権譲渡通知書を事前に預かっておいて，（私的）実行にあたって白地を補充して発送することが多い。

　通知の相手方は，債務者である。債務者が破産した場合は，破産管財人である（最判昭和 49・11・21 民集 28 巻 8 号 1654 頁）。その他，連帯債務の場合に連帯

債務者全員に対する債権が譲渡されるときは，その全員である。また，保証債務の場合に主たる債権が譲渡されるときは，主たる債務者に通知すると，保証人に対して対抗することができる（附従性）。これに対して，保証人に通知しても，主たる債務者に対してのみならず，保証人に対しても対抗することができない（⇨第 7 章**第 6 節**）。これらが判例上確立した準則である。

(ii) 通知の時期　通知は債権譲渡と同時にするのでなくてよい。事後に通知をすることができる。しかし，事前の通知は債務者対抗要件としても第三者対抗要件としても不適格であるというのが通説である。債権譲渡がされるかどうか，いつされるかが不明確であって債務者にとって不利益だからである。また，債権の帰属の変更を認識してこそ，債務者が公示機関（情報センター）としての役割を果たすことができるからである。これに対して，「事前の通知」の態様に応じて適格性を判断する見解がある。例えば，債権譲渡の具体的な日時が特定されているときには，債務者対抗要件または第三者対抗要件として適格とみるべきという。

(b) 債権譲渡の承諾

債権譲渡の承諾は，意思表示ではなく，観念の通知である。

(i) 承諾の主体　承諾の相手方は，譲渡人でも譲受人であってもよい（大判大正 6・10・2 民録 23 輯 1510 頁）。

(ii) 承諾の時期　承諾は債権譲渡と同時にするのでなくてよい。事後に通知をすることができる。そして，「譲渡債権及び譲受人が特定している場合」には，事前の承諾は債務者対抗要件として適格であるというのが判例である（最判昭和 28・5・29 民集 7 巻 5 号 608 頁）。さらに，譲渡債権および譲受人が特定していない場合でもよいというのが通説である。債務者本人が承諾しているのだから，債務者に不利益はないからである。しかし，事前の承諾は第三者対抗要件として適格ではないというのが多数説である。すなわち，判例をそのように理解するものが多い（最判昭和 58・6・30 民集 37 巻 5 号 835 頁，また，最判平成 13・11・27 民集 55 巻 6 号 1090 頁も参照）。これに対して，「事前の承諾」の態様に応じて適格性を判断する見解がある。例えば，債権譲渡の具体的な日時や譲受人が特定されているときなどには，事前の承諾も第三者対抗要件として適格とみるべきという。

　(iii)　**実務上・実際上の意義**　　実務上，担保化の手段（集合債権譲渡担保）では，公正証書による方法で，「事前の承諾」をもって第三者対抗要件が具備されていることが多いといわれている。そして，実際上，債務者の承諾の有無に応じて，担保価値の掛目（評価率）が変動する（承諾があれば，掛目が高くなる）。

　その他，譲渡制限特約（制限を解く承諾）や，債務者の抗弁（抗弁放棄の意思表示）との関係も含めて，債務者の承諾の有無は実務上重要な意義をもち続けるものと思われる。

6　債務者の抗弁

(1)　抗弁の接続（468条）

(a)　意義・趣旨

　債務者は，「対抗要件具備時までに譲渡人に対して生じた事由」をもって譲受人に対抗することができる（468条1項）。これを抗弁の接続（対抗可能）という。

　債権が譲渡された場合であっても，債権の同一性は変わらない。それゆえ，譲渡された債権を被担保債権として設定されていた人的担保や物的担保も，それに伴って移転する（随伴性）。同様に，債務者が譲渡人に対して有していた抗弁も，原則としてこれをもって譲受人に対抗することができるはずである。

　そして，債権譲渡契約の当事者は，譲渡人と譲受人である。しかし，債務者は当事者ではない。その意思が関与しないところで，その法的地位を害すること（債務者の権利・利益を勝手に失わせること）は認められないはずである。

　そこで，民法は，抗弁の接続を定めているわけである。

(b)　基準時

　(i)　**原　則**　　468条1項は，基準時を原則として「対抗要件具備時」としている。「対抗要件具備時」とは，467条の債権譲渡の通知・承諾時である（466条の6第3項を参照）。つまり，債務者対抗要件具備時である。それ以後に生じた事由をもってしては譲受人に対抗することができないのはいうまでもない。もっとも，それ以前の一定の事由についても，468条1項の，「対抗要件具備時までに譲渡人に対して生じた事由」の要件を満たすといえるかどうかが

問題となるものがある（⇨(c)）。

　(ii)　**例　外**　466条2項は，基準時の例外として，譲渡制限特約に反して債権が譲渡された場合の一定の場面で，一定の修正をしている。これには2つの場面がある。1つ目は，466条4項で，譲受人の催告後，最終的に債務者が譲受人に履行しなければならないとされることになった場面である。ここで468条1項を適用するときは，基準時を「466条4項の相当の期間を経過した時」と読み替える。この時点で債務者の置かれる状況をみて，それ以前の弁済等の事由を引き続き譲受人に対抗できるとしたのである（債務者はそれ以後譲渡人に対して履行することができなくなって，譲受人に対して履行を拒絶できなくなっている。他方で，それ以前は，〔悪意・有過失の〕譲受人に対して譲渡制限特約をもって対抗することができたはずである。そこで，いままたようにするのが相当であるというわけである）。

　2つ目は，466条の3で，譲受人の供託請求後，債務者が供託することになった場面である。ここでは，基準時を「466条の3で譲受人から供託の請求を受けた時」と読み替える。

　(c)　**譲受人に対抗することができる事由**

　債務者が譲渡人に対して有していた抗弁をもって譲受人に対抗する，というとき，それは，狭義の抗弁権に限らない。一般論としては，広く，債権の成立・行使・存続を阻止する事由を含む。例えば，債権の発生原因となる法律行為の不成立・無効・取消しを理由に債権が不存在であること，履行期の定めがあること，弁済によって債権が消滅したこと，そして，双務契約に基づく債権について，解除を理由に債権が不存在であること，同時履行の関係にあること，債務者が有する反対債権をもって相殺することなどである。

　ここでは，重要な項目に絞って，以下の(i)～(iv)で説明しよう。

　(i)　**無　効**　債権の発生原因たる法律行為が無効である場合，債権の発生原因となる法律行為も，それに基づいて発生する債権も，当初より不存在である。債務者は，原則として無効を譲受人に対抗することができる。

　もっとも，虚偽表示を理由とする無効の場合には，第三者保護規定がある。では，94条2項と468条1項の適用関係をどうとらえるか。従前の判例をみると，譲受人は94条2項の第三者にあたるとみて，虚偽表示の無効は譲受人

に対抗することができる事由に含まれないとみることで落ち着いている（大判大正 3・11・20 民録 20 輯 963 頁，大判大正 4・7・10 民録 21 輯 1111 頁）。

　(ii)　**取消し**　債権の発生原因となる法律行為の取消しの時期と債権譲渡の時期（および対抗要件具備時）との先後によって場合分けできる。このうち特に問題となるのは，対抗要件が具備された後，債権の発生原因となる契約が取り消された場合である。

　従前の学説では，取消しの遡及効から，「対抗要件具備時までに譲渡人に対して生じた事由」の要件（468 条 1 項）を満たすとみるものがある。債権の発生原因となる契約も，それに基づいて発生する債権も，当初に遡って無効で不存在となること（121 条）が，その論拠である。また，抗弁事由発生の基礎があれば，この要件を満たすとみるものもある。対抗要件具備時点で取消可能性があった（取消事由が存在しており取消しの意思表示をすることができた）ことをもって足りるとみるわけである。結論についてはほとんど異論がみられない。

　もっとも，錯誤，詐欺を理由とする取消しの場合などには，第三者保護規定がある。学説では，虚偽表示の無効の場合と同様に考えればよいとして，譲受人は 95 条 4 項，96 条 3 項などの「第三者」にあたるとみるものがある。

　(iii)　**解　除**　双務契約に基づく債権について，取消しの場合と同様に，解除の時期と債権譲渡の時期（および対抗要件具備時）との先後によって場合分けできる。このうち特に問題となるのは，債権が譲渡され，対抗要件が具備された後，債権の発生原因となる契約が解除された場合である。この場合，さらに，不履行が生じる一般的可能性がある（双務契約に基づいて，相互に牽連性のある債権・債務が存在しているが，対抗要件の具備時点ではいまだ相手方の不履行が存在しなかった）ときと，すでに解除可能性があった（不履行が存在していたが，解除の意思表示をしていなかった）ときの 2 つに分かれる。

　従前の学説では，①解除の遡及効を認める見解を前提に，「対抗要件具備時までに譲渡人に対して生じた事由」の要件（468 条 1 項）を満たすとみるものがある（解除の法的構成・効果については，議論がある）。また，②取消しの場合と同様に，抗弁事由発生の基礎があることをもってこの要件を満たすとみるものがある。しかしここで，ⓐ不履行の一般的可能性のみで足りるとみるか，ⓑ解除可能性まで要求するかで分かれる。例えば，㋐売買契約において，目的物の引

渡期日前に代金債権が譲渡され対抗要件が具備されたが，その後目的物が引き渡されることはなかったという場面でも，ⓐの見解によれば買主は解除（540条以下）をもって対抗することができる。ⓑの見解によればそうではない。これに対して，例えば，⑦売買契約において，契約に適合しない目的物が引き渡され，その後代金債権が譲渡されたという場面では，ⓑの見解によっても買主は解除（564条・540条以下）をもって対抗することができることになる。

ⓐの見解の論拠として，双務契約においては，契約が履行過程にあるときは，一般に，相手方について不履行が生じる一般的可能性が常に存在すること，そして，債権譲渡においては，原則として，債務者の法的地位を害することは認められないはずであることなどが挙げられる。そしてⓑの見解に対する批判として，解除可能性まで要求すると，⑦の場合に，代金債権の譲渡がなければ対抗することができたはずの解除をもって，買主は対抗することができないことになり不当である，という。

もっとも，解除には，第三者保護規定が存在する（545条1項ただし書）。従前の判例をみると，譲受人を545条1項ただし書の「第三者」にあたらないとみる（大判明治42・5・14民録15輯490頁，大判大正7・9・25民録24輯1811頁）。学説では，「第三者」にあたるとみるものがある。545条1項ただし書の趣旨を，無効や取消しの第三者保護規定と同じ趣旨とみるのである。

(iv) **相　殺**　「差押えと相殺」の問題と同様の問題が，債権譲渡についても生じる。すなわち，Bが債権βをCに譲渡して，対抗要件を具備したとき，Aが債権αを自働債権として相殺すること（相殺をCに対抗すること）が，どのような条件の下でどこまで認められるか。これを，「債権譲渡と相殺」の問題という。

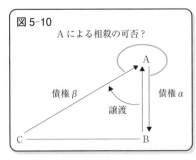

図 5-10
Aによる相殺の可否？
A
債権β　　　　債権α
譲渡
C　　　　　　B

なお，469条の見出しは，「債権の譲渡における相殺権」である（相殺権の意義について⇨第3章**第3節**）。

以下の(ア)，(イ)を，**図 5-10** を用いて説明しよう。

(ア)　対抗要件具備時と自働債権，受働債権両債権の弁済期　　　（債権βの譲

渡にかかる）対抗要件具備前に取得した債権αを自働債権とする相殺について
は，両債権の弁済期の先後による制約はない（469条1項）。そして，債権法改
正にかかる議論をみると，「債権譲渡と相殺」一般にかかる従前の判例は必ず
しも明確ではなく，学説も分かれていたところ，これについて無制限説を採っ
たものと説明されている。511条1項後段におけると同様に，相殺に対する期
待および利益を保護するというのが，ここでの論拠である。

　Aが相殺を対抗すると，債権α，債権βは対当額において消滅する。

　学説では，さらに，この現在債権の場合の相殺権の規律も，債権譲渡による
資金調達の円滑な利用に資するようにすることを中心に，将来債権の場合の相
殺権の拡張（⇨(イ)）と通底している，とみるものもある。

　469条1項は，基準時を原則として「対抗要件具備時」としている。ここで
も，「対抗要件具備時」とは，467条の債権譲渡の通知・承諾時である（466条
の6第3項を参照）。つまり，債務者対抗要件具備時である。

　　(イ)　対抗要件具備時と自働債権の発生時期——対抗要件具備時には未発生
の債権である場合の相殺権の拡張　　さらに，Aは，債権βの譲渡にかかる
「対抗要件具備時」には未発生であるが，発生原因はすでに存在している場合
のほか一定の場合に，対抗要件具備後に具体的に発生した債権αを自働債権と
して相殺する（相殺をCに対抗する）ことができる（469条2項）。

　つまり，民法は，「差押えと相殺」において想定される場面（511条2項）と
平仄を合わせつつ（469条2項1号），さらに広い範囲で相殺する（相殺を対抗す
る）ことも認めている（同項2号）。総じて，将来債権の場合を念頭に，相殺権
を拡張して，（「差押えと相殺」における第三債務者との対比で）債務者の相殺に対
する期待および利益が同等以上に厚く保護されるわけである。

　469条2項1号については，「差押えと相殺」の511条2項におけると同様
の説明があてはまる（⇨第3章第3節）。ちなみに，469条2項1号については，
後に自働債権となる債権の発生原因が対抗要件具備時に存在していれば，相殺
に対する「期待」もすでに生じているとみて，受働債権譲渡時（対抗要件具備
時）と，自働債権発生時の先後の偶然性または無意味性も論拠として挙げられ
ている。

　自働債権となる，対抗要件具備時より前の原因に基づいて生じた債権（債権

α）とは，ここでも，典型的には，現在の契約によって発生する将来債権であるが，預金債権（または貯金債権）については，それが差し押さえられる場面は普通にあり得るのに対して，それが（有効に）譲渡される場面は通常想定し難いから（⇨**4**(3)(c)），その譲渡に関連する場面を除くことになる。

469条2項2号については，自働債権となる「譲受人の取得した債権の発生原因である契約に基づいて生じた」債権αは，将来債権に限られることになる（同項1号を前提とした2号という構造だから）。典型的には，将来の売買契約または請負契約に基づく将来の代金債権または報酬債権が譲渡された場合の，目的物の契約不適合を理由とする損害賠償債権，また，将来の賃貸借契約に基づく将来の賃料債権が譲渡された場合の，必要費償還請求権を自働債権として相殺するという場面を，想定することができる。

この将来債権の場合の相殺権の規律は，譲渡制限特約との関係で，特に意味をもつ。すなわち，将来債権の譲渡で対抗要件具備後に特約が締結された場合には，債務者は譲受人に悪意の抗弁を対抗することができない（466条の6第3項・466条3項⇨**4**(3)(b)(i)）。（譲渡制限特約をもって防御できない）債務者Aの相殺に対する期待および利益を債権譲渡によって奪うべきでないことから，目的債権の発生原因である契約に由来する抗弁の1つとして，相殺を譲受人Cに対抗することができるようにする，というのが，同号の趣旨である。この背景にあるのは，主に，資金調達の手段としての債権譲渡の円滑な利用に資するようにしようという考慮である。

469条2項1号と2号を比較してみたとき，1号では，対抗要件具備前の「原因」に基づいて生じた債権としている。この「原因」は，目的債権の発生原因と同じ原因であることは必要でない。そして，この「原因」には，契約（法律行為）はもちろん，事務管理，不当利得，不法行為が含まれる。

これに対して，2号では，目的債権の発生原因である「契約」に基づいて生じた債権としている。この「契約」は，目的債権の発生原因と同じ契約のことである。もっとも，契約書が同一である場合のみを意味するのではない。一方で，まったく関係のない2つの契約を1通の契約書で作成したとしても，これらを同じ契約と評価することはできない。他方で，通常1通の契約書が作成される取引について，2通の契約書が作成された場合に，形式的には両債権が

別々の契約書から発生するときであっても，これらを同じ契約と評価すること
ができることもあろう（例えば，賃貸借契約〔601条〕と保証金にかかる合意〔契約〕
など）。このようにみるとき，問題とすべきは，取引の一体性，契約の密接関
連性であるというべきだろう。学説では，さらに，1号にいう相殺に対する
「期待」と2号にいう相殺に対する「期待」の内実は異なるとみるものもある
（2号では，後に債権が相対立して存在するかどうかそもそも不明だから）。

　また，469条2項と511条2項と比較してみたとき，「差押えと相殺」の511
条2項には，469条2項2号に相当する規定は存在しない。差押えの場合には，
その後引き続き（第三）債務者との間の取引が継続するという事態は想定し難
いからである。もっとも，469条2項2号の規定を，「差押えと相殺」に類推
することは否定されていない（ものの，それには，発生原因すら存在せず，〔第三〕
債務者が誰であるか不明の将来債権であっても差し押さえることができることが前提と
なる。実際上は無理である）。

　その他，469条2項ただし書についても，「差押えと相殺」におけると同様
の説明があてはまる（⇨第3章**第3節**）。

　　(ｳ)　基準時　　相殺権の対抗にかかる基準時については，原則と例外があ
る（469条3項）。これについては，抗弁の接続一般にかかる基準時についてと
同じ説明があてはまる（⇨(1)(b)）。

> ◖◖◖ **Column 5-6** ◗　「差押え・転付と相殺」
>
> 　「差押えと相殺」，「債権譲渡と相殺」と同様の問題が，転付命令についても
> 生じる。すなわち，Bの債権者の1人であるCが，BのAに対する債権βを
> 差し押さえて，そのうえで転付命令が効力を生じた（転付命令を得た。民執159
> 条）後に，同じくBの債権者の1人であるAが，AのBに対する債権αを自
> 働債権として相殺することが，どのような条件の下でどこまで認められるか。
> これを，「差押え・転付と相殺」の問題という。
>
> **1　問題が生じる場面**
> 　民事執行法による差押えの場合には，転付命令が効力を生じる前に相殺適状
> が生じていたときは，転付に先行する差押えのレベルで処理される。これに対
> して，転付命令が効力を生じた後に相殺適状が生じるときは，転付（命令）の
> レベルで処理される。このとき，「差押え・転付と相殺」の問題が生じる。
> 　実務では，差押命令と転付命令が同時に申し立てられ，同時に送達される

（効力を生じる）ことがある。実際上「差押え・転付と相殺」の問題が生じるとすれば，そのような場面であろう。なお，国税徴収法による滞納処分としての差押えの場合には，制度上転付命令は存在しない。

2　「差押えと相殺」および「債権譲渡と相殺」との関係

　従前の判例をみると，「差押え・転付と相殺」と「債権譲渡と相殺」を同列に扱うようである（最判昭和32・7・19民集11巻7号1297頁。なお，「差押え・転付と相殺」に関連して，銀行側からの順相殺と転付債権者側からの逆相殺が競合した場合の法律関係について判断したのが，最判昭和54・7・10民集33巻5号533頁〈 判例 3-1 〉である）。学説では，問題状況を区別して論じるものが多数で，例えば，国家機関の関与による強制的契機が介入するかどうかという観点で，「差押え」および「差押え・転付」と，「債権譲渡」とを区別するものもあれば，債権の新たな帰属主体として優先的・独立的弁済を受けられるかどうかという観点で，「差押え」と，「債権譲渡」および「差押え・転付」とを区別するものもある。

　「差押え・転付と相殺」を「差押えと相殺」と「債権譲渡と相殺」のどちらかと同様の準則によって処理するというのであれば，当然，挙げるべき条文が異なってくる（ものの，本文で示唆したように結論に差が生じるかどうかは疑わしい〔⇨(イ)〕）。

(2)　抗弁の放棄

(a)　意　義

　債務者は，抗弁を放棄することもできる。債務者は，その抗弁をもって譲受人に対抗することができなくなる。これを抗弁の切断（喪失）という。これは，抗弁を放棄するという意思表示の一般的な規律にゆだねられる。一般論としては，広く，意思表示の解釈を起点として，法律行為の有効性判断（⇨第2章**第1節**）をはじめとして，一般条項の適用による問題解決（信義則，権利濫用），意思表示の瑕疵を理由とする効力否定（特に，錯誤，詐欺を理由とする取消し），その他，債務者が消費者である場合の規制（消費者契約法によるものも含む），また，約款による場合の規制（定型約款の規定によるものも含む）などによることが考えられる。

　改正前民法下では，判例は，異議をとどめない承諾による抗弁切断効を，譲受人の利益を保護して債権譲渡の安全を保証するために法律が付与した法定の

効果であるとみて，この趣旨理解によれば，悪意の譲受人は保護されないこととしてきた。もっとも，その後，この趣旨理解において通底しつつ，有過失の譲受人の利益も保護されないとして，適用範囲を限定する方向性を示した判例があらわれた（単純な承諾のみよる抗弁の切断という強い効果からみた両当事者間のバランスからも，無過失を要求すべき〔最判平成 27・6・1 民集 69 巻 4 号 672 頁〕）。この判例が，債務者保護の観点で改正趣旨と問題意識を共通するのだとすると，改正民法下でもそれを解釈に反映することが可能だろう（⇨(b)）。

(b)　抗弁放棄の意思表示の要件

抗弁放棄の意思表示は，諾成・無方式の意思表示である。意思表示の相手方は譲渡人であっても譲受人であってもよい。

抗弁放棄の意思表示として有効であるためには，債務者が，放棄すべき抗弁を認識していなければならない。

包括的な意思表示ではどうかというと，直ちにその有効性を否定されるわけではない。例えば，「債権発生原因となる契約の無効・取消しに関する抗弁すべてを放棄する」と表示したときであっても，債務者が認識していた抗弁が切断される限りでは，問題がないはずである。しかし，意思表示の概括性ゆえに，債務者が認識していない抗弁まで切断されることになれば，債務者が予期しない効果が生じるのはもちろん，悪意の譲受人が保護される可能性が生じる。他方で，譲受人が知り得ない抗弁が切断されることになれば，譲受人の信頼が害されることになる。結局，意思表示の解釈を起点として，前述の法律行為の有効性の判断をはじめとする，意思表示の一般的な規律にゆだねられるわけである。

これに対して，例えば，弁済によって消滅した債権が譲渡された場合には，通常，抗弁放棄の意思表示をすることはあり得ないが，それにもかかわらず相応の具体的な意思表示（の外形らしきもの）が存在するときに，抗弁が切断されることになるのかどうかが問題となる。時効の利益の放棄にかかる判例法理（最大判昭和 41・4・20 民集 20 巻 4 号 702 頁）との関係などが，視野に入ってこよう。

そして，以上のようにみるとき，公正証書による方法（債権譲渡契約に，債務者の承諾と併せて，抗弁放棄の意思表示を付するという形で，公正証書を作成するこ

と）が，実務上重要な意義をもち続けるものと思われる（⇨**5**(5)(b)(iii)）。

(c)　**切断される抗弁と抗弁切断の効果**

抗弁が切断される，というとき，これも，狭義の抗弁権に限らない。一般論としては，広く，債権の成立・行使・存続を阻止する事由を含む。

どのような抗弁が切断されることになるのかも，結局，抗弁放棄の意思表示次第である。

無効・取消しについては，従前の判例をみると，賭博契約から発生した賭博債権の譲渡について債務者が異議をとどめない承諾をしたという場合に，信義則違反などの特段の事情がない限り，債務者は譲受人に対して反公序良俗性を理由とする無効を主張することができるとしたものがある。賭博債権が満足を受けることを禁止すべきことは法の強い要請で，抗弁切断効による譲受人の保護の要請を上回るものであるというのが，その理由である（以上について，最判平成9・11・11民集51巻10号4077頁）。これは，抗弁放棄の意思表示にかかる一般的な規律にゆだねられる限りで，先例としての意義を失わない（切断されない抗弁とみることもできる）。

解除については，従前の判例は，異議をとどめない承諾の制度の趣旨理解を前提に，譲受人の主観的態様に応じて調整する方法をとっていた。これは先例としての意義を失っている。

(d)　**債権の消滅と担保の帰趨**

(i)　**抵当権の帰趨**　　譲渡された債権を被担保債権として，もともと抵当権が設定されていたという場合がある。それでは，債務者が被担保債権の消滅等をもって譲受人に対抗することができない（「債権が復活する」）とき，抵当権の帰趨がどうなるか。債務者は抵当権の消滅をもって対抗すること（付従性に基づく抵当権消滅の抗弁）ができないのか（「〔債権とともに〕抵当権が復活する」か）が，問題となる。

これについては，債務者と譲受人の関係と，第三者と譲受人の関係とが区別されるべきだろう。

債務者と譲受人の関係では，債務者が（通常，することはあり得ないはずの）抗弁放棄の意思表示をした，と認定されたときは，それは抵当権消滅の抗弁（の放棄）に及ぶ，とみることになろう。もっとも，これは，未だ利害関係をもつ

第三者が存在しない場合にあてはまる。

　第三者と譲受人の関係では，第三者が利害関係をもった時期と債務者が抗弁放棄の意思表示をした時点との先後，または（第三者はそれを認識する制度上の仕組みがないから）第三者がそれを知った時点との先後で場合分けをすることができる。従前の判例によると，債務者の異議をとどめない承諾後の第三取得者は，抵当権の消滅をもって譲受人に対抗することができないが，異議をとどめない承諾前の第三取得者は，抵当権の消滅をもって対抗することができる。その他，後順位抵当権者，物上保証人などは，抵当権の消滅をもって対抗できるとされているが，異議をとどめない承諾の前の者か後の者かどちらをいうのか判然としない。

　　(ii)　保証の帰趨　　譲渡された債権を被担保債権（主たる債権）として保証契約が締結されていたという場合に，保証の帰趨が問題となる。従前の判例をみると，異議をとどめない承諾前の（連帯）保証人は，（主たる債務および）保証債務の消滅をもって譲受人に対抗することができる。抵当権の帰趨（第三者と譲受人の関係）と同様の議論枠組みで考えるべきだろう。

7　現在および将来の複数の債権の譲渡（包括的な債権譲渡）

　資金調達の手段としての債権譲渡（⇨ **2**(3)）においては，（第三）債務者不特定の将来債権を含む，現在および将来の複数の債権を譲渡することができて，そしてこの包括的な債権譲渡について第三者対抗要件を具備することができてはじめて，その目的を十分に達成することができる。

(1)　将来債権の譲渡の有効性

　民法は，将来債権も原則として譲渡することができるものとしている（466条の6第1項）。将来債権も「債権」にあたるのかどうかは議論があり得るので立ち入らないようにしつつ（⇨ Column 5-7 ），条文上は，将来債権の譲渡も「債権の譲渡」の概念に含まれるという体裁をとって，従前の判例を明文化したのである。その背景にあるのは，主に，資金調達の手段としての債権譲渡の円滑な利用に資するようにしようという考慮である。

　もっとも，将来債権も原則として譲渡することができるというだけである。

将来において債権が発生しなかったときのリスクを当事者間でどのように分配しているか，当事者の意思を契約の解釈によって明らかにすることが重要である。

判例をみると，古くから，将来債権の譲渡の有効性を認めていた（大判昭和9・12・28民集13巻2261頁）。しかし，一口に将来債権といっても，その射程は広く，様々である。そこで，学説では，将来債権の譲渡契約が有効であるために，債権発生の可能性を指標として，債権発生の事実的可能性で十分とみるか，法律的可能性（債権発生の基礎となる法律関係）が必要であるとみるかで分かれていた。

その後，将来8年3か月分の診療報酬債権について，その譲渡の有効性を認めた判例があらわれた（最判平成11・1・29民集53巻1号151頁）。学説では，この判例が，債権発生の可能性（に譲渡期間などを加味して判断されるべき債権発生の確実性）に左右されるべきではないとする見解を支持したとみるのが一般である。債権発生の可能性に関する議論は，この限りで，意義を失っている。

Column 5-7　将来債権の譲渡の法的構造──権利の処分の本質

1　「債権譲渡の効果」発生時

議論軸を1つ取り出すならば，「債権譲渡の効果」（単純に債権が譲受人に移転することではない）が生じるのはいつかが論じられている。

判例をみると，契約時に効果が生じるとみているようである。というのは，判例は，集合債権譲渡担保の本契約型において，原則として，譲渡担保設定契約によって債権が譲渡人から譲受人に確定的に譲渡されていて，譲受人は，譲渡人の特段の行為を要することなく，発生した債権を当然に取得することができること，そして，その譲渡担保設定契約にかかる債権譲渡については，第三者対抗要件を具備することができること，というからである（最判平成13・11・22民集55巻6号1056頁，最判平成19・2・15民集61巻1号243頁）。学説では，契約時に，債権の「帰属」が譲渡人から譲受人に移転するとみるのが多数である。ここでは，いずれにせよ，債権未発生の段階で第三者対抗要件を具備することができることが，極めて重要である。他方で，ある問題について，「債権譲渡の効果」の発生時期を基準とする処理準則が妥当するときがあるならば，それは実際上の意味をもつ（前掲最判平成19・2・15にあらわれた処理準則を参照）。そして，いまみた問題を含めて，将来債権の譲渡について，その法的構造の解明を目指して，議論が続いている。

2 「『権利』移転の効果」発生時

　議論軸をもう1つ取り出すならば，「『権利』移転の効果」が生じるのはいつかが論じられている。

　判例をみると，「権利」移転時期に立ち入らず，明言していない（前掲大判昭和9・12・28ほか）。学説では，契約時に「権利」が譲受人に移転するとみる（契約時移転説）のが多数である。もっとも，契約時に移転する「権利」が何であるかで，さらに分かれる。移転するのは債権であるとみて，債権自体は観念的な存在であり，有体物的な思考による必要がないことを論拠とする見解もある。これに対して，移転するのは，「（債権が将来発生すれば債権者となるべき）法的地位」であるとみて，将来債権を「債権」と同視することを慎重に避けつつ，発生時に譲受人が債権を取得する，という事象を説明しようとする見解もある。これらとの関係では，債権譲渡の第三者対抗要件にかかる「『権利』移転の対抗」としての趣旨理解（移転する「権利」が何かは必ずしも明らかではないものの，あくまで「権利」移転の公示であるとみること）も，親和的である。将来債権というときその本質は何であるか，が問われている。以上と理論的なレベルを異にするところでは，法主体への財産権の排他的帰属関係を決定づける「処分権」（債権の内容を構成するものではない）が譲受人に移転するとみる見解がある。法主体が「処分権」を行使し，（将来発生すべき）債権の帰属関係を譲渡契約によって変更して，その結果として，「処分権」が譲受人に移転する，というわけである。これとの関係では，債権譲渡の第三者対抗要件にかかる，「譲渡契約の対抗」としての趣旨理解（将来債権の二重譲渡事例を念頭に，それぞれの譲渡契約について第三者対抗要件を具備することができるが，契約の優劣は対抗要件の具備時点の先後で決まるもの〔「譲渡契約の対抗」としての対抗要件主義〕，そして，発生した債権を優先譲受人が取得するというのはその契約に基づくにすぎないもの〔意思主義〕とみること），も，親和的である。物権，債権その他権利の処分というときその本質は何であるか，ここに議論の一端をみることができる。ここでも，いずれにせよ，債権未発生の段階で第三者対抗要件を具備することができることが，極めて重要である。他方で，「権利」移転時期または債権発生時を基準とする処理準則が妥当するときがあるならば，実際上の意味をもつことになる（前掲最判平成19・2・15の原審判決の処理準則を参照）。

　民法は，譲受人が発生した債権を当然に取得するものとしているのみである。そもそも，将来債権の譲渡の法的構造については，いまみたように議論が続いているのである。

　以上に関連して，債権発生前に具備された第三者対抗要件の対抗力発生時に

‖ ついて，ColumnＣ5-8 を参照。 ‖

(2)　包括的な債権譲渡の有効性

　包括的な債権譲渡の有効性を論じるとき，その包括性に鑑みて，目的債権の特定性と，譲渡人および譲渡人の他の債権者の利益侵害が問題となる。包括的な債権譲渡の形態に着目しながら，説明しよう。

(a)　包括的な債権譲渡の形態

　換価（現金化）の手段または証券化（流動化）では，典型的には，債権の真正売買の形式をとって，譲渡契約の時点で債権が確定的に譲渡される（⇨ 2(3)(a), (b)）。

　担保化の手段（集合債権譲渡担保）には，いくつかのバリエーションがある。当事者が，様々の目的を実現するよう，様々に契約（譲渡担保設定契約）を組成するからである。譲渡担保設定契約の時点で生じる効果に着目して，本契約型と予約型・停止条件型に分けることができる。いずれにしても，財産状態の悪化等，将来一定の事由が生じるまでは，譲渡人（担保設定者）が目的債権を取り立てることができる。そして現実にその事由が生じたときに，譲渡担保権の（私的）実行として，譲受人（担保権者）が債務者（第三債務者）から目的債権を取り立てるようになる（⇨ 2(3)(c)）。

　ここで，集合動産譲渡担保における集合物概念に対応させて，集合債権譲渡担保においても，集合債権概念を採るかどうかが問題となる。しかし，判例・学説上は，一般に，集合債権譲渡担保を，個別債権の譲渡担保の束として構成してきた（前掲最判平成13・11・22も参照）。個別の未発生の将来債権であっても，譲渡担保設定契約後直ちに対抗要件を具備することができる（そして，直ちに対抗力が生じる〔⇨ ColumnＣ5-8 〕）からである。

　本契約型では，譲渡担保設定契約によって債権が譲渡人から譲受人に確定的に譲渡されていて，その債権譲渡につき第三者対抗要件を具備することができる（前掲最判平成13・11・22，前掲最判平成19・2・15）。譲渡担保設定契約の時点で債権譲渡の効果が発生し，債権の「帰属」が譲渡人から譲受人に移転（変更）する，というわけである（帰属移転的構成）。

　予約型・停止条件型では，譲渡担保設定契約で，将来一定の事由が生じた時

点で債権譲渡の効果が発生し，債権が譲受人に移転するものと約定される。予約型では，譲受人の予約完結権の行使によって，債権が移転する（予約型について，最判平成 12・4・21 民集 54 巻 4 号 1562 頁，最判平成 13・11・27 民集 55 巻 6 号 1090 頁——ただし，現在債権〔ゴルフクラブ会員権〕の譲渡の予約との関係 ⇨ Column 5-8 も参照）。動産債権譲渡特例法の対抗要件制度が設けられた結果，予約型・停止条件型はあまり利用されなくなっている（⇨(3)(b)）。

(b) 目的債権の特定性

(i) 意　義　債権譲渡契約が有効であるために，目的債権の特定性が必要となる。まさに「この債権」を譲渡・譲受する，といえるものでなければならない。これを特定性要件という。

　現在債権が譲渡される場合はもちろん，将来債権が譲渡される場合にも，また，個別の将来債権が譲渡される場合はもちろん，現在および将来の複数の債権が譲渡される場合にも，特定性が必要となる。特に，この包括的な債権譲渡の場合には，どの債権が対象（目的）になり，どの債権が対象（目的）とはならないか識別できなければならない。

(ii) 特定（識別）するための要素　判例をみると，債権譲渡契約においては，一般に，債権の発生原因，譲渡にかかる額などが，目的債権を特定するための要素となる（例えば，卸売業者 W と小売業者 D が継続的な取引関係にある場合に，W が，令和 y_1 年 6 月 1 日に，「令和 y_1 年 7 月 1 日の，D への商品供給にかかる 1000 万円の売掛代金債権」を譲渡するとき）。将来の複数の債権が譲渡される場合は，始期と終期なども，その要素となる（前掲最判平成 11・1・29）。その他，債務者，弁済期なども，その要素として考えられる。

　包括的な債権譲渡においては，目的債権の識別可能性があることをもって十分であるといわれる。例えば，資金調達を望むクレジット会社 A が，令和 y_1 年 6 月 1 日に，「令和 y_2 年 1 月 1 日から令和 y_2 年 12 月 31 日までに新規顧客に対して取得する一切のクレジット債権」を譲渡するときには，それによって目的債権を一義的に識別でき，特定性要件を満たす。他方で，識別するための要素として，例えば，「1 億円に満つるまで」などの「具体的な金額」，集合債権譲渡担保の本契約型で「債務残額に満つるまで」などの「被担保債権額」，その他一般に債権総額（だけ）を定めるとき，その債権総額を満たすまで譲渡

されるのはどの債権なのか識別できない。債権の「帰属」を確定的に移転させ
ることはできず，種類債権または選択債権を発生させる契約として，または，
予約型・停止条件型として解釈する可能性が残されるのみである。これに対し
て，予約型では，判例をみると，予約完結時点で目的債権を譲渡人が有する他
の債権から識別できる程度に特定されていれば足りる。債権者，債務者，債権
の発生原因などが，目的債権を識別するための要素となる。被担保債権額は，
将来増減するが予約完結時点で確定するものであるから，予約締結時点で確定
していないからといって，予約の効力を左右するものではない（前掲最判平成
12・4・21）。もっとも，特定性と識別可能性の関係については，議論がある
（個別の債権に着目して，まさに「この債権」が譲渡対象となる，ということと，個別
の債権に着目せず，譲渡対象を識別する，ということでは，ずれがあるから）。

(c)　限　界

(i)　**譲渡人や譲渡人の他の債権者の利益侵害**　　包括的な債権譲渡の場合
には，譲渡人や譲渡人の他の債権者の利益侵害が問題となる。

資金調達を望む企業にとって，現在および将来の複数の債権が，資産（責任
財産〔積極財産〕）のなかで大きな割合を占めることがある。それゆえ，その包
括的な債権譲渡によって，その企業の経済活動の自由が侵害されるおそれがあ
る。また，譲渡人の他の債権者は配当原資を失って，その利益を侵害されるお
それがある。

譲渡人や譲渡人の他の債権者の利益侵害について，判例によると，90条の
反公序良俗性が問われる。契約締結時における譲渡人の財産状態，営業等の推
移に関する見込み，契約内容，契約が締結された経緯などが，考慮される要素
となる（前掲最判平成11・1・29，また，前掲最判平成12・4・21も参照）。

譲渡人の経済活動の自由の観点では，その自由な意思でその契約を締結した
といえるか，また，その自由な意思でなお他の債権者に弁済することができる
かが問われる。判例の挙げる要素のほか，調達された資金の程度，譲渡人の他
の責任財産の程度，さらに，特に集合債権譲渡担保の本契約型では，譲渡人
（担保設定者）の取立権限の有無などが，考慮される要素として考えられる。譲
渡人の他の債権者の利益侵害の観点では，一般に，譲渡人の責任財産の保全ま
たは債権者平等の実現が問題となる。その法的な評価については，詐害行為取

消権および破産法の否認権で，すでに基本的な要件・効果が示されている。それゆえ，反公序良俗性が問われるのは，譲受人の主観的態様における非難可能性が特に強い例外的な事例に限られるというべきだろう。

(ii)　**関連問題──将来債権の譲渡と譲渡人の地位の変動**　　将来債権の譲渡後，その将来債権を発生させる譲渡人の地位に変動があったとき，その譲渡の効力が及ぶかどうかが論じられている。譲渡人の地位の変動というとき，典型的には，将来発生すべき不動産賃料債権が譲渡されて第三者対抗要件が具備された後，賃料債権を発生させるべき不動産が譲渡されたときを念頭においている（⇨ **Column 5-10** ）。

(3)　将来債権の譲渡の対抗要件

(a)　467条の対抗要件

(i)　**利用可能性**　　判例は古くから，将来債権の譲渡において，債権未発生の段階で467条の対抗要件を具備することを認めてきた（前掲大判昭和9・12・28，また，前掲最判平成11・1・29も参照）。

民法は，将来債権の譲渡において，467条の対抗要件を具備することができるとしている。将来債権の譲渡性に関する466条の6の規定の新設に合わせて，条文上は，将来債権の譲渡も「債権の譲渡」の概念に含まれるという体裁をとって同様の具備方法によることができるものとして，従前の判例を明文化したのである。

> **Column 5-8**　　467条の第三者対抗要件を利用する場合の諸問題

包括的な債権譲渡について，467条の第三者対抗要件を利用するとき，次のような問題が生じる。

1　将来債権の譲渡との関係──債権発生前に具備された第三者対抗要件の対抗力発生時

債権が発生する前の段階で具備された第三者対抗要件が実際に対抗力を生じるのはいつの時点かが問題となる。現在の判例は，将来債権の二重譲渡事例で，民法の第三者対抗要件の具備時点の先後によって優劣を決めるものである（例えば，前掲最判平成11・1・29，前掲最判平成13・11・22）。なお，この問題は，動産債権譲渡特例法による第三者対抗要件（⇨(b)）について，同様にあてはまる。

2　集合債権譲渡担保との関係

集合債権譲渡担保の本契約型（帰属移転的構成）では，譲渡担保設定契約の時点で債権が確定的に譲渡されている。このとき，債権譲渡の事実とともに目的債権の取立てをめぐる法律関係を知らせる内容の確定日付ある通知をすることによって，民法の第三者対抗要件を具備することができるかが問題となる。判例によると，このような内容の確定日付ある通知は，第三者対抗要件の効果を妨げるものではない（前掲最判平成13・11・22）。

これに対して，集合債権譲渡担保の予約型では，譲渡担保設定契約で，将来一定の事由が生じた時点で債権が確定的に譲渡されるものと約定される。この（現在の）「予約」について確定日付ある通知・承諾がされることによって，（将来の）「予約完結にかかる債権譲渡」について民法の第三者対抗要件を具備することができるかが問題となる。判例によると，予約の完結による債権譲渡の効力は，予約についてされた確定日付ある通知・承諾をもって，第三者に対抗することはできない。通知・承諾による債務者の「債権譲渡により債権の帰属に変更が生じた事実」の認識を基軸として，第三者対抗要件が成り立つところ，この予約について確定日付ある通知・承諾がされても，債務者は，当該債権の帰属が将来変更される可能性を了知するにとどまり，債権の帰属に変更が生じた事実を認識するものではないからである（前掲最判平成13・11・27）。

(ⅱ)　**不都合**　しかし，包括的な債権譲渡について，467条の第三者対抗要件を利用しようとするとき，次の①〜③の不都合がある。すなわち，①（第三）債務者不特定の将来債権について，そもそも確定日付ある通知をすることができないことである。②（第三）債務者が特定しているとしても，確定日付ある通知をすることが煩雑になることである。典型的には，企業が顧客に対する小口大量の事業債権を譲渡するときが，これにあたる。事務手続やコストにおいて負担となるのである。③譲渡人が，信用悪化を（第三）債務者に勘ぐられるのを避けるために，あえて確定日付ある通知をしないことである。すなわち，資金繰りが相当に悪化した者が，いわば最後の手段として，債権譲渡により資金を調達しようとするときがある。このとき，確定日付ある通知が到達した債務者は，これを譲渡人の信用悪化の徴表とみて，以後の取引を差し控えるおそれがある。そこで，あえて確定日付ある通知をしないでおくのである。集合債権譲渡担保で，本契約型をとりながら，譲受人が譲渡人から白地の通知を預かっておくのみで，第三者対抗要件を具備していないこと（通知留保型），ま

【表5-2】動産債権譲渡特例法による対抗要件

趣　旨
資金調達手段の多様化（動産，債権の流動化，担保化の需要，利用の拡大）に合わせて，動産債権譲渡の対抗要件を簡易化。

沿　革
平成10年　債権譲渡の対抗要件に関する民法の特例等に関する法律の制定，平成16年　動産及び債権の譲渡の対抗要件に関する民法の特例等に関する法律へと衣替え。

概要（債権譲渡の対抗要件制度に関する部分）

（適用対象）
法人がする金銭債権の譲渡（1条・4条）。
∵債権譲渡による資金調達のニーズをもつのは，企業だから。また，キャッシュ・フローを生み出すもとになるのは，金銭債権だから。
流動化か，担保化かも問わない。1個の債権の譲渡か，複数の債権の包括的譲渡かも問わない。

（債権譲渡登記制度）
債権譲渡登記ファイルに「登記」（登録）がされると，第三者については，民法467条の確定日付ある通知があったものとみなす（4条1項）。
その後，譲渡人また譲受人が（第三）債務者に登記事項証明書（11条2項）を交付して通知するか，または，（第三）債務者が承諾すると，（第三）債務者についても，確定日付ある通知があったものとみなす（4条2項）……民法467条の第三者対抗要件を簡易化かつサイレント方式化，同時に，第三者対抗要件と債務者対抗要件を分離。
※実際上は，譲渡人が引き続き目的債権を取り立てるような契約形態で意味をもつ。
（流動化の場面）オリジネーターが譲渡対象債権の取立てを委任され，引き続き債権を取り立てる場合など（**2**(3)(b)）。
（担保化の場面）集合債権譲渡担保の本契約型で，担保設定者たる譲渡人が（私的）実行まで譲渡対象債権を取り立てる場合など（**2**(3)(c)，**7**(2)(a)）。

方　法

（人的編成主義）
債権譲渡登記は，譲渡人およびその債権譲渡による編別がとられている。

　＊参考　不動産登記との差異（債権譲渡登記との関係でみたとき）
1. 「二重登記」の可能性
動産債権譲渡特例法の下では，債権の二重譲渡を防止することを目的とはしておらず，むしろ同一の債権の二重譲渡および「二重登記」がされることを前提にした制度設計になっている。これに対して，不動産登記法の下では，物的編成主義がとられているから，同一の不動産につき2つの登記が作成される事態は，原則として生じない。また，例えば二重譲渡など両立し得ない内容の物権変動について，「二重登記」がされる事態も，原則として生じない。
2. 登記情報へのアクセス
動産債権譲渡特例法の下では，債権譲渡登記の登記事項証明書の交付を申請できる者の範囲が一定の者に限定されている。これに対して，不動産登記法の下では，ある不動産についてこれから譲受や担保設定等の利害関係を持とうとする者を含めて，誰でも，登記簿上の登記記録の全部または一部の記載された登記事項証明書の交付を請求することができる（不登119条1項）。

登記事項（包括的な債権譲渡に関する部分）

1. 「譲渡に係る債権の総額」
「譲渡に係る債権の総額」（債権総額）が必要的登記事項となるかどうかは，現在債権のみが譲渡されるかどうかによる（8条2項3号）。
※将来債権のみが譲渡される場合，または現在および将来に債権が包括的に譲渡される場合には，債権総額は必要的登記事項とはならない。

∵将来債権の譲渡では，債権総額は見積額にならざるを得ないから。

2. 「債権の発生年月日」(始期と終期)

「債権の発生年月日」が必要的記載事項となる (8条2項4号，規則9条1項5号)。具体的には，債権譲渡登記に，債権発生年月日の始期と終期を記録することになる。

※包括的な債権譲渡では，将来どれだけの期間にわたって債権が譲渡されることになるのか，譲渡契約の時点では不確定のことがある。特に，集合債権譲渡担保では，終期を定めていないことが多い。

(判例) 債権譲渡登記に始期のみが記録され終期の記録がない場合は，始期当日以降に発生すべき債権の譲渡については対抗力が及ばない (最判平成 14・10・10民集 56 巻 8 号 1742 頁)。

3. (第三) 債務者の氏名，商号等

(第三) 債務者の氏名，商号等が必要的登記事項となるかどうかは，(第三) 債務者が特定しているかどうかによる (8条2項4号，規則9条1項2号)。

(第三) 債務者が特定していない場合には，(第三) 債務者の氏名，商号等の代わりに，目的債権の発生原因が必要的登記事項となる (8条2項4号，規則9条1項3号) ……(第三) 債務者不特定の将来債権の譲渡についても，債権譲渡登記によって第三者対抗要件を具備することができる。

※現在債権のみを譲渡する場合には，(第三) 債務者が特定しているので，(第三) 債務者の氏名，商号等が必要的登記事項となる。

※「現在及び将来の一切の債権」を譲渡する場合には，発生原因が挙げられていないため，債権譲渡登記によっても第三者対抗要件を具備することができない。

4. 存続期間

(第三) 債務者が特定している場合……原則として 50 年 (8条3項1号)，(第三) 債務者不特定の将来債権の場合……原則として 10 年 (8条3項2号)。

たは予約型・停止条件型をとることがあるのには，このような事情も影響している。

それゆえ，債権譲渡の第三者対抗要件を簡易化することができないか，また，債権譲渡の第三者対抗要件を (第三) 債務者の関与しない方式 (サイレント方式) にすることができないか，同時に，第三者対抗要件と債務者対抗要件とを分離することができないかが，立法論として問題となった。そこで，特別法によってこれに対応することになった (⇨(b))。

(b) 特別法による対抗要件

(i) 総 説 資金調達手段の多様化 (動産・債権の流動化，担保化の需要，利用の拡大) に合わせて，現在では，動産債権譲渡特例法によって，固有の方法で特に債権譲渡の第三者対抗要件が簡易化かつサイレント方式化されている (⇨表 5-2)。

(ii) 動産債権譲渡特例法と，債権の二重譲渡事例における法律関係 民法 467 条の対抗要件制度による場合と同様に，動産債権譲渡特例法の対抗要件制度による場合にも，債権の二重譲渡事例が生じることがある。

　例えば，A の B に対する債権が AC 間と AD 間とで二重に譲渡されて，各譲渡について債権譲渡登記によって第三者対抗要件が具備された場合に，その後，動産債権譲渡特例法 4 条 2 項所定の通知によって債務者対抗要件が具備されたときを組み合わせて，場合分けすることができる。そして，動産債権譲渡特例法で第三者対抗要件と債務者対抗要件が切り離されたことに伴う，固有の法律関係が生じる。

　それでは，譲受人 C・D 相互間の関係では，何を優劣決定基準とすればよいか。動産債権譲渡特例法 4 条 1 項によると，債権譲渡登記がされたときは，第三者については，確定日付ある通知があったものとみなされる。債権譲渡登記がされた時点で，確定日付ある通知が到達したものとみなされる，という意味である。そして，債権譲渡登記の日付をもってその確定日付とする。したがって，債権譲渡登記がされると，債権譲渡登記がされた時点を確定日付として，かつ，その時点で，確定日付ある通知が（第三）債務者に到達したものとみなされることになる。

　ここで，判例の到達時説（⇨ **5**(3)(b)(i)）によると，（確定日付ある通知が〔第三〕債務者に到達したとみなされる）債権譲渡登記がされた時点（の先後）が優劣決定基準となる。なお，債権譲渡登記がされた時点については，「登記の時刻」が分単位まで特定される。これは，必要的登記事項である（動産債権譲渡特 8 条 2 項 1 号，同規則 16 条 1 項 4 号）。もっとも，だからといって，二重譲渡を防止することを目的としたものではない（⇨**表 5-2**）。ちなみに，登記申請の受付順による「登記番号」も，必要的登記事項である（動産債権譲渡特 8 条 2 項 1 号，同規則 15 条 1 項）。

　〔Column 5-9〕　**債権譲渡の対抗要件制度の現状と課題**

　債権法改正にかかる議論においては，当初，467 条の対抗要件制度を見直すことと，それに併せて債権譲渡が競合した場合における規律を創設することが検討されていた。現行制度の第三者対抗要件には，様々の限界があること（⇨ **5**(2)(c)），特に資金調達の手段としての債権譲渡（包括的な債権譲渡）の場面では様々の不都合があること（⇨(a)(ii)）が，そのような議論の背景であった。そして，対抗要件制度の見直しの部分では，中間試案段階で「（甲案）金銭債権の譲渡につき第三者対抗要件を登記へ，金銭債権以外の債権の譲渡につき確

定日付を付した譲渡契約書等〔確定日付ある譲渡契約書等〕へ，そしてそれぞれに応じて債務者対抗要件を動産債権譲渡特例法モデルの通知へと，改める案」，「(甲案の別案) 金銭債権と金銭債権以外の債権の別なく，第三者対抗要件を確定日付ある譲渡契約書へとあらためる案」，「(乙案) 467条の現状を基本的に維持しつつ，債権譲渡の承諾はこれを対抗要件制度から放逐する形で，改める案」，「(注記) 467条の現状維持」，さらに，要綱仮案段階で「(A案) 第三者対抗要件を，譲渡の事実を公証人または郵便認証司に対して申述した日時を証明するための行為をすることへと改める案」，「(B案) 将来債権の譲渡につき第三者対抗要件を登記へと改める案」などが，とりあげられた。債権譲渡の競合においても，各案それぞれに応じて，登記その他の番号，日時，時間の先後といった簡明な基準によって優劣を決定することができるようにして，債務者の負担を軽減することなどが，考えられていた。他方で，現行制度の債権譲渡の通知・承諾は，(内容証明郵便による方法を念頭に) 安易かつ簡便であること，特に債権譲渡の承諾には実務上・実際上の意義があること (⇨ **5** (5)(b)(iii)) などの利点をみて，各案に対しては慎重な意見も強かった。結局，合意形成は困難であるとして，対抗要件制度自体の現状維持が決定されたことから，債権譲渡の競合における規律の創設も見送られた。もっとも，そうすると，現行制度の限界や不都合は，手つかずのままである。債権法改正では断念されたものの，今後も，制度をどのように構想すべきかが，引き続き立法課題として議論されてよいのではないだろうか (改正前民法施行法4条が削除されたのもこれにかかわる〔今後の立法動向に対応するため〕)。

第3節　債務引受

1 債務引受の意義

　債務引受とは，広い意味では，債務を引受人が引き受けることをいう。例えば，YがXに対して債務χを負う場合に，債務χをZが引き受けるとき，Zを引受人という。

　債務引受は，典型的には，Zが債務χを負担した後もYが引き続き債務χを負う併存的債務引受 (重畳的債務引受とも呼ばれる) と，Zが債務χを負担した後はYが債務χを免れる免責的債務引受の，2つの類型があるとされてきた。

また，これとは別に，Z が Y に対して債務 χ の履行を引き受ける旨を約する履行引受があるとされてきた。履行引受は，広い意味での債務引受の1つとされることがあるが，Z は X に対して債務を負担するのではなく，第三者として弁済をするにすぎないから，典型的な2つの類型とは一応区別して取り扱うのが適切である。

債務引受を有効になし得るには，第三者つまり引受人となる者による弁済が制限されるものではないことを前提とする。特に，そもそもその債務の内容が，引受人となる者によっても実現できるものでなければならない。もっとも，債務引受がそれ自体として意味をもつのは，通常，金銭債務の引受の場面である（⇨**2**）。

2 債務引受の機能

債務引受の機能も，当事者の追求する経済的目的に応じて，様々である。

(1)　併存的債務引受の機能：債務の履行確保の手段

併存的債務引受では，Z が Y の債務 χ を引き受けると Z も Y とならんで債務 χ を負うから，X からすれば，引当てとなる一般財産（責任財産）がそれだけ増加することを意味する。したがって，併存的債務引受は，保証，連帯債務などのように，人的担保の要素を有することになる。

実務では，一括決済システムで，併存的債務引受方式によることがある（⇨第2節**2**(3)(a)）。また，営業譲渡等に伴って，資産の承継にかかる契約が組成される場合に，当該契約の解釈として併存的債務引受または契約上の地位の移転を認定できるかどうかが問題となる（特に貸金業者の再編等に伴う過払金返還債務の引受，承継について，最判平成23・3・22判時2118号34頁，最判平成24・6・29判時2160号20頁等）。他方で，営業譲渡の場合のほか，相続分の譲渡の場合に，債務を含む資産を円滑に一括承継するために，併存的債務引受を利用して契約を組成することが有用だとされている。

(2)　免責的債務引受の機能：簡易決済機能・担保権実行回避機能

免責的債務引受では，Z が Y の債務 χ を引き受けると Y は債務 χ を免れる

から，例えば，Z も Y に対して債務ζ（債権額χ≧ζ）を負っている場合には，債務ζを決済する形で引き受けたχを Z が X に対して弁済しさえすれば，簡易に，すべての債務が決済されることになる（Z の資力が十分であるときは，履行確保の手段としての機能も認められる）。また例えば，債務χの担保として Y の所有不動産に抵当権が設定されているときは，その不動産（抵当不動産）の価額ηから，債務χと債務ζの差額を差し引いた額（債権額η−(χ−ζ)）で抵当不動産を譲り受けたうえで，引き受けた債務χを Z が X に対して弁済しさえすれば，担保権実行を回避しつつ，すべての債務が決済されることになる。

　実務では，集中決済機関（CCP）を介在させた決済で，債権譲渡と債務引受（免責的債務引受）を組み合わせた構成によることがある（⇨第3章**第5節**）。

(3)　補論・履行引受の機能

　履行引受と併存的債務引受の区別は，流動的である。履行引受にかかる当事者 YZ の意思が，X の Z に対する直接の権利を取得させることにあるときは，第三者のためにする契約（537条）として，併存的債務引受とみることになるからである（⇨**3**(1)）。あくまで YZ 間の内部関係にとどまるのかどうか，当事者の意思を契約の解釈によって明らかにすることが重要である。

3 併存的債務引受

(1)　要　件

　併存的債務引受は，その債務が，その性質上，引受人となる者によっても実現することができることが前提となる。

　もちろん債権者と債務者と引受人となる者の三面契約（3者間の合意）によってすることもできる（契約自由の原則）。

　また，債権者と引受人となる者の契約によってすることもできる（470条2項）。併存的債務引受は，債務の履行確保という機能面で保証と類似するから，債務者の意思に反する保証が認められる（462条2項）のと同様の趣旨があてはまる（大判大正15・3・25民集5巻219頁）。

　さらに，債務者と引受人となる者の契約によってすることもできる（470条3項前段）。もっとも，この場合，合意によって契約が成立して，債権者が引受

人となる者に対して承諾をした時点でその効力が生じる（同項後段）。この場合，第三者のためにする契約であるとされる（大判大正 6・11・1 民録 23 輯 1715 頁）から，債権者の引受人に対する直接の権利が発生するためには，受益の意思表示を要する（537 条 3 項），というわけである（470 条 4 項も参照）。

　併存的債務引受と保証の区別は流動的である。併存的債務引受か保証かは，原則として当事者の意思によって決まるが，当事者の選択した法形式としては併存的債務引受であっても，（裁判所の認定する）法実質としては保証であるという場合が生じることがあろう（この場合，保証の規定〔446 条 2 項等〕の潜脱を防止する必要が生じることもあろう）。

(2)　効　　果

(a)　債務者と引受人の関係

　引受人は，債務者と連帯して，債務者が債権者に対して負担する債務と同一の内容の債務を負担する（470 条 1 項）。連帯債務の関係になるのである。改正民法下でも，この限りで，従前の判例は実質的に維持される（⇨**2**(1)）。

　そして，債務者または引受人に生じた事由の効力，および，債務者と引受人間の求償権については，連帯債務の規定による（436 条以下）。各自の負担部分については，合意があればそれによる。

　債務者と引受人となる者による契約の場合には，第三者のためにする契約に関する規定に従う（470 条 4 項）。引受人は，債務者に対して主張することができた抗弁（例えば，条件・期限）をもって，債権者に対抗することができる（539 条）。

(b)　担保（権）・抗弁（権）

　引受人はもとの債務と同一の内容の債務を負担するから，担保（権）は消滅しない。同様に，抗弁（権）については，引受人は，併存的債務引受の効力が生じた時点で債務者が主張することができた抗弁をもって債権者に対抗することができる（471 条 1 項）。ただし，相殺については，ここでいう抗弁の問題とはならない。そうではなく，連帯債務者の 1 人による相殺の問題として，債務者の負担部分の限度において，履行を拒絶できる（439 条 2 項）。もっとも，反対債権をもってする相殺権を有しているのはあくまで債務者であって，引受人

が相殺をすることができるわけではない（⇨第7章**第3節**）。

(c)　取消権・解除権

　債務者が有していた取消権または解除権については，引受人は，これらの権利の行使によって債務者がその債務を免れるべき限度において，履行を拒絶できる（471条2項）。債務者が権利を行使しないときであっても引受人は履行を拒絶できてしかるべきだというのが，その趣旨である（ただ，これは当然には導かれないので，保証に関する457項3項などと平仄を合わせて，471条2項の規定が置かれている）。もっとも，これら権利を有しているのもあくまで債務者であって，引受人が取消しまたは解除をすることができるわけではない。

4　免責的債務引受

(1)　要　件

　免責的債務引受も，その債務が，その性質上，引受人となる者によっても実現することができることが前提となる。

　もちろん債権者と債務者と引受人となる者の三面契約（3者間の合意）によってすることもできる（契約自由の原則）。

　また，債権者と引受人となる者の契約によってすることもできる（472条2項前段）。もっとも，この場合，債権者が債務者に対して契約をした旨を通知した時点でその効力が生じる（同項後段）。仮に債務者が関与しないまま契約から離脱すると，債務者に予期しない効果が生じて，不利益となる（例えば，弁済を準備して無駄となった費用相当額の損害が生じる）からである。債務者に対する通知は，意思表示ではなく，観念の通知である。

　従前の判例は，債務者の意思に反する免責的債務引受は認められないとしていた。これは先例としての意義を失っている。

　さらに，債務者と引受人となる者が契約をするのと併せて，債権者が引受人となる者に対して承諾をすることによってすることもできる（472条3項）。

　債権者の承諾の法的性質については，考え方が分かれる。例えば，条件とみる見解（法定条件とみるものなど），また，追認とみる見解（無権代理の追認に準じて扱う〔113条以下〕ものなど）などがみられる。また例えば，債権者の利益の観点で，引当てとなる一般財産（責任財産）の増減変動に鑑みて，債務の移転

制限を解くのと併せて，特に債務者を免責するための要件だとみる見解がある。なお，債権者の承諾が遡及効をもつかどうかについても，議論がある。

　三面契約の場合と 472 条 3 項の場合の区別は流動的である。従前の判例をみると，債権者が当初よりこれに関与する折衝を経て，債務者と引受人となる者との間で成立した合意について，それらの求めに応じて債権者が承諾した，という場合に，結論として三面契約による免責的債務引受を認定した例がみられる（最判昭和 37・7・20 民集 16 巻 8 号 1605 頁）。

(2)　効　　果

(a)　債務者と引受人の関係

債務者が債務を免れる（472 条 1 項）。債務者が交替する。

　引受人は，債務者に対して求償権を取得しない（472 条の 3）。引受人が他人の債務を自己の債務として引き受けたうえでそれを履行することが予定されているから，それ自体，事務管理または不当利得を理由とする求償関係を発生させる基礎を欠いているとみたのである。もっとも，債務者と引受人との間で相応の合意があればそれによる。例えば，一般に，引受の対価を合意することができる。また例えば，債務者の委託を受けた引受人は，引受債務相当額の前払を請求することができる（649 条のほか，委任における受任者による費用償還請求につき 650 条も参照）。

(b)　担保（権）・抗弁（権）

（i）　担保（権）　　一定の要件の下で，債務者が負担する債務のために設定されていた担保の移転が認められる（472 条の 4）。

　担保権と保証で規律が分かれる。これは，もっぱら保証契約の要式性にかかわる。

　まず，担保権については，債権者の単独の意思表示で，債務者が免れる債務の担保として設定された担保権を引受人が負担する債務に移すことができる（472 条の 4 第 1 項本文）。ただし，引受人以外の者が担保権を設定した場合には，その承諾を得なければならない（同項ただし書）。

　債権者の意思表示の時期について，免責的債務引受の本体契約との関係では，「あらかじめ又は同時に」引受人に対してしなければならない（472 条の 4 第 2

項）。「あらかじめ又は同時に」というのは，事前の意思表示の効力は否定されない，という趣旨である。

　なお，担保移転の承諾が必要であるのは，「引受人以外の者がこれを設定した場合」である（472条の4第1項ただし書）。担保を「設定した」者には，「設定した」者その者のみならず，「供している」者が含まれる。例えば，担保目的物が当初の担保設定者から第三者に譲渡されているときは，当初の設定者ではなく，第三取得者の承諾が必要である。以上の要件の下で，担保権を引受人が負担する債務に移すことができる（同項本文）。担保権を「移すことができる」というのは，後順位担保権者の承諾を要しないで，順位を維持したまま移転させることができる，という趣旨である（この点を含めて，債権者の交替による更改と平仄を合わせている）。もっとも，根抵当権については，元本の確定前に免責的債務引受があった場合には，472条の4第1項にかかわらず，引受人が負担する債務に移転することはできない（398条の7第3項）。

　次に，保証については，担保権の規律を準用する（472条の4第3項）。そうすると，債務者が免れる債務の保証についても，引受人が負担する債務に移すことができるが，保証人の承諾を得なければならないことになる。その保証人の承諾は，書面でされなければならない（472条の4第4項5項）。保証契約の要式性（⇨第7章**第6節**）との整合性を図るというのが，その趣旨である。

　(ii)　**抗弁**（権）　　引受人はもとの債務と同一の内容の債務を負担するから，抗弁（権）については，引受人は，免責的債務引受の効力が生じた時点で債務者が主張することができた抗弁をもって債権者に対抗することができる（472条の2第1項）。特に，相殺については，そもそもここでいう抗弁の問題とならないのはもちろん，併存的債務引受と異なって，債務者が相殺権を有していることを理由とする引受人の履行拒絶権と同様の権利なども認められない。債務者は免責される以上，債務者の有する相殺権は引受人の債務の帰趨に影響しない，というのがその理由である。

　(c)　**取消権・解除権**

　債務者が有していた取消権または解除権については，引受人は，これらの権利の行使によって債務者がその債務を免れるべき限度において，履行を拒絶できる（472条の2第2項）。併存的債務引受の場合に引受人の履行拒絶権が認め

られるのと同様の趣旨があてはまる（⇨**3**(2)(c)）。

第4節　契約上の地位の移転

1 契約上の地位の移転の意義

　契約上の地位の移転（契約譲渡または契約引受とも呼ばれる）とは，広い意味では，契約当事者の一方と第三者との間の合意（契約）によって，当該契約の当事者の契約上の地位を移転することをいう。当該契約によって発生する個別の債権・債務の譲渡・引受のみならず，当事者の契約上の地位の移転をも目的とするのであって，取消権・解除権も移転することができる。この契約上の地位の移転の当事者のことを，それぞれ，譲渡人，譲受人という。

　契約上の地位の移転の合意は，当事者の追求する経済的目的・機能に応じて，様々である。例えば，賃貸借契約の当事者（賃貸人・賃借人）の交替，雇用契約に基づく当事者（使用者・被用者）の交替，その他，保険契約，ライセンス契約，フランチャイズ契約など，継続的契約の当事者の一方の変更にもかかわらず，契約の効力を維持することができる。

　また，営業譲渡等に伴って，資産の承継にかかる契約が組成される場合に，当該契約の解釈として契約上の地位の移転を認定できるかどうかが問題となる（⇨**第3節2**(1)）。これに対して，相続，会社合併，会社分割などの包括承継，その他，当事者の合意によらない場合（裁判所の命令による移転）は，契約上の地位の移転とは別に取り扱われる。

　本節では，契約上の地位の移転一般について説明しよう（⇨LQ民法Ⅳ第5章も参照。特に，不動産賃貸借契約の当事者の交替については⇨LQ民法Ⅳ第12章**第5節・第6節**を参照）。

2 契約上の地位の移転の要件

(1)　契約上の地位の移転の要件

　契約上の地位の移転は，債権・債務の譲渡・引受の要素を包含するから，その債権・債務について，その性質上，譲渡が制限されないこと，または，その

性質上，第三者（地位の譲受人となる者）によっても実現できることが前提となる。

　もちろん当該契約の当事者と第三者の三面契約（3者間の合意）によってすることもできる（契約自由の原則。大判昭和2・12・16民集6巻706頁）。

　また，②当該契約の当事者の一方と第三者が契約をするのと併せて，相手方が承諾をすることによってすることもできる（539条の2）。

(2)　契約上の地位の移転の対抗要件

　従前の判例をみると，預託金会員制ゴルフクラブの会員権について，会員たる地位の移転は，譲渡契約当事者間の合意と経営者の承諾を要件とする，としたうえで，会員権の譲渡を経営者以外の第三者に対抗するためには，原則として，債権譲渡の場合に準じて，確定日付のある証書による通知・承諾を要する（467条〔とりわけ2項〕），としている（最判平成8・7・12民集50巻7号1918頁）。

③　契約上の地位の移転の効果

　譲渡人が契約上の地位を譲渡すると，譲渡人は契約関係から離脱する（539条の2）。当事者が交替する。

　譲渡人が有していた担保（権）・抗弁（権），また取消権・解除権も，譲受人に移転する。

　改正民法下の学説では，当該契約の当事者の一方と第三者が契約をする場合に，譲渡人が当然に離脱するという効果に対しては，異論がみられる。すなわち，当該契約の相手方の承諾が，契約上の地位の移転を認めることのみを内容とする（当該当事者の一方の免責を含むものではない）場合には，当該契約の当事者の一方と第三者の併存的責任を認めるべきで，特に債務については，連帯債務となる，とみるのである。

> **Column 5-10**　賃料債権の譲渡と不動産賃貸借契約の当事者の交替
>
> 　近時は，将来の賃料債権が包括的に譲渡された場合について，議論がみられる。
>
> 　賃貸マンション甲の賃貸人が，令和 y_1 年6月1日に，「令和 y_1 年7月分から令和 y_3 年7月分の甲の一切の賃料債権」を第三者に譲渡した場合を例とし

よう（以下，譲受人というときは，この第三者すなわちマンション甲の賃料債権の譲受人のことをいう）。

　債務者たる賃借人不特定の将来の賃料債権が包括的に譲渡された場合には，債権譲渡登記によって第三者対抗要件を具備することができる（⇨**表 5-2**）。

1　賃貸人の地位の移転

　従前の学説では，賃貸人が交替するときは，当該譲渡契約の趣旨によって分かれる，としてきた。

(a)　旧賃貸人が将来取得するべき賃料債権が，その旧賃貸人の債権である限りにおいて譲渡されたとき　　新賃貸人が取得するべき賃料債権には譲渡の効力は及ばない。

(b)　(a)のような合意なく，譲渡されたとき　　このとき，賃料債権の帰属をめぐる，（旧賃貸人からその譲渡を受けた）譲受人と，（賃貸人の地位が旧賃貸人から移転した）新賃貸人との間の法律関係が問題となる。

　債権法改正にかかる議論をみると，学説の状況をまとめてみたとき，①譲渡対象たるマンション甲の賃料債権すべてに譲渡の効力が及んで，譲受人に帰属するという見解（旧賃貸人はマンション甲の将来の収益価値まで把握していたとみる），②旧賃貸人が締結した賃貸借契約に基づいて発生した賃料債権には譲渡の効力が及んで，譲受人に帰属する一方，新賃貸人の下で新たに締結した賃貸借契約に基づいて発生した賃料債権には譲渡の効力が及ばず，新賃貸人に帰属するという見解（譲渡時に旧賃貸人の処分権が及んでいたかどうかを基準として，新賃貸人の新賃借人に対する賃料債権には旧賃貸人の処分権は及ばないとみる），③マンション甲の譲渡後に発生する賃料債権には譲渡の効力が及ばず，新賃貸人に帰属するという見解（物または物権法上の果実収取権の帰属からアプローチして，マンション甲譲渡後に発生するの賃料債権には旧賃貸人の処分権は及ばないとみる）の，3 つに分かれるとみていた。

　そして，中間試案段階では，将来債権の譲渡の有効性にかかる一般的な規律として，譲渡人以外の第三者が締結した契約に基づき発生した債権については譲渡の効力が及ばないが，第三者が譲渡人から承継した契約から現実に発生する債権については譲渡の効力が及ぶとして，譲渡時に譲渡人の処分権が及んでいるかどうかを基準とする準則を明文化することが検討された。他方で，不動産の流通保護の観点から，将来の賃料債権の譲渡については，新賃貸人が旧賃貸人から承継した契約から発生した賃料債権であっても，譲受人は取得しない（新賃貸人に帰属する）という例外を設けるべきかどうかが，併せて検討された。これについて，合意形成は困難とみて，いったんは明文化が見送られた。

　しかし，要綱仮案段階で，再度，将来の賃料債権の譲渡について例外を設け

る案（甲案）と，例外を設けない案（乙案）が検討された。特に，乙案については，不動産の流通の支障にはならないのではないか，という現状認識が，その論拠の1つであった。賃料債権の事前処分に関する判例をみると，賃借権が対抗力を有する場合において，賃料の前払後代物弁済により建物所有権が移転したとき，賃借人は，賃料前払の効果を，建物所有権を取得した新賃貸人に対抗できる（最判昭和38・1・18民集17巻1号12頁）。賃料債権の差押え後に建物が譲渡されたとき，建物を譲り受けた新賃貸人は，賃料債権を取得したことを差押債権者に対抗できない（最判平成10・3・24民集52巻2号399頁）。そうすると，実務は，すでにこの点を前提に動いている（織込済みである）のではないか，というわけである。また，乙案については，このような賃料債権の事前処分のうち，賃料債権の譲渡についてだけ例外（ただし書）を設けることは適切でないのではないか，という懸念も，その論拠の1つであった。案の定，合意形成は困難とみて，明文化は見送られた。

　いまみた判例のほか，賃料債権の事前処分等と，抵当権に基づく物上代位の競合に関する判例（物上代位の目的債権たる賃料債権の事前処分と物上代位の競合に関する最判平成10・1・30民集52巻1号1頁——将来の賃料債権の譲渡，最判平成10・3・26民集52巻2号483頁——将来の賃料債権の差押え，物上代位の目的債権たる特定の債権の差押え・転付命令と物上代位の競合に関する最判平成14・3・12民集56巻3号555頁ほか）を併せてみると，判例は「いわば賃料債権の処分と賃貸不動産の処分の対抗として問題を把握するもの」といわれることがある。これを基本軸としつつ，一方で，将来債権の譲渡の有効性については，譲渡時に譲渡人の処分権が及んでいるかどうかを基準として，一定の限界があるとみるべきかが問題となる（⇨　Column 5-7　も参照）。他方で，譲渡と差押えの制度上の相違（非対称性）から結論に差が生じる場合があるとみるべきかが問題となる。

2　賃借人の地位の移転

　賃借人が交替するときは，新賃借人に対する賃料債権にも譲渡の効力（および第三者対抗要件の対抗力）が及ぶ。資金調達の手段としての債権譲渡において，マンション甲の賃貸人が，現在および将来の賃借人に対して取得する債権を包括的に譲渡するという場合に，あり得る場面の1つであろう。

第5節　有価証券

1 有価証券の意義

　（商法の）伝統的な通説によると，有価証券とは，私法上の財産権を表章する証券で，権利の発生，移転，行使の全部または一部が証券によってなされることを要するもののことだといわれてきた（ただし，金融商品取引法の適用対象との関係で，同法2条がある）。もっとも，学説では，有価証券の定義をめぐって，権利の移転の側面を重視するか，権利の行使の側面を重視するかをはじめとして，議論がみられる。

　債権法改正で，民法，商法，民法施行法の，証券的債権または有価証券に関する規定をいったんすべて削除したうえで，その実質的な内容については一部修正・追加して，民法で一体的な有価証券に関する規定を新設したが，有価証券に関する一般的定義規定が設けられることはなかった。譲渡の方式に応じて有価証券を分類したうえで，個別の類型ごとに，有価証券法理に照らして適切と考えられる通則的な規定が置かれているのみである。

　その分類によると，有価証券は，記名証券と無記名証券の2種類がある。このうち，記名証券については，指図証券，記名式所持人払証券，その他の記名証券の3種類に応じて規定が置かれている（⇨表5-3）。

2 民法と商法・特別法等の適用関係

　民法で有価証券に関する通則的な規定が設けられたとはいえ，商法その他特別法，さらに慣習が存在する場合には，その商法・特別法等の規定・規律が適用される。例えば，手形，小切手，また株券等について，手形法，小切手法，また会社法等の特別法に詳細な規定が存在する場合には，専らそれによることになる。それゆえ，民法の通則的な規定が適用される場面は，相当限られるものとみられる。他方で，特別法が存在する場合であっても，相応の規定が存在しないときは，民法の通則的な規定が適用される。

【表5-3】 有価証券

記名証券	
指図証券	
意　義	証券上指名された者またはその者が証券上の記載によって指名した者（当該指名された者がさらに指名した者も含む）を権利者とする証券。 指図が裏書によってされる証券で，例えば，手形，小切手（記名式小切手で裏書禁止とされていないもの）（小5条1項），倉荷証券，船荷証券など。
譲渡・質入れ	
譲　渡	証券に譲渡の裏書をして交付することが効力要件（520条の2）。
方式等	**（裏書による譲渡）** ※指図により次の権利者を証券上で指定することを，裏書という。 譲渡の意思を証券上に記載して，その証券を被裏書人に交付すると，債務者対抗要件が具備されるとともに第三者対抗要件が具備される。 裏書の方式については，その指図証券の性質に応じて手形法の裏書の方式に関する規定を準用（520条の3）。
資格授与的効力等	裏書の連続した指図証券の所持人を権利者と推定（520条の4）……占有の本権推定機能（188条）に対応。 **（資格授与的効力を基礎とする制度）** ※証券上の最初の受取人をはじめ，被裏書人は，証券上の権利者としての形式的資格を有する。そして，形式的資格があるとされる者による裏書が，被裏書人を形式的資格がある者とすることを，資格授与的効力という。 **1.　善意取得** 520条の5……動産の即時取得の制度（192条）に対応しつつ，要件緩和。 **2.　抗弁制限** 520条の6 ※民法には，裏書の担保的効力に関する規定は存在しない……手形法，小切手法のように，相応の規定があるときに限定。
質入れ	以上の規定を準用（520条の7）。
弁済の場所・時期，相手方	指図証券は流通する（裏書によって譲渡される）ものであることを前提として，債権総則の一般規定に対する特則がある。
場　所	債務者の現在の住所（520条の8）……一般規定（486条）に対する特則。
時　期	債務者は，債務の履行について期限の定めがあるときであっても，その期限が到来した後に所持人がその証券を提示してその履行の請求をした時から遅滞の責任を負う（520条の9）。
相手方	**（資格授与的効力を基礎とする制度）** **支払免責** 520条の10……受領権者としての外観を有する者に対する弁済の制度（478条）に対応しつつ，要件緩和。
喪失等	指図証券は，その喪失，盗難の場合に，公示催告手続（非訟100条以下）によって無効とすることができるものの1つ（520条の11・520条の12） 手形，小切手の喪失等の場合の手続については，520条の11・520条の12が適用される……手形法，小切手法には，相応の規定が存在しない。

記名式所持人払証券	
意　義	証券上指名された者または証券の持参人に弁済をすべき旨が記載されている証券（520 条の 13 括弧書も参照）。 指図が裏書によってされる証券で，例えば，小切手（記名式持参人払式小切手）（小 5 条 2 項）など。
譲渡・質入れ	
譲　渡	譲渡の意思表示（の合致）とその証券の交付が効力要件（520 条の 13）。
方式等	指図証券との対比では，裏書の制度は存在しない。
資格授与的効力等	資格授与的効力を基礎として，善意取得，抗弁制限が認められる（520 条の 14 〜 520 条の 16）。
質入れ	以上の規定を準用（520 条の 17）。
弁済の場所・時期，相手方	指図証券の規定を準用（520 条の 18）。
喪失等	指図証券の規定を準用（520 条の 18）。
その他の記名証券	
意　義	権利者を指名する記載がされている証券であって，指図証券および記名式所持人払証券以外の証券。 一般の債権と同様の方式によって譲渡される証券で，例えば，裏書禁止とされている場合の，手形（手 11 条 2 項），小切手（記名式小切手で裏書禁止とされているもの）（小 14 条 2 項），倉荷証券（商 606 条），船荷証券（商 762 条）など。
譲渡・質入れ	
方式等	債権の譲渡・質入れの方式による（520 条の 19 第 1 項）。 証券の交付を要するかどうかについては，解釈にゆだねられる。 資格授与的効力等は認められない。
弁済の場所・時期，相手方	解釈にゆだねられる。
喪失等	指図証券の規定を準用（520 条の 19 第 2 項）。

無記名証券
証券上権利者を指名する記載がされておらず，その所持人を権利者とする証券。 例えば，小切手（無記名式小切手）（小 5 条 1 項 3 号・2 項・3 項），新株予約権証券（会社 289 条・290 条を参照），株券（会社 216 条を参照），社債（会社 698 条を参照），国債（国債 2 条 1 項・5 条を参照），信託受益証券（投信 6 条 4 項 5 項，また，貸信 8 条 2 項 3 項を参照）など。 記名証券については，総じて記名式所持人払証券に関する規定を準用（520 条の 20）。
＊参考　特に商品券などについて 債権法改正で，無記名債権を動産とみなしていた規定は削除。 そこで，学説では，特に商品券などについて，表章される権利は何か，また，権利と証券の結合の有無を吟味しつつ，利用，流通の実態に即して，個別に解釈するしかない，とする見解がみられる。一口に商品券といっても利用，流通の実態は様々であるから，具体的な事例ごとに判断が分かれる可能性もある。

Column 5-11　電子記録債権制度

　平成19年に，電子記録債権法が制定され，電子記録債権制度が創設された。同法は，電子記録債権の発生，譲渡等を私法上規律するとともに，電子記録を行う電子債権記録機関の業務，監督等についても規律する（電子債権1条）。

　電子記録債権の基本的性質として，①一般の債権とも手形債権とも異なる新しい類型の金銭債権である。また，②その発生，譲渡について，当事者の意思表示とともに，同法所定の電子記録を要件とする（電子債権2条1項）。また，③通常は，売買契約その他発生原因となる法律関係（原因関係）と，それに基づく債権（原因債権）が存在するが，それとは別個の債権であって，その無効等の影響を受けない（無因性）。

　電子記録債権制度の特徴として，一般の債権，手形債権それぞれの短所を克服して，資金調達の円滑な利用に向けた基盤をさらに整備するものといえる。すなわち，一般の債権の場合，それが観念上のものであるから，債権の存在，帰属についてリスクがあるほか，二重譲渡のリスク，債務者から譲受人に対する抗弁の対抗のリスクなどがある。また，手形債権の場合，紙媒体・証券上のものであるから，手形の作成，交付，保管等のコスト，紛失，盗難等のリスクがある。これに対して，電子記録債権の場合，①権利保護（法的安定性）・取引安全保護の高度性がある。すなわち，無因性があることのほか，（登録の）権利推定効（電子債権9条2項），善意取得（同法19条），人的抗弁の切断（同法20条）があること，電子記録保証（同法2条9項を参照）に独立性があること（同法33条）など，手形と同様の権利保護が図られる。また，電子記録債権にかかる権利変動について，民法の特則が定められ，取引安全保護が図られる。また，②可視性がある。すなわち，電子記録債権の発生，譲渡について電子記録を要件とする（同法15条・17条）から，その電子記録は，債権の存在，内容，帰属について，公示（方法）とほぼ同様に機能する。こうして，それらの確認に要する事務手続，コストのほか，二重譲渡のリスクを排除できる。また，③譲渡手続の簡便性がある。すなわち，電子記録を効力要件として対抗要件主義をとらないから，民法，動産債権譲渡特例法による対抗要件具備に要する事務手続，コストを排除できる。また，④内容の自由設計性がある。すなわち，電子記録債権の内容は，債権記録の記録により定まる（同法2条4項・9条1項）。債権者，債務者の氏名，名称等，同法16条1項の掲げる事項を必要的記載事項としてすべての電子記録債権に記録するほか，同条2項の掲げる事項を任意的記載事項として記録できる。また，⑤電子的取扱いによる効率性がある。特に，紙媒体の手形に要する事務手続，コストを排除できる。

　電子記録債権制度のこうした特徴を生かして，手形に代わる支払手段のほか，

売掛債権，リース債権，クレジット債権，さらにシンジケート・ローン債権などの流動化，担保化（電子記録が効力要件であること以外は，一般の債権と同様），一括決済システムの効率化など，多様なビジネスモデルに合わせて利用されている。

責任財産の保全

> この章では，債務者の作為や不作為によって債務者の財産が減少し，債権の実現可能性が危険にさらされる場合において，債権者が債権保全のために取りうる手段について学ぶ。

第1節 総 説

1 債権の効力と責任財産

(1) 概 説

特定人の特定人に対する請求権である債権は，人同士の関係という要素から，相対性と平等性とを帯びた権利である。それゆえ，同一人に対して同一内容の債権が成立することも許され，その債権は平等に扱われることになる（「債権の平等性」）。同様に，同一人に債権を有する債権者が複数いる場合には，その債権者も「平等」に扱われることになる（⇨第1章**第1節**参照）。これを「債権者平等の原則」という。具体的には以下のような意味を持つ。

例えば，2021年2月1日に，AがBに弁済期を2022年2月1日として200万円を貸し付け，2021年3月1日に，CもBに弁済期を2022年3月1日として100万円を貸し付けたとする。Bに210万円の銀行預金しか財産がない場合

には，AとCとがBとの関係において債権者としては平等に扱われる結果，それぞれの債権の成立時期（契約時）および弁済期の先後にかかわらず，その額に応じて 210 万円から比例配分（「按分」という）された弁済しか受けられない。すなわち，A200 万円：C100 万円＝2：1 から，A につき 140 万円，C につき 70 万円の弁済がされるということになる。

　次に，2021 年 5 月 1 日に，D が E に弁済期を 2022 年 5 月 1 日として 200 万円を貸し付け，F も E に弁済期を 2022 年 4 月 1 日として 100 万円を貸し付け，E には財産として市場価格 100 万円の甲土地と，50 万円の銀行預金があったとする。甲土地に D の債権を被担保債権とする抵当権が設定されその旨の登記があったとすれば，D は，自身の債権が弁済期において F の債権に劣後する立場にありながらも，甲土地については自身の抵当権に基づいて F に優先して 100 万円を回収でき，その債権の残額たる 100 万円について，同じく 100 万円の債権を有する F と債権者平等の原則に服することになる（D につき 25 万円，F につき 25 万円）。

　以上のように，抵当権等の優先弁済権を有しない債権者を「一般債権者」といい，債権者平等の原則は主としてこの一般債権者同士の関係において問題となる。一般債権者の債権の引当て（担保）となる債務者の財産を「一般財産」という。一般財産は債務者の総財産から優先弁済権の対象となっている財産（上記の例で言えば，D の抵当権が設定されている甲土地）を控除したものに相当する。見方を変えると，一般債権者の債権を"担保"する財産という意味で「一般担保」とか，（一般の）総債権者のすべての債権を担保するという意味で「共同担保」（同一の被担保債権に複数の担保権が設定される意味での「共同担保」とは異なる）などと呼ばれることもある。また，一般財産のうち，強制執行の対象（「摑取力」の対象）となるものを「責任財産」といい，通常，両者は一致する。ただし，差押禁止財産（民執 131 条）が存在したり，いわゆる「責任財産限定特約」によって強制執行の対象となる財産が制限されたりしている場合には，「一般財産」の一定部分が"引当て"から外され，これを控除したものが「責任財産」となる。この意味において，一般債権の引当て（担保）となる財産は「責任財産」というほうが正しい。

(2) 「債権者平等の原則」の実相

債権者平等の原則はいわば"潜在的な"ルールにすぎない。例えば，(1)の例において，AはCの債権よりも先に弁済期が到来する債権を有する以上，Cよりも先に200万円の全額についてBから弁済を受けることは何ら不当なことではない。その後，BがCの債権について，第三者から借金をするなどして弁済をすることができればそれでよく（その第三者が新たな債権者になる），できなければ，単に債務不履行の問題として処理されるにすぎない。つまり，債権者平等の原則とは，債務者の責任財産が"流動"している段階では現実的に機能せず，これが"固定"された段階，すなわち，債務者の財産につきなされた強制執行手続（⇨第1章第4節）において複数の債権者が配当を受ける場合（ある債権者の強制執行手続において配当参加する場合）や，債務者が破産手続等に付されたときに機能するものである（最判昭和33・9・26民集12巻13号3022頁参照）ことには注意を要する。

2 責任財産の各種保全制度

(1) 概 要

一般債権者は，確定判決を始めとした債務名義（民執22条）がないと債務者の責任財産に対して強制執行手続をとれないという意味でも，債権者平等の原

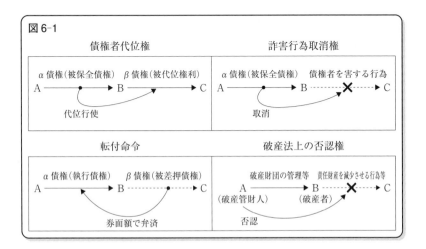

図6-1

	債権者代位権	詐害行為取消権
	α債権（被保全債権） β債権（被代位権利） A ──────→ B ─────→ C 代位行使	α債権（被保全債権） 債権者を害する行為 A ──────→ B ⤍⤍⤍✕⤍→ C 取消
	転付命令	破産法上の否認権
	α債権（執行債権） β債権（被差押債権） A ──────→ B ─────→ C 券面額で弁済	破産財団の管理等 責任財産を減少させる行為等 A ──────→ B ⤍⤍⤍✕⤍→ C （破産管財人）（破産者） 否認

則に服するという意味でも，"弱い"ものである。しかし，例えば，①債務者が第三者に対して有する債権について履行請求しないままでいるために「完成猶予」等の時効障害事由が生じず消滅時効にかかってしまうおそれがあるとか，②債務者の責任財産を構成する不動産すべてを他者に贈与するとかといった，債権の弁済可能性を低下させる行為がある場合には，その（一般）債権者に自身の債権を保全する術を認めてよい。これを民法において定めたものが，「債権者代位権」（423条～423条の7）と「詐害行為取消権」（424条～426条）である。債権者代位権は，債権者が債務者の権利を代位行使することにより（①の例），詐害行為取消権は，債権者が債務者の行った行為を取り消すことにより（②の例），債務者の責任財産を保全することを通じて，自身の債権を保全する制度である。ここで保全される債権を「被保全債権」という。もっとも，債権者代位権および詐害行為取消権ともに他人（債務者）の財産権に介入する行為となる以上，その行使が認められるためには，被保全債権につき満足を受けられない状況があることが必要（いわゆる「無資力要件」）であり，かつ，その満足を受けられない範囲でしか行使できないのは当然ということになる。また，債権者代位権は債権執行に係る「（差押え）転付命令」（民執159条）（③の例）と，詐害行為取消権は破産法上の各種「否認権」（破160条以下）（④の例）とそれぞれ類似する性質を有しており，その相違点にも注意する必要がある（⇨**図6-1**）。

(2)　責任財産の保全とその拡張

　債権者代位権も詐害行為取消権も，債務者の"責任財産の保全"，すなわち，債権者の債権の"保全"のために認められる制度であって，一般債権者に「優

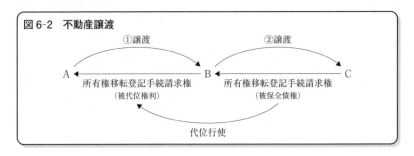

図6-2　不動産譲渡

先弁済権」を付与するものではない。したがって，一般債権者が，債権者代位権または詐害行為取消権を行使したとしても，被保全債権の満足を受けるには，債務者の責任財産に対して強制執行手続を執る必要があり，このときには，債権者平等の原則が働くことになる。もっとも，債権者代位権について見れば，債権者が債務者に代位して行使した権利（債権）につきその債務者から受けた弁済を受領する権限があり（423条の3参照），詐害行為取消権についても，債権者は，債務者の行為を取り消した結果として債務者に返還されるべきものを，自ら受領することが認められている（424条の9）。この結果，債権者代位権にせよ，詐害行為取消権にせよ，債権者はその行使によって実質的に優先弁済を受けることが可能となる。また，債権者代位権についていうと，ある権利を守るために他人の権利を行使するという抽象的で“便利な”色彩を有するがゆえに，当初の目的を離れて使用されることも少なくない。このような事象を「債権者代位権の転用」（⇨第2節**5**参照）といい，判例上多くのものが承認されている。平成29年の民法改正では，**図6-2**のように，ABCと転々譲渡された不動産につき，Cが，自身のBに対する所有権移転登記手続請求権を保全するために，BのAに対する同手続請求権を代位行使するといった転用の典型ともいうべき形態について，明文化するに至っている（423条の7）。

第2節　債権者代位権

1 債権者代位権の意義

(1)　機　　能

　債権者は自身の債権を保全する必要があるときは，債務者の権利を行使することができ（423条1項本文），この債権者の権利を「債権者代位権」という。債権者代位権を行使する債権者を「代位債権者」，保全する必要がある債権を「被保全債権」，代位の対象となる権利を「被代位権利」，被代位権利の債務者を「第三債務者」などという。

　先に述べた通り，債権者代位権には，責任財産を保全するという本来的機能のほか，事実上の優先弁済的機能や「転用」といった機能もある。

(2)　転付命令との関係

　債権者代位権との関係で民事執行法上の「転付命令」（⇨第 1 章**第 4 節 2**(2)）が対比されることがある。

　債権者代位権と転付命令との違いは"手続の簡易さ"と"無資力リスクの回避"の 2 点に認められる。前者は，債権者代位権は，裁判によらず裁判外で行使できるのに対して，後者は，債務名義があることを前提に執行裁判所によって発令される（差押命令と）転付命令の効力が確定する必要があるという違いがある。また，後者について見れば，債権者代位権は，あくまで債務者の第三債務者に対する債権を代位行使するにすぎず，第三債務者の弁済を受領するのは債務者であることが前提であり，債権者がこれを受領するか否かは債権者の判断によるのであって，この結果として，債務者が債権者との関係で債権債務関係から離脱するとは限らないのに対して，転付命令は，まさに，債権の付け替えによって債務者が券面額で弁済をしたと評価される結果，債務者は券面額の範囲で債権債務関係から離脱し，新たに，第三債務者が債務者の地位に入れ替わることになる。要するに，債権者の執行債権の債務者に関する無資力リスクの評価基準が債務者から第三債務者に変更されることになる。これら 2 点に加え，債権者代位権は，債務者の金銭債権以外にも行使でき，かつ，「転用」もできることを考慮すると，転付命令よりも，債権者代位権のほうが債権者にとって便利な制度といえよう。

2　債権者代位権の要件

(1)　被保全債権の存在

　債務者の責任財産を保全することによって債権の満足を図るという趣旨からして，被保全債権は金銭債権が予定されている。しかし，特定物の引渡債権等でも，金銭債権たる損害賠償請求権が生じうる（に変化しうる）のであるから，被保全債権は金銭債権に限られない。

　ただし，期待権にすぎない債権（最判昭和 30・12・26 民集 9 巻 14 号 2082 頁）や未だ不確定な内容にすぎない債権（最判昭和 55・7・11 民集 34 巻 4 号 628 頁），または，執行力がない債権（423 条 3 項）は被保全債権にすることはできない。

　また，債権者代位権は一般債権者による債権の保全が想定されてはいるもの

の，担保権が付された債権であっても，被保全債権になることは妨げられない（最判昭和33・7・15集民32号805頁）。

(2)　保全の必要性とその例外

(a)　原則としての「無資力」要件

債権者代位権は債権者が「自己の債権を保全するため」（423条1項）に，しかも，強制執行手続の申立て等の際に必要となる「債務名義」なくして行使できるものである。それゆえ，債務者に債務を弁済するための十分な資力があれば，債権者の債務者の財産への介入を認めるべきではない（他人の財産への介入などそもそも認めるべきではない）。そこで，「債権を保全するため」という要件は，具体的には，債務者が「無資力」であることを求める趣旨であるとされており（最判昭和40・10・12民集19巻7号1777頁参照），これを，一般に「無資力要件」という。ここにいう無資力とは消極財産（債務総額）が積極財産（資産総額）を上回る状態を意味する「債務超過」とほぼ同義であるが，重要なのは，債権の保全の必要性，すなわち，債権者が債権の弁済を受けることができない状況という視点である。それゆえ，例えば，金融機関等から追加の融資を受けることができる状況にあれば，消極財産の価額が積極財産の価額を上回っていたとしても無資力と評価されないこともありうる。要するに，無資力は，単に積極財産と消極財産との差といった計数上の評価によらず，労務，信用，「のれん」なども考慮に入れて判断されることになる。無資力と類似する概念として，「支払不能」や「支払停止」といったものもあり，これらの関係については，詐害行為取消権における「無資力」において述べる（⇨**第3節2**(2)(b)）。

無資力は，債権者代位権の行使時点での責任財産について評価するものであるから，計算にあたっては，抵当権等の優先弁済権の対象となっている財産は除かれる（大判昭和7・6・3民集11巻1163頁）。被代位権利の価額については積極財産に含めて計算するのが一般的な見解であると解される。しかし，そもそも，被代位権利の行使によって財産の保全を図る（財産の減少を防ぐ）という視点からすれば，被代位権利を除いた責任財産によって被保全債権の弁済が可能かどうかを判断すべきという見解も説得力をもつ。例えば，AがBに対して100万円の金銭債権を有しており，BもCに対して200万円の金銭債権（被代

位権利）を有しているもののそれ以外の財産はないという場合，前者の見解によると，Ｂは無資力とは評価されないが，後者の見解によると，無資力と評価されることになる。また，債権者代位権に基づき被代位権利の行使に係る訴訟を提起した場合（「債権者代位訴訟」の場合），無資力要件の充足の有無は，事実審の口頭弁論終結時において評価される。

(b) 例　外

　無資力要件は，債権の弁済可能性との関係で債務者の責任財産が評価される問題であるため，ある特定の債権の履行を確保するために債権者代位権が行使される場合には，この要件は意味を持たない。すなわち，「債権者代位権の転用」と，その一態様を明文化したものである「登記又は登録の請求権を保全するための債権者代位権（423条の7）」を行使する場合がこれに相当する（転用事例につき⇨**5**）。

(3)　債務者による権利の不行使

　債務者が権利を行使したときは，債権者は重ねて債権者代位権の行使はできない（最判昭和28・12・14民集7巻12号1386頁）。債務者の財産権に対する不当な干渉となるからである。

(4)　被保全債権の履行期の到来

　被保全債権は，債務者の被代位権利より先に成立（存在）している必要はない（前掲最判昭和33・7・15）けれども，債権者代位権を行使する時点で，その履行期が到来していることを要する。これは，無資力要件と同じく，債務者の財産権への侵害は可能な限り制限されるべきであり，かつ，その濫用的な行使を防ぐためなどの理由から正当化される。

　しかし，債務者の責任財産の現状を維持する（消滅時効の完成猶予や更新，対抗要件の具備等）にすぎない「保存行為」の場合には，債務者の財産権への介入も少なく，また，不利益もない（むしろ利益にすらなる）ために，履行期の到来は不要である（423条2項）。

(5)　主張立証責任

　債権者代位権の行使にあたって，債権者は，①被保全債権の発生原因，②債権の保全の必要性（無資力要件の充足）（最判昭和 40・10・12 民集 19 巻 7 号 1777 頁参照），③被代位権利の発生原因につき主張立証責任を負担し，これに対して，債権者代位権の行使を阻止する側（第三者債務者側）が，④債務者がすでに被代位権利を行使していることにつき主張立証責任を負担することになる。⑤被保全債権の履行期については，これが到来していることにつき債権者側が主張立証責任を負担するというのが一般的な理解であるが，むしろ，第三債務者側が履行期が到来していないこと（履行期があること）につき主張立証責任を負担するという見解も有力である。

3　債権者代位権の行使

(1)　被代位権利

　原則として債務者に帰属するすべての「権利」が被代位権利となる。それゆえ，金銭請求権，物権的請求権のほか，解除権，取消権，買戻権，相殺権，建物買取請求権（最判昭和 38・4・23 民集 17 巻 3 号 536 頁）といった形成権も対象となるし，債務者の“債権者代位権”を代位行使することもできる（最判昭和 39・4・17 民集 18 巻 4 号 529 頁）。私権か公権かも問わず，例えば，債務者の第三者に対する登記請求権も対象となる（不登法 59 条 7 号参照）。なお，この登記請求権の代位行使については，債権者代位権の転用（後掲⇨**5**）がイメージされてしまうが，金銭債権の債務者が自身の不動産について所有権移転登記手続をしないがために，債権者が代位行使するというような本来の姿も含まれることはいうまでもない。

　意思表示が被代位権利となるか否かについては，問題がある（後掲⇨(2)）。まず，消滅時効の援用（145 条）についても原則として被代位権利となり，債権の保全に必要な限度で債権者代位権を行使することができるが，援用権者は権利の時効消滅により直接の利益を受ける者に限られるといった視点から，債権者がこれにあたるか否かが問われる。例えば，物上保証人が被担保債権の消滅時効を援用できるのにしない場合，その債権者は，債権者代位権の行使によってこれを援用することができるとされる（最判昭和 43・9・26 民集 22 巻 9 号 2002

頁)。

　また,「無効」の主張についても, 被代位権利とすることはできるが, 無効
には「絶対的無効」と「相対的（取消的）無効」とがあり, 後者については,
表意者保護の視点から, 原則として表意者のみが主張することができると解さ
れているため, 債権者代位権にいう債権者が債務者に係る「相対的無効」を主
張できるか否かが, 錯誤との関係で問われていた。すなわち, 平成 29 年の民
法改正前は錯誤の効果としての無効（改正前民法 95 条本文）が「相対的無効」
と解されていたことにより, 例えば, 債務者が買主として締結した売買契約に
つき, 債権者が債務者の「錯誤」を理由に無効を主張し, そのうえで, 債権者
代位権により債務者の売買代金返還請求権を代位行使するということが認めら
れるかといった具合である。判例は, 債務者が錯誤を認めており, 債権者が債
務者に対する債権を保全する必要がある場合に限り債権者は債務者の錯誤無効
を主張することができるという立場であった（最判昭和 45・3・26 民集 24 巻 3 号
151 頁）。しかし, 平成 29 年の民法改正後は, 錯誤の効果が「取消し」となっ
た（95 条 1 項柱書）ため, 先の通り, 取消権は, 当然に債権者代位権の被代位
権利になるとの理解から, 債権者は端的に債務者の錯誤による「取消権」を代
位行使できると解すればそれで足りることになる。それゆえ, この判例は死文
化したとの評価が多いといえる。

(2)　客体（被代位権利）とならない権利

(a)　債務者の一身専属的な権利

　権利行使の要否を債務者自身の意思に委ねるべき「一身専属権」については,
原則的に被代位権利とはならない（423 条 1 項ただし書）が, すべての権利が常
にそうなるわけではない。権利が責任財産を構成するか否かという評価と, 権
利の行使を債務者の自由意思に委ねるべきか否かという基準から判断されるな
どといわれる。具体的には, 離婚・離縁（770 条・814 条）, 嫡出否認権（774 条）,
夫婦間の契約取消権（754 条）, 親権（820 条以下）, 扶養請求権（877 条）等の身
分自体に係る権利は被代位権利とならないが, 遺産分割請求権（907 条）のよ
うに財産的な権利に転じる権利は対象となり得ることを意味する。相続回復請
求権（884 条）, 相続の承認（920 条以下）または放棄（938 条以下）をする権利に

ついては争いがあるが，相続人の意思を尊重する視点から否定する見解が多い。遺留分侵害額請求権（1046 条）については，遺留分権利者が権利行使をする確定的な意思を有することを外部に表明するなどの特段の事情がない限りは，被代位権利とはならないとされ（最判平成 13・11・22 民集 55 巻 6 号 1033 頁），離婚に伴う財産分与請求権（768 条）は，協議・審判等により権利の具体的内容が形成された場合には被代位権利になりうるとされる（最判昭和 55・7・11 民集 34 巻 4 号 628 頁）。

(b)　債務者の意思に係る権利

　契約の申込みまたは承諾は，契約自由の観点から債務者の意思によるべきものであるから，被代位権利とならないというのが一般的な見解である。名誉毀損に基づく慰謝料請求権についても，これを行使するか否かは債務者の意思によるものであり，具体的な金額も客観的に明確ではないから，原則として被代位権利とならないが，加害者と被害者との間での合意や，債務名義等によってその内容が客観的に確定した場合には，もはや現実的な履行を残すだけであるとして，被代位権利となるというのが判例（最判昭和 58・10・6 民集 37 巻 8 号 1041 頁）の立場である（被害者が死亡し，慰謝料請求権が相続された場合には被害者の意思から離れた金銭債権になるとして，金額が確定される前であっても，被代位権利になるとされる）。また，債権譲渡の対抗要件としての通知について債権の譲受人が譲渡人に代位して行うことは，そもそも，通知自体が譲渡人の第三債務者に対する権利ではないことに加え，譲渡人自身が通知をすることに対抗要件としての意義を認める 467 条 1 項の趣旨からして否定される（大判昭和 5・10・10 民集 9 巻 948 頁）。もっとも，債権が転々譲渡された場合において，転得者（第二譲受人）が譲受人（第一譲受人）の譲渡人に対して有する債権譲渡の事実を "通知するように求める権利" を被代位権利とすることはできるが（大判大正 8・6・26 民録 25 輯 1178 頁），これは，"通知" 自体について代位行使することではない点に注意を要する。なお，取消しと無効とをめぐる問題については，上記(1)において述べた通りである。

(c)　強制執行できない権利（差押えが禁止されている債権）

　差押禁止債権（民執 152 条参照）のように，強制執行できない（差押えできない）債権については，被代位権利とすることはできない（423 条 1 項ただし書）。

(d)　訴訟上の権利

　訴訟が開始された後に，訴訟を追行するために認められた権利については，被代位権利とはならない。

(3)　行使の方法

　債権者代位権の行使要件が充足されると，債権者は債務者の財産管理権を取得する。債権者は，自己に固有の権利として，自己の名で債務者の権利を行使することになり（代理人として行使するわけではない），裁判でも裁判外でも行使できる。裁判においてしか行使できない詐害行為取消権との違いとなる。裁判において行使する場合には，債権者が原告，第三債務者が被告となる。

(4)　行使の範囲

　債権者代位権の行使は債権保全に必要な限度で認められ，その範囲は被保全債権額に限定される（最判昭和44・6・24民集23巻7号1079頁）が被代位権利が不可分債権である場合には，その全部の引渡しを請求できる（423条の2）。

(5)　相手方の地位

　第三債務者は**2**(5)で示した抗弁のほか，債務者に対して有するすべての抗弁権（同時履行の抗弁権，相殺権，解除権，通謀虚偽表示〔94条1項〕による無効〔大判昭和18・12・22民集22巻1263頁〕等）を，債権者に対して行使できる（423条の4）。しかし，債権者は第三債務者の抗弁に対して独自に有する抗弁（再抗弁）を提出できない（債務者が第三債務者に対して主張できる抗弁は提出できる）（最判昭和54・3・16民集33巻2号270頁）。

4　債権者代位権の効果

(1)　債務者の処分権限の帰趨

　債権者代位権により被代位権利が行使されたとしても，債務者も代位権利を行使することを妨げられず，また，第三債務者も債務者に対して債務の履行（弁済）をすることが禁じられることはない（423条の5）。債権者代位権は，あくまで，債権を保全するために責任財産の減少を防ぐ（保全する）ために認め

られるものであって，この行使により債務者による被代位権利の行使が禁じら
れるというのでは，債権者による財産権への過剰な介入となるからである（訴
訟告知との関係につき⇨(4)参照）。

(2)　債務者への効果帰属とその例外

(a)　原　則

債権者代位権の行使の効果は，被代位権利の本来の"債権者"である「債務
者」に帰属することになる。したがって，例えば，被代位権利が不動産の所有
権移転登記手続請求権である場合には，債権者代位権の行使の結果として，第
三債務者から債務者への移転登記手続を求めることになる（「代位登記」につき
後掲⇨ **5** (2)(a)）。そのうえで，（債務者がなお任意に弁済しないのであれば）債務者
の責任財産を構成するものとして強制執行手続を執ることになり，ここでは債
権者平等の原則が働くことになる（⇨**第 1 節 2** (2)）。

(b)　例外としての優先弁済的効果

しかし，債権者は債権者代位権に基づく被代位権利の行使の結果として，第
三債務者から弁済を受領する権限があるとされており（大判昭和 10・3・12 民集
14 巻 482 頁），この結果，上記の原則は崩れ，給付目的物が「金銭」「動産」「不
動産」のいずれであっても債権者自身に「引渡し」を求めることができること
になる。このうち「金銭」と「動産」については，債権者への引渡しをもって
（423 条の 3 前段）被代位権利は消滅し（同条後段），一定の場合には"優先弁済
的効果"が生じることもある。すなわち，被保全債権が金銭債権で，かつ，被
代位権利の目的が金銭の給付である場合において，債権者の債権者代位権に基
づく被代位権利の行使の結果として，第三債務者が債権者に対して直接その金
銭を給付したときには（これ自体が被保全債権の弁済となるわけではない），債務者
は債権者に対して返還請求権たる金銭債権を取得することになるため，債権者
は自身の被保全債権たる金銭債権と債務者の返還請求権たる金銭債権とを相殺
することにより，他の債権者の介入を受けることなく事実上の優先弁済を受け
ることができる。もっとも，これは簡易な決済手段という実務慣行を尊重した
妥協的規律にすぎず，積極的に認められている規範とは言えない。それゆえ，
事情によっては相殺権の濫用と評価されうることに留意すべきである。

　これに対して，被代位権利の目的が動産の引渡しであるような場合には，債権者が当該目的物を取得しても，以上のような相殺の機能が働かないため，強制執行（動産執行）手続に委ねるのが原則となる。もっとも，引渡しの後に債権者と債務者との間で代物弁済契約（482条）を締結することにて"優先弁済的効果"を得ることはできる。

　「不動産」は条文上明らかではないものの引渡しを受けること自体はできると解されている。しかし，不動産は登記（名義）を基準に執行手続がなされるため，債権者に引渡しを認めたところであまり意味はない。また，第三者対抗要件となる登記を債権者に移転することは，責任財産の保全という趣旨を超えることになるほか，自己名義の不動産となったのでは債権者は執行手続を執ることもできないため，移転登記請求を認める必要はない。「動産」について債権者への直接の「引渡し」が認められるのは，動産執行が債権者の占有下で行うことができる（民執124条⇨LQ民事執行・民事保全法〔第2版〕第3章**第2節2**⑶(b)）という差も意識されてよいのだろう。

⑶　その他の効果と費用

　債権者代位権が行使された場合，裁判上の請求（147条1項1号）または催告（150条）の効果として，被代位権利の時効については更新や完成猶予の効果が生じるが，被保全債権についてはかかる効果が生じないというのが一般的な理解である。また，債権者代位権の行使にあたって要した費用（訴訟費用等）は共同担保の保全という全債権者の利益に係るものであるため，債務者に対して償還請求できるとともに，共益費用の一般先取特権（306条1号）による担保を受け，その範囲で優先権が付与されることになる。

⑷　債権者代位訴訟と訴訟告知

　債権者代位権に基づき被代位権利の行使に係る訴訟（債権者代位訴訟）を提起した場合，債権者は，遅滞なく，債務者に対し訴訟告知（民訴53条）をしなければならない（423条の6）。債権者代位訴訟において，債権者は被代位権利を訴訟物とした債務者の法定訴訟担当の地位にあるため（民訴115条1項2号），その判決の効力（既判力）は債務者に及ぶ。その結果，重複起訴の禁止（民訴

142条）から債務者は重ねて第三債務者に対して訴訟を提起することはできないが（ただし，債務者は裁判外でなお権利行使できるし，第三債務者も弁済等ができる〔423条の5 ⇨(1)〕），債権者代位訴訟が提起されていることを知らずに，その効力に服するのは不当である。そこで，債権者に訴訟告知を義務づけることにより，訴訟参加の機会を担保し手続保障を与えているわけである。具体的には，補助参加（民訴42条），独立当事者参加（民訴47条）または共同訴訟参加（民訴52条）による参加が考えられる。債権者がかかる訴訟告知をしなかった場合については特段の規定がないが，当該債権者代位訴訟につき訴えが却下されると解すべきである。もっとも，債務者が如何なる訴訟形態で債権者代位訴訟に参加するかによっては，代位訴訟や債務者の被代位権利に係る処分権限の帰趨が変わる可能性があり，この点の解釈は今後の課題となる（⇨ LQ民事訴訟法〔第3版〕第12章12-8-3-1(3)）。

5　債権者代位権の転用

(1)　概　　説

　債権者代位権の行使は，被保全債権の保全を目的として責任財産の保全のためになされる以上，その被保全債権は金銭債権が原則となる。それゆえ，例えば，AのBに対する登記請求権のような債権者の特定の債権については，被保全債権には親しまないことになる。しかし，その権利を保全する必要があり，他にその方法がないというのであれば，債権者代位権が応用されてよい。これを，債権者代位権の本来の使われ方とは異なるという意味で「債権者代位権の転用」という。このとき，債権者の被保全債権はある"特定の債権"であり，この保全は債務者の資力とは無関係となる。それゆえ，転用事例においては，債務者の「無資力」は債権者代位権行使の要件とならないのが原則である。

　平成29年の民法改正では，判例上承認されている典型的な転用事例が明文化されたため「転用」という表現は不適切かもしれない。しかし，従前の議論との接続性も考慮し，ここでは明文化されたものも含め「転用」の下に説明する。

(2)　各種の転用事例

(a)　登記・登録に係る請求権（登記請求権）

　登記または登録をしなければ権利の得喪および変更を第三者に対抗することができない財産を譲り受けた債権者は，その譲渡人が第三債務者に対して有する登記手続または登録手続をすべきことを請求する権利を行使しない場合に，これを代位行使することができる（423条の7，大判明治43・7・6民録16輯537頁，最判昭和49・11・29民集28巻8号1670頁）。先に見た（⇨ **2**(2)），不動産をめぐる順次譲渡の例がこれにあたる。すなわち，A所有の甲土地がBに譲渡され，未登記のうちに，BからCへと譲渡された場合に，甲土地をめぐるCのBに対する所有権移転登記手続請求権を被保全債権として，BのAに対する所有権移転登記手続請求権をCが代位行使するといった具合である。かつてはいわゆる「中間省略登記」（⇨ LQ民法Ⅱ〔第4版〕第4章**第5節 5**(3)(c)）の問題として扱われていたものであり，判例も，中間者たるBの同意を条件に，CからAに対する直接の移転登記請求権の行使（「真正な登記名義の回復」を原因とした移転登記請求権）を認めていた（最判昭和40・9・21民集19巻6号1560頁）。しかし，平成16年の不動産登記法改正により，登記申請にあたっては，原則として物権変動があったことの証明となる「登記原因証明情報」の添付が必須となった（不登61条参照）ため，AC間の直接の物権変動がない中間省略登記は，事実上，不可能となっている。その意味で，転用事例としての（所有権移転）登記請求権の代位行使は有意となる。

> **Column 6-1　代 位 登 記**
>
> 　共同申請主義（⇨ LQ民法Ⅱ〔第4版〕第4章**第5節 3**(1)(a)）を前提とする不動産登記制度において登記義務者が登記手続に応じない場合，登記権利者は登記義務者に対して移転登記手続を求める旨の訴訟を提起し，勝訴の確定判決をもって単独で登記手続をすることができる（「判決による登記」〔不登63条1項〕）。債権者代位においても，債権者は第三債務者たる登記義務者を相手取って不動産に係る移転登記手続を求める旨の債権者代位訴訟を提起し，勝訴の確定判決をもって単独で登記手続をすることができるのはこの仕組みによる。このとき，移転登記手続の申請者は債権者代位権を行使した債権者となり（不登59条7号），これを「代位登記」と呼ぶこともある。債権者の被保全債権も所有権移転登記手続請求権である場合には，債務者に対しても併せて所有権移転

登記手続に係る確定判決を得て判決による登記を行うことになるが，債権者代位訴訟と債務者に対する訴訟とを併合すれば1つの訴訟で手続をすることもできる。

　なお，転用事例ではなく共同担保の保全という基本形（被保全債権が金銭債権の場合）において，債務者の不動産に係る登記請求権を代位行使することは一種の保存行為（⇨**2**(4)）と考えられており，無資力要件は不要と解されている。

Column 6-2　共同相続と登記

　代位登記は相続との関係で問題になることも多い。例えば，Aが，所有する甲土地につきBに売却したが，代金も全額支払われず，所有権の移転登記手続もなされない間にAが死亡し，その子たるCDがAを共同相続したとする。このとき，甲土地をめぐって，CDはAのBに対する売買代金債権を共同相続するものの，BのAに対する所有権移転登記手続請求権に対応する債務（義務）も併せて共同相続することとなり（BはCDに対して「A」からBへの所有権移転登記手続請求をすることができる），両債権は原則として同時履行（533条）の関係に立つ。このとき，所有権移転登記手続はCDが共同（協力）して履行しないと実現できない債務（⇨第7章**第5節2**(1)）となるため，CDがともに移転登記手続に協力しない限り，一方のみが所有権移転登記手続に係る履行の提供をしても，Bに対する売買代金債権との関係で，Bによる同時履行の抗弁を排除できない。それゆえ，CまたはDは，自身の持分に相当する代金債権部分であっても，その弁済を受けることができず，しかも，CD間相互に移転登記手続の協力義務がないため，一方にこれに応じる意思があったとしても，他方になければBの所有権移転登記手続請求に応じる術がない。

　そこで，例えば，Cは所有権移転登記手続に応じる意思があるけれども，Dにはない（拒絶している）という場合において，Cは，DのBに対する同時履行の抗弁権を失わせて自身の売買代金債権を保全するために，BのDに対する所有権移転登記手続請求権を代位行使することができる（最判昭和50・3・6民集29巻3号203頁〈**判例6-1**〉）。これによって，Dに対する勝訴の確定判決を得ることができれば，Cは自身の所有権移転登記手続義務の履行と併せて判決による登記をすることによって，BのC（およびD）に対する同時履行の抗弁権を排除し，売買代金債権の満足を得ることが可能となるわけである。このとき，Cの被保全債権は金銭債権ではあるけれども，債務者Bの資力を問うものではなく，あくまで共同相続人Dの所有権移転登記手続義務を履行させるためにCは債権者代位権を行使するのであるから，Bの無資力はその要件

とならない（転用の一事例）。

> <small>**判例 6-1**</small>　最判昭和 50・3・6 民集 29 巻 3 号 203 頁
>
> **【事案】** A は所有する甲土地を，代金完済と引換えに所有権移転登記手続をする約定の下に，B および C に売却し，その代金の一部のみが弁済された。A は，残代金債務の履行期到来前に死亡し，X ら 5 人と Y が A を共同相続した。その後，B および C が，X らと Y に対して，残代金の支払と引換えに甲土地の所有権移転登記手続に必要な書類の交付を求めたところ，Y のみがこれに応じないため，X らは，所有権移転登記手続の履行ができず，反対給付たる残代金債務の履行も B および C により拒まれるということになった。そこで，X らは，X の B および C に対する残代金債権を被保全債権として，B および C の Y に対する所有権移転登記手続請求権を代位行使し，Y の甲土地に係る相続持分に応じた残代金の支払を B および C が行うのと引換えに所有権移転登記手続をするよう求めた。第一審および原審ともに X らの請求を認めたため，Y が上告した。最高裁は次のように述べて，Y の上告を棄却した。
>
> **【判旨】** 「被相続人が生前に土地を売却し，買主に対する所有権移転登記義務を負担していた場合に，数人の共同相続人がその義務を相続したときは，買主は，共同相続人の全員が登記義務の行を提供しないかぎり，代金全額の支払を拒絶することができるものと解すべく，したがつて，共同相続人の 1 人が右登記義務の履行を拒絶しているときは，買主は，登記義務の履行を提供して自己の相続した代金債権の弁済を求める他の相続人に対しても代金支払を拒絶することができるものと解すべきである。そして，この場合，相続人は，右同時履行の抗弁権を失わせて買主に対する自己の代金債権を保全するため，債務者たる買主の資力の有無を問わず，民法 423 条 1 項本文〔筆者注：平成 29 年改正前のもの〕により，買主に代位して，登記に応じない相続人に対する買主の所有権移転登記手続請求権を行使することができるものと解するのが相当である」。

(b)　妨害排除請求権

(i)　**賃借権に基づく妨害排除請求**　　賃借権は排他的効力を持たない債権であるため，例えば，建物の賃借人が，その建物を第三者に不法占拠されたとしても，当該第三者につき物権的請求権のような権利をもって排除できないというのが，民法の原理的な規律となる。そこで，賃借人は，賃貸人に対する賃貸借契約に基づく債権（使用収益をさせる権利など）を被保全債権として，賃貸人たる所有者の，不法占拠者に対する所有権に基づく妨害排除請求権を代位行

使することができる（大判昭和4・12・16民集8巻944頁）。もっとも，この場合において，賃借権が対抗力を有する場合（借地借家法等，特別法によるものも含む）には，賃借人は不法占拠者に対して，自身の賃借権に基づく妨害排除請求権を行使することも可能である（605条の4，最判昭和30・4・5民集9巻4号431頁）ため，あえて，所有者の妨害排除請求権を代位行使する意味はない。それゆえ，賃借人によるかかる代位行使を認める意義は，対抗力を有しない賃借権の場合にもこれを認める点において顕在化する。考え方としては，そもそも，対抗力を有しない賃借人にも賃借権に基づく妨害排除請求権を認めるということもあり得るが，明文により認められていない現状においては，代位行使による救済の途を開いておくことが必要というのが，多数的な見解といえる。

(ii) 抵当権に基づく妨害排除請求　　抵当権者は，抵当目的物の不法占拠によってその交換価値の実現が妨げられるような場合，抵当権の設定者に対して有する担保価値維持請求権を被保全債権として，設定者たる所有者の所有権に基づく妨害排除請求権を代位行使することができる（最大判平成11・11・24民集53巻8号1899頁）。また，抵当権者は，かかる不法占拠者に対し，自身の抵当権に基づく妨害排除請求権を行使することもでき，抵当権の設定者が適切に抵当目的物を管理することが期待できない場合には，抵当不動産の自身への明渡しを求めることもできる（最判平成17・3・10民集59巻2号356頁）。もっとも，民事執行法に基づく保全処分による占有者排除の規律が整備された現在においては，このような妨害排除請求権をあえて行使する積極的な意義はない（判例の変遷や立法等の関係の詳細は，LQ民法Ⅱ〔第4版〕第10章**第4節 2**(1)(b)を参照）。

(c) 保険金請求権

例えば，AがBの運転する自転車に追突され怪我を負い，Bに対して不法行為（709条）に基づく損害賠償請求権を取得するとともに，B自身も保険会社Cに対して保険契約に基づく保険金支払請求権を取得したというような場合において，AはBに対する損害賠償請求権を被保全債権としてBのCに対する保険金支払請求権を代位行使できるかという問題がある。Aとしては保険会社に保険金支払請求をすることができれば，先に述べた優先弁済的効力も相まって，Bに損害賠償請求するよりも弁済を受けられる可能性が高くなり，

救済にもなる。しかし，判例（最判昭和49・11・29民集28巻8号1670頁）は，かかる損害賠償請求権はあくまで金銭債権であるということを重視して，このような代位行使を認めるためにはBが無資力であることが必要であるとしていたため，学説からの批判を受けることになったのである。現在では，保険約款の改正により，被害者（A）は保険会社（C）に対して，直接に保険金の支払を求めることができるようになっているため，問題は解消されている。また，自動車事故の場合においては，自賠法16条に基づく直接請求権（⇨LQ民法Ⅴ〔第2版〕　Column Ⅱ5-7　）が認められている。

第3節　詐害行為取消権

1 概　　説

(1)　意　　義

債権者は，債務者が債権者を害することを知ってした行為の取消しを裁判所に請求することができ（424条1項本文），この権利を「詐害行為取消権」という。「債権者取消権」と呼ばれることもあったが，平成29年の民法改正によって「詐害行為取消請求」の名称が条文の表題として明記された。

人は，原則として自己の財産（権）を自由に処分することができ，他者の自己に対する金銭債務を免除したり，土地を贈与したりするのも自由である。しかし，債務者という地位にあるとき，その債権者の債権を害する場合にまで，この自由は認められるべきではない。そこで，民法は，債務者の責任財産（共同担保）の保全のため，債権者に対して，債務者のかかる行為を取り消す権利，すなわち，詐害行為取消権を付与しているわけである。

もっとも，何をもって詐害行為と判断するのかは難しい。例えば，AがBに2000万円の金銭債権を有している場合に，Bの唯一の財産である市場価格2500万円の甲土地をCに無償譲渡（贈与）するなどということが，A（の債権）を害することになるというのはわかりやすい。これに対して，Bが甲土地をDに2500万円で売却するというような場合には，単に甲土地が市場価格に対応する金銭に変わっただけであり，A（の債権）を害するようには見えない。し

かし，現金は土地に比べて使用の自由度が高く，浪費される可能性も高まるのであって，その意味では，土地が現金化されることはAの金銭債権の弁済可能性を低下させるおそれを生む。このように，単なる相当価格による処分であっても，詐害行為となり得るわけである。したがって，何をもって詐害行為とするかは，個々の事案評価に委ねざるを得ない部分も多く，これが債務者の経済活動を阻害する要因ともなる。それゆえ，平成29年の民法改正は，詐害行為と評価することが困難な3つの類型につき，これが認められる条件を後に述べる破産法上の否認権や判例の規範などを考慮しつつ明文化することによって，この問題に一定の解答を与えた。すなわち，Bによる甲土地の売却のような「相当の対価を得てした財産の処分行為」（424条の2）のほか，「特定の債権者に対する担保の供与等」（424条の3）および「過大な代物弁済等」（424条の4）がこれにあたる。

(2) 機　　能

詐害行為取消権は，債権者代位権と同様に債務者の責任財産を保全するための制度である。したがって，詐害行為取消権の行使によって債務者の行為が取り消された場合，逸出した財産は債務者の責任財産に引き戻されるのが原則となる。それゆえ，詐害行為取消権を行使した債権者が自己の債権の満足を得るためには，さらに債務者の責任財産に対して強制執行等の手続を執る必要があり，他に債権者がいる場合には，債権者平等の原則の下に配当を受けることになりうる。しかし，債権者代位権において見たのと同様に，詐害行為取消の場合においても，取消しによって債務者に返還されるべき財産が金銭または動産の場合には，債権者は自身に直接これを支払いまたは引き渡すよう請求することができる（424条の9）。この結果，被保全債権と返還されるべき財産とがいずれも金銭債権の場合には，債権者の金銭債権と債務者の金銭返還請求権とが相殺され，事実上の優先弁済を受けることができるのも債権者代位権と同様である。

もっとも，債権者代位権においては，債権者の個々の債権自体の保全が意識される（423条1項本文参照）のに対して，詐害行為取消権では，債務者の行為を取り消すことによって逸出した財産を取り戻すことが目的となるため，その

色彩は責任財産の保全，すなわち，総債権者のための共同担保の保全という色彩がより強くなる（425 条参照）。それゆえ，債権者代位権が，「転用」という形態によって債権者の特定の債権の保全を可能とするのに対して，詐害行為取消権は，あくまで債務者の責任財産（共同担保）を保全することが目的となるため，その被保全債権は金銭債権でしかあり得ず，「転用」ということも観念できない。

(3) 法的性質をめぐる問題

　詐害行為取消権には，債務者の行為の"取消し"と，これによる財産の"取戻し"という 2 つの機能が含まれており，この両者をどのように考えるのかについては，大きな争いがある。例えば，"取消し"に力点を置くのか（形成権説），"取戻し"に力点を置くのか（請求権説），によって，訴訟の相手方や取消しの効果が変わることになる。前者では詐害行為に係るすべての行為を消滅させる（取り消す）ことに力点があるため，「債務者」と「受益者（債務者から直接利益を受けた者）」，さらには「転得者（受益者から利益を受けた者）」がいる場合には「転得者」も含めて被告とする必要があるのに対して，後者では逸出財産が取り戻されることに力点があるため，利益を受けている受益者または転得者のみを被告とすれば足りるといった具合である。すべての行為を取り消すとすれば取引の安定性を害し，"取り戻す"ことに力点をおけば「債務免除」の取消しについて説明が困難となるといった問題から，両者の機能を対等に評価する「折衷説」が通説的地位を形成し，これを確立したとされる判例（大連判明治 44・3・24 民録 17 輯 117 頁）の立場によれば，詐害行為取消権につき次のような準則が導出される。

- ① 詐害行為取消権は，詐害行為を取り消し，債務者の財産上の地位を以前の状態に回復し，債権者に正当なる弁済を得させ，その担保を確保するものである。
- ② 詐害行為取消権は，何人にも対抗できる絶対的効力をもった一般の法律行為の取消しとは性質が異なる「相対的取消」であり，訴訟の相手方との関係では無効となるけれども，訴訟に関与しない者に対しては，その効果は及ばず有効なままとなる。これが折衷説の一番の問題点であり，後述の

通り平成 29 年の民法改正により「絶対的取消」に修正されることになる。

③ 訴訟の相手方は債務者ではなく，取消しの対象となった行為の受益者または転得者となる。

④ 債務者の財産が転得者の手許にある場合，受益者に対して取消しと価額賠償（償還）を請求することもでき，また，転得者に対して取消しと財産の回復を請求してもよい。

⑤ 法律行為の「取消し」と「原状回復」請求とを共同行使することは詐害行為取消権行使の必要条件ではないから，「取消し」だけを請求することもできる。

平成 29 年改正後の民法は引き続き折衷説を基本としている。しかし，「相対的取消」（準則②）によると訴訟の相手方とならない債務者には取消しの効力が及ばないことになるため，債務者の下に戻された財産について，債権者が強制執行できることが法的に正当化できないといった問題があった。そこで，平成 29 年の民法改正は，折衷説の準則のうち「相対的取消」の効果を「絶対的取消」に変更することでこの問題を克服しつつ，訴訟の相手方については従前通りとなるような設計を施すことで（⇨**3**(1)），折衷説の歪みを解消している。

Column 6-3 **責 任 説**

　詐害行為取消の法的性質については「形成権説」「請求権説」「折衷説」のいずれによっても問題が残り，その要点は責任財産の返還と取消しの効果とをいかに整合させるかという点にある。この課題に巧妙に解答を与えようとしたのが責任説である。同説によると，詐害行為取消は，債務者の責任財産の回復（保全）を目的とするのであるから，取消しによって逸出財産自体が債務者に戻される必要はなく，受益者または転得者の下で債務者の責任財産を構成する（責任的無効），ある種の"物上保証"を生じさせるというように理解する。したがって，受益者または転得者を対象とした強制執行等を行うことになるが，現在の実定法および訴訟実務に整合しない特殊な訴訟手続を認める必要があることなどから，常に注目されながらも"通説"には至っていない。

---

(4) 「否認権」との関係

詐害行為取消権と類似する機能をもつものとして，破産法上の「否認権」（破 160 条以下参照）がある。破産手続は，債務者が「支払不能」または「支払

停止」の状態にあるとき（概念につき⇨**2**(2)(b)参照）に申立てにより，決定で，開始される（破15条1項2項・30条参照）。破産手続開始の決定がなされると，債務者は一定の範囲（自由財産）を除いて財産の処分権限を失い，債務者の財産は「破産財団」（破2条14項参照）として構成される。担保権等の「別除権」（破2条9項・65条参照）を有する債権者を除く一般債権者（「破産債権者」〔破2条6項参照〕）も，個別の権利行使が停止され，選任された「破産管財人」（破2条12項・31条1項柱書参照）によって，破産財団の構成資産が債権者平等の原則の下で清算される（破2条1項）。このように，破産手続の申立てがなされまたはその開始が決定されるような状況においては，債務者は，資産隠しのために財産を無償譲渡したり，特定の債権者を利するために優先的に弁済したりと，債権者を害するような行為をすることがある。それゆえ，かような債務者の行為を「否認する（取り消す）」必要があり，これを「否認権」と呼ぶ。

　否認権には，①財産の廉価売却等に代表される，債権者を害することを知ってした行為を対象とする「詐害行為否認」（破160条1項2項），②財産の無償譲渡等を対象とする「無償行為否認」（破160条3項），③相当の対価による財産の処分のうち財産の隠匿等を目的としてなされたものを対象とする否認（破161条）（②③は①のいわば「サブカテゴリー」にあたる），④特定の債権者のみに弁済を行ったり担保権を設定したりする行為を対象とする「偏頗行為否認」（破162条），⑤支払停止前になされた財産の処分行為につき支払停止後に対抗要件が具備されたような場合のその対抗要件の具備を対象とする「対抗要件否認」（破164条），⑥債務名義（民執22条）に基づく強制執行によりなされた配当等を対象とする「執行行為否認」（破165条）といったものがある。これらを大別すると，責任財産（破産財団）の減少を妨ぐ視点からの「詐害行為否認」（①②③）と債権者平等の原則を確保する視点からの「偏頗行為否認」（④）との2系統の否認権を基本とし，これを補助するような特殊な否認権（⑤⑥）が用意されているとみることができる。

　「否認権」は，「支払不能」や「支払停止」といった「無資力」と類似する状況下（⇨**2**(2)(b)参照）における，債務者の債権者を害する行為を取り消すという点で，詐害行為取消権に類似するものとなる。また，否認権は，破産手続開始決定後のみならず，（破産手続開始が決定された場合において）開始決定前の一

定期間になされた債務者の行為も対象となりうる（破 160 条 3 項参照）。その意味では，詐害行為取消権が行使できる場合と時期的な重なりも生じることになる。このような否認権や詐害行為取消権は，対象となる範囲が不明確であると，経営者（債務者）らの経営（経済）再建に向けた活動等を萎縮させるおそれがあるという問題が従前から指摘されており，平成 16 年にはまず否認権について対象となる行為の内容の明確化が図られた。しかし，詐害行為取消権の対象はなお不明確で広く残されたため，財産（事業）が未だ清算段階に至っていない“平時”のときよりも，清算段階に入った破産手続開始の決定後のほうが否認の対象となる行為が狭くなるという，いわゆる「逆転現象」と呼ばれる不都合が生じることになった。そこで，平成 29 年の民法改正は，詐害行為取消権と否認権との接続性も考慮し，詐害行為取消の対象となる行為を明確化することなどによって，両者の関係の調整を図ったのである。しかし，例えば，「執行行為否認」や「対抗要件否認」といった否認権にしか認められないものもあるし，すべての債権者について詐害行為取消権が時効消滅した（426 条参照）としても，否認権はなお消滅しない（最判昭和 58・11・25 民集 37 巻 9 号 1430 頁参照）というように，両者はなお規律場面を異にした別個の権利であることに変わりはない。

2 詐害行為取消権の要件

(1) 被保全債権

(a) 被保全債権の存在

　詐害行為取消権は，債権者の債権を害する債務者の行為を取り消し，責任財産を保全する（元の状態に戻す）というものである以上，債権者にとって，自身の債権の引当てとして期待されていた財産の範囲で行使されることになる。それゆえ，被保全債権は詐害行為以前に存在している必要があるが，弁済期まで到来している必要はない。弁済期が未到来であっても，現在の責任財産が減少すれば，弁済可能性が低下する（債権を害される可能性がある）からである。原則として，代位行使の時に被保全債権の弁済期が到来している必要がある（423 条 2 項⇨**第 2 節 2**(4)参照）債権者代位権との違いとなる。

　もっとも，被保全債権は，債務者の詐害行為時に具体的に存在していなくと

も，その「行為の前の原因」（被保全債権の発生原因）があればよい（424 条 3 項）。被保全債権の発生原因（債権発生の高い蓋然性）が存在しているのであれば，将来的な詐害可能性を現在で観念でき，共同担保の保全が図られてよいからである。判例にも，調停によって将来にわたり支払うことが成立した養育費等の婚姻費用の分担に係る債権（最判昭和 46・9・21 民集 25 巻 6 号 823 頁）や，詐害行為後に元本債権に発生した遅延損害金（最判平成 8・2・8 判時 1563 号 112 頁）が被保全債権に含まれることを認めている。このほか，解釈としても，例えば，受託保証人は，保証債務の弁済後に事後求償権を取得することになるが（⇨第 7 章第 6 節 **5** (2)(a)），この事後求償権の発生原因は保証委託契約であるから，詐害行為時に事後求償権が発生していなくとも，保証委託契約が締結されていれば被保全債権（事後求償権）の存在を肯定できるといった具合になる。

(b)　被保全債権の種類

先の通り，詐害行為取消権は債務者の責任財産（共同担保）の保全を目的とした制度であるから，被保全債権は金銭債権に限られ，これは，執行力のあるものでなければならない（424 条 4 項，最判平成 9・2・25 判時 1607 号 51 頁）。もっとも，特定物の引渡しを目的とする債権等であっても，債務不履行があれば金銭債権たる損害賠償請求権が生じる（に変化しうる）ことになるから，被保全債権になることが否定されるわけではない（最大判昭和 36・7・19 民集 15 巻 7 号 1875 頁 〈判例 6-2〉）。債務者が抵当権等の物的担保を設定している債権については，当該担保によって優先弁済的効力が付与され，保全されているわけであるから，その保全されている範囲については，詐害行為取消権の被保全債権とすることはできない（大判昭和 7・6・3 民集 11 巻 1163 頁）。ただし，保証または物上保証が付された債権については，保証人の弁済または抵当権等の実行により，（主たる）債務者への求償権が生じ，終局的に債務者の責任財産が引当てとなることに変わりがないことから，債権全額につき詐害行為取消権の被保全債権とすることができると解されている。

> **Column 6-4　詐害行為取消権の個数**
> 　債権者が債務者に対して複数の債権を有している場合であっても，詐害行為取消権は 1 個しか生じない（最判平成 22・10・19 金判 1355 号 16 頁）。その根拠として，詐害行為取消権は，債務者の行為を取り消し，その責任財産を総債権

者のために保全することを目的とした制度なのであって，個々の債権の満足を直接予定したものではないということが挙げられている。したがって，債権者が，αおよびβ債権のうち，α債権を被保全債権として詐害行為取消権を行使する旨の訴訟を提起した後に，被保全債権をβ債権に変更する旨の主張をした場合において，これが426条前段所定の期間の経過後であったとしても，（その経過前にα債権を被保全債権として詐害行為取消権が行使されているから）消滅時効の中断効（現在の更新または完成猶予）に影響はないとされる。

◁ 判例 6-2 ▷ 最大判昭和 36・7・19 民集 15 巻 7 号 1875 頁

【事案】 昭和25年9月30日，XはAに対して約7万円の売掛代金債権を有していたところ，この売掛代金債権の弁済ができない場合には，A所有の甲建物につき売買代金を約11万円とし，売掛代金債権との差額をXがAに支払えば，確定的に所有権がXに取得される旨の売買契約が締結された。その後，Aが売掛代金債権の弁済をすることができなかったので，Xは上記売買契約に基づき甲建物の所有権を取得することになったが，Aが所有権移転登記手続に応じないため，XはAを相手取って甲建物の所有権移転登記手続請求の訴えを提起し，昭和27年11月15日にX勝訴の判決が下された。

　ところで，XがAから甲建物を買い受ける以前に，BがAに対して有する8万円の金銭債権を担保するべく，甲建物に抵当権が設定されており，その旨の登記がなされていた。昭和27年6月頃，Aには，Bに対する金銭債権につき弁済する資力がなく，また，甲建物以外に資産がなかったにもかかわらず，AB共謀のうえで，BのAに対する8万円の金銭債権の代物弁済として甲建物の所有権がBに取得された。これを受けてBは，甲建物を，Aの妻の父の弟であり，少なくとも昭和25年3月頃から甲建物にAらと同居し，上記事情につき「悪意」のYに対して，9万円で売却し，Bの甲建物に係る抵当権抹消登記手続を行うとともに，AからYへの所有権移転登記が経由された。そこで，Xは，詐害行為取消権に基づく（被保全債権は不明確ながら原審では甲建物の「所有権移転請求権」とされている），AB間の甲建物に係る代物弁済（契約）の取消しと，YからAへの所有権移転登記手続を行うよう求め，提訴した。原審ではXの請求が認容されたため，Yが上告した。上告理由の要点は，特定物の引渡請求権であっても損害賠償請求権に変じる点をもって詐害行為取消権の被保全債権となりうる旨を述べる原審の判断につき，仮にそうであったとしても，詐害行為以前に当該債権が生じていないのであれば詐害行為取消権の要件を充足しないことや，詐害行為取消の範囲との関係で甲建物の評価額や評価時点等を争うというものである。最高裁は次のように述べ，AB間の代物弁

済契約自体は詐害行為に該当するとして取消しを認めつつ，その範囲について
は審理に不備があるとして，原審に差し戻した（破棄差戻）。

【判旨】「民法424条〔筆者注：平成29年の民法改正前のもの〕の債権者取消権は，
総債権者の共同担保の保全を目的とする制度であるが，特定物引渡請求権（以
下特定物債権と略称する）といえどもその目的物を債務者が処分することによ
り無資力となつた場合には，該特定物債権者は右処分行為を詐害行為として取
り消すことができるものと解するを相当とする。けだし，かかる債権も，窮極
において損害賠償債権に変じうるのであるから，債務者の一般財産により担保
されなければならないことは，金銭債権と同様だからである。大審院大正7年
10月26日民事連合部判決（民録24輯2036頁）が，詐害行為の取消権を有す
る債権者は，金銭の給付を目的とする債権を有するものでなければならないと
した見解は，当裁判所の採用しないところである」。「債務者が目的物をその価
格以下の債務の代物弁済として提供し，その結果債権者の共同担保に不足を生
ぜしめた場合は，もとより，詐害行為を構成するものというべきであるが，債
権者取消権は債権者の共同担保を保全するため，債務者の一般財産減少行為を
取り消し，これを返還させることを目的とするものであるから，右の取消は債
務者の詐害行為により減少された財産の範囲にとどまるべきものと解すべきで
ある。したがつて，前記事実関係によれば本件においてもその取消は，前記家
屋の価格から前記抵当債権額を控除した残額の部分に限つて許されるものと解
するを相当とする。そして，詐害行為の一部取消の場合において，その目的物
が本件の如く一棟の家屋の代物弁済であつて不可分のものと認められる場合に
あつては，債権者は一部取消の限度において，その価格の賠償を請求するの外
はないものといわなければならない」。

(2)　客観的要件──債務者の詐害行為

(a)　債務者の行為

　詐害行為となる債務者の行為は，法律行為に限らず，準法律行為といった，
広く何らかの法的効果を生じさせる「行為」が対象となる。したがって，法律
行為たる契約のみならず，弁済（代物弁済）のほか，時効の更新事由たる「債
務の承認」（152条）や「法定追認」（125条）を生じさせる「行為」，優良な資
産を分離させる目的等でなされる濫用的な「会社分割」（最判平成24・10・12民
集66巻10号3311頁。なお，会社759条4項・761条4項参照）などもこれにあたる
とされている。もっとも，詐害行為取消権はあくまで責任財産（共同担保）の

保全を目的とするものであるから，一身専属権をはじめとした債務者の自由意思に任せるべき行為については対象とすることはできず，あくまで，財産権を対象とした行為であることが求められる。それゆえ，婚姻や離婚，養子縁組などはこれに含まれないが，相続上の権利については，財産権的な色彩をもつことがあるため，認められる場合もある（⇨(5)(f)参照）。債権者代位権の対象となる権利をめぐる議論と類似する。

(b)　債権者を害する行為であること —— 無資力要件

(i)　概　要　　詐害行為取消権は債務者の責任財産を保全するために認められるものであるから，債務者の行為は債権者を害するものである必要がある（424条1項本文）。それゆえ，第一義的には，債務者の行為によって，その責任財産が債権の引当てとして不十分となること，すなわち，「無資力」であることが求められる。債権者代位権にいう「無資力」（⇨**第2節2**(2)参照）と言葉それ自体の意味は同様であり，単純な債務超過を指すのではなく，債務者の信用力等も評価のうえで判断されることもまたしかりである（最判昭和35・4・26民集14巻6号1046頁）。もっとも，「行為」により無資力となり，これが「取消し」の前提として求められる点で以下のような特徴が生じる。

(ii)　無資力の判定時期　　無資力は，債務者の行為時と，その取消時との両時点で求められる（大判大正15・11・13民集5巻798頁，大判昭和12・2・18民集16巻120頁）。取消時に無資力でなければ，債権者を害することはなく，取り消す必要もないからである。詐害行為取消は訴訟により行う必要があること（⇨**3**）と相まって，取消時とは事実審口頭弁論終結時を意味する。詐害行為取消権が生じた後，債務者の資力が回復したことによりこれが消滅すれば，再び無資力に陥ったとしても詐害行為取消権は復活しないと解されている。

(iii)　無資力と支払不能および支払停止　　詐害行為取消権と否認権との連続性については先に述べたとおりであるが（⇨**1**(4)），破産法には，無資力に類似する概念として，「支払不能」と「支払停止」という概念が存在する。「支払不能」とは「債務者が，支払能力を欠くために，その債務のうち弁済期にあるものにつき，一般的かつ継続的に弁済することができない状態」をいう（破2条11項）。また，「支払停止」は支払不能を推定させる事実をいい（破15条2項），支払不能の状態が外部に示されているような客観的状態を指すとされる。

定義からして，支払不能と支払停止とは無資力の一概念として捉えられることになる。実際，民法は詐害行為取消権が生じる一態様である「特定の債権者に対する担保の供与等」（⇨**2**(5)(e)(i)②）につき，冒頭で述べた“連続性”を意識しつつ破産法上の「支払不能」の概念を用いてその要件としている（424条の3第1項1号）。

(3)　主観的要件――債務者の詐害の意思

債務者の行為について，詐害行為取消権が成立するためには，債務者が「債権者を害することを知ってした」（424条1項本文）こと（詐害の意思）が必要となる。詐害性についてどの程度の認識が必要であったのかについては，単純に害することを知っていればよい（債務超過であったことの認識でよい）との見解と，積極的に害する意思や公序良俗違反または信義則違反等に相当する不当性まで必要であるとの見解がある。もっとも，客観的要件として，その行為自体が強度に詐害性を帯びているのであれば，主観的要件として，詐害の意思の程度を問うことは重要とはいえない。それゆえ，判例は，必ずしも積極的な詐害の意図を求めないことを前提に（最判昭和35・4・26民集14巻6号1046頁），詐害性の評価を客観的要件と主観的要件との相関性に委ねており（最判昭和48・11・30民集27巻10号1491頁），通説的見解も同様である。こうなると，個々の事案ごとに詐害性の評価が求められることになるが，民法は，詐害行為該当性の明確化を企図して（⇨**1**(4)）一定の行為類型（424条の2〜424条の4）につき詐害性の評価方法を具体化している（⇨(5)）。従前の判例を踏まえたうえで，破産法との連動性を意識したものである。概して言えば，この類型において詐害行為取消権は原則として成立せず，成立するのは例外的となる。

(4)　受益者および転得者の主観的態様
(a)　主観的態様と立証責任

詐害行為取消権は，債務者からの直接の「受益者」およびその「転得者」に対してそれぞれ行使することができる（⇨**3**）。この際，取引安全の観点から，受益者および転得者は，債務者の行為に係る詐害性について，悪意であったことが求められる（424条1項ただし書・424条の5第1号参照）。

　転得者がいる場合において，詐害行為取消権の行使が奏功するためには，まず，受益者が悪意であることが前提となり，転得者の「転得者」がいる場合に，同じくその行使が奏功するためには，先行する転得者全員が悪意であることが求められる（424 条の 5 第 1 号・2 号参照）。1 人でも善意者が現れれば，その後の者には取消権を行使できないことが確定するという意味で，「絶対的構成」と呼ばれる（⇨ **3**(2)**表 6-1** 参照）。平成 29 年の民法改正によってもたらされた新たな規律であり，受益者らの善意・悪意を個々に評価して取消権の成否を決する「相対的構成」に親和する立場であった従前の判例（最判昭和 49・12・12 金判 474 号 13 頁）の実質的変更となる。

　注意を要するのは，この「悪意」の立証責任の所在である。すなわち，受益者については，自らの「善意」が受益者側の抗弁事由となりその立証責任も負担する（424 条 1 項ただし書参照）のに対して，転得者については，債権者側が（請求原因として）「悪意」の立証責任を負担することになる（424 条の 5 第 1 号・2 号参照）。したがって，複数の転得者がいる場合にその最後の転得者に対して詐害行為取消権を行使するには，債権者側が全転得者の「悪意」に係る立証責任を負担し，これに対して，転得者側は「受益者」の「善意」について抗弁することができ，その立証責任を負担することになる。

(b)　**悪意の対象**

　まず，受益者の「悪意」とは，債務者が債権者を害することを知っていたこと（424 条 1 項）であるが，相当価格処分行為（⇨(5)(c)）と偏頗行為（⇨(5)(e)）については，さらに悪意の要件が加重されている。次に，受益者が悪意であることを前提として，転得者に求められる悪意とは，債務者の行為に詐害性があったことについての悪意に止まり，受益者が債務者の行為に係る詐害性について悪意であったことまで“悪意”である（いわゆる「二重の悪意」）必要はない（424 条の 5 第 1 号）。同様に，複数の転得者がいる場合においては，全転得者に悪意が求められるが，この「悪意」もまた債務者の行為に係る詐害性への悪意に止まり，先行するすべての受益者および転得者が債務者の行為に係る詐害性につき悪意であったことまでの“悪意”は求められない（424 条の 5 第 1 号・2 号参照）。ここでもまた，破産法上の否認権との連続性が意識されている（破 170 条 1 項 1 号）。

(5) 対象となる「行為」をめぐる問題

(a) 虚偽表示との関係

債務者Ｂが，債権者Ａからの強制執行を逃れるために，Ｂの所有する甲土地につきＣと通謀してＣに仮装譲渡し，その旨の所有権移転登記も経由したとする。これによって，Ｂが無資力となった場合，Ａは，甲土地に係るBC間の売買契約が虚偽表示（94条1項）により無効であることを主張し，これを前提として，ＢのＣに対する所有権移転登記抹消登記手続請求権を債権者代位権（423条）に基づき代位行使することができる。Ａとしては，甲土地の所有権登記がＢ名義に戻された後に，不動産に係る強制競売等の手続を執ればよい。

それでは，Ａは，BC間の虚偽表示が詐害行為にあたるとして，詐害行為取消権に基づきこれを"取り消す"ことはできるだろうか。原則的には，虚偽表示は無効（94条1項）であり，無効な行為を取り消すことはできないし，する必要もない。無効である以上，権利変動は生じず，債権者代位権の行使にて債権の保全を図ることもできるからである。しかし，BCとの関係で，甲土地につき94条2項所定の善意の第三者Ｄが現れると，事情は変わる。この場合，Ｄは同条項所定の要件を主張立証することにより，BC間の虚偽表示による無効の対抗を受けず，結果として，甲土地の所有権を取得することになるため，BC間の虚偽表示が詐害行為としての色彩に変化するからである。この場合，詐害行為取消権の行使が認められる要件として受益者となるＣおよび転得者たるＤがＢの詐害行為につき悪意であった場合（424条の5 ⇨(4)）には，Ｄに対する詐害行為取消権の行使を認める旨の判例（大判昭和6・9・16民集10巻806頁参照）がある。

(b) 対抗要件具備との関係

不動産の譲渡のように，譲渡自体の行為と対抗要件具備とが異なる行為である場合において，対抗要件具備が詐害行為取消の対象となるかという問題がある。例えば，不動産につき，売買契約がなされた時点では詐害行為取消の要件を充足する状態でなかったものの，所有権移転登記をした時点ではその要件が充足される状態であったということを想起されたい。判例は，両者は別な行為であり，対抗要件具備は第三者に対する権利の対抗の可否を問題とするものであって，権利変動それ自体をもたらすものではないといったことを理由として，

対抗要件具備自体を権利変動に係る行為から切り離して，詐害行為取消の対象とすることはできないとしている（最判昭和 55・1・24 民集 34 巻 1 号 110 頁参照。同様に，債権譲渡の対抗要件としての確定日付ある通知につき，最判平成 10・6・12 民集 52 巻 4 号 1121 頁を参照）。破産法上の否認権（対抗要件否認）との違いである。

Column 6-5　不動産の二重譲渡と詐害行為取消との関係

A 所有の甲土地について，B に第一譲渡され，C に第二譲渡され，所有権移転登記が A から C に経由されたという場合，仮に，A から C への譲渡行為の時点で A が無資力に陥っているなど詐害行為取消権の要件を充足しているのであれば，B は A に対する甲土地の引渡請求権（特定物引渡請求権）を被保全債権として，AC 間の譲渡行為につき詐害行為として取り消すことができるかという問題がある。判例は，特定物引渡請求権も詐害行為として取り消すことができる（最大判昭和 36・7・19 民集 15 巻 7 号 1875 頁 **判例 6-2** ）ことを前提に，B による AC 間の譲渡行為に係る詐害行為取消を認めつつ，詐害行為取消権は「窮極的には債務者の一般財産による価値的満足を受けるため，総債権者の共同担保の保全を目的とするものであるから……特定物債権者は目的物自体を自己の債権の弁済に充てることはできない」として，所有権移転登記を自己に経由するよう求めることはできないとしている（最判昭和 53・10・5 民集 32 巻 7 号 1332 頁）。

不動産の物権変動においては，対抗要件具備の先後で権利の優劣が決せられるのが原則（177 条）であり，その例外が，いわゆる背信的悪意者排除論に代表される信義則等による修正である。それゆえ，本判例は，譲渡行為自体の詐害行為取消を認めつつも，所有権移転登記を自己に経由するよう求めることはできないとすることで，物権変動における原則と両立させているようにも見える。しかし，譲渡行為自体が取り消されると，受益者 C は登記の保持権限を失うから，登記は A に復帰し，B は自らの移転登記請求権の債務者たる A に対して，登記を移転するよう求めることができるようにも解され（425 条により債務者にも取消しの効果が及ぶことが意識されてよい），そうであると，物権変動をめぐる原則的規律と正面から抵触することになる。詐害行為取消権の行使が奏功するためには，債務者の詐害性と受益者によるその詐害性に係る悪意が求められることから，両者相まって，実質的に C を「背信的悪意」と評価しうる状況が生じるとでもいうべきであろうか。ここには，転得者が複数いる場合には全転得者に債務者の詐害性に係る悪意が求められる分，背信的悪意者排除論につきいわゆる「相対的構成」に親和する立場を採る判例に比べて，ハードルの高い結果が生じることが意識されてよいだろう。

(c)　相当価格による財産の処分（相当価格処分行為）

　債務者が財産を適正な価格（相当価格）で売却し，金銭へと変えること（相当価格処分行為）自体は債務者の財産を減少させる行為ではない。しかし，金銭は消費しやすい財であることから，財産の減少を誘引する行為と評価することができ，詐害性を帯びる。これは特に，不動産のような容易に売却することができない財産につき問題となる。実際，判例は，財物の売却は相当価格か否かを問わず詐害行為となりうるとし（大判明治 39・2・5 民録 12 輯 133 頁），不動産の相当価格による売却についても，消費しやすい金銭への変換は債権担保の効力を弱めるものであり，原則として詐害性を帯びるとしていた（大判明治 44・10・3 民録 17 輯 538 頁。ただし，詐害行為取消請求をされた側が，売却代金を「有用の資」に充てる旨を立証できれば別とする）。

　平成 29 年の民法改正は，相当価格処分行為の否認につき規律する破産法 161 条 1 項に連動させる形で，次のような規律をもたらした（424 条の 2）。すなわち，相当価格処分行為は，原則として詐害行為取消の対象とならないことを前提に（同条柱書），債務者の行為が，「不動産の金銭への換価その他の当該処分による財産の種類の変更により，債務者において隠匿，無償の供与その他の債権者を害することとなる処分〔「隠匿行為」〕をするおそれを現に生じさせるものであること」（同条 1 号），「行為の当時，対価として取得した金銭その他の財産について，隠匿等の処分をする意思を有していたこと」（同条 2 号），および，「受益者が，その行為の当時，債務者が隠匿等の処分をする意思を有していたことを知っていたこと」（同条 3 号）の “すべて” が充足される場合には，詐害行為取消請求が許される（同条柱書）。相当価格処分行為については，原則的に詐害性を帯びるとしていた判例の立場から見れば，原則と例外との逆転が生じることになる。この結果，同じく判例（前掲大判明治 44・10・3）の立証責任に関する考え方も転換され，1 つの “セット” として詐害性を評価する 1 号ないし 3 号所定の各事実は，詐害行為取消請求をする側に立証責任があると考えるのが筋であろう。これは，本条のいわば原型たる破産法 161 条 1 項各号の立証責任が，否認権を行使する破産管財人にあるとの理解にも整合する。

(d)　新たな借入れに対する担保供与（同時交換的行為）

　債務者が新たに融資を受ける際などに，担保を提供（設定）することを，同

時交換的行為（または取引）という。責任財産を構成する財産の減少を招くものであり，詐害性を帯びる。この実質は，財産の売却による資金の調達にほかならず，相当価格処分行為と同義となる。実際，判例にも，他に資力のない債務者が，生活費と子女の教育費のために不動産に譲渡担保権を設定する見返りとして金銭を借受けたという行為につき，「供与した担保物の価格が借入額を超過したり，または担保供与による借財が生活を営む以外の不必要な目的のためにする等特別の事情のない限り，詐害行為は成立しない」としたものがある（最判昭和42・11・9民集21巻9号2323頁）。それゆえ，民法には特段の規定はなく，相当価格処分行為につき規律する424条の2の枠内で処理されることになる。なお，ここにいう担保とは，物的担保が想定されるところ，例えば，実質的に家計を一体とするある者が新たな借入れを受ける場合に，他の者がその返還債務につき保証するというような場合でも，同時交換的行為の一態様として，詐害行為取消しの対象となりうると解される。人的“担保”制度の一態様たる保証契約も，保証債務という新たな債務を発生させる点で（一体的な家計の）責任財産の減少を生じさせるものだからである。

(e)　特定の債権者を利する行為（偏頗行為）

(i)　弁済等の債務消滅行為

①　原　則　　特定の債権者を利するような債務者の行為を「偏頗行為」という。例えば，特定の債権者への弁済はその債権者を利することにより，他の債権者のための責任財産が減少する点をとらえれば，詐害性を帯びる。しかし，債務者が債務超過の状態にある場合であっても，債権者が債務の弁済を求めることは当然の権利であり，債務を弁済するのも債務者の義務である。それゆえ，通常の債務の弁済や義務ではないがこれに類する代物弁済（相殺・更改）といった債務消滅行為（以下，便宜上「義務的行為」とする）は，原則として詐害行為取消の対象とはならない。これは，債権者平等の原則が破産等の倒産処理手続の開始を待って初めて生じるものであることからも正当化される（最判昭和33・9・26民集12巻13号3022頁。以下(i)において「昭和33年最判」という）。

②　例外1：義務的行為の特則　　しかし，通常の債務の弁済や代物弁済といった行為（義務的行為）であっても，債務者が特定の債権者と通謀して他の債権者を害する意思をもってこれを行った場合には，例外的に詐害行為となる

というのが判例（弁済につき昭和33年最判，代物弁済につき大判大正8・7・11民録25輯1305頁）の立場であり，平成29年の民法改正は，当該判例に沿うような規定を新設した。すなわち，債務者の債務消滅行為が「債務者が支払不能（……）の時に行われたもの」（424条の3第1項1号）であり，かつ，「債務者と受益者とが通謀して他の債権者を害する意図をもって行われたものであること」（同条項2号）の両者の事実が認められる場合は，債権者は詐害行為取消請求ができることになる（同条項柱書）。同条項1号にいう「支払不能」とは破産法2条11項のそれと同義である（⇨(2)(b)(iii)参照）。上記の規定ぶりは，破産法162条1項1号に対応するものではあるものの，424条の3第1項2号所定の「通謀して他の債権者を害する意図」の要件は，昭和33年最判に基づき設けられているものであり，破産法上の要件よりも加重されたものとなっている。破産法との連続性を意識しつつ，平時における債務者の活動の自由への配慮が働いている。なお，昭和33年最判の趣旨からしても，条文の趣旨（構造）からしても，424条の3第1項1号および2号の事実については，詐害行為取消請求を行う側に立証責任があると解される。

③　例外2：非義務的行為の特則　　弁済期前の弁済といった，「非義務的行為」としての債務消滅行為（なお，代物弁済それ自体はここにいう非義務的行為ではない）については，次の各事項のいずれもが認められる場合にのみ，詐害行為取消請求を行うことができる（424条の3第2項柱書）。すなわち，その行為が，「債務者が支払不能になる前30日以内に行われたものであること」（同条項1号），および，「債務者と受益者とが通謀して他の債権者を害する意図をもって行われたものであること」（同条項2号）の2つである。本条は破産法162条1項2号に対応するものではあるが，ここにいう「通謀して他の債権者を害する意図」は，424条の2第1項2号と同様，昭和33年最判に基づき設けられたものであり，破産法上の要件よりも加重されている。同様に，昭和33年最判の趣旨と条文の趣旨（構造）からして，424条の3第2項1号および2号の事実については詐害行為取消請求を行う側に立証責任があると解される。

④　例外3：過大な代物弁済の特則　　弁済も代物弁済も原則として詐害行為取消の対象とならないのは先の通りである。しかし，代物弁済が元の弁済価額を超える内容である場合には，債務者の財産を逸出させるものとなり，詐害

性を帯びる。それゆえ，424条の4は，代物弁済により受益者が受ける価額が，これによって消滅する債務の額より過大となる場合につき，詐害行為取消権の一般規定たる424条所定の要件を充足することを条件として，詐害行為取消請求を認める。もっとも，過大とはいえども義務的行為としての弁済には変わりがないため，取消請求ができるのは「消滅した債務の額に相当する部分以外の部分」（＝過大な部分）に限られる。例えば，1000万円の金銭債務につき，2000万円の土地をもって代物弁済した場合であれば，1000万円の範囲で取り消すことができる（効果につき⇨ **3**(2)）。

　なお，義務的な債務消滅行為に係る詐害行為取消請求については，424条の3第1項が一般規定となるが，「過大な」代物弁済についての詐害行為取消請求は，424条の4によることになる（同条参照）。他面，非義務的な債務消滅行為については，424条の3第2項が並列的に適用されることになる。このため，代物弁済が"過大"で"非義務的"であると評価されるときは，424条の3第2項による場合には代物弁済行為自体が，424条の4による場合には"過大な部分"のみが，それぞれ詐害行為取消請求の対象になるといった違いが生じる。これに対して，破産法は，"過大な"代物弁済につき，これが義務的行為か否かを問わず，全体を否認権の対象とすることもできるし（破162条1項2項参照），過大な部分のみを対象とすることもできる（破160条2項参照）。

　(ii)　既存の債務に対する担保の提供　　既存の債務について新たに担保の提供をすることは，債務者の財産につき純粋に計数上のマイナスをもたらすものではなく，新たな借入れにつき担保を提供する旨の同時交換的行為とは異なる。むしろ，債務消滅行為に類似のものとして，偏頗行為の一類型として扱われ，債務消滅行為と同様の規律に服することとなる（424条の3⇨(i)参照）。破産法162条と同様の趣旨である。なお，424条の3第2項柱書にいう"義務に属しない"担保の提供とは，債権者と債務者との間であらかじめ担保の提供をする旨の合意（特約）がなかったというような場合を想起すればよい。物的と人的とを問わないのは同時交換的行為（⇨(d)）の場合と同様である。

　判例には，営業継続のためにやむなく行った譲渡担保権の設定につき，その目的のための合理的な限度を超えたものではなく，かつ，これ以外に途がなかったという条件下において，詐害性を否定したものがある（最判昭和44・12・

299

19 民集 23 巻 12 号 2518 頁）。この判例との比較では，詐害性が認められる要件は加重されることとなる。

　(f)　**身分行為**

　(i)　**概　要**　　詐害行為取消権は債務者の責任財産（共同担保）の保全のために認められるものであるから，取消しの対象となる行為は「財産権」に関するものに限られる（424 条 2 項）。それゆえ，婚姻，離婚，養子縁組といった家族法上の身分行為は，取消しの対象とはならない。また，財産権に関するものであっても，不作為を求める権利や遺贈の放棄といったものは，その行為によって責任財産の減少が生じるわけではないため，取消しの対象とはならないと解されている。しかし，離婚に伴う財産分与など，身分行為と財産行為とが結びついているようなものについては，個別に検討する必要がある。

　(ii)　**離婚に伴う財産分与**　　離婚に伴う財産分与は，夫婦の共同財産の精算，相手方の生活維持，配偶者の有責行為による離婚の場合における精神的損害に係る賠償というような性格がある。そのため，判例（最判昭和 58・12・19 民集 37 巻 10 号 1532 頁）は，財産分与の額および方法を定めるには，これが裁判上または協議上の財産分与であるか否かを問わず，当事者双方がその協力によって得た財産の額その他一切の事情を考慮すべきものであることは，768 条 3 項の規定上明らかであって，財産分与によって分与者が無資力になるとしても，これも上記の事情の 1 つにすぎず，「分与者が既に債務超過の状態にあつて当該財産分与によつて一般債権者に対する共同担保を減少させる結果になるとしても，それが民法 768 条 3 項の規定の趣旨に反して不相当に過大であり，財産分与に仮託してされた財産処分であると認めるに足りるような特段の事情のない限り」詐害行為取消請求の対象とはならないとする。

　(iii)　**離婚に伴う慰謝料**　　離婚に伴う慰謝料を支払う旨の合意は，有責配偶者が，その有責行為およびこれに起因する離婚を理由として生じた損害賠償債務の存在を確認し，賠償額を確定してその支払を約束する行為であって，新たな債務の創設ではない。それゆえ，離婚に伴う財産分与と同様，判例（最判平成 12・3・9 民集 54 巻 3 号 1013 頁）は，原則として，詐害行為取消請求の対象とならないとしつつ，「当該配偶者が負担すべき損害賠償債務の額を超えた金額の慰謝料を支払う旨の合意がされたときは，その合意のうち右損害賠償債務

の額を超えた部分については，慰謝料支払の名を借りた金銭の贈与契約ないし対価を欠いた新たな債務負担行為というべきであるから」詐害行為取消請求の対象となるとする。

(iv) **遺産分割協議**　　離婚に伴う財産分与や慰謝料の支払とは異なり，共同相続人間で成立した遺産分割協議については，詐害行為取消請求の対象になるというのが判例の立場である。その理由として，かような遺産分割協議は，共同相続人の共有となった相続財産の全部または一部を，各相続人に確定的に帰属せしめるものであって，性質上，財産権を目的とする行為であるからとする（最判平成 11・6・11 民集 53 巻 5 号 898 頁）。

(v) **相続放棄**　　相続放棄についても，詐害行為取消請求の対象とはならないというのが判例の立場である。その理由としては，詐害行為取消請求の対象となる行為は，積極的に財産を減少させるものをいい，消極的に財産の"増加を妨げる"ものについては含まないことや，相続放棄を詐害行為取消請求の対象とすれば，相続人に対して相続の承認を強制することとなり，他人の意思によって強要すべきものでない身分行為の性質に親しまない結果を生じさせることが挙げられている（最判昭和 49・9・20 民集 28 巻 6 号 1202 頁）。

3 詐害行為取消権の行使方法

(1) 訴訟の形式と行使の相手方

詐害行為取消請求は，本来，債務者が自由にできる行為を他人が取り消すという重大な結果を生じさせるものであるから，訴訟によって行わなければならない（424 条 1 項本文）。債権者代位権行使との違いである。詐害行為取消権は反訴請求として行使することはできる（最判昭和 40・3・26 民集 19 巻 2 号 508 頁）のに対して，抗弁として主張することはできない（最判昭和 39・6・12 民集 18 巻 5 号 764 頁）。その理由としては，他人のした行為を取り消すという重大な結果が生じることに鑑み，裁判所に要件の充足を判断させ，取消権行使の効果を判決の主文で明示することが望ましいからなどと解されている。また，詐害行為取消訴訟の形式とその相手方については，詐害行為取消権の性質をめぐる判例の立場（⇨ **1**(3)）が基礎にある。

詐害行為取消請求（訴訟）は債務者の行為を取り消すといった法的効果をも

たらすものであるが，取消し自体を求めることもできるし（形成訴訟），取り消した結果として逸出財産の回復を求めることもできる（給付訴訟）（424条の6参照）。詐害行為取消は逸出した財産を回復させるものであるから，訴訟の相手方は，債務者の行為の受益者（424条の6第1項・424条の7第1項1号）または転得者（424条の6第2項・424条の7第1項2号）となり，債務者は被告適格を有しない（被告とする"必要がない"のではなく被告となれない）。もっとも，詐害行為取消訴訟の認容確定判決の効果は，訴訟当事者のみならず債務者およびすべての債権者に対しても及ぶ（425条）。それゆえ，訴訟外の債務者に対しても行為の取消しという不利益が生じることに鑑み，訴訟参加の機会を確保するべく，詐害行為取消訴訟を提起した債権者は，債務者に遅滞なく訴訟告知（民訴53条）をしなければならない（424条の7第2項）。訴訟告知がされなかった場合の効果については訴訟告知制度自体の意義の捉え方と合わせて争いがあるが，訴えは不適法却下されるべきとの見解が多数といえる。

(2)　取消しの範囲と財産の回復方法

(a)　財産が可分の場合

　詐害行為取消は，債務者の責任財産（共同担保）の保全のために行われるものであるため，行為の全体を取り消し，現物返還をさせるのが原則ということになる（424条の6第1項前段・2項前段）。しかし，金銭の贈与のように目的物が可分である場合には，詐害行為取消訴訟を提起する債権者の被保全債権の額を限度として，債権者の損害を回復させるのに必要な限りで認められることになる（大判大正5・12・6民録22輯2370頁，424条の8第1項）。被保全債権額を超える額の金銭が債権者に交付された場合には，その超過部分が債務者に返還されず，責任財産をむしろ毀損するおそれがあるといったことが考慮されてよい。結果としては，相殺による優先弁済的機能（⇨ **1**(2)）と相まって，共同担保の保全というよりも，債権回収機能の役割が強調されることになる。被保全債権の額は，債務者の行為時を基準として評価される（もっとも，最判平成8・2・8判時1563号112頁は，詐害行為後に生じた遅延損害金は被保全債権の額に含まれるとする）。現物返還が「困難であるとき」もまた価額償還になる（424条の6第1項後段・2項後段）という都合上，返還の範囲も債権者の被保全債権の額に制限さ

れる（424条の 8 第 2 項）。「困難であるとき」とは，目的物が滅失した場合のほか，以下に述べる内容がその具体例となる。

(b)　財産が不可分の場合

　例えば，土地の贈与のような目的物が不可分である場合には，目的物の価額が債権額を上回るとしても，原則通り詐害行為全体を取り消して，目的物自体の回復を求めることができる（大判明治 36・12・7 民録 9 輯 1339 頁，最判昭和 30・10・11 民集 9 巻 11 号 1626 頁）。もっとも，受益者および転得者がともに悪意であり，転得者に目的物が引き渡され所有権移転登記も具備されているというような場合に，受益者を被告として詐害行為取消訴訟を提起する場合（または，受益者が悪意で転得者が善意であるために，受益者を被告とせざるを得ない場合）には，目的物の回復を求めることができない。それゆえ，現物返還が「困難であるとき」として受益者に対して価額の償還を求めざるを得ず，この際には，被保全債権の額が上限となる（424条の 6 第 1 項後段・2 項後段・424条の 8 第 2 項）。価額の償還を請求するとしても，その基準時については問題となる。判例（最判昭和 50・12・1 民集 29 巻 11 号 1847 頁）は，不動産の譲渡を受けた受益者に詐害行為取消請求が認められる場合において，現物返還に代わる価額償還をすべきときの価額の算定は，原則として，財産回復義務を負担する時，すなわち，認容判決確定時に最も接着した時点である詐害行為取消訴訟の事実審口頭弁論終結時を基準とするとしている（なお，受益者が事実審口頭弁論終結時までに不動産を譲渡し，その処分後に価格が高騰したような場合において，債権者が，詐害行為がなくてもその高騰による弁済の利益を受けられなかったと認められるのであれば別であるとする）。それが，詐害行為により債務者の財産を逸出させた責任を原因として，債務者の財産を回復させることを目的とする詐害行為取消制度の趣旨に合致し，債権者と受益者との間の利害の公平を期すことになるということを根拠としている。

　ところで，本来であれば現物返還となるべき場合であっても，例外的に価額償還しか認めらないときもある。例えば，Bが，Bの債権者Cのα債権（債権額 5000 万円）を担保するために，B所有の甲土地（評価額 1 億円）につき抵当権を設定し，その旨を登記した後，α債権に係る代物弁済（482条）として甲土地をCに譲渡した場合，α債権が混同（520条）により消滅するため，α債権

【表6-1】　相手方の主観的態様と回復の方法

相手方の主観的態様		請求の相手方	求めうる回復方法
受益者	転得者		
善　意	善　意	受益者・転得者	不　可
	悪　意		
悪　意	善　意	受益者	原則：現物返還／例外：価格償還
		転得者	不　可
	悪　意	受益者	価格償還
		転得者	原則：現物返還／例外：価格償還

を被担保債権とした甲土地に係る抵当権も消滅することになり，これに基づき，抵当権設定登記につき抹消登記手続がとられたとする。Bによる代物弁済の時点において，Bが無資力をはじめとした詐害行為取消請求の要件を充足するとすれば，Bの一般債権者Aは当該代物弁済を取り消すことができる。しかし，このとき，代物弁済の全体を取り消すと，代物弁済当時には甲土地にα債権を被担保債権とした抵当権が設定されていた分だけ甲土地の価値は減少していた（単純化すれば，甲土地の評価額1億円－α債権額5000万円＝5000万円）にもかかわらず，取消し当時には抵当権が消滅しているために，甲土地の価値は回復している（評価額1億円に戻る）ことになり，そのまま，甲土地をBに回復させるとすれば，詐害行為たる代物弁済当時よりも，増加された債務者の財産の回復を許容することになってしまう（ここでは，α債権の債権者Cが抵当権の抹消登記につき，回復登記に応じるということが想定し辛いことが考慮されてよい）。それゆえ，このような場合において，判例（最判昭和63・7・19判時1299号70頁〈 判例6-3 〉，あわせて，最大判昭和36・7・19民集15巻7号1875頁〈 判例6-2 〉も参照）は，α債権額5000万円については弁済の効果を認めつつ，これを超過する"過大な"代物弁済の部分5000万円については，価額の償還を認める（"一部取消し"と"価額償還"）としている。先に述べた，424条の4（⇨ **2** (5)(e)(i)④）はその旨を述べるものである。換言すれば，抵当権が付されていた不動産であったとしても，その設定登記が抹消されずに存続しているのであれば，目的物の価額が債権額を上回るとしても，詐害行為全体を取り消して，目的物自体の回復を求めることができるという原則が維持されうる（例えば，抵当不動産に係る譲渡担保設

定契約が詐害行為にあたるとして，当該契約の全部の取消しと当該不動産の現物返還が認められた事例として，最判昭和54・1・25民集33巻1号12頁がある）。

　なお，そもそもα債権に係る代物弁済自体が424条の3にいう詐害性を帯びるのであれば，代物弁済の全体を取り消すことができることもまた，先に述べた通りである。このときには，α債権の消滅自体が生じないことになり，抵当権自体もまた消滅しなかったことになるほか，抵当権の抹消登記につき回復登記手続をすべき義務が債務者に生じるという見解がある。

◆**判例 6-3**　最判昭和63・7・19判時1299号70頁

【事案】Xは，A社に対して売掛代金債権約812万円を有しており，昭和56年6月25日頃，A社の代表取締役たるBが，その弁済につきXとの間で連帯保証契約を締結した。昭和53年8月頃から，BはYより合計1076万円を借り受けていたが，同年10月にA社が倒産したため，同月23日頃，Bは，他の債権者を害することを知りながら，Yに対する金銭債務の担保として，B所有の土地建物につきYとの間で代物弁済予約契約を締結し，同日，これを原因とした所有権移転請求権仮登記手続がなされた。さらに，昭和57年3月頃，本件土地建物につき，BとYとの間で譲渡担保設定契約が締結され，これを原因とした所有権移転登記手続が同月10日付けでなされた。BY間の代物弁済予約契約の締結時点で，本件土地建物については，①昭和52年7月18日付けのC信用組合を根抵当権者とした極度額を300万円とする根抵当権設定登記が，②昭和54年8月20日付けのD信用保証協会を根抵当権者とした極度額を600万円とする根抵当権設定登記が，③昭和56年10月27日付けのE，F，GおよびHを権利者とする各根抵当権設定仮登記が，④昭和56年11月6日付けのIを権利者とする根抵当権設定仮登記がそれぞれなされていた。その後，昭和56年11月13日から昭和57年4月22日にかけて，③および④の各仮登記が抹消され，さらに，Yは，昭和57年11月5日には①に係る被担保債権を代位弁済し，同年12月2日にはCの根抵当権設定登記の抹消登記手続がなされた。BY間の代物弁済予約契約および譲渡担保設定契約時点における，①および②の被担保債権額はいずれもその極度額を下ることはないが，③および④の各根抵当権に係る被担保債権額は明確ではない。なお，本件土地建物の価額は原審の口頭弁論終結時において2000万円を超えないものと評価されている。

　以上のもと，XはYに対して（被保全債権は不明ながら，XのBに対する連帯保証債権と解される），BY間における代物弁済予約契約および譲渡担保設定契約の取消し，ならびに，これらを原因とした本件土地建物に係る所有権移転

請求権仮登記および所有権移転登記の抹消登記手続を求めた。第1審および原審ともにXが勝訴したため，Yが上告した。Yの上告理由の要点は，原審は，本件代物弁済予約契約および譲渡担保設定契約は本件土地建物を一括してその対象とした不可分のものであることを根拠に，Xは当該各行為（契約）のすべてを取り消して，現物の返還を求めることができるとしているが，Yは①に係る被担保債権の代位弁済をすることによって，①の根抵当権を消滅させているのであるから，詐害行為として本件代物弁済予約契約等がすべて取り消されて現物返還がなされれば，担保権の負担のない目的物が返還されることになり，従前よりも共同担保の目的が増加するといった不合理な結果が生じる，といった点にある。最高裁は，このYの上告理由を容れて，次のように判示して審理を原審に差し戻した（破棄差戻）。

【判旨】「抵当権の設定されている不動産について，当該抵当権者以外の者との間にされた代物弁済予約及び譲渡担保契約が詐害行為に該当する場合において，右不動産が不可分のものであって，当該詐害行為の後に弁済等によって右抵当権設定登記等が抹消されたようなときは，その取消は，右不動産の価額から右抵当権の被担保債権額を控除した残額の限度で価格による賠償を請求する方法によるべきである。けだし，詐害行為取消権は，債権者の共同担保を保全するため，詐害行為により逸出した財産を取り戻して債務者の一般財産を原状に回復させようとするものであるから，その取消は，本来，債務者の詐害行為により減少された財産の範囲にとどまるべきものであり，その方法は，逸出した財産自体の回復が可能である場合には，できるだけこれによるべきであるところ，詐害行為の目的不動産に抵当権が付着している場合には，その取消は，目的不動産の価額から右抵当権の被担保債権額を控除した残額の部分に限って許されるが，右の場合において，その目的不動産が不可分のものであって，付着していた抵当権の設定登記等が抹消されたようなときには，逸出した財産自体を原状のままに回復することが不可能若しく著しく困難であり，また，債務者及び債権者に不当に利益を与える結果になるから，このようなときには，逸出した財産自体の返還に代えてその価格による賠償を認めるほかないのである」。

> **Column 6-6**　共同抵当の目的不動産が詐害行為により譲渡された後に被担保債権が弁済された場合
>
> 　AのBに対する3000万円の金銭債権αを担保するためにB所有の甲および乙不動産（ともに評価額2000万円とする）に共同抵当権が設定され，その旨の登記がなされた後に，Bが無資力の状態にあり，他の債権者を害することを知っていたにもかかわらず，甲および乙不動産がCに贈与され，所有権移転登

記が経由されたとする。このとき，B が A に対して共同抵当権の被担保債権たる 3000 万円の金銭債権につき弁済し，抵当権が消滅したならば，B に対して金銭債権 β を有する一般債権者たる D が，詐害行為取消権に基づき BC 間の甲および乙不動産に係る贈与契約を取り消した場合，いかなる財産の回復がなされることになるか。このときも，甲および乙不動産に係る贈与契約の全部の取消しを認めるとすれば，B の財産が従前よりも増加するという問題が生じることになるため，原則通りの処理はできない。

　　この問題につき，判例（最判平成 4・2・27 民集 46 巻 2 号 112 頁）は「共同抵当の目的とされた数個の不動産の全部又は一部の売買契約が詐害行為に該当する場合において，当該詐害行為の後に弁済によって右抵当権が消滅したときは，売買の目的とされた不動産の価額から右不動産が負担すべき右抵当権の被担保債権の額を控除した残額の限度で右売買契約を取り消し，その価格による賠償を命ずるべきであり，一部の不動産自体の回復を認めるべきものではない」とし，「この場合において，詐害行為の目的不動産の価額から控除すべき右不動産が負担すべき右抵当権の被担保債権の額は，民法 392 条の趣旨に照らし，共同抵当の目的とされた各不動産の価額に応じて抵当権の被担保債権額を案分した額（以下「割り付け額」という。）によると解するのが相当である」とする。上の例でいえば，α の債権額 3000 万円が甲および乙不動産の価額比（1：1）で按分されて各不動産に割り付けられ，その額たる 1500 万円をそれぞれ控除された残額である，各 500 万円の価額償還が被保全債権たる β の債権額の範囲内で認められることになる。

4 回復財産の帰属

(1) 原　　則

　詐害行為取消権は債務者の責任財産（共同担保）の保全のために債権者に認められるものである。それゆえ，債務者の行為につき取消し，逸出財産の返還も求める（424 条の 6 参照）場合であっても，債務者の責任財産を（再）構成するにすぎず，詐害行為取消請求を行った債権者が取得できるわけではないというのが原則である。したがって，債権者が回復された財産から債権の回収を図るには，強制執行手続（⇨第 1 章第 4 節）によることになり，ここに他の債権者が配当要求や二重差押え等により加われば債権者平等の原則が働くことになる。しかし，回復された財産を債務者が受領しない場合や，受領してもさらに

詐害的な行為を行う可能性があること（この場合には，保全手続等を執る必要が生じる）をも考慮すると，一定の場合には，債権者に受領権限を与えることが許される（424条の9）。ここに債権者代位権の場合と同様の「事実上の優先弁済」の問題が生じるわけである（⇨**1**(2)）。

(2)　金銭または動産の場合

逸出財産が金銭または動産の場合において，債権者が逸出財産の返還まで求める場合（424条の6第1項前段・2項前段参照）には，債権者は目的物を直接自身に引き渡すことを求めることができる。正確には，金銭については転得者が観念できないため，受益者については金銭と動産が，転得者については動産のみが問題となる（424条の9第1項参照）。逸出財産の返還が困難である場合（424条の6第1項後段・2項後段⇨**3**(2)(a)）には，価額償還につき，債権者に直接支払うよう求めることもできる（424条の9第2項）。債務者にも確定判決の効果が及ぶ（425条）ことから，債務者自身も，受益者または転得者に対して，逸出財産等の返還または支払を求めることができることとの関係上，受益者または転得者が債権者に対して逸出財産等を引き渡し，または，支払った場合には，債務者に対しての義務を免れる旨の規定が設けられている（424条の9第1項後段・2項）。

債権者に対して金銭が支払われ，また，価額償還がなされた場合，債務者は債権者に対して当該金銭等に係る返還請求権を取得することになる。このとき，債権者は債務者に対して有する被保全債権たる金銭債権をもってこの返還請求権を相殺する（505条）ことができ（最判昭和37・10・9民集16巻10号2070頁），事実上の優先弁済を得られるのは債権者代位と同様である。したがって，ここでも相殺権の濫用（⇨第2節**4**(2)）が問われることに留意されてよい。また，上述のように，受益者または転得者が債務者に財産を返還したときには，債権者はもはや自己への直接の引き渡しを求めることはできない。債務者の受益者または転得者に対する逸出財産の返還請求権につき詐害行為取消権者以外の債権者が強制執行手続を申し立て，差押命令が発令された場合も，同様に直接の引き渡しは禁じられるというのが多数の見解である。なお，この「事実上の優先弁済」の際に，他の債権者は「配当要求」をすることはできない（例えば，

最判昭和 46・11・19 民集 25 巻 8 号 1321 頁は，受益者が自身の債務者に対する反対給付債権につき按分額に相当する支払を拒むことはできないとする）。

　金銭に対して，動産の場合には債権者の債務者に対する金銭債権と債務者の債権者に対する返還請求権とは同種のものとはならないため，相殺ができない。このときには，債権者の手許で（民執 124 条参照）原則通りに強制執行の手続を執り，債権者平等の原則の下で配当を受けるにとどまる。すなわち，他の債権者も配当要求をすることができる。

(3)　不動産の場合

　不動産が責任財産から逸出するというのは，実質的には，債務者から受益者または転得者に対して所有権移転登記が経由されることを意味する。それゆえ，債権者は，受益者または転得者に対して，登記の原因行為たる法律行為についての詐害行為取消請求と，これに基づく，所有権移転登記抹消登記手続請求とを行うことになる。その認容確定判決を得れば，これに基づいて代位登記（判決による登記）（⇨ **Column 6-1** ）の手続により，所有権移転登記の抹消登記手続を行うことができる。もっとも，転得者を相手にかような手段を執ったとしても，単に，受益者から転得者に移転した所有権移転登記が抹消されるにすぎず，債務者の名義に戻すにはさらに受益者に対する所有権移転登記抹消登記手続請求が求められることになる。しかも，転得者を相手に代位登記をするとなれば，債権者の債務者に対する債権を被保全債権として，さらに，債務者の受益者に対する債権を被保全債権とするといった二重の債権者代位が理論的には求められることになり，少なくとも，受益者自身も被告とする必要があるほか，その仕組みも複雑となる。それゆえ，転得者を被告とする場合には，所有権移転登記抹消登記手続請求に代えて，債務者への直接的な所有権移転登記手続請求を行うことができるとされている（最判昭和 40・9・17 訟月 11 巻 10 号 1457 頁）。

(4)　債務免除（財産の逸出がない詐害行為）

　債務者が受益者に対して債務免除をしたような場合には，債務者の財産が積極的に失われるわけではないけれども，債権自体が消滅することによって，債務者の責任財産（共同担保）は減少する。それゆえ，債務免除についても詐害

行為取消請求の要件を充足する限りにおいてこれを取り消すことができ，その結果として，受益者に対して改めて当該債務の弁済請求をすることができる（大判大正 9・6・3 民録 26 輯 808 頁）。

(5)　詐害行為取消訴訟の費用

詐害行為取消訴訟につき要した費用の償還請求権については，共益債権として，共益費用の一般先取特権（307 条）が付与され，他の債権者との関係では優先的な配当が認められることになる。

5　債務者と受益者または転得者との関係

(1)　債務者と受益者

受益者との関係で債務者の行為が詐害行為取消請求によって取り消されると（認容判決が確定すると），その効力は，債務者にも及ぶ（425 条）。したがって，受益者は債務者に対してその反対給付の返還を求めることができる（425 条の 2 前段）。「取り消されたときは……反対給付の返還を請求することができる」という本条の書きぶりからすると，詐害行為取消訴訟の認容判決の確定によって反対給付の返還請求権（債務者の返還債務）が生じ，結果として，債権者または債務者の逸出財産に係る返還請求権（受益者の返還債務）と同時履行（533 条）の関係に立つのではないかという問題がある。しかし，受益者への返還債務は，詐害行為取消権者自身の債務ではないにもかかわらず，自身の受益者に対する返還請求権に対応して債務者にかような同時履行の抗弁権を付与することは，詐害行為取消の実効性を削ぐことになる。それゆえ，債務者の返還債務が先履行の関係にあり，この履行によって受益者の返還債務が生じると解するべきであろう。また，債務者が反対給付の返還をするのが困難であるといった場合（例えば，債務者が受益者の動産を，債権者との関係で詐害性を肯定しうるほどに不当に高額で買い受けた後に，当該動産が滅失したというような場合）には，受益者に価額の償還請求権が生じることになる（425 条の 2 後段）。この場合における同時履行の関係も先に述べた通りと解すべきである。

弁済や代物弁済といった債務消滅行為につき取り消された場合（かつ，受益者が給付を返還し，または，価額償還した場合）には，受益者の債務者に対する反

対給付があるわけではなく，単純に，消滅したはずの債権が回復されるにすぎない（425条の3）。債権自体が原状に復帰するわけであるから，これに付されていた担保等も回復することになる。例えば，抵当権設定登記につき抹消登記手続がなされていた場合には，回復登記手続の義務が債務者に生じる。なお，過大な代物弁済（⇨ **2** (5)(e)(i)④）が取り消された場合には，424条の4の規律により処理されることになる（425条の3かっこ書き）。過大な代物弁済の場合には，過大でない部分についての弁済は有効となるため，対応する受益者の債務者に対する反対給付の返還請求権が生じないからである。

(2) 債務者と転得者

　転得者との関係で債務者の行為が詐害行為取消請求により取り消されると（認容判決が確定すると），債務者についてはその効力が及ぶ（425条）ものの，受益者については及ばない。それゆえ，転得者が給付を返還し，または，価額償還をしたとしても，受益者に対して反対給付の返還請求権は生じないことになる。しかし，転得者につき詐害行為取消請求が奏功するためには，受益者についても債務者の詐害性に係る悪意が求められることになるので，実質的には，受益者についても詐害行為取消請求が認められる状況にあると言ってよい。そこで，転得者につき詐害行為取消がなされた場合には，あたかも，受益者につき詐害行為取消がなされ，その結果として，受益者が取得することになる債務者への返還請求権または価額の償還請求権を，転得者が代位行使することを認めるかのような規律が設けられている。すなわち，425条の2によって債務者の行為が取り消されたとすれば，受益者が債務者に対して行使しうる反対給付の返還請求権，または，価額の償還請求権（425条の4第1号）について，また，425条の3によって債務者の債務消滅行為が取り消されたとすれば，受益者が回復することになる債権（425条の4第2号）について，転得者は行使することができる（425条の4柱書本文）。ただし，その行使の範囲は，転得者が受益者に対してなした反対給付または有していた債権の範囲に制限される（同条柱書ただし書）。なお，過大な代物弁済が取り消された場合については，受益者の場合と同様に424条の4により処理される（425条の4第2号かっこ書）。

6 詐害行為取消権の消滅

　詐害行為取消請求に係る訴えは，債務者が債権者を害することを知って行為をしたことにつき「知った時」から2年を経過した場合（主観的起算点・426条前段），または，債務者の行為時から10年を経過した場合（客観的起算点・同条後段）には「提起すること」ができない。つまりこれは「出訴期間」であり「時効期間」ではない。主観的起算点にせよ，客観的起算点にせよ，出訴期間とすることによって時効の不安定性を避ける意図があり，それゆえ，時効の更新や完成猶予といったことは観念できない。

第7章
多数当事者の債権・債務関係

> この章では，1個の債権や債務について複数の債権者や債務者がいる場合の法的問題について学ぶ。

第1節　総　　説

1 概　　説

　債権および債務について複数の当事者がいる場合がある。例えば（⇨図7-1），①C所有の甲土地につきABが持分各2分の1にて共同購入した場合におけるABのCに対する甲土地の引渡請求権（不可分債権⇨第5節）またはABのCに対する代金支払債務（分割債務⇨第2節），②DEFが共有する乙土地をGに対して賃貸した場合におけるDEFのGに対する賃料債権（分割債権⇨第2節），③HのIに対する債権についてHがJとの間で保証契約を締結した場合におけるIのHに対する債務（主たる債務）とJのHに対する債務（保証債務⇨第6節），または，④KLMを構成員としたN組合がOに対して債権を有する場合

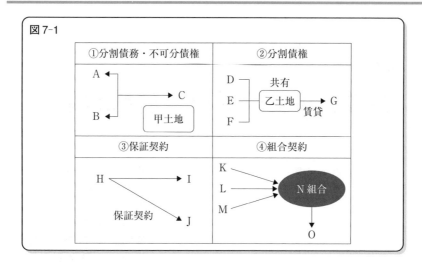

図 7-1

のKLMの当該債権に係る権利関係などである。このような関係については，従前，次の2つの態様から説明がなされている。すなわち，㋐物の「共有」（249条以下）をはじめとした「共同所有」の関係をめぐる「共有」「合有」「総有」の概念に対応させた，債権の「共有的帰属」「合有的帰属」「総有的帰属」といったものと，㋑民法典上に存在する「多数当事者の債権及び債務」（427条以下）の規律に服するもの，つまり，「分割債権・債務」（427条），「不可分債権・債務」（428条以下），「連帯債権」（432条以下），「連帯債務」（436条以下），および「保証」（446条以下）である。

　例えば，上記の①，②，③は㋑による説明が可能である。"性質上"，分割可能（可分）な債権・債務を「分割債権・債務」，分割不可能（不可分）であるものを「不可分債権・債務」といい，「分割債権・債務」において本来独立した存在である個々の（分割）債権・債務について相互の影響関係を強化して独立性を弱めたものを「連帯債権・債務」というと，さしあたり理解しておけばよい。このように見ると，ある債権・債務が性質上「可分」か「不可分」かというのは，規律適用の前提たる法性決定の重要な要素となるが，抽象的にこれを判断することは難しく，以下に観察する各箇所の例示をもってその解答としたい。保証契約（上記③）は，主たる債務（IのHに対する債務）の弁済を担保す

べく保証債務（JのHに対する債務）という別個の債務を創設するものであるという点で，他の類型とは質の異なるものといってよい。しかし，主たる債務が弁済されると保証債務も消滅し，保証債務が弁済されると主たる債務も消滅するという点では多数当事者性をもつ。④の関係は民法典上に(イ)としては規律がなく，一般に(ア)のうち「合有的帰属」に属するものとしての扱いを受ける。(ア)は(イ)のいわば上位概念ともいうべきものであり，(イ)は(ア)のうち，「共有的帰属」に属する態様として考えられている。

　いずれの態様においても，説明されるべき関係の要点は，複数債権者の債務者に対する履行請求または複数債務者の債権者に対する弁済（履行）の方法（「対外的効力」），複数債権者・債務者の1人に生じた時効の更新等の事由の他の債権者・債務者への影響（「影響関係」），および，複数債権者の1人になされた弁済の他の債権者への利益の帰属または複数債務者の1人が弁済した場合の他の債務者への負担の帰属（「内部関係」）の3点となる。本章が対象とするのは(イ)の関係であり，(ア)については，以下**2**において概説するにとどめる。それというのも，(ア)の関係が問題となるのは，組合，法人，権利能力なき社団といった団体関係をめぐる債権・債務の帰属を問う場面が主であり，その各場面において具体的に扱うのが合理的だからである（⇨ LQ民法Ⅰ〔第2版補訂版〕**第4章**参照）。

2　「共有的帰属」「合有的帰属」「総有的帰属」

(1)　共有的帰属

　民法典上の「多数当事者の債権及び債務」に関する規律は，複数債務者における各人の債務の負担または複数債権者の各人の利益（持分）のそれぞれの帰属が観念できる点で，物の「共有」と類似する。この点を捉えて，「多数当事者の債権及び債務」の関係は，「共有的帰属」の一態様と説明される。これに，物権の共有に係る規律は，数人が所有権以外の財産権を有する場合について準用される（264条本文）ものの，法令に特別の定めがある場合にはそれに従う（同条ただし書）ことになる点を考慮すれば，結局，態様ごとに固有の規定を有する「多数当事者の債権及び債務」関係については，あえて「共有的帰属」を意識する必要はないということになる。

(2)　合有的帰属

　物の「合有」に対応させた債権・債務の帰属関係を「合有的帰属」という。組合における債権・債務の「共有」的な帰属関係（668 条）がこれにあたるほか，複数の受託者がいる場合の信託財産については，明文（信託 79 条）により「合有」の扱いを受ける。遺産分割前の共同相続財産における「共有」（898 条）についても「合有」の性質を有するという見解もあるが，判例（最判昭和 30・5・31 民集 9 巻 6 号 793 頁）は「共有」としている（⇨ LQ 民法Ⅵ〔第 5 版〕第 2 編第 6 章**第 2 節 1**参照）。

　「合有的帰属」として説明される債権・債務は，次の性質をもつ。すなわち，①債権・債務は複数当事者全員に帰属することになり，個々人は利益または負担の割合的帰属を受けるにすぎず，その帰結として，②合有的債権であれば，複数債権者は全員が共同してしか取り立てや処分をすることができないことになる。併せて，③合有的債務であれば，債権者は全債務者に対して共同して債務の履行請求をすべきことになるものの，債務者は全員で債務を弁済する義務を負うわけではない（個々の債務者が分担する負担に応じた内部関係の処理がなされるにすぎない）。なお，組合の場合には，債権者は個々の組合員に対して個別に（等しい割合で）権利行使をすることが認められている（675 条）。

(3)　総有的帰属

　物の「総有」に対応させた債権・債務の帰属関係を「総有的帰属」という。入会権を有する団体が当該入会権を通じて取得した債権や，権利能力なき社団に帰属する債権・債務関係のように，法人格を持たない団体に帰属する債権・債務関係がこれにあたる。総有的帰属においては，物の「総有」に対応して，①個々の債権者・債務者に持分（負担部分）そのものを観念することができない結果，②債権であれば，取り立ておよび処分権能を有するのは団体のみであり，取り立てられたものも団体自体に帰属し，③債務であれば，その団体の総有財産のみが引当ての対象となり，個々の構成員は原則としてその責任を負わないということになる（最判昭和 48・10・9 民集 27 巻 9 号 1129 頁）。

3 「多数当事者の債権及び債務」をめぐる規律の意義 ─────

(1) 複数の当事者がいる場合としての規律

多数当事者の債権・債務をめぐる規律の第一次的な意義は，ある債権・債務について複数当事者がいる場合の，その帰属関係（効力）の処理にある。これは，共同所有に係る概念（「共有的帰属」「合有的帰属」「総有的帰属」）についても，民法典上の「多数当事者の債権及び債務」の規律群についてもあてはまる。

(2) 人的担保制度としての規律

ある債務について複数の債務者がいる場合，1人の債務者しかいない場合よりは債務の履行可能性が高まり，リスクの分散ないし低減化が図れる。保証契約はその典型となる。したがって，多数当事者（債務者）をめぐる規律の一部にはこのような担保的な効果が含まれていることになる。保証契約のほか，連帯債務や不可分債務がこの要素を持つ一方で，分割債務はそもそも当事者ごとの債務が観念できる以上，担保の機能はない（正確には，リスクの分散化は図れるため，担保の機能が薄いといった方がよいかもしれない）。連帯債権，不可分債権または分割債権といった複数の債権者がいる場合の規律については，そもそも債権者側の利益の帰属を問うものであるから，担保的な要素は含まれない。

第2節　分割債権・債務

1 概　　要 ─────────────────────────

1個の債権または債務について複数の債権者または債務者が存在する場合，この債権または債務は各人に平等の割合で帰属するのが原則である（427条）。このような「分割の原則」は，民法の根底にある個人主義的思想の反映とされる。その前提として分割可能（可分）な債権または債務の必要があり，このようなものを「分割債権」または「分割債務」という。分割の割合は，別段の意思表示をもって変えることができる（同条）。同条にいう割合による帰属は対外的な関係を意味し（「対外的効力」），複数債権者または複数債務者の各内部に

おいて（「内部関係」）さらに別途の割合を定めることもできる。可分なものを「不可分」とするような別段の意思表示はできない。不可分となるのは，"性質上"分割できないものに限られ，これらは「不可分債権」または「不可分債務」と呼ばれる（428条・430条参照）。ここでは，可分性を有するものにつき観察する。

2 諸　例

分割債権の例としては，共有物につき生じたある者に対する不法行為に基づく損害賠償請求債権（大判大正4・4・2刑録21輯341頁），共同相続された賃貸目的物たる土地につき遺産分割前に生じた賃料債権（最判平成17・9・8民集59巻7号1931頁）などがある。判例は，数人が共同してある者に金銭を貸し付けた場合における返還債権についても分割債権とするが（大判大正7・6・21新聞1444号24頁），連帯債権（⇨第4節）と考える方が良いだろう。また，分割債務の例としては，数人が共同で購入した不動産の売買代金債務（大判大正4・9・21民録21輯1486頁）がある。

3 金銭債権と共同相続をめぐる問題

金銭債権（債務）や種類債権（債務）といったものが可分性を有することは想像しやすいが，共同相続が関係すると問題は複雑化する（⇨LQ民法Ⅵ〔第5版〕第2編第6章第2節3）。ここでは「金銭」と「金銭債権」との区別が意識される。まず，「金銭（現金）」自体は一般の動産と同じく有体物として扱われ，共同相続人間に遺産共有として帰属する。それゆえ，遺産分割前において，金銭を保管（占有）している他の相続人に対して，各自の相続分に応じた金銭の支払を請求することはできない（最判平成4・4・10家月44巻8号16頁）。これに対して，「金銭債権」は可分の性質が徹底され，原則として，法律上当然に分割されて各共同相続人に相続分に応じた権利が相続される（不法行為に基づく損害賠償請求権につき，最判昭和29・4・8民集8巻4号819頁）。しかし，旧郵便貯金法によって分割払戻しが制限されている旧「定額郵便貯金債権」（郵政民営化法により「ゆうちょ銀行」が発足した後の「定期貯金債権」に相当する）については，遺産分割前に相続によって当然分割されることはなく（最判平成22・10・8民集

64 巻 7 号 1719 頁，「定期貯金債権」につき後掲最大決平成 28・12・19），また，銀行の普通預金債権およびゆうちょ銀行の通常貯金債権についても，確実かつ簡易に換価することができるという点で現金に近い財産であることや，入出金の度に生じる消費寄託契約は口座において 1 個の債権として同一性を保持しながら残高が変動するものであることなどを理由として，遺産分割前に相続によって当然分割されることはないとされている（最大決平成 28・12・19 民集 70 巻 8 号 2121 頁。可分債権として当然分割されるとしていた最判平成 16・4・20 家月 56 巻 10 号 48 頁を変更）。

　もっとも，普通預貯金債権につき当然分割されないとすると，遺産分割前には共同相続人全員により権利を共同行使しない限り，払戻しを受けることができず，生活や葬式費用等の支払に窮するといった問題が生じる。そこで，平成 30 年の民法（相続法）および家事事件手続法の改正によって，一方では，民法において，債務者（銀行等）ごとに法務省令で定める額（現在は 150 万円）を限度として，預貯金債権額の 3 分の 1 に各共同相続人の法定相続分を乗じた額につき単独での権利行使を認める旨の規定（909 条の 2）が，他方では，家事事件手続法において，預貯金債権の仮分割を一定の要件の下に認める（緩和する）旨の規定（家事 200 条 3 項）が，それぞれ新設されることとなった。

4　効　　力

(1)　対外的効力

　分割債権は，平等を原則として（427 条），各債権者に個々の持分の割合で独立した債権が帰属しており，それぞれが単独で債務者に対し権利を行使できる。もっとも，双務契約より生じる分割債権の各債権者が，その債務者に対して不可分の（またはこれに準じる）性質を有する反対債務を負う場合には，当該債務者は同時履行の抗弁権（533 条）を行使しうる。例えば，ABC の共有に属する甲土地を D に対して売却した場合における，ABC の D に対する各売買代金債権（D の売買代金債務）と，D の ABC に対する所有権移転登記手続請求権（ABC の所有権移転登記手続義務）との関係がこれにあたる（なお，債権者代位との関係で ⇨第 6 章**第 2 節** **5** Column 6-2 も参照）。

　分割債務についても，平等を原則として（427 条），個々の債務者が自身に帰

属する割合に応じた債務を，それぞれ独立して債権者に対し負うことになる。この場合にも，分割債権と同様に同時履行の抗弁権の行使の可否は問題となる（本章冒頭例①を想起されたい）。

　いずれにおいても，債権または債務の発生原因たる契約の解除をするには，複数当事者側からする場合にはその全員が，他方当事者側が複数いる場合にはその全員に対して，主張する必要がある（544 条 1 項）。また，解除権が当事者の 1 人につき消滅すれば，他の者についても消滅する（同条 2 項）。いわゆる「解除権の不可分性」と呼ばれるものである（⇨ LQ 民法IV第 6 章第 2 節 **3**(3)）。

(2)　影　響　関　係

　分割債権にせよ，分割債務にせよ，独立した債権および債務であるため，時効の完成猶予・更新や弁済，債務免除といったことが 1 人に生じたとしても，その事由は他の債権者または債務者に影響しない。

(3)　内　部　関　係

　427 条は対外的効力を定めるものであり，分割債権者間における債権の帰属割合および同債務者間における義務の負担割合は，別途定めることができる。それゆえ，対外的な割合と内部的な割合とが異なる場合には，内部的な合意または不当利得等の規律に従い処理されることになる。

　例えば，ABC の 3 人に，総額 120 万円となる分割債権が，対外的には平等（40 万円）の割合で，内部的には 1：1：2（30 万円：30 万円：60 万円）の割合で帰属している場合において，C が対外的な割合（40 万円）を超えて 60 万円の弁済を受けたとしても，内部的な割合に相当する額であるため，他の債権者 AB に対する超過した利得は認められない。これに対して，A が 40 万円の弁済を受けたとすれば，対外的な割合には相当する額であるけれども，内部的な割合としては 10 万円分（40 万円 − 30 万円）が超過部分となるため，内部的な合意に従い（対外的な割合を超える額ではないため内部的にも不当利得を構成しないと解しうる），B および C にこれを分配する必要がある。さらに，A が対外的な割合すらも超えて 50 万円の弁済を受けたとすれば，その超過部分 10 万円（50 万円 − 40 万円）については不当利得等（委任・事務管理・不法行為）が観念される

ことになる。

　また，DEF の 3 人に，総額 120 万円となる分割債務が，対外的には平等の割合で，内部的には 1：1：2（30 万円：30 万円：60 万円）の割合で帰属している場合において，F が対外的な割合（40 万円）を超えて 60 万円の弁済をしたとしても，内部的な割合には相当する額であるため，他の債務者 DE に対して超過した負担とはならず求償はできない。これに対して，D が 40 万円の弁済をしたとすれば，対外的な割合には相当する額であるけれども，内部的な割合としては 10 万円分（40 万円 – 30 万円）が超過した弁済となるため，内部的な合意に従い，E および F に求償することができる。さらに，D が対外的な割合すらも超えて 50 万円の弁済をしたとすれば，その超過部分 10 万円（50 万円 – 40 万円）については，第三者弁済（474 条⇨第 3 章 **第 2 節 4**(1)(b)）の問題として処理されることになる。

第3節　連帯債務

1 総　論

(1) 意　義

　連帯債務とは，分割債務に係る債務者全員に全部給付義務を課すことにより，対応する債権の効力を強化するといったことを想像するとよい。すなわち，数人の債務者が，同一内容の可分な給付について，各人がそれぞれ独立して「全部の給付」をなすべき債務であり，かつ，その 1 人または数人によって全部の給付がなされた場合には，債権者との関係ですべての債務者の債務が消滅するというものである。例えば，ABC が D に対して平等の割合で総額 120 万円の貸金債務を負担しているという場合，これが分割債務ならば，D は，ABC それぞれに対して 40 万円の支払しか請求することはできない（ABC が任意にこれを超える弁済をすることはできる）が，連帯債務であれば，それぞれに 120 万円の支払を求めることができ，各人も弁済の義務を負う（もちろん弁済の総額は120 万円である）。

(2) 法 的 性 質

連帯債務の法的性質については一般的に次のように説明される。

連帯債務者は各債務者が債務の全部について給付（弁済）する義務（「全部給付義務」）を負い（436 条），1 人または数人が全部の給付をすればすべての債務者について債務が消滅する（「給付の一倍額性」）。各連帯債務者には，債務の総額のうち，最終的に負担すべき債務の「割合」（額ではない）があり，これを「負担部分」という。連帯債務者が弁済等により債務を一部または全部消滅させたときは，負担部分に応じて他の連帯債務者に求償することができる（442条）。

もっとも，連帯債務は分割債務が前提であるため，連帯債務者の 1 人につき，債務の発生に係る無効や取消し等の原因があったとしても，他の連帯債務者には影響はせず（437 条），個々の債務について異なる利息（利率）や条件の約定があってもかまわない。各連帯債務者が対外的に負う債務の額が異なってもよい。例えば，ABC が D に対して総額で 300 万円の金銭債務を負っている場合において，A が 300 万円の債務を負い，BC が 150 万円の範囲でのみ A と連帯して債務を負うといった具合である（「負担部分」の問題ではないことに注意せよ）。これを「不等額連帯（債務）」という。

同じく分割債務の性質から，連帯債務者の 1 人に生じた事由は他の連帯債務者に影響を及ぼさないという原則が導出される。これを「相対的効力の原則」（441 条本文）といい，対応する事由を「相対的効力事由」という。もっとも，連帯債務にはある種の一体性があることから，他の連帯債務者に影響を及ぼす事由も例外的に認められている。これを「絶対的効力事由」という（438 条〜440 条参照）。しかし，絶対的効力事由を広く認めると，対応する債権の効力が弱まることになり，連帯債務の意味がなくなる。例えば，1 人に生じた消滅時効の完成や，債務免除が他の連帯債務者にも影響を及ぼすといったことを想起すればよい。それゆえ，平成 29 年の民法改正では，同改正前において「絶対的効力の原則」ともいうべきほどに広く認められていた絶対的効力事由を制限することによって，相対的効力の原則を取り戻している。この結果，連帯債務につき，絶対的効力事由を制限することによって，債権の効力を強化すべき場面で主として用いられた概念である従前の「不真正連帯債務」（⇨ **5**）の意義

が問われることになる。

　このように見ると，連帯債務はそもそも 1 個の債務なのか，複数の債務なのかという疑問が生じ，議論の対象となっている。この議論の実質は「絶対的・相対的効力事由」や求償関係をどのように根拠付けるかという点にある。大別して，連帯債務者間に主観的な共同関係（共同の目的）があることに重きを置く「主観的共同関係説」と，連帯債務者が相互に債務を保証し合う関係と見る「相互保証説」とがある。両説ともにその"関係性"が認められない場合には「不真正連帯債務」になると評価する。いずれにせよ，差し当たり本書では，各事由や求償に係る個々の規律を理解しておけば足りる。

(3)　連帯債務の成立

(a)　当事者の意思表示による場合

　連帯債務は当事者の意思表示（契約，連帯の特約）によって生じる（436 条）。明示（遺言でもよい）でも黙示でもよく，既発生の債務について新たに連帯の特約を付すこともできる。可分な債務については 427 条が分割の原則を定めている（連帯の推定を禁じている）ことをもって，かかる意思表示の存在は推定されることはないというのが判例（大判大正 4・9・21 民録 21 輯 1486 頁）の立場であるため，この意思表示については存在を主張する側に立証責任がある。

(b)　法令の規定による場合

　連帯債務は法令の規定によっても生じる（436 条）。例えば，夫婦間の日常家事債務（761 条），共同不法行為責任（719 条），一般社団法人における役員らの第三者に対する損害賠償責任（一般法人 118 条）などがこれにあたる。共同不法行為責任については，「不真正連帯債務」との関係が問われることになる（⇨ **5**）。なお，商法においては，商行為により生じた債務につき連帯債務と推定する旨の規定がある（商 511 条 1 項）。

2　対外的効力

　債権者は，連帯債務者の 1 人または全員に対して，同時または順次に，債務の全部または一部の履行を求めることができる（436 条）。連帯債務者の 1 人について，勝訴または敗訴の判決が確定したとしても，既判力は他の連帯債務者

には及ばず，重ねて訴えを提起することができる（「通常共同訴訟」の扱いとなる。詳細は，LQ民事訴訟法〔第3版〕第12章12-3を参照）。また，連帯債務者が，その人数にかかわらず破産手続の開始決定を受けた場合，債権者は債権の全額について，各連帯債務者の破産手続に参加（配当加入）することができる（破104条）。

> ◖**Column 7-1**◗　**連帯債務と相続**
>
> 　例えば，ABCがDに対して600万円の金銭債務を連帯して負っており，負担部分も平等である場合において，Aが死亡し共同相続人たる子のEF（他に相続人はいないものとする）がAを法定相続したとすれば，DはEFにいくらの請求をすることができるか。判例（最判昭和34・6・19民集13巻6号757頁）は「連帯債務は，数人の債務者が同一内容の給付につき各独立に全部の給付をなすべき債務を負担しているのであり，各債務は債権の確保及び満足という共同の目的を達する手段として相互に関連結合しているが，なお，可分なること通常の金銭債務と同様である。ところで，債務者が死亡し，相続人が数人ある場合に，被相続人の金銭債務その他の可分債務は，法律上当然分割され，各共同相続人がその相続分に応じてこれを承継するものと解すべきであるから……連帯債務者の1人が死亡した場合においても，その相続人らは，被相続人の債務の分割されたものを承継し，各自その承継した範囲において，本来の債務者とともに連帯債務者となると解するのが相当である」とする。つまり，先の例でいえば，EFはAの600万円の連帯債務を承継しつつ，各自の法定相続分たる2分の1の限度，すなわち，300万円（負担部分額はAの負担部分額200万円を等分した各100万円になると解される）の範囲でのみ連帯債務者になる。したがって，Dは，BCに対しては600万円を請求できる一方で，EFに対しては300万円の限度でしか弁済を求めることができなくなるために（BCEF間で「不等額連帯」が生じる），連帯債務の担保としての効力が弱められるとして，学説の批判も強い（⇨LQ民法Ⅵ〔第5版〕第2編第6章**第2節 3**(3)(b)）。

---

3 影響関係

(1) 概　要

　先に述べたように，連帯債務者の1人に生じた事由は他の連帯債務者に影響せず（「相対的効力の原則」〔441条本文〕），影響を及ぼす「絶対的効力事由」はその例外となる。概して言えばそれは，債務の履行（弁済等）やこれに準じた事

由ということになる。連帯債務者の1人との関係であっても，債務の一部ない
し全部が弁済やこれに準じる債務の消滅原因で消滅したのであれば，債権者と
しては債権の満足を得たと評価しうる状況にあるのであって，その効果は他の
連帯債務者に及んだとしても債権者に不利益はないからである。具体的には，
法定のものとして「更改」（438条），「相殺」（439条），「混同」（440条）があり，
法定されてはいないものの当然のこととして「債務の履行」（弁済等）がこれに
あたる。

　もっとも，債権者と（1人の）連帯債務者との間の合意によって，他の連帯
債務者に生じる「相対的効力事由」を「絶対的効力事由」と変更したり，また，
その逆をしたりすることは許される（441条ただし書）。かかる「事由」は債権
の"強弱"に影響するものであるところ，当事者が合意するのであれば，不利
益とはならないからである。しかし，これを換言すれば，「合意」がいかなる
ものであるのか，また，その効力を認めるべきか否かということを，当事者の
保護，特に，連帯債務者側の保護という視点から考察する必要性があることに
なる。なお，債権者と（1人の）連帯債務者との間の合意によって，ある「相
対的効力事由」を他の連帯債務者に拡張するような変更ができるわけではない
（これは，契約の第三者効の否定からも正当化される）。

(2) 例外としての絶対的効力事由

(a) 債務の履行

　先の通り，「債務の履行」は絶対的効力事由となる。442条1項は「弁済」
等による「共同の免責」を受けた場合には，他の連帯債務者に求償することが
できるとしており，これは「債務の履行」が他の連帯債務者にも影響すること
の表れとなる。

　ここにいう「債務の履行」には「弁済」（473条）のほか，「代物弁済」（482
条），「供託」（494条）も含まれる。また，「弁済（履行）の提供」（492条・493条）
や「受領遅滞」（413条）も，それ自体は債務を消滅させるものではないけれど
も，「債務の履行」に準じるものであるため，絶対的効力事由として解されて
いる。

(b) 更　改

「更改」は債務を消滅させる（513条柱書参照）ものとして，絶対的効力事由となる（438条）。例えば，ABCがDに対して総額で120万円の金銭債務を連帯して負っている場合において，AD間で当該金銭債務を，AがD所有の甲建物の屋根を修理する内容の債務に代える旨の更改契約をすれば，AのDに対する120万円の金銭債務が消滅するとともに，Aについてのみ甲建物の修理をする債務が発生する。この結果，BCについては，Dに対する120万円の金銭債務が消滅しつつ，甲建物の修理をする債務は負わないことになり，あとは，当事者間の負担部分に応じて求償（⇨**4**）による処理がなされる。例えば，負担部分が平等であれば，Aは甲建物の修理を終えた後，BおよびCにそれぞれ40万円を求償することができる。

(c) 相　殺

「相殺」も債務の消滅原因の1つであり（505条1項本文参照），絶対的効力事由となる（439条1項）。例えば，ABCがDに対して総額で120万円の金銭債務αを連帯して負っており，かつ，DもAに対して60万円の金銭債務βを負っている場合において，Aがβとαとを相殺する旨の意思表示をすれば，60万円の範囲でαは消滅し，その効果はBおよびCにも及ぶ。

このとき，Aが相殺の意思表示をしないのであれば，BおよびCは，Aの負担部分を限度として，βをもってDからのαに係る履行請求を拒むことができる（439条2項）。例えば，負担部分が平等であるとすれば，βの額は60万円ではあるけれども，BおよびCが履行を拒むことができるのは，Aの負担部分たる40万円となる。あくまで履行を拒むことができるにとどまり，相殺自体を認めるものではない。相殺するか否かは，相殺権者の意思に委ねられるべきだからである。もっとも，相殺適状にある債権を有する連帯債務者Aが相殺の意思表示をしない場合に，他の連帯債務者Bが債務を弁済し，かつ，AがBからの求償に応じる資力に欠けているというようなリスクの回避は認められてよい。そこで，両者の調和として，履行拒絶の抗弁としての規定ぶりになっているわけである。

(d) 混　同

「混同」も債務の消滅原因の1つであり（520条本文参照），弁済をしたものと

みなされ（440条），絶対的効力事由となる。例えば，ABC が D に対して総額で 120 万円の債務を連帯して負っている場合において，A が D を相続したとすれば，120 万円の債務が混同により消滅する。その効果は B および C にも及び，負担部分が平等であるとすれば，あとは A が B および C に対してそれぞれ 40 万円を求償できることになる。このとき，混同の効果が相対的効力であるとすると，D の地位を取得した A は B および C に対する債権者ということになり，B および C は A になお債務の弁済をする義務を負うとともに，弁済後には A に対して求償することができることになる。このような無駄な処理を避ける趣旨が含まれている。

(3)　原則としての相対的効力事由

(a)　概　要

以上の事由以外は，原則として「相対的効力事由」となる（441条本文）。平成 29 年の民法改正前においては，「履行の請求」（改正前民法 434 条），「免除」（同法 437 条），「時効の完成」（同法 439 条）についても，「絶対的効力事由」とされていたことからの大きな変更となる。もっとも，債権者と連帯債務者との間の合意によってこれらを「絶対的効力事由」とすることもできるため（⇨(1)），特にこの 3 つの事由については，なお観察しておく意義は少なくない。以下では，これらを含めて，問題となるいくつかの「相対的効力事由」につき観察する。

(b)　履行の請求

履行の請求は「裁判上の請求」と「裁判外の請求（催告）」とを含む。履行の請求は，例えば，期限の定めのない債務につき履行遅滞の責任を生じさせる請求（412条3項）として，時効の完成猶予または更新をもたらす裁判上の請求（147条）として，あるいは，時効の完成猶予をもたらす催告（150条）としての機能をもつ。これらが「相対的効力事由」となることは，連帯債務の効力を弱めるものとなり，その効力を強化することが企図された平成 29 年の民法改正とは親和しない。これは，連帯債務者の 1 人に対する請求によって，他の連帯債務者に対しても影響が生じるとすれば，ある種の不意打ち的な不利益がもたらされてしまうことを避けるといった，「債務者保護」の視点が強調された結

果とされる。この意味では，「履行の請求」の「相対的効力化」は，連帯債務を強化する色彩をもつ他の事由の性質変更とはやや趣旨が異なる。それゆえに，改正前と同様に「履行の請求」を「絶対的効力事由」とする旨の合意をする望みは債権者において強いと考えられ，今後は，この合意自体の効力の有無について，債務者保護の視点から評価する余地が生じることになろう。

(c)　免除と連帯の免除

「免除」を「絶対的効力事由」とすれば，債権者に予想外の不利益が生じる。例えば，ある連帯債務者につき，その債務を（すべて）免除するという場合，債権者の意思としては，単に当該連帯債務者についてのみ債務を免除する（もはや弁済を求めない）という趣旨であることも多い。しかし，免除が「絶対的効力事由」であるとすれば，免除を受けた連帯債務者の負担部分に相当する額について他の連帯債務者の債務も消滅することになってしまう。さらに，免除を受けた連帯債務者の負担部分が連帯債務者間の合意によって 100% とされていたとすれば，結局，全額の免除が生じるといったことすらありうる（もっとも，この合意につき契約の第三者効の否定から債権者に対抗できないという帰結を導出することは可能である）。かような不都合が考慮された結果，平成 29 年の民法改正を通じて，免除は「相対的効力事由」へと変更された。それゆえ，ABCが D に対して 600 万円の債務を連帯して負っており，負担部分を平等とすれば，D が A に対して債務額 600 万円の全部を免除したとしても他の連帯債務者たる BC の債務には影響が生じず，BC に 600 万円を請求することができる。

「免除」と似て非なるものに「連帯の免除」がある。連帯の免除とは，文字通り連帯債務者の一部について「連帯」の拘束から外して，全部給付の請求権を放棄し負担部分に債務を限定するといった，債権者の一方的な意思表示をいう。連帯の免除をされなかった連帯債務者間ではなお連帯は存続することになり，このような連帯の免除を「相対的連帯免除」ということがある。これに対して，連帯の免除をすべての連帯債務者について行うことを「絶対的連帯免除」といい，この場合，連帯債務は単なる分割債務（共同債務）となる。もっとも，免除にせよ，連帯の免除にせよ，連帯債務者の内部関係（求償関係）には影響を与えることにはならない（445 条⇨**4**）。

Column 7-2 絶対的効力事由としての「免除」と「一部免除」

債権者と連帯債務者との間の合意によって,「免除」を平成29年の民法改正前と同様に「絶対的効力事由」とすることは可能である。それゆえ,「免除」を絶対的効力事由とした場合,特に「一部免除」があった場合の処理をめぐる従前の議論について概観しておくことはなお有益である。

まず,ABCがDに対して600万円の債務を連帯して負っており,負担部分は平等とする。このとき,DがAに対して債務額600万円の全部を免除すると,Aの負担部分たる200万円につき他の連帯債務者たるBCの債務も消滅する結果,債務総額も400万円となり,これをBCが連帯して負うことになる（改正前民法437条）。

それでは,DがAに対して債務の一部たる300万円を免除（一部免除）した場合にはどうなるか。考え方としては,免除を受けた連帯債務者Aの負担部分を限度として免除額そのままにAの負担部分額が減少し,他の連帯債務者BCの債務も減少するという見解（「免除額減少説」），全部免除を受けた場合に比例した割合で,他の連帯債務者BCの債務を減少させ,免除を受けたAの負担部分額も減少するという見解（「免除割合減少説」），一部免除によって債務の残額が免除を受けた連帯債務者Aの負担部分を超えている限りは,Aの負担部分額は減少せず,他の連帯債務者BCの債務額にも影響を及ぼさないが,債務の残額がAの負担部分よりも少ない場合には,負担部分額の減少が生じ,その減少分だけBCの債務額も消滅するという見解（「負担部分基準説」）の3つがある。思考にあたっては,連帯債務者に請求できる「債務額（請求可能額）」と「負担部分」とは異なる概念であるといった基本を,失念しないことが肝要である（いずれにしても,ABCに「不等額連帯」が生じる）。

「免除額減少説」によれば,Aへの請求可能額が300万円（600万円－300万円）となり,負担部分額は0円（∵負担部分額200万円＜免除額300万円）となる。結果として,BCについても200万円につき債務が消滅し,請求可能額が400万円になるとともに,負担部分額も各200万円となる。

判例（大判昭和15・9・21民集19巻1701頁）の立場とされる「免除割合減少説」によると,Aへの請求可能額は300万円（600万円－300万円）となるが,Aの負担部分額は50％（300万円÷600万円）の割合で減少し100万円となる。結果として,BCについても100万円につき債務が消滅し,請求可能額が500万円になるとともに,負担部分額も各200万円（〔500万円－Aの負担部分額100万円〕×2分の1）となる。

「負担部分基準説」によれば,Aへの請求可能額は300万円（600万円－300万円）となるが,Aの負担部分額は変わらず200万円（∵当初の負担部分額200

万円＜免除額 300 万円）となる。結果として，BC の債務額も減少することはなく，請求可能額は 600 万円，負担部分額も各 200 万円のままとなる。

(d) 時　効

時効の完成が「絶対的効力事由」であるとすれば，消滅時効が完成した連帯債務者の負担部分につき，他の連帯債務者の債務も消滅することになる。その意味では「免除」に近い効果（と問題）をもたらすものであり，平成 29 年の民法改正によって「相対的効力事由」へと変更された。「履行の請求」以外の時効の完成猶予事由または更新事由についても相対的効力しか生じない。例えば，「仮差押え」による「完成猶予」(149 条) や「（債務の）承認」による「更新」(152 条) などである。同じく，時効（の利益）の「放棄」も相対的効力しかない。

(e) 無効および取消し

連帯債務者の 1 人につき，その債務の発生原因につき無効または取消し事由があったとしても，他の連帯債務者の債務につきその効力が妨げられることはない (437 条)。個々の連帯債務者の債務は独立していることに変わりはないからである。

(f) 過失等

連帯債務者の 1 人につき過失があったとしても他の連帯債務者に過失があったことにはならないし，（「履行の請求」以外を原因として）債務不履行が生じたとしても同様である。

(g) 意　思

第三者弁済（⇨第 3 章第 2 節 4 (1)(b)）につき正当な利益を有しない者は，原則として，債務者の意思に反して弁済をすることができない (474 条 2 項本文)。そこで，例えば，ABC が D に対して連帯して債務を負っており，第三者 E が A の意思には反せずに D に対して弁済をしたところ，これが BC の意思には反していた場合に，この A の「意思」の効果をどのように考えるかが問題となる。判例（大判昭和 14・10・13 民集 18 巻 1165 頁）は，E の弁済は A との関係では有効なものとなるが，BC との関係では無効になるとして，「相対的効力」にとどまるとする。

(h) 債権譲渡

ABC が D に対して連帯して債務を負っている場合において，D が A に対する債権のみを E に譲渡した場合，この債権譲渡の効果も「相対的効力」となる。すなわち，E は A に対して債権を有することになり，D もなお BC に対して債権を有することになるけれども，この債権譲渡の効果は相対的効力にとどまり，ABC 間における連帯債務としての効力は存続するから，例えば，B が D に対して債務を全部弁済すれば，A の E に対する債務も消滅することになる。これは，連帯債務者の 1 人に対する債権のみが転付命令によって移転した場合であっても同様である（最判平成 3・5・10 判時 1387 号 59 頁）。

また，D が ABC に対する全債権を E に譲渡したところ，債務者対抗要件としての譲渡通知（467 条 1 項）を A のみにしかしなかった場合には，E は A のみにしかその債権譲渡を対抗することができない（「相対的効力」にとどまる）というのが判例の立場である（大判大正 8・12・15 民録 25 輯 2303 頁）。

4 内 部 関 係

(1) 概　　要

(a) 前提としての負担部分

「負担部分」とは，連帯債務者の内部関係において，最終的に負うべき債務の「割合」（負担の「額」ではない）を意味する。例えば，ABC が D に対して 600 万円の金銭債務を連帯して負っている場合において，ABC の負担部分は「各 200 万円」という表現は正確ではなく，この場合は，1：1：1 とか，平等の割合などと表現するのが正しい。200 万円はこの負担部分に相当する額（「負担部分額」という）ということになる。

　負担部分は，当事者の合意によって定めることができ，例えば，ある連帯債務者について「0」とすることもできる。事後的な変更も可能である。合意がない場合には，各連帯債務者が債務を負担することによって利益を受ける割合によって定まる。例えば，連帯債務者の 1 人が「保証人」の趣旨で連帯債務者となっているような場合には，負担部分は「0」となる旨の説明がなされることがある。また，共同不法行為（719 条）における，加害者間の求償権の行使につき，その前提となる各自の損害賠償債務（「（不真正）連帯債務」とされる）

に係る負担部分は「過失の割合」によって定められるというのが判例（最判昭和41・11・18民集20巻9号1886頁）の立場である。負担部分が明らかとならない場合には，「平等」になるとされる。

(b)　内　容

連帯債務者の1人が弁済その他，自己の財産をもって共同の免責を得たときは，その連帯債務者は，他の連帯債務者に対して，各自の負担部分に応じた額の求償権を取得する（442条1項）。自己の負担部分を超えて免責を得ているか否かは問われない（同条項）。例えば，ABCがDに対して600万円の金銭債務を連帯して負っており，負担部分が平等（負担部分額は各200万円）であるとき，AがDに600万円の弁済をすれば，BCに各200万円の求償をすることができるし，90万円のみ弁済したとしても，BCに各30万円の求償をすることができるといった具合である。求償権を得た連帯債務者は債権者の有していた債権や担保権について代位する（弁済による代位⇨第3章**第2節8**）。

求償権の根拠をどのように説明するかは様々ありうるが，ある連帯債務者が自己の財産をもって債務を消滅させれば，他の連帯債務者の債務をも消滅させることになるため，公平の見地から負担部分に応じた債務を分担させる，すなわち，求償を認めるのが妥当であるというような理解が説得的である。

(2)　求償権の成立

(a)　弁済その他自己の財産をもって共同の免責を得ること

求償権の成立には，連帯債務者は自己の財産から支出して（「出捐」と呼ばれる），免責を受ける（債務の消滅または減少が生じる）必要がある。したがって，条文にある「弁済」のほか，「代物弁済」，「供託」，「相殺」，「更改」（大判大正7・3・25民録24輯531頁），「混同」（大判昭和11・8・7民集15巻1661頁），「和解」などは，これにあたるが，「債務免除」（大判昭和13・11・25民集17巻2603頁）や「消滅時効の完成」には出捐がないため「免責を得ること」にはあたらない。

(b)　共同の免責

連帯債務者は免責を得るにあたり，自己の「負担部分（額）」を超えた出捐をしている必要はない（442条1項。大判大正6・5・3民録23輯863頁）。負担部分とは各連帯債務者が相互に負担している債務の割合をいうのであるから，連

帯債務者は負担部分（額）を超えた免責を得たか否かにかかわらず，その割合に応じて負担を割り付ける，すなわち，求償を認めることが公平に資するからである。不真正連帯債務についてはその存在意義の有無を含めて求償権の成立をめぐり議論がある（⇨ **5**）。

(3)　求償の範囲

(a)　出捐した額

連帯債務者は，共同の免責を受けた額を限度として，自己が出捐した額につき求償権を取得する。出捐の額が免責の額を超えるものであっても，求償できる範囲は免責を得た額にとどまる（442条1項かっこ書）。例えば，総額600万円の金銭債務の弁済に代えて，時価800万円の自動車をもって代物弁済をしたとしても，共同の免責を受けるのは600万円となることを想起すればよい。また，利息制限法の制限利率（利息1条各号）を超えた約定利率に基づく利息の弁済は原則的に無効となる（利息1条柱書）から，この超過部分の弁済については求償の対象とはならない（最判昭和43・10・29民集22巻10号2257頁）。

(b)　免責があった日以後の法定利息等

免責を得た連帯債務者は，免責があった日以後の「法定利息」および避けることができなかった費用，その他の損害賠償についても，求償の範囲とすることができる（442条2項）。弁済のために要した費用や，訴訟費用，執行費用（手続費用）などがこれにあたる。

(4)　通知を怠った場合の求償権の制限

(a)　概　要

連帯債務者の1人が，弁済その他自己の財産をもって「共同の免責」を得る際，その前後において他の連帯債務者に対して「通知」をしなければならず，これを怠ると求償の範囲が制限されるというある種の制裁を課せられる（443条参照）。「事前通知義務」（同条1項）とか「事後通知義務」（同条2項）などと呼ばれる。

(b)　事前通知義務

連帯債務者の1人が，他の連帯債務者に対して「事前の通知」をせずに「共

同の免責」を得た場合，他の連帯債務者が債権者に対抗することができる事由を有していたときは，他の連帯債務者は自己の負担部分につき，その事由をもって，共同の免責を得た連帯債務者に対抗することができる（443 条 1 項前段）。他の連帯債務者が，債権者に対抗することができる事由を主張する機会を確保する意図がある。条文上は「事由」という抽象的な表現になってはいるものの，実質的にこれは「相殺（権）」を意味することになる（例えば，他の連帯債務者が「弁済」したとすれば，後述の「事後通知義務」の問題となる。もっとも，439 条 2 項との関係で「相殺」すらも意味があるのかという疑義がある）。すなわち，ABC が D に対して 600 万円の金銭債務を連帯して負っており，負担部分が平等である場合において，A が D に対して 300 万円の金銭債権 α を有しているとすれば，A が α をもって自身の 600 万円の債務との相殺を主張する機会を確保する必要があるといった具合である。このとき，B が A に対して事前の通知をせずに D に対して 600 万円の弁済をし，A に対して 200 万円を求償したとすれば，A は自身の負担部分額たる 200 万円の範囲で，α をもってその請求を拒むことができる。

　他の連帯債務者が対抗することができた事由が「相殺」である場合（実質的には「相殺」くらいであるが）において，他の連帯債務者がこの「相殺」をもって，共同の免責を得た連帯債務者からの求償に対抗したときは，この免責を得た連帯債務者は，債権者に対し，相殺によって消滅すべきであった債務の履行を請求することができる（443 条 1 項後段）。すなわち，上記の例であれば，A からの対抗を受けた B は，D に対して α のうち，対抗を受けた額である 200 万円につき，D に対して請求することができることになる。法的構造としては，相殺をもって求償に対抗した連帯債務者の債権が，当該連帯債務者の負担部分のうち対抗を主張した範囲で，求償権を行使した連帯債務者に移転するというように説明される。

　もっとも，通知をするには他の連帯債務者の存在を知っている必要がある。それゆえ，他の連帯債務者の存在について知らなかった場合には，「事由」に基づく対抗を受けない（443 条 1 項前段参照）。443 条 1 項前段は「他の連帯債務者があることを知りながら」事前の通知をしなかった場合というような規定ぶりになってはいるが，主張立証責任の視点からは，共同の免責を受けた連帯債

務者が他の連帯債務者に対して求償権を行使した場合において，「債権者に対して主張できる事由があったこと」を抗弁として主張された際に，事前の通知をしたこと，または，当該連帯債務者の存在を知らなかった（善意であった）ことを，再抗弁するというような機能を有すると解される。

(c) 事後通知義務

連帯債務者の 1 人が，弁済その他自己の財産をもって共同の免責を得た場合においては，他の連帯債務者が二重弁済等をすることを防ぐために，免責を得たことを通知する義務を負う。条文上は，共同の免責を得たことを他の連帯債務者に通知することを怠ったために，他の連帯債務者が免責を得ていることを知らずに，さらに弁済その他自己の財産をもって免責を得るための行為をしたときは，この他の連帯債務者による免責を得るための行為は，有効であったものとみなすことができる（443 条 2 項）とされており，ややわかりにくい。要するに，ABC が D に対して 600 万円の金銭債務を連帯して負っており，負担部分が平等である場合において，A が D に対して 600 万円を弁済したにもかかわらず BC にこれを通知しなかったために，B がこれを知らずに D に重ねて 600 万円を弁済したとすれば，B の弁済を「有効」とみなすことができる結果，A が B に対して 200 万円の求償をしても B はこれを拒める一方で，B は A に対して 200 万円の求償をすることができるということである。

事後通知の場合にも，他の連帯債務者の存在を知っている必要がある。それゆえ，他の連帯債務者の存在について知らなかった場合には，このような「みなし」は働かない（443 条 2 項参照）。443 条 2 項も，「他の連帯債務者があることを知りながら」事後の通知をしなかった場合というような規定ぶりになってはいるが，免責を得た連帯債務者の「善意」が抗弁事由になると解される（もっとも，以下のように事前通知義務と事後通知義務とは 1 つの求償権につき同時に問題となりうるものであるから，単純化した主張立証責任の構造を描くのは危険である）。

ところで，事前通知義務と事後通知義務とは必然的に競合することになる。それゆえ，例えば，EF が G に対して 600 万円の金銭債務を連帯して負っており，負担部分が平等である場合において，E が G に対して 600 万円を弁済した後，事後通知義務を怠った一方で，F も E に対する事前通知義務を果たさずに同じく G に対して 600 万円を弁済したといった場合，F の弁済は「有効」

とみなされるか否か，といったことが問題となる。判例は，443 条 2 項の規定は「同条 1 項の規定を前提とするものであつて，同条 1 項の事前の通知につき過失のある連帯債務者までを保護する趣旨ではないと解すべきである」（最判昭和 57・12・17 民集 36 巻 12 号 2399 頁）として，事前通知を怠った F については同条 2 項による保護を受けない（有効な弁済とみなされない）としている。事前通知をすれば E の弁済を知ることができたはずだからである。

(5)　無資力者がいる場合の負担部分の分担

　連帯債務者の中に，他の連帯債務者からの求償に応じる資力がない者，すなわち，無資力者がいる場合においては，その償還ができない部分につき，求償者と他の資力ある連帯債務者との間で，各自の負担部分に応じて分割して負担される（444 条 1 項）。本条は，求償者，つまり，共同の免責を得た連帯債務者のみに，無資力者の負担部分を負わせることは公平の見地から見て不当であり，資力ある連帯債務者間の負担部分に応じてこれを負担させることが，負担部分の考え方からも公平に適うということから正当化される。

　例えば，ABC が D に対して 600 万円の金銭債務を連帯して負っており，負担部分は平等であるという場合において，A が D に対して 600 万円を弁済した後，B に対して負担部分に相当する 200 万円を求償したところ，B が無資力になっていたということであれば，この 200 万円につき，A と C の負担部分に応じて 1：1 の割合（各 100 万円）で負担するといった具合である。償還不能な範囲は，負担部分の一部でもよく，その際には，その一部の償還不能な部分につき，他の資力ある連帯債務者間で負担部分に応じた割り付けがなされる。また，求償者と他の資力ある連帯債務者が負担部分を有しない場合には，無資力者の償還不能な部分は平等の割合でこれらの者に負担されることになる（444 条 2 項）。先の例で，A および C の負担部分が 0（B が 100）である場合において，B が無資力であるならば，B の負担部分額 600 万円が 1：1（各 300 万円）で A および C に割り付けられることになる。

　償還を受けることができないことにつき求償者に過失がある場合には，無資力者の負担部分に係る分担を求めることができない（444 条 3 項）。ここにいう「過失」とは，適時に求償をしなかったために，他の連帯債務者が無資力にな

ってしまった，というようなことが例示される。この過失については，分担を求められた被求償者たる連帯債務者側が抗弁として主張立証することになる。

⑹　連帯債務者の1人の免除および時効

連帯債務者の1人について債務の免除がされたり，また，消滅時効が完成したりした場合であっても，他の連帯債務者はその連帯債務者に対して442条1項による求償権の行使が認められる（445条）。免除や時効の完成は相対的効力しか有しないからであり（⇨**3**⑶），また，このように解さないと自己の出捐をもって免責を得た者が，自身の負担部分を超えて当該連帯債務者の負担を引き受けることになるという不当な結果がもたらされるからである。実際の機能としては，共同の免責を得た連帯債務者からの求償に対して，被求償者が自身の負担部分に係る債務につき免除または時効消滅したことをもって，この請求を拒むことができないといった具合に働くことになる。

この際，求償に応じた連帯債務者が，自身の負担部分に係る債務の免除または時効消滅を理由として，債権者に対して不当利得の返還請求を行うことができるかという議論がある。免除と時効の場合とを同一視することはできず，また，不当利得法の解釈にも関わる問題であるため，単純な結論は避けるべきではあるけれども，被求償者は445条の規律に基づき償還の義務を負うという事実は，これを否定する論拠（法律上の原因があることになるため不当利得を構成しない）の1つとなる。

5　不真正連帯債務

例えば，共同不法行為（719条）のように，複数の加害者が被害者に対していわば連帯して損害賠償債務を負うような場合がある。この際，連帯債務にいう給付の一倍額性は認められてよいとしても，被害者たる債権者の債権を弱めることになる「絶対的効力事由」は制限されるべきであるし，そもそも，複数の加害者間に「負担部分」があるわけではない。そこで，判例および学説は，このような債務を「不真正連帯債務」と措定して，連帯債務と区別するという処理を行ってきた（厳密には通常の連帯債務ではないという意味ではあるが，実質的にはこのような場面で用いられる概念となる）。例えば，各共同不法行為者が負う

損害賠償債務のほか，「使用者責任」における使用者の損害賠償債務（715条1項）と被用者の損害賠償債務（709条），および，使用者の損害賠償債務と監督者の損害賠償債務（715条2項），責任無能力者の監督義務者の損害賠償債務（714条1項）とその代理監督者の損害賠償債務（同条2項），「土地工作物責任」における占有者（所有者）の損害賠償債務（717条1項）とその原因者の損害賠償債務（同条3項），動物の占有者の損害賠償債務（718条1項）とその管理者の損害賠償債務（同条2項）などが，これにあたる。

　もっとも，不真正連帯債務であっても，債務者（加害者）間における求償を認め，その前提として「負担部分」を観念することは許されてよい。それゆえ，判例（最判昭和41・11・18民集20巻9号1886頁）も共同不法行為の事例において，各加害者の「過失の割合」をもって「負担部分」とし，求償権を行使することを認めている。すると，連帯債務と不真正連帯債務とを区別する点は「絶対的効力事由」の差ということになり，実際，平成29年の民法改正前においては，「（履行の）請求」，「免除」，「時効の完成」も絶対的効力事由とされていた連帯債務とは異なり（後掲表7-1参照），不真正連帯債務については弁済およびこれと同視すべき事由以外はすべて「相対的効力」しかないというように解されていた。しかし，平成29年の民法改正は連帯債務につき，まさに，弁済およびこれと同視すべき以外はすべて「相対的効力事由」として整理したのである以上（⇨**3**参照），不真正連帯債務の概念自体を維持することに疑問が生じる。

　しかし，それでもなお，影響関係と求償権との2点において両者の差は意識されてよい。まず，影響関係につき，連帯債務においては「混同」も「絶対的効力事由」となるが，不真正連帯債務においては否定される場合がある（共同不法行為の事例につき，最判昭和48・1・30判時695号64頁），連帯債務においては「和解」と「免除」は「相対的効力事由」となるが，不真正連帯債務においては当事者の意思によって「和解」を通じた「免除」が総債務者（全加害者）に絶対的効力を及ぼすと解される場合がある（共同不法行為の事例につき，最判平成10・9・10民集52巻6号1494頁），という違いが見られる。さらには，債権法改正後は「履行の請求」が相対的効力へと変更されたため，その意味では連帯債務の効力が弱められる（⇨**3**(3)）ことを考慮すると，不真正連帯債務概念を維持したうえで「履行の請求」を絶対的効力事由とするといった配慮をする可能

性はあっても良いのではないか（最判昭和57・3・4判時1042号87頁は「（履行の）請求」を絶対的効力事由とする改正前民法434条は不真正連帯債務には適用されない旨を述べるが，被害者救済の視点からはすべての場合にそう解する必然性はないように考えられる）。次に，求償権の行使にあたり，連帯債務においては自己の負担部分を超えた共同の免責を得ずとも求償権を行使できるが，不真正連帯債務においては，自己の負担部分を超える弁済をしないと求償権を行使できないとされる場合がある（共同不法行為の事例につき，最判昭和63・7・1民集42巻6号451頁），という違いもある。仮に，不真正連帯債務をめぐる，これらの従前の判例が維持されるとするならば，改正後の民法においても連帯債務との違いは残ることになり，同概念を維持する意味が生じる。もっとも，不真正連帯債務という概念は，例示から見ても趣旨からしても，主として「不法行為」の場面における被害者救済の側面から，加害者の債務の有り様を説明するものとして用いられているといえる。そうであれば，あえて「不真正連帯債務」などという概念を用いずとも，各事案に応じて，「連帯債務」の規律を修正すればそれで足りるとも考えられる。意識すべきは，概念自体の要否ではなく，事案処理の妥当性にある（議論の詳細は⇨LQ民法Ⅴ〔第2版〕第2編第5章**第6節6**）。

第4節　連帯債権

1 概　　要

連帯債権とは，債権の目的がその性質上「可分」である場合において，数人（の債権者）が連帯して債権を有する場合において，その各債権者は，総債権者のために全部または一部の履行を請求することができ，債務者は，総債権者のために各債権者に対して履行をすることができる，といった債権である（432条）。例えば，適法になされた転貸借関係において，原賃貸人と転貸人（賃借人）とが転借人に対してそれぞれ有する賃料債権（613条），同一の損害について複数の被害者がいる場合の各被害者が有する損害賠償債権がこれにあたるとされる。連帯債権は，法令の規定のほか，「当事者の意思表示」によって成立させることもできる（432条）。ABCがDに対して有する100万円の金銭債権

を，債権者 ABC および D の合意により連帯債権とするといった具合である。

　連帯債権においては，債権者の 1 人が弁済を受けた場合に総債権者との関係で債権が消滅する以上，その債権の利益の帰属割合を考える必要がある。連帯債務の「負担部分」に対応するものである。民法上に特段の規定はないが，「負担部分」に対応させて，その割合は，法令の規定に従うほか，当事者の合意によって定めることができ，これがなければ原則的に平等と解すべきである。

2 連帯債権の効力

(1) 対外的効力

　各債権者は総債権者のために，債務者に対して債権の全部または一部の履行を求めることができ，また，債務者も各債権者に対して履行すれば，総債権者のために履行したことになる（432条）。例えば，ABC が D に対して 150 万円の連帯債権を有している場合において，ABC はそれぞれ D に対して自身に 150 万円またはその一部の弁済を請求することができ，D も ABC の誰に対してもこれを弁済することができる。この際，D が弁済すると，ABC 全員につき，弁済がなされた範囲で債権が消滅することになる。

(2) 影響関係

　連帯債権においては，「弁済（の提供）」，「代物弁済」，「供託」，「更改又は免除」（433条），「相殺」（434条），「混同」（435条），「（履行の）請求」（432条）が絶対的効力事由となる。「連帯」という性質上，連帯債務に類する扱いとなるが，連帯債務と異なり「請求」と「免除」とが絶対的効力事由となる。請求については，債務者の保護という視点（⇨**第3節3**参照）を考慮する必要がないことを想起すればよい。免除については「更改」との関係で以下に説明する。

　433 条は，連帯債権者の 1 人と債務者との間で更改または免除があった場合には，当該連帯債権者が権利を失わなければ分与されるべき利益に係る部分につき，他の連帯債権者は履行を請求することができないとしている。例えば，ABC が D に対して 150 万円の金銭債権を連帯して有しており，利益の帰属割合が平等である場合において，A が D との関係で当該金銭債権を，A 所有の甲建物の屋根を修理することを内容とした債権へと変える旨の更改契約を締結

したとする。このとき，BC は，A が「権利を失わなければ分与されるべき利益」である 50 万円については D に対して請求することができなくなり，100 万円のみの連帯債権が BC と D との間で残ることになる。

また，同様の例で，A が D に対して債務免除をすれば，同じく，A の利益部分たる 50 万円について BC は D に対して請求することができなくなり，100 万円のみの連帯債権が残存することになる。連帯債務のように免除を相対的効力事由とすると，BC がなお 150 万円の連帯債権を D に対して有することになる。仮に，D が B に対して 150 万円を弁済したとすれば A の利益部分たる 50 万円は A に交付することになるが，しかし，AD 間では債務免除がなされている以上，D は A に対して 50 万円の不当利得の返還請求ができることになる。このような迂遠な処理を避けるため，連帯債権では免除が絶対的効力事由になっている。

以上の事由以外は「相対的効力事由」となる点では，「相対的効力の原則」が認められる（435 条の 2 本文）。なお，連帯債務と同様，連帯債権者の 1 人が債務者との合意によって，他の連帯債権者に生じた事由を絶対的効力事由として扱ったり，絶対的効力事由を相対的効力事由にしたりすることは許される（453 条の 2 ただし書）。

(3)　内 部 関 係

連帯債権については内部関係を定める規定がないため，「連帯」で共通する連帯債務の規定（442 条〜445 条）を解釈の拠り所にするといった考え方が提示されている。先に述べたように，各連帯債権者間における利益の帰属割合に従い，利益の分配がなされるのはこの例となる。

第 5 節　不可分債権・債務

1　不可分債権

(1)　概　　要

不可分債権とは，複数の債権者に帰属する債権の目的が「その性質上不可

分」である場合に成立する（428 条）。性質上不可分であるがゆえに，各債権者は独立して，総債権者のために債権の履行を求めることができ，債務者はいずれの債権者に対しても弁済（履行）をすることができるし，弁済がなされれば，総債権者のために債権は消滅する（428 条〔432 条準用〕）。例えば，数人が供託した 1 枚の公債に係る供託物取戻請求権（大決大正 4・2・15 民録 21 輯 106 頁），物の共有者の第三者に対する共有物引渡請求権（大判大正 10・3・18 民録 27 輯 547 頁），土地の共有者の土地上の建物の所有者に対する建物収去土地明渡請求権（最判昭和 36・3・2 民集 15 巻 3 号 337 頁），建物の共有者による貸借関係終了後の建物明渡請求権（使用貸借の事案につき，最判昭和 42・8・25 民集 21 巻 7 号 1740 頁）などがこれにあたるとされる。

　不可分債権においても，債権者の 1 人が弁済を受けた場合に総債権者との関係で債権が消滅する以上，その債権の利益の帰属割合を考える必要がある。連帯債権と同様であり，民法上には特段の規定はないが，連帯債務における「負担部分」の思考に対応させて，法令の規定に従うほか，当事者の合意によって定めることができ，これがなければ原則的に平等と解すべきである。

　平成 29 年の民法改正前においては，可分債権であっても，当事者の意思表示によって「不可分債権」とすることができた（改正前民法 428 条）。しかし，可分債権を「不可分」として扱うということは実質的に「連帯債権」を創出することにほかならないところ，改正後の民法では「連帯債権」を明文化した以上，意思表示による「不可分債権」の創出は否定しつつ，性質上「可分」か「不可分」かという要素をもって両者を区別するという規定ぶりになっている。それゆえに，両者の類似性から，不可分債権は，原則的に連帯債権に係る規定を準用しつつ，「不可分」であるがゆえに修正が必要な規律（絶対的効力事由としての「更改又は免除」〔433 条〕および「混同」〔435 条〕）については，別途，規定を設けるという構造になっている（428 条）。

(2)　効　　力

(a)　対外的効力

「(1)　**概要**」の通りである。債権者全員で履行を求める必要はないけれども，性質上不可分であるがゆえに一部履行を求めることはできない。

(b)　影響関係

　連帯債権の規定が原則的に準用される。すなわち，「相対的効力の原則」（435条の2本文）を前提に，「弁済（の提供）」，「代物弁済」，「供託」，「相殺」（434条），「（履行の）請求」（432条）が「絶対的効力事由」となる（428条による準用）。もっとも，「更改又は免除」および「混同」については，「不可分」という性質から「相対的効力事由」として扱われ，絶対的効力事由として扱われる連帯債権（433条・435条）との違いが生じる。

　「更改又は免除」については独自の規定を有する。不可分債権者の1人と債務者との間で更改または免除があった場合においても，他の不可分債権者は，債務の全部の履行を請求することができる（429条前段）。この際，免除または更改を行った不可分債権者が，権利を失わなければ分与されるべき利益を，「債務者」に償還しなければならない（同条後段）。例えば，ABCがDに対して時価300万円の甲自動車の引渡請求権を有しており，利益の帰属割合が平等である場合において，AとDとの間で，甲自動車の引渡しに代えて，A所有の乙建物の屋根を修理することを内容とした債権へと変える旨の更改契約を締結したとする。このとき，甲自動車の引渡請求権は「不可分」である以上，Aに係る利益の帰属割合に相当する部分のみ「更改」によって消滅する（513条柱書）などということは観念できないから，BCはなお，甲自動車の"全部"の引渡しを求めることができる。もっとも，AD間では更改契約を通じて当該不可分債権は消滅したとみなされるため，Aは当該不可分債権の利益の帰属主体とはならず，また，DもAとの関係では債務は消滅したとみなされるわけであるから，Dは，甲自動車のAに係る利益の帰属割合額たる100万円につき，Aに対して償還を求めることができる。同様の理屈から，AがDに対して（債務の）免除をしたとすれば，BCはなおDに対して甲自動車の引渡請求をすることができ，DはAに対して100万円の償還を求めることができる。

　「混同」についてはこうである。例えば，ABCがDに対して甲自動車の引渡請求権を有しており，利益の帰属割合が平等である場合において，AがDを相続したとすれば，混同によりAD間における当該引渡請求権は消滅する（520条）。このとき，当該請求権の「不可分」としての性質から，Aに係る利益の帰属割合部分のみ引渡請求権が消滅するというわけにはいかないため，

BCはDの地位を承継したAに対して，甲自動車の"すべて"の引渡しを求めることができるという帰結が導出される。

　連帯債権に準じて，不可分債権者の1人と債務者との間で，他の不可分債権者に生じた事由について絶対的効力事由とするか相対的効力事由とするか，以上とは別途の合意をすることは可能である（428条〔435条の2ただし書準用〕）。

(c)　内部関係

各不可分債権者間における利益の帰属割合に従い，利益の分配がなされる。

(d)　可分（分割）債権への転換

　不可分債権が可分（分割）債権となった場合には，可分（分割）債権（427条）としての扱いに変わる。すなわち，各債権者は各自が権利を有する部分についてのみ債務者に履行を求めることができる（431条）。例えばABCがDに対して有する甲自動車の引渡請求権（不可分債権）につき，Dの過失による甲自動車の滅失に伴い損害賠償請求権（金銭債権たる可分〔分割〕債権）が生じたといった具合である。

2 不可分債務

(1)　概　要

　不可分債務とは，複数の債務者に帰属する債務の目的が「その性質上不可分」である場合に成立する（430条）。性質上不可分であるがゆえに，債権者はいずれの債務者に対しても債務の履行を求めることができるし，各債務者は独立して，総債務者のために債務の弁済をすることができ，弁済がなされれば，総債務者のために債務は消滅する（430条〔436条準用〕）。

　例えば，共同賃借人の賃借目的物の返還債務（大判大正7・3・19民録24輯445頁），共有物の売買契約に基づく目的物引渡債務（大判大正12・2・23民集2巻127頁）などがこれにあたるとされる。不動産の売主が所有権移転登記義務を履行しないままに共同相続がなされた場合における共同相続人の所有権移転登記手続義務も不可分債務とする考え方もある。判例には，共同相続人に対する移転登記手続請求訴訟は，必要的共同訴訟にはあたらず，一部の共同相続人に対してのみ提起することができるとするもの（最判昭和36・12・15民集15巻11号2865頁）があり，一部の債務者に対する訴訟により債務者全員に効力が及ぶ

という点を捉えて，不可分債務という性質を正当化する向きもある。しかし，当該手続は共同相続人全員によりなされる必要がある（⇨第 6 章第 2 節 **5** Column 6-2 ）という点で，債務者 1 人の履行で足りる不可分債務とは馴染まない性質を有しており，特殊な債務（「合同債務」などと呼ばれる）として扱うべきである。

　不可分債務においても，数人の債務者がいるために，連帯債務において見た「負担部分」を観念する必要がある。民法上には特段の規定はないが，その割合は，法令の規定に従うほか，当事者の合意によって定めることができ，これがなければ原則的に平等と解すべきである。

　平成 29 年の民法改正前においては，明文はないものの，不可分債権と対応させて，可分債務を当事者の意思表示によって「不可分債務」とすることができると解されていた。しかし，同改正によって「連帯債務」に係る絶対的効力事由が大幅に削減され（⇨第 3 節 **1** (2)），不可分債務との同質性が見られることになったため，意思表示による「不可分債務」の創出は否定しつつ，債務の性質上「可分」か「不可分」かという要素をもって，両者を区別するという規定ぶりとなっている。したがって，両者の同質性ゆえに，不可分債務は，原則的に連帯債務に係る規定を準用しつつ，「不可分」であるがゆえに修正が必要な規律（絶対的効力事由としての「混同」〔440 条〕）については，準用されないという構造になっている（430 条）。

> Column 7-3　**性質上「不可分」な債務**
>
> 　何をもって性質上「不可分」とするのかは難しい問題である。例えば，先の共同相続人の所有権移転登記手続義務のほかにも，「共同賃借人の賃料債務」をどう考えるかという議論がある。従前の判例は，各共同賃借人は賃貸人に対して賃借物のすべてを使用収益しうる地位にあるのだから，これに対応する賃料債務も反対の事情がない限り「性質上之ヲ不可分債務」と認めざるを得ないとしていた（大判大正 11・11・24 民集 1 巻 670 頁）。しかし，賃料債務は金銭債務である以上，可分な性質を有することが原則であり，そうであれば，平成 29 年の民法改正後においてはこれを「不可分債務」として扱うことは難しいという結論が導出されうる（その結果，連帯債務としての扱いを受けることになるのが筋である）。しかし，「分割債権」においても見たように（預貯金債権につき⇨第 2 節 **3** ），「金銭債権・債務」であることが必ずしも「可分」に対応す

る性質となるわけではなく，上記判決の趣旨から見ても，賃料債務を性質上不可分と扱うことは必ずしも否定されるものとはいえない。この議論は「連帯債務」と「不可分債務」とをめぐる規律の違いによって，当事者間にいかなる利害が生じるのかといった視点をも考慮した結論を導出する必要があり，なお残された問題といえる。

(2)　効　　力

(a)　対外的効力

「(1)　概要」の通りである。性質上不可分である以上，一部履行請求をすることはできない。

(b)　影響関係

原則として「連帯債務」の規定が準用される。すなわち，「相対的効力の原則」(441 条本文) を前提としつつ，「履行の請求」(436 条)，「更改」(438 条)，「相殺」(439 条) が絶対的効力事由となる (430 条による準用)。連帯債務については絶対的効力事由として扱われる「混同」は，不可分債権と同様の理由から，不可分債務においても準用されず「相対的効力事由」となる。すなわち，ABC が D に対して，甲建物の明渡債務を負っており，負担部分が平等である場合において，A が D を相続したとすれば，混同により AD 間における当該明渡債務は消滅する (520 条)。このとき，当該明渡債務の「不可分」としての性質から，A の負担部分に相当する部分のみ当該明渡債務が消滅するというわけにはいかないため，BC は D の地位を承継した A に対して，甲建物の "すべて" について引渡債務を負うという帰結になる。

連帯債務に準じて，不可分債務者の 1 人と債権者との間で，他の不可分債務者に生じた事由を絶対的効力事由とするか相対的効力事由とするかにつき，以上とは別途の合意をすることは可能である (430 条〔441 条ただし書準用〕)。

(c)　内部関係

各不可分債務者の負担部分に従い，求償等がなされる (430 条〔442 条準用〕)。

(d)　可分 (分割) 債務への転換

不可分債務が可分 (分割) 債務となった場合には，可分 (分割) 債務 (427 条) としての扱いに変わる。不可分債権と同様である。すなわち，各債務者は各自

【表7-1】　多数当事者の権利債務関係における対外的関係と影響関係

	法的性質	対外的効力	絶対的効力事由（影響関係）
給付が可分	分割債権	■427条 ・各々独立した債権 ・分割割合は原則平等 ※異なる意思表示は可能	原則として影響しない
	連帯債権	■432条 ・「債権者」は 　総債権者のために「履行請求」が 　可能 ・「債務者」は 　総債権者のために「履行」が可能	■432条～435条の2 ・弁済（弁済の提供） ・代物弁済 ・供託 ・請求 ・相殺 ・更改 ・免除 ・混同 ＋当事者の合意で変更可能
	分割債務	■427条 ・各々独立した債務 ・分割割合は原則平等 　※異なる意思表示は可能	原則として影響しない
	連帯債務	■436条 ・「各債務者」に対して 　全部または一部の「履行請求」が 　可能 ・「総債務者」に対して 　同時にもしくは順次に全部または 　一部の「履行請求」が可能	■436条～441条 ・弁済（弁済の提供） ・代物弁済 ・供託 ・相殺 ・更改 ・混同 ＋当事者の合意で変更可能
	不真正連帯債務 ※概念自体不要？	連帯債務の規定に準拠	・弁済（の提供） ・代物弁済 ・供託 ※「請求」を加える解釈あり
給付が不可分	不可分債権	■428条による432条準用 ・「債権者」は 　総債権者のために「履行請求」が 　可能 ・「債務者」は 　総権者のために「履行」が可能	■428条による連帯債権規定の準用 ・弁済（弁済の提供） ・代物弁済 ・供託 ・請求 ・相殺 ＋当事者の合意で変更可能 ※更改と免除：相対的効力事由 （429条）
	不可分債務	■430条による連帯債務規定の準用 ・「各債務者」に対して 　全部の「履行請求」が可能 ・「総債務者に」に対して 　同時にまたは順次に全部の「履行 　請求」が可能	■430条による連帯債務規定の準用 ・弁済（弁済の提供） ・代物弁済 ・供託 ・相殺 ・更改 ＋当事者の合意で変更可能 ※440条（混同）は準用されない

の負担部分についてのみ履行の責任を負う（431条）。例えばABCがDに対して負う甲自動車の引渡債務（不可分債務）につき，損害賠償債務（金銭債権たる可分〔分割〕債務）が生じたということを想起すればよい。

第6節　保証債務

1 総　　論

(1)　意　　義

BがAに対して債務を履行しないときに，これをCが履行する責任を負うことを保証という（446条1項）。保証においては，Aを「債権者」，Bを「主たる債務者」，Cを「保証人」という。Cが保証に基づいてAに対して負う債務を「保証債務」といい，保証債務との関係では，BがAに対して負う債務を「主たる債務」という。保証は，AC間の保証契約に基づいて成立する。BC間では，保証をするにあたって，CがBから委託を受けたのであれば「保証委託契約（保証に係る委任契約）」が成立する。委託がない場合でも，あるいは，Bの意思に反していても，Cは保証人となることができる（このとき，BC間には「事務管理」関係が成立する）。

保証は，主たる債務を担保する機能を有するけれども，ここでいう担保とは，一方で，純粋にCの資力がこれに充てられるということを意味しつつ，他方で，Cをある種「人質」にして，Bに対して（あるいは，C自身に対して）精神的圧力をかけるという意味もある。親の債務を子が保証する，または，その逆を想起すればよい。換言すれば，保証は必ずしも保証人の資力をあてにせずに用いられることもあるというわけである。いずれにしても，Cという人（の資力）そのものが担保になるという意味で，保証は「人的担保」の代表的なものである。また，抵当権のような物的担保とは異なり，Cの特定の財産が担保の対象となるわけではなく，Cの財産（責任財産）のすべてが担保の対象となる。それゆえ，Cにとっては，思わぬ経済的損失を被る可能性があり，民法は，平成16年および同29年の改正を通じて，保証人を保護するための多数の規律を有するに至っている（⇨*6*(4)）。

⑵ 保証の類型

⒜ 概 要

保証は現実には様々な目的で用いられるが，一定の分類はできる。この分類は，保証の機能面，または，保証人が負うリスクといった視点から見た，単なる"呼称"にすぎないものの，一般的なものは紹介しておくことが便宜である。分類の基準は複数考えられるところ，"保証人が誰なのか"といった「主体」の視点，"保証人が負う債務の額"といった「範囲」の視点，および，"主たる債務がいかなるものか"といった「主たる債務の性質」の視点が有意である。

⒝ 主 体

「主体」の視点から見れば，自然人のみならず法人も保証人になることができ，自然人によるものを「個人保証」，法人によるものを「法人保証」と呼ぶ。法人の中には，信用保証協会や信用保証会社のように，保証料の対価として保証を提供するものもあり，このような保証を業とする法人による保証を「機関保証」や「信用保証」（後述⇨ **6** (3)のようにより広い意味で使用されることもある）と呼ぶことがある。個人保証においても，会社の債務をその経営者が保証する「経営者保証」（⇨ Column 7-7 ）や，主たる債務者の債務を親族や友人がいわば義理で保証する「情義的保証」といった呼称もよく用いられる。経営者保証は，経営者を保証人とすることにより会社に債務不履行が生じれば自らの資産の拠出を余儀なくされるという，いわば危機感を抱かせ，経営に対するインセンティブを与えるという役割もある。また，情義的保証は，親族等を保証人とすることによって，債務を弁済しないと親族等に迷惑がかかるという精神的圧力を主たる債務者にかけることで弁済を促し，しかも，保証人も身内であるがゆえに，主たる債務者に対し弁済への対応を積極的に働きかけることができるという役割も期待される。要するに，両者は，先に述べた「人質」としての保証の役割が強く，保証人の経済的破綻を生じさせやすいものとなる。

同じく「主体」の視点から見た場合でも，主たる債務者との法的関係性や保証人の数から分類することもできる。法的関係性から見ると，保証人は主たる債務者が債務を弁済しない場合にその主たる債務の弁済として保証債務を弁済する者である（446条1項参照）ところ，あたかも連帯債務者のごとく主たる債務者と同様の立場で保証人になることもある。このような保証を「連帯保証」

(⇨ **6**(1)) と呼ぶ（連帯保証でない保証を「単純保証」と呼ぶこともある）。保証人は主たる債務者から委託を受けて保証契約を締結する場合もあれば，単に債権者から依頼されたのみの場合もあり，前者を「受託保証」，後者を「無委託保証」などと呼ぶ。また，保証人は複数とることも可能で，複数人による保証を「共同保証」(⇨ **6**(2)) という。共同保証人間で連帯の効力を持たせることも可能であり，これを「保証連帯」(⇨ **6**(2)) といい，主たる債務者と連帯になる連帯保証とは区別される。

(c) 範　囲

「範囲」から見れば次のようなことになる。例えば，1000 万円の金銭債権というある特定の債権を保証する，いわば"通常の"保証である「特定債務保証」に対して，ある一定の期間に生じる債務について保証する「根保証（継続的保証)」といったものもある。根保証については，保証の期間と保証額の上限（極度額）とが定まっている「限定根保証」もあれば，これらがなく文字通り一切の債務を保証する「包括根保証」もあり，特に包括根保証は，事実上，無制限な保証債務を負わされることもあるため，とりわけ危険な色彩をもつ。それゆえ，一定の根保証契約の締結が民法により禁じられている（⇨ **6**(4))。

(d) 主たる債務の性質

「主たる債務の性質」からは次のように概観できる。例えば，同じ金銭債務であったとしても，単に生活資金として使用するための借入金としての債務なのか，事業資金としてのものなのかにより，保証の性質は異なる。事業資金は多額になりうることから，保証人の負担が大きくなりがちであることを想起すればよい。また，賃貸借契約より生じる債務を保証する「賃貸借保証」は，現在でも多くの賃貸借契約において用いられるものであるが，賃貸借保証は，その対象が賃料のみならず，用法遵守義務違反等から生じる損害賠償債務など，賃貸借契約より生じる一切の債務を保証することになりうることから，単純な金銭債務の保証とは異なる性質を持つ。賃貸借保証は，住宅供給の視点から債権者たる賃貸人の利益も考える必要があり，保証の中でも独特の地位を有している。ほかにも，被用者が雇用契約上の義務に反して第三者に損害を与えた場合に，その損害賠償債務を保証する「身元保証」といったものもあり，これは「身元保証ニ関スル法律」（身元保証法）という特別法によって規律を受ける。

老人ホームへの入居の際に求められる“身元保証”といったものもあるが，これは，入居に関して生じる金銭債務を保証するほかに，身元の“引き受け”といった色彩も含んでおり，純粋な保証ではない（少なくとも「身元保証法」にいう「身元保証」ではない）ものの，保証的な機能を含んだ現代的な保証の一機能（「身元保証サービス」とか，「保証的機能」などと呼ばれる）として注目される。在学契約に係る“保証”もこの一種といって良い。

(3) 保証の性質

(a) 債務の別個独立性

保証債務と主たる債務とは別個独立した債務である。これは具体的に次のようなことを意味する。すなわち，(ア)保証債務は主たる債務と異なる発生原因（保証契約）をもつ，(イ)保証債務と主たる債務は別々に消滅することもある，(ウ)保証債務についてのみ違約金や損害賠償の定めをすることができる，(エ)保証債務を主たる債務とする保証もできる（「副保証」という），ということである。

(b) 給付の同一内容性

保証債務は基本的に主たる債務と同一内容の給付を目的とする。もっとも，主たる債務の給付内容が不代替的であっても，その債務から損害賠償債務等が生じることもあり，これを前提とした保証も可能である。何を保証の範囲とするかは当事者の合意（保証契約）とその解釈によって定まるものであるため，あえて同一内容性を保証の一般的な性質とする必要はない。

(c) 附従性

保証債務は主たる債務とは別個独立に存在するものではあるけれども，主たる債務を担保するものである以上，その影響を受ける（運命を共にする）ことになる。具体的には，以下のような性質がある。すなわち，(ア)主たる債務が成立しなければ保証債務も成立しない（「成立における附従性」），(イ)主たる債務の内容が変更されれば保証債務の内容も変更され，保証債務が主たる債務より重くなることはない（「内容における附従性」），(ウ)主たる債務が消滅すれば保証債務も消滅する（「消滅における附従性」），(エ)主たる債務に生じた事由は保証債務にも影響する（457条等），および，(オ)保証人は主たる債務者が有する抗弁権をもって履行請求等に対抗しうる（457条2項3項）ということである。なお，主た

る債務を生じさせた原因（契約等）が無効・取消しまたは解除となれば保証契約もその結果に従うけれども，この場合に，損害賠償義務や原状回復義務が保証債務の内容となるかどうかは問題として残る（⇨ **2**(4)）。

(d)　随伴性

主たる債務が譲渡されれば，保証債務もこれに伴って移転する。附従性が有する性質の一態様である。

(e)　補充性

保証人は主たる債務者が債務を履行しない場合に，その債務を履行すればよい。それゆえ，保証人は債権者が弁済を求めてきた場合，まずは主たる債務者に催告するよう求める「催告の抗弁権」（452条）や，主たる債務者の財産につき執行するよう求める「検索の抗弁権」（453条）を行使しうる（⇨ **4**(1)）。ただし，これらの抗弁権は合意により排除することができ，保証が連帯保証である場合には，当然に失われる（454条）。したがって，保証は通常，"連帯"にて合意されることから，これらの抗弁権が実際に意味を持つことは少ない。

> **Column 7-4**　附従性なき人的担保
>
> 　ある者が損害を発生させたことと，その賠償義務を負うこととは次元が異なる。損害が発生しても415条や709条の要件が充足されるか否かは別であることを想起すればよい。損害を生じさせた者が賠償義務を負うか否か（債務があるか否か）を問わず，第三者がこれを賠償するといった契約があり，これを「損害担保契約」という。第三者が損害の塡補を"担保する"という点では保証に類似するが，主たる債務の存在を前提としない，いわば附従性なき担保であり，性質としては，保険契約に近いと評価されることもある。

2　保証債務の成立

(1)　当　事　者

保証債務は債権者と保証人との間の保証契約に基づいて成立する。遺言によっても成立する（例えば，ある金額の遺贈につき，遺言で相続人の1人を主たる債務者，1人をその履行の保証人として指定する場合など）。主たる債務者の意思に反していてもかまわない（462条2項参照）。保証人が主たる債務者からの委託を受けて締結された「保証委託契約」（委任契約の一種）に基づき保証契約を締結す

る場合（受託保証）と，委託を受けないでする場合（無委託保証）とがある。い
ずれも，主たる債務者は保証契約の当事者となるわけではないが，委託の有無
は，保証人の主たる債務者に対する求償権等に影響を与えることになる（⇨ **5**
）。それゆえ，保証契約の直接の当事者でない主たる債務者をめぐる事情や性
質は，原則的に保証契約の成否に影響しないことになる。例えば，主たる債務
者の「資力」や他に保証人や抵当権設定者等の「担保提供者」がいるか否かと
いうような，保証債務の弁済を求められるか否かに関わるような事情に瑕疵や
誤解があっても，それは，あくまでも保証契約締結の「動機」の問題にすぎな
いといった具合である（⇨ LQ民法Ⅰ〔第2版補訂版〕第7章**第5節 4**(2)(b)）。

　したがって，保証人がこのような事情に係る瑕疵や誤解を理由として保証契
約の成否を争うとすれば，それが，保証人自身の誤解に起因するのであれば
「基礎事情錯誤」（95条1項2号）の問題として，主たる債務者等の第三者の言
動等に惹起されたものであれば「第三者詐欺」（96条2項）の問題として，扱
われることになる。しかし，要件の厳格さゆえに，このような錯誤や詐欺によ
る契約の取消しが認められることはあまりない。実際，判例においても，例え
ば，主たる債務者の信用状態に錯誤があった事例（大判昭和20・5・21民集24巻
9頁），他に（連帯）保証人がいると主たる債務者に欺罔されて保証人となった
事例（最判昭和32・12・19民集11巻13号2299頁）のように，いずれも，かかる
事情は契約の「縁由（動機）」にすぎないとして，保証人による錯誤無効（改正
前民法95条本文）の主張が退けられる場合が多い。近時も，主たる債務者が
「反社会的勢力」でない旨を暗に踏まえて金融機関による融資が実行された後
に，実際には「反社会的勢力」であることが判明して，弁済を保証した信用保
証協会が錯誤を理由に保証契約の無効（改正前民法95条本文）を主張したとい
う事案において，主たる債務者の性質に係る誤解は「動機の錯誤」にすぎず，
「意思表示における動機の錯誤が法律行為の要素に錯誤があるものとしてその
無効を来すためには，その動機が相手方に表示されて法律行為の内容となり，
もし錯誤がなかったならば表意者がその意思表示をしなかったであろうと認め
られる場合であることを要する。そして，動機は，たとえそれが表示されても，
当事者の意思解釈上，それが法律行為の内容とされたものと認められない限り，
表意者の意思表示に要素の錯誤はないと解するのが相当である」としつつ，本

件ではかかる動機が「法律行為の内容」になっていないとして，錯誤無効の主張が退けられた判決（最判平成 28・1・12 民集 70 巻 1 号 1 頁）がある。もっとも，本判決は，金融機関と信用保証協会といった当事者の性質に鑑み，両当事者は信用保証契約に係る基本契約上の付随義務として「個々の保証契約を締結して融資を実行するのに先立ち，相互に主債務者が反社会的勢力であるか否かについてその時点において一般的に行われている調査方法等に鑑みて相当と認められる調査をすべき義務を負うというべきである」としている点が注目される。なお，「動機の錯誤（基礎事情錯誤）」における「表示」の要件（95 条 2 項参照）が緩和されたとみられる判例（最判平成 14・7・11 判時 1805 号 56 頁）もある。

　このように錯誤や詐欺が認められにくいという不都合を回避するべく，平成 29 年の民法改正では，一定の保証につき主たる債務者に保証人に対する自身の資力等に係る情報提供義務を課すに至った（465 条の 10 ⇨ **6**(4)(c)(iv)）。

(2)　要 式 性

　保証契約は書面によって締結すべき「要式契約」である（446 条 2 項。なお，電磁的記録でもよい〔同条 3 項〕）。その内容や方式についての定めはないけれども，この書面は，保証人の保証意思が外部的に明確となっている場合に保証の法的拘束力を認めるという趣旨であるから，かかる趣旨に基づいてその妥当性が判断されることになる（最判平成 2・9・27 民集 44 巻 6 号 1007 頁参照）。したがって，差入方式等でもよいが，民法上，書面の交付義務はない（ただし，貸金業法 16 条の 2 第 3 項等に注意）。なお，「事業に係る債務についての保証契約の特則」（465 条の 6 以下）においては，本書面とは別に，「保証意思宣明公正証書」（465 条の 6 参照）と呼ばれる特殊な公正証書の作成が求められる（⇨ **6**(4)(c)）。書面（の存在）に係る立証責任は保証債務の履行を求める側（債権者）にある。

　書面がない保証契約は無効（446 条 2 項）となる。このとき，保証人が保証債務を任意に履行しても有効とはならず，債権者の不当利得（703 条・704 条）を構成することになる。このとき，705 条（非債弁済）の適用があるかどうかについて問題となるが，書面の作成が保証人の保護を目的としていることからして，原則的に適用がないと解するべきであろう。

(3)　保証人の資格

　保証人となるための資格は特になく，制限行為能力者（当然ながら保証契約自体の取消し等の可能性はある）であってもよいし，法人（法人保証・機関保証）であってもよい。ただし，債務者が担保を供する義務（650条2項）の履行として保証人を立てる場合や裁判所の命令による場合（29条1項など）には，行為能力者であること（450条1項1号）および弁済をする資格を有すること（同条項2号）の要件を充足する必要がある。もっとも，債権者がこの要件を充足しない保証人を受け入れて保証契約を締結することはできる。保証人がこの要件を欠くに至ったときは，債権者はこの要件を具備する者をもって当該保証人に代えることを求めることができる（同条2項）。これらの要件は，債権者が保証人を指名したときは適用がない（同条3項）。債務者は上記の要件を満たす保証人を立てることができないときは，他の担保（≒物的担保）を供して当該保証人に代えることができる（451条）。

(4)　主たる債務との関係

(a)　取り消しうる債務の保証

　(i)　**原　則**　　保証債務が成立するためには主たる債務が存在していなければならないため，主たる債務が存在しない場合や，これが無効または取り消された場合には保証契約も成立しないことになる。成立における附従性からの帰結である。もっとも，この際に生じる原状回復義務につき保証債務が及ぶか否かが問題となる。判例には，農業協同組合による組合員以外への貸付，いわゆる員外貸付により無効（員外貸付は無効となる）となった金銭消費貸借契約における不当利得返還債務について保証債務は及ばないとしたものがある（最判昭和41・4・26民集20巻4号849頁）。しかし，いかなる債務を保証の対象とするかは保証人の意思による。本判決も，あくまで当該事案においては，保証人に当該不当利得返還債務についてまで保証する旨の意思がなかったと事実認定のレベルで評価されたにすぎないというべきであろう。このように理解することは，解除による原状回復義務と保証債務の範囲とをめぐる判例の態度とも整合することになる（⇨ **3** (4)）。

　(ii)　**制限行為能力取消しの例外**　　未成年者などの制限行為能力者が，行

為能力の制限により取り消すことができる債務につき保証がなされた場合，保証人が保証契約の時においてその取消しの原因を知っていたときは，主たる債務の不履行の場合またはその債務の取消しの場合において，主たる債務と同一の目的を有する「独立の債務」を負担したものと推定される（449条）。債務が消滅すれば附従性により保証債務も消滅するところ，その取消原因を知りながら保証したのであれば，主たる債務の消滅にかかわらず保証債務を負担するという意思が保証人にあったと評価できるからである。先に附従性との関係で述べたように，保証契約自体が成立しなかったとしても，契約当事者の意思解釈によって，損害担保契約等の他の契約類型として扱うことは許される。本条は，このような契約類型への転化を条文レベルで認めたものということができる。

　本条にいう「取消し」が問題となるのは，保証人に係る制限行為能力を理由とする場合であって，債権者による詐欺や強迫（96条）を原因とするものは，対象とはならない。もっとも，主たる債務者による詐欺や強迫を原因とした債権者による取消しにより生じる主たる債務に係る不当利得返還債務については，その原因を知って保証したという事情があるのであれば，債権者の保護の要請から本条の適用（類推適用）があってよいとされている。

(b)　将来債務・停止条件付債務との関係

　将来債務や停止条件付の債務であっても，保証はできる。理論的には，将来の時点または条件成就の時点で保証債務が発生するものと解されている。もっとも，将来債務の保証については，根保証との整合性なども考慮して，契約締結時に保証債務が発生するという見解も有力である。

(c)　根保証（継続的保証）の場合

　将来発生しうる不特定の債務（既発生の債務を含んでいてもよい）を担保するという保証も可能であり，これを「根保証」または「継続的保証」という（⇨**6**(3)）。未だ発生していない債務を保証する以上，成立における附従性は排除ないし後退することになる。理論的には，保証債務の内容の問題として，保証人がそのような債務を保証する旨の意思を有していたというように説明することで，附従性の原則と整合させることができる。

③ 保証債務の内容と範囲

(1) 概　　要

　保証債務の内容は，原則として保証契約（保証人の意思）により定められることになる。このような合意がない場合には，保証債務は，主たる債務に関する利息，違約金，損害賠償その他債務に従たるすべてのものを包含するものとなる（447条1項）。また，保証債務についてのみ，違約金または損害賠償の額を定めることもでき（同条2項），よって，保証について保証をする（「副保証」）ことや，担保物権を設定することもできる。

　不特定の債務を保証する（「根保証・継続的保証」）こともできるし，例えば，1000万円のうち600万円というように，主たる債務の一部について保証することもできる（「一部保証」）。この場合には，契約の内容（解釈）により，①1000万円のうち600万円までの弁済を保証するという趣旨，②残額として600万円がある限りこれを限度として保証するという趣旨，または，③1000万円のうち60%を保証するという趣旨の3つが存在しうる。この違いは，一部の弁済があったときに現れる。すなわち，仮に400万円が弁済されたという場合，保証債務の残額は，①であれば600万円－400万円＝200万円となり，②であれば1000万円－400万円≦600万円であるがゆえになお600万円，③であれば（1000万円－400万円）×60%＝360万円ということになる。

(2) 内容における附従性

　保証債務の内容は契約により定めることができるとはいえ，附従性（「内容における附従性」）の原則は保証債務の内容も規律することになる。それゆえ，保証債務の目的（給付の内容）および条件や期限といった態様が主たる債務より重いときは主たる債務の限度に縮減され（448条1項），仮にこれに反するような保証契約がなされた場合には，もはや保証とはいえず，損害担保契約等の別な契約が締結されたものと評価されることになろう。

　保証契約の締結後に，主たる債務の内容が加重されたとしても保証債務には影響しない（同条2項）。これは，附従性というよりも，契約の効果は第三者には影響しないという契約自体の性質から生じる結果とされる。反対に，主たる

債務が縮減された場合には附従性の原則により保証債務も縮減される。

(3) 消滅における附従性

　主たる債務が弁済を受けたり，免除されたりすることで消滅すれば，これにより保証債務も消滅する（「消滅における附従性」）。もっとも，破産手続等において主たる債務が免責許可決定を受けた結果として"消滅"した場合や，時効消滅した場合については，「主たる債務（者）に生じた事由」として，別途検討する必要がある（⇨**4**(2)）。

(4) 解除による原状回復義務

　主たる債務の原因契約が解除された場合に，これにより主たる債務者が負う原状回復義務に保証が及ぶか否かということが問題となる。解除は一度有効に成立した契約を消滅させるものであり，その成立自体を問うものとなる取消しや無効とは異なる。それゆえ，理論的には，成立における附従性の問題ではなく，保証債務の内容の問題，消滅における附従性の問題として扱われる。

　判例は不明確であるが，少なくとも，解除に遡及効がある場合とない場合とに分ける態度が窺える。まず，賃貸借の解除（解約）のように遡及効がない（620条）場合においては，債務者が負担する（目的物）返還債務は原状回復義務というよりは，原因契約から生じる本来の債務という性質を帯びるがゆえに，保証は当然にこれに及ぶとする（大判昭和13・1・31民集17巻27頁）。次に，遡及効が及ぶ通常の解除については，原因契約が消滅している以上，保証も附従的に消滅すると考えることもできるところ，判例は，「特定物の売買契約」において，「通常，その契約から直接に生ずる売主の債務につき保証人が自ら履行の責に任ずるというよりも，むしろ，売主の債務不履行に基因して売主が買主に対し負担することあるべき債務につき責に任ずる趣旨でなされるものと解するのが相当であるから，保証人は，債務不履行により売主が買主に対し負担する損害賠償義務についてはもちろん，特に反対の意思表示のないかぎり，売主の債務不履行により契約が解除された場合における原状回復義務についても保証の責に任ずるものと認めるのを相当とする」（最大判昭和40・6・30民集19巻4号1143頁）として，債務者の原状回復義務について保証が及ぶとしている。

この判例を，遡及効のある解除一般について及ぶものと解することもできるが，多数説は，あくまで「特定物の売買」に限ったものと理解している。

　保証の範囲は，当事者の合意，保証人の意思によって定めることができる。それゆえ，遡及効の有無や，原因契約が消滅した事由（取消し・無効・解除）を問わず，不当利得返還債務や原状回復義務に対して保証が及ぶか否かは，第一次的には保証人の意思によるというべきである。したがって，このような意思が不明確である場合に，どのような処理が好ましいかという準則として判例の意義がある。少なくとも，解除と原状回復義務との関係においては，判例が，上記の「特定物の売買」に係る"法定解除"の事例に加え，請負契約における"合意解除"により生じた原状回復義務（前払金返還債務）に保証が及ぶか否かについても，保証人の意思解釈によりつつ，これを肯定している（最判昭和47・3・23民集26巻2号274頁〈判例 7-1〉）ことが想起されてよい。

〈判例 7-1〉 **最判昭和47・3・23民集26巻2号274頁**

【事案】XはY₁を請負人として建物建築を目的とした請負契約を締結した。この際，請負代金については，3割を前払い，残金は出来高払いとしつつ，Y₁の請負債務を主たる債務としてY₂ら4人がXとの間で連帯保証契約を締結した。しかし，その後，Y₁の資金難から建物建築の続行が不可能となったため，XとY₁との間で本件請負契約が合意解除されるとともに，XはY₁に対して，出来高に相当する金額を控除した前払金の返還を求めた。Y₁がこれに応じないため，Xは，Y₁に対しては，この前払金の返還を求め，Y₂ら4人に対しては，前払金返還債務に係る連帯保証債務の履行を求め，提訴した。第一審および原審ともに，Y₁に対する請求を認容しつつ，Y₂らに対する請求については，原状回復義務たる本件前払金返還債務は，請負債務とは別個の債務であるから，連帯保証債務の範囲には含まれない旨を述べ，これを棄却したため，Xが上告した。最高裁は次のように述べ，本件前払金返還債務が連帯保証債務の範囲に含まれるか否かをさらに審理させるべく，原審に差し戻した。

【判旨】「請負契約が注文主と請負人との間において合意解除され，その際請負人が注文主に対し既に受領した前払金を返還することを約したとしても，請負人の保証人が，当然に，右債務につきその責に任ずべきものではない。けだし，そうでないとすれば，保証人の関知しない合意解除の当事者の意思によって，保証人に過大な責任を負担させる結果になるおそれがあり，必ずしも保証人の意思にそうものではないからである。しかしながら，工事代金の前払を受ける

　請負人のための保証は，特段の事情の存しないかぎり，請負人の債務不履行に基づき請負契約が解除権の行使によつて解除された結果請負人の負担することあるべき前払金返還債務についても，少なくとも請負契約上前払すべきものと定められた金額の限度においては，保証する趣旨でなされるものと解しえられるのであるから〔最大判昭和 40・6・30 民集 19 巻 4 号 1143 頁参照〕，請負契約が合意解除され，その際請負人が注文主に対し，請負契約上前払すべきものと定められた金額の範囲内において，前払金返還債務を負担することを約した場合においても，右合意解除が請負人の債務不履行に基づくものであり，かつ，右約定の債務が実質的にみて解除権の行使による解除によつて負担すべき請負人の前払金返還債務より重いものではないと認められるときは，請負人の保証人は，特段の事情の存しないかぎり，右約定の債務についても，その責に任ずべきものと解するのを相当とする。けだし，このような場合においては，保証人の責任が過大に失することがなく，また保証人の通常の意思に反するものでもないからである」。

4　債権者と保証人（主たる債務と保証債務）との関係

(1)　補充性と抗弁

(a)　催告の抗弁権

　(i)　概　要　保証の補充性は保証人に複数の抗弁権を付与する。その 1 つが「催告の抗弁権」である。すなわち，債権者が，保証人に保証債務の履行を求めた場合，保証人はまず主たる債務者に催告をすべき旨を求めることができる（452 条本文）。催告は裁判外でもよいが，債権者がすでに主たる債務者に催告していた場合や，主たる債務者と保証人に同時に履行を請求するときは，催告の抗弁権は行使できない。

　(ii)　催告の抗弁権の効果　催告の抗弁権が行使されたにもかかわらず債権者が催告を怠り，その後，主たる債務者から全額の弁済を受けることができなくなった場合には，債権者が直ちに催告をすれば弁済を得ることができた限度で，保証人はその義務を免れる（455 条）。

　(iii)　催告の抗弁権を有しない場合　保証人は，特約（合意）により，催告の抗弁権を放棄することができるほか，連帯保証の場合には当然に失われる（454 条）。加えて，主たる債務者が破産手続開始決定を受けたときや，主たる

債務者の行方が知れないときにも抗弁権は失われる（452条ただし書）。催告することが意味を持たず，また，できないからである。

(b) 検索の抗弁権

(i) **概　要**　補充性から導出される抗弁権のもう1つが，「検索の抗弁権」である。すなわち，債権者が主たる債務者に催告をした後であっても，保証人が，①主たる債務者に弁済の資力があり，かつ，②それに対する執行が容易であることを証明したときは，債権者は，まず主たる債務者の財産に対して執行しなければならない（453条）。①については，債務全額でなくとも債務額に対して若干の財産しか有していないという場合でもよく（大判昭和8・6・13民集12巻1472頁），②については，法的な問題というより，現実に弁済を受けられるか否かという視点から判断される（例えば，主たる債務者の住所にある動産は執行が容易であるが，不動産や遠隔地の動産は容易ではないとされる）。

(ii) **検索の抗弁権の効果**　検索の抗弁権が行使された場合，債権者は，まず，主たる債務者の財産について執行しなければならない。債権者は一度執行すればよい。検索の抗弁権が行使されたにもかかわらず，債権者が執行を怠ったために，その後，主たる債務者から全額の弁済を受けることができなくなった場合には，債権者が直ちに執行をすれば弁済を得ることができた限度で，保証人はその義務を免れる（455条）。

(iii) **検索の抗弁権を有しない場合**　催告の抗弁権と同じく，特約（合意）により，保証人は検索の抗弁権を放棄することができるほか，連帯保証の場合には，当然に失われる（454条）。

(2) 附従性と抗弁

(a) 概　要

主たる債務者に対する履行の請求その他の事由による時効の完成猶予や更新は，保証人に対してもその効力を生じさせ（457条1項），また，保証人は主たる債務者が主張しうる抗弁をもって債権者に対抗することができる（同条2項）。いずれも保証の附従性から正当化しうるが，前者は，主たる債務の時効消滅前に保証債務が消滅するのを防ぎ債権担保の機能を確保するための政策的規定と説明するのが有力である。

(b) 一般規定によるもの

保証人は主たる債務者が主張しうる抗弁をもって債権者に対抗できる（457条2項）。会社法581条1項に対応した附従性による抗弁である。同時履行の抗弁権（533条），期限を猶予された旨の抗弁などがこれにあたる。

(c) 相殺権・取消権・解除権

保証人は，主たる債務者が債権者に対して有する，相殺権，取消権，解除権につき，これらの権利の行使によって主たる債務者が債務を免れるべき限度において，保証債務の履行を拒むことができる（457条3項）。例えば，債権者に対して1000万円の債務を負っている主たる債務者が，同時に債権者に対して200万円の債権を有している場合には，保証人は，債権者からの保証債務の履行請求に対して，（相殺適状を前提に）この200万円の限度で履行を拒絶することができる。主たる債務の原因契約につき取消権または解除権が生じているのであれば，これをもって保証債務の履行を拒むことができる。保証人は，相殺権，取消権，解除権を"行使"できるわけではなく，あくまで，保証債務の履行を拒絶するための抗弁として援用できるにすぎない（履行拒絶の抗弁）。特に取消権については，保証人は取消権者ではない（120条参照）ほか，以上の権利を行使するか否かは主たる債務者に委ねられており，保証人はその判断に不当に介入すべきではないからである（履行拒絶の抗弁のみ認めれば足りる）。

(d) 消滅時効と保証

(i) 主たる債務に係る時効の援用　　主たる債務が時効により消滅する場合，附従性によって保証債務も消滅する。このとき，主たる債務者が自ら主たる債務に係る消滅時効を援用せずとも，保証人はその援用権者として消滅時効を援用することができ（145条参照），これによって保証債務を消滅させることができる（大判大正4・7・13民録21輯1387頁）。主たる債務者が主たる債務に係る消滅時効の完成後にこれを放棄したとしても，保証人の利益を害するべきではなく，保証人はなおその消滅時効を援用することができる（大判昭和6・6・4民集10巻401頁）。この場合，主たる債務は保証のない債務になると解されている。主たる債務者との関係では主たる債務は存続するが，保証人との関係では消滅し附従性により保証債務も消滅するという説明が許されよう。なお，保証債務自体に消滅時効が完成すれば保証人がこれを援用できるのは当然であり，

ここで扱う問題ではない。

(ii) **主たる債務の時効消滅後の保証債務の弁済**　主たる債務者が主たる債務に係る消滅時効を援用した後に，保証人が保証債務を弁済した場合については見解が分かれる。そもそも時効消滅した債務でも給付保持力はある（自然債務になる）と解されているため，弁済は可能である。それゆえ内容の附従性に鑑みて，そのような主たる債務を担保する旨の保証を観念することも許される。このため，保証人が任意に保証債務を弁済すれば有効な弁済となるし，主たる債務の時効消滅を知ったうえで弁済すれば非債弁済（705条）としての扱いを受けよう。この場合に主たる債務者に対して求償できるとすれば，主たる債務者が消滅時効を援用した意味が失われるため求償は認められるべきではないが，そうであればむしろ，保証人の存在を認識している主たる債務者は主たる債務の時効消滅の事実を保証人に通知すべき信義則上の義務を負っていると解すべきである。したがって，結論としては，受託保証か否かに分け，受託保証の場合には，463条2項（⇨ **5** (5)(b)）を類推し，主たる債務者が消滅時効の援用について保証人に通知していなかった場合には，保証人の弁済は有効な弁済となり，主たる債務者に対して求償を認める見解が妥当である。

(iii) **主たる債務に係る時効利益の放棄**　保証人が主たる債務に係る時効利益を放棄した後，主たる債務者がその消滅時効を援用した場合，保証人が再度，主たる債務の時効消滅を理由として，附従性により保証債務が消滅したことを主張することは信義則の観点から否定されるべきであろう。もっとも，いかなる場合に，保証人が主たる債務に係る時効利益を放棄したと評価できるか自体が問題といえる（信義則を根拠とする以上，事案によっては保証債務の消滅を主張することが認められる場合もありうる）。

(iv) **保証人による債務の承認**　債務の承認は時効の更新事由となる（152条参照）。先に述べたように，主たる債務について時効の更新が生じれば，保証債務についても時効の更新が生じる（457条1項参照）。これに対して，保証人が保証債務について承認をすれば保証債務については時効が更新されるが，主たる債務については時効の更新は生じない。附従性は主たる債務から保証債務に対しての影響関係を説明するものにすぎず，他者の債務について承認することを正当化するものではないからである。それゆえ，保証人が保証債務につ

いて承認したとしても，その後，主たる債務が時効消滅した場合には，保証人は主たる債務に係る消滅時効を援用し，附従性により保証債務の消滅を主張することは妨げられない（大判昭和 10・10・15 新聞 3904 号 13 頁）。これは後述のように連帯保証でも変わらない。保証人が主たる債務者を相続した後に，一部弁済をする行為が，主たる債務者の地位に基づく債務の承認として消滅時効の更新をもたらすか否かも問題となるが，判例（最判平成 25・9・13 民集 67 巻 6 号 1356 頁〈判例 7-2〉）は原則としてこれを肯定している。

　なお，主たる債務者が主たる債務に係る時効利益を放棄したとしても，保証人はなお主たる債務に係る消滅時効を援用することができるのは先の通りであるが，保証人がその放棄の事実を知りながら保証債務を承認した場合には，保証人が再度，主たる債務に係る消滅時効を援用することは信義則に反し許されないとされる（最判昭和 44・3・20 判時 557 号 237 頁参照）。

〈判例 7-2〉**最判平成 25・9・13 民集 67 巻 6 号 1356 頁**

【事案】A 金融機関の B に対する貸金債権について，C 信用保証協会が保証し，C が代位弁済によって B に対して取得しうる求償債権について B の子である D が連帯保証した。B が貸金債務について期限の利益を失ったため C が代位弁済し B に対して求償権を取得したところ，B は全額を弁済することなく死亡し D が B を単独相続した。D は「連帯保証人」として C に対して「一部弁済」をし，C も「連帯保証人 D」名義の領収書を発行していた。その後，D が求償債務全額に相当する弁済を怠ったため，C が，B による求償債務の最終弁済より 10 年以上を経過した時点で，D に対して連帯保証契約に基づく債務の弁済を求めて提訴した。これに対して，D は，D による弁済はあくまで「連帯保証人」としての弁済であって，相続した B の求償債務の弁済ではないため，B の最終弁済日より 10 年以上を経過した時点で，求償債務は時効消滅（改正前民法 167 条 1 項），附従性によって D の連帯保証債務も消滅している旨を抗弁した。本件の争点は，主たる債務者を相続した保証人の「一部弁済」が，主たる債務の弁済による債務の承認（改正前民法 147 条 3 号・改正後民法 152 条）として時効を更新（判決当時は「中断」）するか否かということである。

【判旨】最高裁は，「……主たる債務を相続した保証人は，従前の保証人としての地位に併せて，包括的に承継した主たる債務者としての地位をも兼ねるものであるから，相続した主たる債務について債務者としてその承認をし得る立場にある。そして，保証債務の附従性に照らすと，保証債務の弁済は，通常，主

たる債務が消滅せずに存在していることを当然の前提とするものである。しか
も，債務の弁済が，債務の承認を表示するものにほかならないことからすれば，
主たる債務者兼保証人の地位にある者が主たる債務を相続したことを知りなが
らした弁済は，これが保証債務の弁済であっても，債権者に対し，併せて負担
している主たる債務の承認を表示することを包含するものといえる。これは，
主たる債務者兼保証人の地位にある個人が，主たる債務者としての地位と保証
人としての地位により異なる行動をすることは，想定し難いからである。……
したがって，保証人が主たる債務を相続したことを知りながら保証債務の弁済
をした場合，当該弁済は，特段の事情のない限り，主たる債務者による承認と
して当該主たる債務の消滅時効を中断する効力を有すると解するのが相当であ
る」として，連帯保証人Dによる「弁済」に主たる債務に係る時効の中断（更
新）を認め，連帯保証債務についても時効が中断（更新）する（457条1項）と
して，Dの主張を退け，Cの請求を認容した。

(e)　その他

(i)　**主たる債務の限定承認による相続**　　相続における限定承認（922条）
は，相続債務自体を縮減させるものではなく，その引当てとなる責任を限定す
るにすぎない。それゆえ，保証債務には影響を及ぼさない。

(ii)　**主たる債務者の破産**　　主たる債務者につき破産手続が開始され，免
責許可決定がなされると，破産者である主たる債務者は，破産手続による配当
を除いて破産債権について免責される（破253条1項）。しかし，保証はかよう
な場合にこそ求められる"担保"なのであって，この免責の効力は保証債務に
影響を及ぼさない（同条2項）。なお，保証人についても破産手続が開始され免
責許可決定がなされれば，保証人自身も免責されることにはなるが，主たる債
務者や債権者との関係では複雑な問題が生じうる。破産法で学ばれたい。

(iii)　**主たる債務の譲渡**　　保証の付された債務が譲渡された場合，附従性
（の一機能たる随伴性）によって，保証も移転する。この際，債権譲渡における
債務者対抗要件および第三者対抗要件が主たる債務者に対して具備されれば，
保証人自身に対して具備されずとも，対抗力は及ぶことになる（大判明治39・
3・3民録12輯435頁）。

(f)　**保証人に生じた事由**

附従性は主たる債務から保証債務への影響関係を根拠づけるものであって，

その逆はない。それゆえ，保証人に生じた事由は主たる債務者に影響しないのが原則である。もっとも，保証債務を弁済（代物弁済）すれば，保証の機能として主たる債務もその範囲で消滅することになる。同様に，保証債務について，供託や相殺といった，債権の満足を通じたその消滅原因が生じれば主たる債務者への影響が生じることになる。保証債務の更改も主たる債務の給付内容の変更と合わせて行わざるを得ない以上，必然的に影響を与える。なお，主たる債務者と保証人との両者の一体的関係を強化することになる「連帯保証」の場合は別途の検討が求められる（⇨後掲 **6**(1)参照）。

(g)　債権者の情報提供義務

(i)　主たる債務の履行状況に関する情報提供義務　　平成 29 年改正は，保証人保護のための複数の規定を新設している。そのうちの１つが，主たる債務の元本や利息，違約金，損害賠償その他その債務に従たるものを含めたすべての債務の残額や不履行の有無および弁済期が到来しているものの額といった履行状況につき，債権者が受託保証人に対して情報提供義務を負う旨を定めた458 条の２である。本条は，債務の残額や，ときに遅延損害金を発生させる主たる債務者の不履行といった，保証人にとって負担を決定する重要な要素たる情報につき，保証人の請求に基づいて債権者に提供させるための法律上の根拠を与えることが，立法の目的となっている。もっとも，主たる債務の履行状況といった情報の提供は，債権者（金融機関）の守秘義務との調整が問題となるため，情報提供の請求権者（債権者）を主たる債務者から委託を受けた保証人である受託保証人に限定していること，また，情報提供義務の債務者（保証契約の「債権者〔金融機関〕」）がいかなる範囲の情報を守秘義務違反となることなく提供できるかを法定化するという目的もあるなど，かかる視点からは 458 条の２は債権者（金融機関）の保護にも資する内容となっている。本条のように保証人保護を企図する条文は，保証人の生活の破綻を防ぐことに力点を置くため，適用対象は自然人に限られるのが一般的である。しかし，主たる債務の履行状況に係る情報の重要性は法人たる保証人においても変わるものではないため，法人たる保証人についても適用されることに注意を要する。

(ii)　主たる債務者が期限の利益を喪失した場合に係る情報提供義務　458 条の３は，458 条の２と同じく平成 29 年改正により新設された情報提供義

務の観点から保証人保護を目指す規定である。すなわち458条の3は，まず1項で，主たる債務者が期限の利益を喪失した場合に，債権者は保証人に対して，その喪失を知った時から2か月以内に通知をしなければならない旨を定め，次に2項で，これが遵守されなかった場合には，期限の利益を喪失した時から現に通知がなされるまでに生じた遅延損害金につき，保証債務の履行を求めることができないとしている。これは，期限の利益の喪失による遅延損害金の増加に附従する形で保証人の責任が拡大することを防ぐことを企図するものである。ここにいう期限の利益の喪失とは，主たる債務の弁済期を徒過したことを意味するのではなく，弁済期の到来とは別に期限の利益を失ったことを意味する。約定通りの弁済期については保証人も了知しているはずであって，これを徒過すれば保証人に保証債務を弁済する義務が生じるのは当然であり，あえて，その旨を通知する意味はないからである。先の458条の2が，保証の対象となる"すべての債務"の"現況自体"の情報を，保証人自身の請求により保証人に確知する機会を与えるものであるのに対して，458条の3は，遅延損害金の発生に係る情報提供を違反に対するサンクションを伴って債権者に積極的に義務づけることにより，保証人の責任拡大を防止するというものであって，両者には同じ保証人保護の目的がありながらも異なる色彩がある。特に，458条の2には，先の通り債権者の保護という役割もあることは強調されてよい。また，458条の3は，458条の2とは異なり自然人の保証人にしか適用がない（458条の3第3項）のも，このような両者の違いから生じる帰結である。

5 内部関係（主たる債務者に対する求償権）

(1) 概　　要

　保証人は保証契約に基づき債権者に対して保証債務を負う者ではあっても，主たる債務者の債務を負うものではない。保証人は，保証債務の弁済を通じて主たる債務をいわば"肩代わり"するにすぎず，終局的な債務者は主たる債務者であることに変わりない。それゆえ，保証人は主たる債務者に対して求償をすることができる。求償は保証債務の弁済後に認められる事後求償と，保証債務の弁済前であっても許される事前求償とがある。すべての保証人が両者の権利を有するわけではなく，また，事後求償と事前求償とでは求償できる範囲に

差異がある。

(2)　受託保証人の求償権

(a)　事後求償権

　委託を受けた保証人（受託保証人）は，主たる債務者に代わって弁済その他自己の財産をもって債務を消滅させる行為（債務消滅行為）を行った場合，主たる債務者に対して自己が支出した財産（出捐）の額につき，求償権を有する（事後求償権，459条）。委任における受任者の費用償還請求権（650条）に相当するものと考えられている。代物弁済として給付した物の価額が消滅した債務の額を上回る場合には，消滅した債務の額が求償権の対象となる（459条1項）。

　事後求償権の対象となる範囲については，連帯債務者間の求償権の規定が準用される。それゆえ，主たる債務の額のほか，保証人の出捐によって主たる債務者が免責を受けた日以後の法定利息，避けることができなかった費用，その他の損害賠償も求償権の範囲に含まれる（459条2項〔442条2項準用〕）。

(b)　事前求償権

　(i)　概　要　受託保証人は，保証債務の弁済前においても，一定の条件の下で，主たる債務者に対して求償権を行使することができる（事前求償権，460条）。保証人は主たる債務者に代わって弁済等の債務消滅行為をなす者であって，終局的に債務を負うものではない。それゆえ，主たる債務者に対して事後求償権を行使することができないおそれがある場合には，あらかじめ求償権を行使することが認められている。委任における受任者の費用前払請求権（649条）に相当するものであるけれども，これと同様に扱うのでは，保証債務の弁済前に常に求償を認めることになり主たる債務者としては保証を委託した意味が失われるため，その行使条件を絞ったのが受託保証人の事前求償権である。なお，事前求償権の趣旨からして，事後求償権につき主たる債務者から担保の提供を受けている場合には，事前求償権は行使できないとされている。

> ### ◖Column 7-5◗　「事前求償権」と「事後求償権」との関係
> 　事前求償権と事後求償権とは「求償」という点ではある種の同質性ないし連続性を有することになるところ，両者の関係性が債権の"個数"との関係で問題になることがある。実際にこれは，消滅時効の起算点または更新（完成猶

予）の影響関係をめぐって顕在化する。すなわち，両者は「1個」の求償権と考えると，事前求償権に係る消滅時効の起算点をもって事後求償権のそれととらえることが可能となり，かつ，事前求償権につき時効の更新（完成猶予）が生じれば事後求償権にも同じく生じることになる。これに対して，別個の請求権（2個）と考えるのであれば，起算点にせよ更新（完成猶予）にせよ，請求権ごとに観念することになる。判例には，「事前求償権は事後求償権とその発生要件を異にするものであることは……明らかであるうえ，事前求償権については，事後求償権については認められない抗弁が付着し，また，消滅原因が規定されている……ことに照らすと，両者は別個の権利であり，その法的性質も異なるものというべき」（最判昭和60・2・12民集39巻1号89頁）とするものがある。もっとも，その一方で判例は，両者が別個の権利であることを認めつつ，事前求償権が事後求償権を確保するために認められた権利であるといったことを考慮して，事前求償権を被保全債権とする仮差押えにより，事後求償権の消滅時効も「中断」する（改正前民法147条2号。改正後では完成猶予〔149条1号〕に相当）ともしており（最判平成27・2・17民集69巻1号1頁），個数論から必然的な帰結が導出できるわけではないことに注意を要する。

(ii) **要件と範囲** 事前求償権の行使が認められるのは次の場合である。すなわち，主たる債務者が破産手続開始決定を受け，かつ，債権者が破産財団の配当に加入しないとき（460条1号），債務が弁済期にあるとき（ただし，保証契約の後に債権者が主たる債務者に許与した期限は，保証人に対抗できない）（同条2号），保証人が過失なく債権者に弁済すべき旨の裁判の言渡しを受けたとき（同条3号）である。このほかに，当事者の合意によって事前求償権が生じる事由を追加することもできる。

事前求償権の対象となる範囲自体については，事後求償権と同様である（459条2項〔442条2項準用〕）が，「事前」の性格から具体化される内容が異なる。すなわち，求償時点での主たる債務の額，既に発生した利息，遅延損害金，免責のために避けることができないと見込まれる費用，および，免責のために被ることが確定している損害賠償の合計額となる。

(iii) **物上保証人の事前求償権** 物上保証人も債務消滅行為を行えば，被担保債権の債務者に対して事後求償権を行使することができる（372条による351条の準用を通じた保証規定に基づく）。しかし，判例（最判平成2・12・18民集44

巻 9 号 1686 頁）は，物上保証人による事前求償権の行使は認めていない。これは，受託保証が債務負担行為の委任であるのに対して，物上保証は物権設定行為の委任にすぎず債務負担行為の委任ではなく，責任の範囲も担保目的物の範囲に限られる以上，被担保債権の消滅の範囲は消滅時における担保目的物の価額に依存するために，事前に求償権の範囲を確定することはできないといったことを根拠にしている。

(iv)　**主たる債務者の保護**　　事前求償権の行使は一定の場合に制限されているとはいえども，主たる債務者に求償の前提にある主たる債務の弁済をあらかじめ求めることとほぼ同義となる以上，保証の担保としての役割を喪失させるものでもある。それゆえ，保証を委託した主たる債務者の保護も考慮する必要があり，具体的には，次のような手段が認められている。すなわち，主たる債務者が事前求償権を行使された場合，保証人からの事前求償に応じるにあたり，債権者が全部の弁済を受けていない間は，保証人に対して担保を提供させ，または，保証人に対して自己に免責を受けさせる（保証人に保証債務の弁済をさせるなど）ように請求することができる（461 条 1 項。ここでは，事前求償により保証人が取得した金銭等を自己の利益のために消費してしまう可能性も考慮されてよい）。このとき，主たる債務者は，事前求償の債務につき供託をし，担保を提供し，または，（債権者と交渉するなどして）保証人に免責を得させてその償還の義務を免れることもできる（同条 2 項）。なお，本条は任意規定であり当事者の合意により排除することもできる。

(c)　**受託保証人の期限前弁済**

受託保証人は，主たる債務の期限が到来する前に（保証債務を）弁済する利益を有してはいる。しかし，主たる債務者としては，これによって"事後"求償権を行使されたのでは，期限の利益を保証人によって奪われるに等しい。そこで，受託保証人によるかような期限前弁済を認めつつも，求償権の範囲を制限するための規律（459 条の 2）が設けられている。同条はまず 1 項前段で，受託保証人が，主たる債務の弁済期前に債務消滅行為をする場合には，主たる債務者がその債務消滅行為時に利益を受けた限度で求償権を有する旨（それゆえ，債務消滅行為時から弁済期までに生じる法定利息，費用や損害賠償は含まない）を規定する。例えば，債権者 A が主たる債務者 B に対して 100 万円の金銭債権 α を

有し，主たる債務者も債権者に対して 50 万円の金銭債権 β を有していたとすれば，Ｂとしては β を自働債権として α を相殺（505 条）できる利益がある。それゆえ，α を保証した保証人Ｃが保証債務の履行として 100 万円（α）を弁済しても，Ｂとしては 50 万円の利益しか得てないことになり，求償権も 50 万円に制限される（β をもって 50 万円につき相殺できた旨をＢはＣに抗弁できる）。このように，主たる債務者の利益が相殺であり，相殺を主張することで保証人からの求償を拒むのであれば，相殺に用いたはずの債権（β）は弁済をした保証人に移転されてよい。459 条の 2 第 1 項後段が，主たる債務者が受託保証人による債務消滅行為の日以前に相殺の原因を有していたことを主張する場合は，保証人は，債権者に対してその相殺によって消滅すべきであった債務の履行を請求することができるとしているのはこの趣旨である。かかる求償権の行使にあたっては，主たる債務の「弁済期以後」の法定利息および弁済期以後に債務消滅行為をしたとしても避けることができなかった費用，その他の損害賠償額を含む（同条 2 項）ことにはなるが，求償権は，主たる債務の「弁済期以後」でないと行使することができない（同条 3 項）。

(3)　無委託保証人の求償権

委託を受けない保証（無委託保証）は事務管理の性質を有し，無委託保証人については，事後求償権のみが認められることになる（462 条 1 項）。先に(2)(c)において説明した規律をイメージするとよい。求償権の範囲については，主たる債務者が免責を受けた当時に利益を受けた限度となる（462 条 1 項〔459 条の 2 第 1 項準用〕）。また，かような保証人による弁済が，主たる債務者の意思に反する場合には，主たる債務者が「現に利益」を受けた限度で求償権を取得する。すなわち，保証人が弁済した後，求償の時までに，主たる債務者が債権者に対して相殺可能な反対債権を取得した場合には，当該債権をもって主たる債務と相殺することができたということになるので，主たる債務者はその限度において保証人に対抗することができる（462 条 2 項前段）。このとき，当該反対債権は保証人に移転する（同条項後段）。また，かかる求償権は，主たる債務の「弁済期以後」でないと行使することができない（同条 3 項〔459 条の 2 第 3 項準用〕）。

⑷　主たる債務者が複数人いる場合の求償権

⒜　すべての主たる債務を保証する場合

複数人の主たる債務者の債務すべてについて保証するという場合，主たる債務が分割債務であれば，保証人の取得する求償権に対応する各債務者の債務（求償債務）は，各債務者の債務額に応じた分割債務となる。不可分債務または連帯債務の場合には，求償債務も不可分債務または連帯債務となる。

⒝　債務者の1人を保証する場合

主たる債務が分割債務であれば，保証の対象となる債務者に対して，分割債務の負担額に応じた求償権を取得する。不可分債務または連帯債務であれば，保証人は，保証の対象となる債務者に対して全額の求償をすることができるほか，他の債務者に対しても負担部分に応じて求償権を有する（464条）。主たる債務者BCが債権者Aに対して100万円の連帯債務（負担部分は平等）を負っており，DがBの債務について保証し100万円をAに弁済したとすれば，DはBに対して100万円の求償をすることもできるし，Cに対して50万円の求償をすることもできるということである。DはBに対してのみ100万円を求償でき，内部関係の処理としてBがCに対して50万円の求償ができるというのが原則論であるが，Cの負担部分に応じた直接的な求償をDに認めることで，求償関係の簡潔な処理を許すことが本条には企図されている。

⑸　債務消滅行為にかかる事前および事後の通知

⒜　保証人側からの通知

⒤　**事前通知義務**　受託保証人は，自己の出捐により債務を消滅させる行為をする際，主たる債務者に対する「事前」の通知義務を負う。主たる債務者による二重弁済等のリスク回避を目的とした規律である。無委託保証人については，そもそも同様の趣旨から462条によって求償権行使の範囲が制限されているため，「事前」通知義務が課されていない。

受託保証人が事前通知を怠った場合，主たる債務者は，債権者に対して有する抗弁事由をもって保証人に対抗することができる（463条1項前段）。この際，相殺をもって保証人に対抗したときは，保証人は債権者に対して相殺によって消滅すべきであった債務の履行を請求することができる（同条項後段，先の⑵⒞

における相殺の説明を想起せよ）。

　(ii)　**事後通知義務**　　受託保証人と，無委託保証人で主たる債務者の意思に"反しない"者の両名については，債務消滅行為の後の事後通知義務を負う（463条3項）。「事前」通知義務と同様に，主たる債務者の二重弁済等のリスクを避けるためのものである。事後通知義務を怠った場合，主たる債務者が保証人による債務消滅行為の事実を知らずに（善意で）債務消滅行為をしたときは，主たる債務者の行為を有効とみなすことができる（463条3項）。この結果，保証人は主たる債務者に対して求償することができなくなり，債権者との間で不当利得等による処理がなされることになる。

　無委託保証人でかつ主たる債務者の意思に"反する"者については，事前通知はいうまでもなく，事後通知の義務も負わない（463条3項参照）。事前通知がないために主たる債務者が二重弁済をしても462条2項により保証人の求償権は制限される（主たる債務者は保証人の弁済により「現に利益を受けていない」ことになる）し，事後通知なく二重弁済が生じても463条3項により主たる債務者の弁済が有効となるので，主たる債務者の保護が十分に図られているからである。

　(b)　**主たる債務者からの通知**

　主たる債務者が，弁済した後に受託保証人に対する通知を怠った結果，受託保証人が善意（主たる債務者の弁済の事実を知らず）で二重弁済した場合には，受託保証人は自己の弁済を有効とみなすことができる（463条2項）。主たる債務者が債務を弁済するのは当然のことであるため，保証人に対して，事前の通知義務は不要である。また，無委託保証人に対しては通知をする必要はない。

6　特殊な保証

(1)　連 帯 保 証

　(a)　概　要

　保証人が主たる債務者と「連帯」して保証債務を負担するような保証を「連帯保証」という（454条・458条参照）。「連帯」の語は，保証の補充性（⇨**1**(3)）を失わせてその性質を連帯債務に近づけ，担保としての役割を強化させる性質をもつ。それゆえ，特殊な保証の類型ではあるけれども，多用されているとい

う意味で保証契約としての一般性を有している。なお，連帯保証は主たる債務者と保証人との間に「連帯」関係を生じさせるものであり，複数の保証人がいる場合（共同保証）において，その保証人間に連帯を生じさせる「保証連帯」（⇨(2)）とは区別される。

(b)　連帯保証の成立

保証契約一般の成立要件以外に，特別な方式は求められない。通常は保証契約書に「連帯」の語を入れることでなされるほか，保証は商行為でなくとも主たる債務が主たる債務者の商行為によって生じた場合，または，保証自体が商行為である場合には，その保証は連帯保証となる（商511条2項）。

(c)　連帯保証の効力

(i)　**当事者（債権者・主たる債務者・連帯保証人）間の関係**　　当事者（債権者・主たる債務者・連帯保証人）間の関係は，次の3点に特徴づけられる。第1に，保証の補充性が失われる結果，連帯保証人には催告の抗弁（452条）と検索の抗弁（453条）とが認められない（かような抗弁を主張しても，連帯である旨を再抗弁されることになる）。第2に，連帯保証人が複数いる場合（共同連帯保証）には，保証人間にも保証連帯の性質が認められ「分別の利益」（⇨(2)(b)）が失われる。第3に，主たる債務者と連帯保証人との間に，双方向的な影響関係が生じ，この結果，単純保証とは異なり，連帯保証人に生じた事由が主たる債務者に効力を及ぼすことがある。具体的にこれは，連帯債務の規定の準用（458条）によって表れる。すなわち，更改（438条），相殺（439条1項），混同（440条）である。連帯債務者は負担部分が0でない限りは最終的に負担部分に相当する債務を負うことになるのに対して，連帯保証人は，連帯とはいえども，主たる債務者との関係では最終的に債務を負担するものではないという意味において負担部分がないため，相殺については負担部分を前提とする規律（439条2項）は準用されない。もっとも，更改および相殺は単純保証であっても主たる債務者に対して影響を与えるものとなる（⇨**4**(2)(f)）し，混同により保証債務が消滅することの影響は主たる債務者への求償を可能にすることを意味するが，そもそも，混同が生じているということは，連帯保証人が債権者の地位を取得することに他ならないため，影響関係の有無を論じる以前に連帯保証人は債権者の地位で主たる債務者に債務の履行を請求しうる。それゆえ，これ以外の事由は影

響関係を生じさせない（相対的効力事由）のが原則である（458 条による 441 条の準用）ことと相まって，連帯保証と単純保証との間には，保証人から主たる債務者への影響関係をめぐっては大差はないとされる。

以上に対して，連帯保証であっても，保証である以上，附従性は認められるため，主たる債務者に生じた事由は保証人に影響することになる（457 条参照）。それゆえ，連帯債務に係る 437 条の規定も準用されない（458 条参照）。

(ii) **求償関係**　単純保証と同様である（⇨ **5**）。

(2) 共 同 保 証

(a) 概　要

同一の主たる債務について複数の保証人がいる場合を，共同保証という。共同保証は，保証人の数の面から保証を評価するものであり，単純保証や連帯保証とは視点を異にする。それゆえ，共同保証には，単純保証人が複数の場合，連帯保証人が複数の場合のほか，共同保証人間のみが連帯の関係にある「保証連帯」の場合の，少なくとも 3 つの形態がありうる。

保証連帯は連帯保証と次の点で異なる。すなわち，①連帯保証は主たる債務者と連帯保証人との間で連帯となるのに対して，保証連帯は保証人間でのみ連帯となるにすぎない，②連帯保証は主たる債務者との連帯関係を問うものであるため保証人が 1 人でも連帯保証人となりうるのに対して，保証連帯は保証人間の連帯関係を問うものであるため保証人は必ず複数いることになる，③連帯保証は補充性が失われるのに対して，保証連帯においては保証人と主たる債務者との関係はあくまで単純保証であるため補充性は失われない（催告の抗弁〔452 条〕と検索の抗弁〔453 条〕とが失われない），といった具合である。

(b) 共同保証の効力

(i) **当事者（債権者・主たる債務者・共同保証人）間の関係**　連帯関係にない共同保証人については，特段の合意がなければ，各人の保証債務の負担額は原則として保証人の数により平等に分割されることになる（456 条〔427 条準用〕）。これを「分別の利益」という。それゆえ，共同保証においては各自の負担割合（「負担部分」）を観念しうるけれども，これは共同保証人間でのみ意味を有するにすぎず，主たる債務者との関係において観念されるものではない。

共同保証人といえども，保証人であることには変わりなく，主たる債務者との関係では最終的に債務を負う者ではないからである。

　主たる債務者と共同保証人，または，共同保証人同士の間の影響関係については，基本的に，保証が連帯保証なのか単純保証なのかといったように，各保証の性質に準じることになり，保証連帯についても（保証人間に）連帯債務の規定が類推適用されると解されている。それゆえ，まさに「連帯」の性質から，（複数の連帯保証人がいる）連帯保証および保証連帯（465条1項参照）の場合には分別の利益が認められず，主たる債務が不可分である場合（同条項参照）にも，その性質上，分別の利益がない。連帯保証人間についても「連帯」として相互影響関係の効果が生じるか（保証連帯となるか）否かは争いがあるけれども，単純保証と連帯保証との間の影響関係の差があまりないこと（⇨(1)(c)）を考慮すると否定することの積極的な意味はあまりないように解される。

(ii)　求償関係

　①　概　要　　共同保証人も保証人である以上，保証債務の履行（債務消滅行為）を通じて主たる債務を消滅させれば，主たる債務者に対して求償できる。さらに，共同保証人は自己の負担部分を超えて（または主たる債務が不可分であるがゆえに性質上その全部につき）保証債務を弁済した場合には，他の共同保証人に対しても求償することができる（465条1項）。連帯債務（442条参照）と異なり，自己の負担部分を超える弁済をしないと他の共同保証人に求償することはできない。共同保証人は究極的に債務を負担するものではない（主たる債務者との関係で負担部分がない）ため，他の共同保証人との関係で観念される負担部分の範囲については，主たる債務者に対して求償するのが筋であり，負担部分を超える弁済をして初めて他の共同保証人の保証債務を"弁済"したと評価すべきだからである。他の共同保証人に求償できる範囲については，分別の利益を有するか否かによって変わる（主たる債務者との関係では，他の保証同様に，委託か無委託かを考えれば足りる。ただし，他の共同保証人に対する弁済による代位〔⇨第3章第2節**8**〕が生じることに注意を要する）。

　②　分別の利益を有する場合　　共同保証人が分別の利益を有する場合（単純保証の場合），共同保証人は自己の負担部分を超えて弁済する義務自体がなく，これを超える弁済は他の共同保証人との関係では事務管理の性質を帯びること

になる。それゆえ，無委託保証人の主たる債務者に対する求償と同視できることから，これらの規定が準用されることになる（465 条 2 項〔462 条準用〕）。

③　分別の利益を有しない場合　　共同保証人が分別の利益を有しない場合（連帯保証および保証連帯の場合），他の共同保証人に対する求償関係は連帯債務の規定による（465 条 1 項〔442 条～444 条準用〕）。ただし，自己の負担部分を超える弁済をする必要があるのは先の通りである。

(3)　根 保 証

(a)　概　要

根保証は，将来発生しうる不特定な債務をも保証するものである（⇨**1**(2)）ため，保証の対象となる債務は，対象とすべき主たる債務の「範囲」，保証の「期間」（主たる債務の発生期間），および，被保証債務（被担保債権）の上限額たる「極度額」で示されることになる。しかし，このような「範囲」や「期間」も「極度額」もなく，将来発生する一切の債務を保証する旨の根保証も可能であり，これを「包括根保証」という。包括根保証に対する概念が「限定根保証」であり，限定根保証は上記のいずれかの要素によって保証の対象が限定される根保証をいう。

根保証については，主たる債務に対応する保証債務の個数が問われることがある。その考察としては，「根抵当」と同様に最終的に主たる債務の額が確定した際に 1 個の保証債務が生じると考える見解（「根保証説」なとど呼ばれる）と，1 個の主たる債務につき 1 個の保証債務が別個に継続的に発生（および消滅）を繰り返すとする見解（「継続的保証説」などと呼ばれる）とに大別される。この違いは，保証期間の満了前において，個々の主たる債務に対応する保証債務の履行請求を許すか，また，個々の主たる債務が譲渡された場合にこれに対応する保証債務も随伴するか（さらには，譲受人の下で保証期間満了前における譲渡債権に対応した保証債務の履行請求を許すか）といった形で問題となる。「根保証説」によれば，いずれも否定されることになり，「継続的保証説」によれば，いずれも肯定されることになるというのが理論的帰結となる。どちらの性質によるかは債権者と保証人との間の合意によって定めることができると解されているため，実際には，その合意がない場合の準則をどう定めるかが問題となる。判例

（最判平成 24・12・14 民集 66 巻 12 号 3559 頁 ◆判例 7-3▷）は，「継続的保証説」に親和する立場を採っている。

　根保証は，「信用保証」，「不動産賃貸借保証」，および，「身元保証」の 3 つの類型に大別することができるため，この 3 つの視点から観察する。

◁判例 7-3▷ 最判平成 24・12・14 民集 66 巻 12 号 3559 頁

【事案】平成 19 年 6 月 29 日，A 社は B 社に対し，弁済期を平成 20 年 6 月 5 日として 8 億円を貸し付け（以下，「貸付①」という），同日，Y は，A に対し，A を貸主とし，B を借主とする金銭消費貸借契約取引等により生じる貸付①を含む B の債務を主たる債務とし，極度額を 48 億 3000 万円，保証期間を平成 19 年 6 月 29 日から 5 年間とする連帯保証をした（以下，「本件根保証契約」という）。平成 20 年 8 月 25 日，A は B に対し，弁済期を平成 21 年 8 月 5 日として，7 億円を貸し付け（以下，「貸付②」という），同日，弁済期を同じくして 9990 万円を貸し付けた（以下，「貸付③」といい，貸付②および③に係る債権を「本件各債権」という）。平成 20 年 9 月 26 日，A は，本件各債権を C 社に譲渡し，同日，C は本件各債権を X に譲渡した。

　本件各債権を取得した X は，B からの返済がないとして，Y に対し，本件根保証契約に基づく保証債務の履行請求として，貸付②および③の一部である 1000 万円の支払を求めた。第 1 審および原審ともに X の請求を認容したため，Y が上告受理申立てをした。最高裁は次のように判断して，Y の上告を棄却した。

【判旨】「根保証契約を締結した当事者は，通常，主たる債務の範囲に含まれる個別の債務が発生すれば保証人がこれをその都度保証し，当該債務の弁済期が到来すれば，当該根保証契約に定める元本確定期日（本件根保証契約のように，保証期間の定めがある場合には，保証期間の満了日の翌日を元本確定期日とする定めをしたものと解することができる。）前であっても，保証人に対してその保証債務の履行を求めることができるものとして契約を締結し，被保証債権が譲渡された場合には保証債権もこれに随伴して移転することを前提としているものと解するのが合理的である。そうすると，被保証債権を譲り受けた者は，その譲渡が当該根保証契約に定める元本確定期日前にされた場合であっても，当該根保証契約の当事者間において被保証債権の譲受人の請求を妨げるような別段の合意がない限り，保証人に対し，保証債務の履行を求めることができるというべきである。……本件根保証契約の当事者間においては上記別段の合意があることはうかがわれないから，X は，Y に対し，保証債務の履行を求めることができる」。

Column 7-6 **「保証人保護」をめぐる展開**

　根保証は保証債務の額が過大になりがちであり，特に，包括保証に至っては，事実上，保証債務の対象が無限定となるために，保証人を経済的破綻へと追い込む危険が高く，ときには自殺者さえも生むような大きな社会問題を構成していた。それゆえ，学説においては，古くから「保証人保護」の名の下に，とりわけ根保証における保証人の責任を制限するための方策が模索されていた。代表的なものが，債権者に対して保証人を経済的破綻に陥らせないようにするための一般的注意義務を課すというものである。しかし，そもそも保証契約を締結した以上はその責任を果たすのは当然の義務であるとか，原理的には片務契約たる性質をもつ保証契約において債権者に「義務」を課すというのは論理矛盾であるとかいったような理論的背景もあってか，要するに，一般的注意義務といった発想は保証の性質そのものに抵触するとして，広く受け入れられるには至っていない。したがって，保証人の救済ないし保護は，個々の事案における各種の民法上の規律によって果たされてきた。

　具体的には，保証契約の「錯誤」による無効（改正前民法95条）や（第三者）詐欺による取消し（96条2項），「保証人の意思解釈」（大判大正15・12・2民集5巻769頁など）や「信義則」（1条2項）（最判昭和48・3・1金法679号35頁，東京地判平成12・1・27判時1725号148頁など）または「公序良俗違反」（90条）（東京高判平成13・2・20判時1740号46頁など）等の一般法理による保証債務の制限といったものが判例（裁判例）上に表れる。しかし，錯誤や詐欺が保証において認められることの難しさは先の通り（⇨ **2**(1)）であるほか，一般法理による保証債務の制限なども認められることは少ない。比較的に保証人保護の実効性を有するものとしては，特に期間の定めのない根保証において一定期間の経過により保証契約の解約を認める「任意解約権」（大判大正14・10・28民集4巻656頁など）や，主たる債務者の著しい資力の悪化等を理由に保証人を保証契約により拘束することが信義則に反すると認められる場合に保証契約の解約を認める「特別解約権」（大判昭和9・2・27民集13巻215頁，最判昭和39・12・18民集18巻10号2179頁など）といったものもある。もっとも，両者の解約権も結局は信義則を根拠とする不安定なものであり，そもそも両者の区別が可能なのかという指摘もあるほか，「解約」である以上，将来効しかもたず，保証人が完全に免責されるわけでもない。それゆえに，立法的な解決が図られることになったわけである。すなわち，まず，（自然人たる）保証人保護の視点から，貸金に係る包括根保証や長期の根保証を原則的に禁止すべく，平成16年の民法改正で導入されたのが「貸金等根保証契約」の規律群であり，次に，平成29年改正はこれを「個人根保証契約」の規律群へと変容させ，保

証人保護の強化を図ることとなった（⇨(4)）。

(b)　信用保証

　信用保証とは，一般に，特に中小企業が銀行等の金融機関から融資を受ける際（金銭消費貸借契約，手形割引契約，当座貸越契約等）に生じる貸金返還債務や，継続的な売買契約から生じる売掛代金に係る債務等につき保証するものなどと説明される。要するに，資力が不十分な中小企業たる債務者の信用力を補完するために用いられる保証であって，とりわけ，このための団体である信用保証協会が保証人となるものを「信用保証（制度）」と呼ぶこともある。信用保証においては，主たる債務の額も大きく，保証債務も過大となりがちであり，しかも，個人が保証人となることも少なくない。すなわち，主たる債務者たる会社の経営者が保証人となったり（いわゆる「経営者保証」），その配偶者や親族，従業員等が保証人となったりする（いわゆる「情義的保証」）わけである。これは，先に述べた，保証人の経済的（生活）破綻が問題となる典型的な場合であり，それゆえに，保証人保護が強く要請されることになる。後述（⇨(4)(b)(c)）の個人貸金等根保証契約や事業貸金等（根）保証契約に係る規律は，まさに，この要請に応えるものとなる。

(c)　不動産賃借人の債務の保証（不動産賃貸借保証）

　賃借人が負う債務の保証についても，一定の期間，継続的に発生する債務を保証するという点では根保証に類似する。もっとも，賃借人が負う中核的な債務となる賃料債務は，その内容が確定しているという点では根保証とは異なり，リスクは低いともいえる。しかし，賃貸借も長期にわたる場合には巨額の賃料債務が発生する場合もあるし，賃貸借特有のリスク（賃貸物の毀損等）もある。それゆえ，根保証との違いは意識しつつも，根保証と同じく，保証人保護が問題となる。具体的には，保証の期間と相続性とに顕著に表れる。

　まず，期間について見れば，賃貸借契約が「更新」された場合に保証は更新後の賃貸借契約より生じる債務にも及ぶか否かということが問われる。判例（最判平成 9・11・13 判時 1633 号 81 頁）は，期間の定めのある賃貸借については更新により賃貸借関係が継続するのが通常であり，保証人もかような継続は当然に予想でき，保証人の予期しないような保証債務が一挙に発生することはな

いのが一般的であるから，反対の趣旨を窺わせるような特段の事情がない限り，更新後の賃貸借契約から生じる債務についても保証する趣旨で保証契約を締結したと解するのが当事者の合理的意思に合致するとして，これを認める（ただし，更新後の賃貸借契約より生じる債務に係る保証債務の履行請求は，信義則に反すると認められる場合を除いて許されるとして，信義則のコントロールが働くこともまた，あえて述べている）。次に，相続性についても，賃貸借保証において保証人が死亡した際には，相続人に保証人の地位が承継される結果，被相続人たる保証人が死亡前に保証していた債務のみならず，死亡後に生じる債務についても保証が及ぶというのが，判例（大判昭和 9・1・30 民集 13 巻 103 頁など）の立場であった。しかし，これについては，平成 29 年の民法改正によって，個人保証人の死亡が個人根保証契約における元本確定事由（465 条の 4 第 1 項 3 号）となったことから（⇨(4)(b)(iv)），今後は，死亡後に生じる債務については原則として及ばないということになる。

(d)　身元保証

（i）概　要　身元保証は多義的に用いられる言葉である。すべてに共通するのは，ともかく，ある者が他者に対して生じさせた損害や負っている債務について，その賠償や弁済を担保する役割を担うものであると言ってよい。わが国では，江戸時代の「人請」に由来するとされ，一般には「身元引受」の名で用いられることも少なくない。

　身元保証を大別すると，次のようになる。①被用者が使用者（雇用者）に対して生じさせた損害を保証するもので「身元保証法」の適用があるもの，②雇用関係にとどまらず広くある者がある者に対して生じさせた損害を保証するもの，③明確に法的な債務（義務）とは言えないようなもので債務者にとっての損害を担保または軽減させるようなもの，といった具合である。②は，例えば，大学等の在学中に学生が大学に生じさせた損害を保護者が「保証する」というようなものや，高齢者が病院や老人ホームに入居する際に入居料や発生させた損害の賠償等に係る債務を「保証する」といったものがある。③については，緊急時の連絡先や行方不明時の事後処理といったことが内容となり，それ自体独立して用いられるというよりは，①や②と合わせて「保証」の内容となりうる，いわば「準委任契約」の色彩を有している。また，①および②にいう

「損害」については，発生原因が債務不履行か不法行為かを問うものではなく，さらには，賠償の債務ないし責任が成立しない場合であっても，損害を発生させた事実から「保証人」としては損害賠償の義務を負うという意味で附従性なき保証，すなわち「損害担保契約」の色彩をも有している。

このように，身元保証とは「保証の機能を持った何か」というべきものであり，一概に論じられるものではない。少なくとも言えるのは，この不明確性ゆえに生じうる過大な債務の危険性であり，「身元保証法」はこれに一定の制限をかけるものとなっている。以下では，「身元保証法」の規律に限って概観するにとどめる（以下，特に断りがない限りこの意味で「身元保証」の語を用いる）。

(ii)　身元保証法にいう身元保証

①　保証の範囲　身元保証は，被用者の行為により使用者の受けたる損害を賠償する旨の契約（身元保証 1 条）との文言からも明らかなように，使用関係から生じた損害を担保するものである。契約上の文言も，「保証」，「引受」その他を問うものではない（同条参照）。また，実質的な使用従属関係があればよく，雇用契約といった契約関係があるか否かも問題ではないが，一定の継続的な使用関係があることが求められるとされる。かかる視点から見ると，公務員関係であっても身元保証法の適用はあると解されることになる（大判昭和10・11・29 民集 14 巻 1934 頁，東京高判昭和 29・8・31 下民 5 巻 8 号 1389 頁等参照）が，いわゆる「日雇労働」については原則的に除外されることになる。損害の発生についても，被用者が債務不履行または不法行為上の責任を負う場合でなくともよく，その意味では，保証の附従性が欠けている場合もある。また，行方不明となった被用者の尋ね先，病気となった被用者の身柄引取などといった上記(i)③の内容についても，身元保証人の責任の範囲にあるとされているため，もはや民法にいうところの「保証」にあたらない内容も含まれることになる。

②　保証の期間　身元保証は，期間の定めがない場合には，契約成立日から 3 年間（身元保証 1 条），「商工業見習者」については 5 年間，有効とされる（同条）。「商工業見習者」とは，いわゆる「丁稚奉公」や「徒弟制度」における使用関係を想定するものである。平成 29 年の民法改正において，同様に「商工業の見習」の語をもってその雇用期間の特則を定めていた改正前民法626 条 1 項ただし書が，時代に合わず実際の適用場面が想定できないとして削

除されたことに鑑みると，同じく現在において「商工業見習者」に係る規律が適用されることはないと考えるべきであろう（5年という長期を考えると，"現代の意義に合わせて"解釈するなどして，安易に適用場面を拡大すべきでもない）。

また，期間を定める場合には5年を超えることはできず，5年以上と定めたとしても5年に短縮される（身元保証2条1項）。更新することも可能であるが（同条2項本文），その期間も上限は5年となる（同条項ただし書）。

③ 使用者の通知義務および保証人の解約権　使用者は，被用者に業務上の不適任や不誠実な事実があるために身元保証人に責任が生じるおそれがある場合（身元保証3条1号），および，被用者の任務または任務地の変更によって身元保証人の責任が加重されまたは監督が困難となる場合（同条2号）には，遅滞なく身元保証人にその旨を通知する義務を負う（同条柱書）。

この通知の有無は，身元保証人が負う損害賠償責任の範囲において考慮され（身元保証5条），身元保証人はこの通知を受けたとき，または，かかる事実を知るに至ったときには，身元保証契約を将来に向かって解除する，すなわち，解約することができる（身元保証4条）。この解約権は，先に根保証一般について述べた「特別解約権」（⇨ Column 7-6 ）の一種であり，むしろ，この規定から（類推適用などを通じて）一般の特別解約権が派生している。

④ 片面的強行規定　身元保証法は，以上のように身元保証人の責任を制限する内容を持つものであるから，身元保証人にとってこれよりも有利な契約内容を締結することは許されるが，不利となるような特約を締結してもそれは無効となる（身元保証6条）。

⑤ 相続性　身元保証は，責任の広汎性や信頼関係を基礎に置いたある種の一身専属性から，原則的に身元保証人の地位の相続性が否定される（大判昭和18・9・10民集22巻948頁）。しかし，すでに具体的な債務が発生していた場合にはその債務自体は相続され（大判昭和10・11・29民集14巻1934頁），将来効のみ否定されるほか，特段の事情がある場合においては，将来にわたる債務（身元保証人の地位自体）についても相続されることがある（大判昭和12・12・20民集16巻2019頁。例えば，被相続人たる身元保証人が身元保証契約を締結する際に，その相続人についてもまた使用者との関係で身元保証人と同様の人的信認関係が形成されており，これを前提として身元保証契約が締結されていた場合など）。

　もっとも，身元保証は，その内容のすべてが民法にいう「保証」とはいえないものの，「保証」の要素を含む「根保証契約」であることは否定できない。それゆえ，保証人が個人である場合には，「個人根保証契約」（⇨(4)(b)）に係る規律の適用を受けることになる。このため，被相続人たる身元保証人の死亡は被保証債務の元本確定事由となる（465条の4第1項3号）ので，被相続人の身元保証人としての地位の相続性は否定され，既発生債務のみが相続されるということになろう。

　⑥　要式契約性　　上記のように身元保証も少なくとも民法上の保証の内容を含んだ「個人根保証契約」の一種であることに変わりはないため，契約締結自体に書面が求められる（446条2項）ほか，当該書面に極度額の定めが必要となる（465条の2第2項3号〔446条2項3項準用〕）。

(4)　特殊な個人保証

(a)　概　要

　先の通り，根保証，特に包括根保証は個人の保証人を経済的（生活）破綻へと追い込む危険なものであり，これは，主たる債務の金額が多額となりがちな，（中小）企業への融資において顕著である。すなわち，この種の保証は経営者が保証人となる，いわゆる「経営者保証」（⇨ Column 7-7 ）が多く利用されるため，主たる債務者たる会社が経営破綻すると，多額の保証債務の履行を求められる経営者も経済的に破綻し，再起も困難になるといった具合である。それゆえ，経営者保証における保証人保護は，わが国の経済政策においても避けて通れない問題となり，立法的な手当がなされることとなった。すなわち，平成16年（法律第147号）および平成29年の民法改正である。

　まず，平成16年の改正においては，「貸金等根保証契約」の概念とともに，改正前民法465条の2以下の規定を創設した。ここでは，主として，根保証の上限額たる「極度額」の定めを必須とし（改正前民法465条の2），また，主たる債務の元本が確定する期日（保証の期間）を意味する「元本確定期日」の上限期間を明文化する（改正前民法465条の3）ことを通じて，貸金債務を含む債務を主たる債務とする個人による包括根保証契約が実質的に制限されることになった。もっとも，かかる規律は，結局，極度額を高めに設定すること等を通じ

て規制を回避することが可能であったり，そもそも，貸金債務を含まない債務を主たる債務とする根保証の場合には規律が働かなかったりといったこともあって，保証人保護には不十分なものであった。それゆえ，平成29年の改正では，保証人保護へ向けてさらに踏み込んだ規律を設けることとなった。

平成29年の改正は，まず，新たに「個人根保証契約」の概念を創設し（465条の2），貸金等根保証契約に係る規律を，主たる債務の性質を問わず，個人による根保証契約一般へと拡張した。もっとも，このような規律の拡大によって保証の利用が妨げられ社会活動が阻害される可能性もあるため，従前の貸金等根保証契約に相当する概念である「個人貸金等根保証契約」の概念もあわせて創設し（465条の3），「個人根保証契約」との間で規律の適用範囲を分けるといった調整を行っている。次に，事業目的の貸金債務を含んだ主たる債務に係る個人保証（以下「事業貸金等（根）保証契約」という）につき，保証契約締結前に特殊な性質を有する公正証書（以下「保証意思宣明公正証書」という）の作成を求めるなどしてその利用を著しく制限するといった，新たな規律群を465条の6以下に新設した。しかし，保証なくして融資を受けることが困難な中小企業にとっては，このような規制の強化で（経営者）保証の利用が禁じられると経営上の死活問題になるといった考慮から，肝心の「経営者」およびこれに準じる者らが保証人となる場合には，保証意思宣明公正証書に係る規律は原則的に適用されない（465条の9参照）という，ある種の本末転倒が生じている。

(b) 個人根保証契約・個人貸金等根保証契約

(i) **両者の関係**　　一定の範囲に属する不特定の債務を主たる債務とする保証契約であって，保証人が法人でないものを「個人根保証契約」という（465条の2第1項）。要するに，個人による根保証契約一般を指す。個人根保証契約のうち，主たる債務の範囲に金銭の貸渡しまたは手形の割引を受けることによって負担する債務が含まれるものを「個人貸金等根保証契約」という（465条の3第1項）。要するに，貸金債務（を含む債務）に係る個人による根保証契約を指し，かつての「貸金等根保証契約」（改正前民法465条の2第1項参照）に対応する。

「個人根保証契約」と「個人貸金等根保証契約」との差は，個人による根保証契約であって，主たる債務に貸金債務が含まれないもの，に表れる。具体的

には，継続的な売買契約により生じる売買代金債務や，賃貸借契約より生じる債務を主たる債務とした，個人による根保証契約がこれにあたる。特に意識されているのが，不動産賃貸借保証であり，その特殊性（⇨(3)(c)）のために，「個人根保証契約」による一律の規制がためらわれ，あえて旧「貸金等根保証契約」に相当する「個人貸金等根保証契約」の規律を設けたといってよい。具体的にこの差は，「元本確定期日」の規律に表れる（後掲⇨(iii)）。

(ii)　**極度額**　「個人根保証契約」の保証人は，主たる債務の元本，主たる債務に関する利息，違約金，損害賠償その他その債務に従たるすべてもの，および，その保証債務について約定された違約金または損害賠償の額につき，その全部に係る極度額を限度として履行する責任を負い（465条の2第1項），この極度額の定めがない個人根保証契約は無効となる（同条2項）。保証契約自体のほか極度額の定めは書面（電磁的記録を含む）によりなされなければ無効となる（446条2項・465条の2第3項〔446条2項3項準用〕）。この極度額は，保証の対象となる債務の総額を意味する（「債権極度額」という）。

(iii)　**元本確定期日**　「個人貸金等根保証契約」について「元本確定期日」を定める場合には，保証契約を締結した日から5年の期間が上限となり，5年を超える元本確定期日の約定は効力を生じない（465条の3第1項）。この場合，保証契約締結の日から3年が期日となる（同条2項）。また，元本確定期日の定め自体をしなかった場合も同様に3年が期日となり（同条項），保証契約それ自体が無効となるわけではないことに注意を要する。

　元本確定期日を変更（更新）する場合にも上記の5年の規律が妥当する。すなわち，変更日から5年が期間の上限となり，5年を超える場合にはその変更の合意は効力を生じない（465条の3第3項本文）。ただし，元本確定期日の前2か月以内に期日の変更がなされた場合で，かつ，変更後の期日が当初の元本確定期日から起算して5年以内である場合には，当該変更の合意は有効となる（同条項ただし書）。これは，変更日を基準とすれば，変更後の元本確定期日は最長で5年2か月となるわけであるが，当初の元本確定期日から起算すれば5年以内となるわけであって，上限を5年とする規律の趣旨に実質的には抵触しないことから正当化される。

　元本確定期日に係る以上の合意については書面（電磁的記録を含む）によりな

されないと効力を生じない（465条の3第4項〔446条2項3項準用〕）。ただし，保証契約締結の日から3年以内の日を元本確定期日とする場合や，変更後の元本確定期日が当初の元本確定期日より前の日となる場合には，当該合意につき書面は要しない（465条の3第4項かっこ書）。保証人にとって有利な合意については，その合意を尊重すべきだからである。

　この規律は，「個人貸金等根保証契約」以外の「個人根保証契約」には適用されない。具体的に想定されているのは，不動産賃貸借保証である。この場合には，主たる債務の発生原因となる賃貸借契約の期間が5年を超えることは珍しくなく，借地借家法を含めて，法律上も長期に及ぶ賃貸借契約が認められている。そうであれば，賃貸借契約に沿った形で保証契約も存続させるべきであり，要するに，元本確定期日に係る合意を制限することによって無保証となる賃貸借契約の期間を避けるということが，ここに意識されている。

　(iv)　**元本確定事由**　　根保証契約のうち，特に包括根保証契約についてはその危険性に鑑みて，「解約権」が認められており，身元保証法4条にも同様の趣旨の規律があるのは先に見たとおりである（⇨(3)(d)(ii)③）。かような解約権は，将来に向かって保証契約を解除するものであり，解約時点で生じている主たる債務については保証の範囲が及ぶ。その意味で，「解約権」とは，根保証債務の対象となる元本を確定させる権利と同義といえる。465条の4所定の「元本確定事由」とは，判例等において根保証契約につき「解約権」が発生する事由として争いのないものにつき，「解約権」の行使を待たずとも法律上当然にその元本を確定させることにより，保証人保護を図る目的がある。換言すれば，これ以外の事由でも「解約権」の発生を否定するものではなく，他の事由を元本確定事由として合意することも可能である（片面的強行規定）。

　まず，465条の4第1項は，「個人根保証契約」につき，（保証契約における）債権者が「保証人の財産」につき金銭債権に係る強制執行または担保権実行を申し立てたとき（同条項1号。ただし，手続の開始があった場合に限る〔同条項柱書ただし書〕），「保証人」が破産手続開始の決定を受けたとき（同条項2号），および，主たる債務者または保証人が死亡したとき（同条項3号）を元本確定事由として挙げる。判例は，（不動産）賃貸借保証の保証人が死亡した場合，保証人の地位は相続人に承継され，その後に賃貸借契約から生じる債務についても保

証の範囲が及ぶ（大判昭和9・1・30民集13巻103頁，大判昭和12・6・15民集16巻931頁）としていたため，保証人の死亡が元本確定事由となるのは，実質的な判例変更となる（⇨(3)(c)）。

次に，465条の4第2項は，「個人貸金等根保証契約」につき，（保証契約の）債権者が「主たる債務者」の財産につき金銭債権に係る強制執行または担保権実行を申し立てたとき（同条項1号。ただし，手続の開始があった場合に限る〔同条項柱書ただし書〕），および，「主たる債務者」が破産手続の開始決定を受けたとき（同条項2号）も，元本確定事由として列挙する。

これらはいずれも資力悪化の徴表となるところ，主たる債務者に係る事由が「個人貸金等根保証契約」についてのみ元本確定事由となるのは，ここにも「個人根保証契約」と「個人貸金等根保証契約」との実質的な差，すなわち，「不動産賃貸借保証」の存在が意識されているからである。不動産賃貸借保証における主たる債務者たる賃借人について強制執行や破産手続が開始されたとしても，それ自体は賃貸借契約の終了事由とはならないため，仮にこの事実をもって元本確定事由とすれば，無保証の賃貸借期間が生じてしまうという不都合を回避する意図がある。

(ⅴ)　**求償保証の特則**　　保証人が法人である場合には，個人の保証人のように生活の破綻といったリスクを評価する必要がないため，以上に見たような根保証の制限について考慮する必要はなく，各種規律の適用がない。しかし，法人による保証人が主たる債務者に対して取得する求償権に係る債務について個人が保証する場合にも何らの規律もないとすれば，実質的な脱法を許すことになる。465条の5はこの視点から個人による「求償保証」（同条3項参照）について制限をかけるものである。

まず，保証人が法人である根保証契約において極度額の定めがない場合には，その求償権に係る債務を主たる債務とした個人の保証人による保証契約は効力を生じない（同条1項）。ここにいう保証契約は求償権に係る特定の債務を主たる債務とするものをいい，根保証契約は含まれない。個人による根保証契約であれば，そもそも，個人根保証契約の規律が働くため，特則を要しないからである。

次に，保証人が法人である根保証契約で主たる債務の範囲に貸金等債務が含

まれている場合において，元本確定期日の定めがないとき，または，仮に（法人の保証人については適用のない）465条の3第1項もしくは第3項の規定を適用すれば保証の効力が生じないときは，その求償権に係る債務を主たる債務とした個人の保証人による保証契約は効力を生じない（465条の5第2項前段）。この規律には注意点が2つある。

第1が，465条の3第2項の準用がないことである。同条項は，元本確定期日を法定している（⇨(iii)）ところ，そもそも元本確定期日につき定めを要しない法人たる保証人による根保証契約において，ここから生じる求償権に係る債務につき個人が保証人となっているかどうかは債権者には与り知らないことである。それゆえ，元本確定期日が自動的に修正されるというのでは，債権者に不利益となるために同条項を準用せず，その反面，無制限となれば脱法を許すことになるため，同条1項（3項）所定の通りに元本確定期日を定めることを求めているのである。

第2が，法人たる保証人の求償権に係る債務を含む「根保証契約」につき個人が保証する場合についても，元本確定期日に係る465条の5第2項前段の規律が適用されることである（同条項後段）。法人たる保証人の保証する主たる債務が貸金債務であっても，求償債務自体は貸金債務ではないため，複数の求償債務を主たる債務とした個人による根保証契約については，個人貸金等根保証契約の元本確定期日につき定める465条の3は適用されない。これでは，求償保証を利用した脱法を許すことになるため，修正を図っているわけである。

(c)　事業貸金等（根）保証契約

(i)　**概　要**　　先に述べたように，事業上の貸金債務はたとえ1個であっても巨額になりがちであり，これを保証する個人の保証人については，根保証であるか否かを問わず，保護の要請が高い。平成29年の民法改正は「事業に係る債務についての保証契約の特則」の名の下に新たな規律群を作成することによってこの要請に応えた。「保証意思宣明公正証書」の作成と，"主たる債務者"の「情報提供義務」がその中心となる。

ここにいう「事業」とは，一定の目的をもってされる同種の反復継続的な行為の遂行とされ，営利か非営利かを問わない。主たる債務に貸金債務が含まれていればよく，全債務が貸金債務である必要もない。事業目的の貸金か否かは

金銭の貸付け時に客観的に評価され，実際に，予定通りの事業に使用されなくとも（私的に流用されても），事業性が失われるわけではない。

(ii) 保証意思宣明公正証書の作成

①　内　容　　個人が保証人として（465条の6第3項）事業貸金等（根）保証契約を締結する場合においては，その締結日に先立つ1か月以内に，保証意思宣明公正証書を作成して「保証債務を履行する意思」を示さなければ，保証の効力は生じない（同条1項）。公証人による保証意思の確認を通じて，個人たる保証人に対して保証契約に係るリスクを認識させ，保護することが企図されており，1か月という期間が定められているのも，保証契約締結日と保証意思の確認日（保証意思宣明公正証書作成日）との接近性が求められることによる。それゆえ，仮に本条2項所定のプロセス（後掲②）によって形式的に適式な公正証書が作成されたとしても，実際には保証人に保証する意思がなかったというのであれば当該公正証書は実質的に要件を充足せず，無効になると解することになる。換言すれば，公証人は保証人の保証意思が明確に確認できないのであれば，本公正証書の作成を拒絶すべきことになる。

保証意思宣明公正証書は，保証契約の締結に先立ち作成されるものであるから，保証契約締結自体を示すものとはならない。このため，同公正証書をもって446条2項所定の書面に代えることはできず，契約書ではないために執行認諾文言付公正証書（執行証書）（⇨第1章**第4節 1**）とすることもできない（なお，保証意思宣明公正証書の存在を前提に，保証契約書としての執行認諾文言付公正証書を作成することが可能なのはいうまでもない）。この結果，保証意思の有無は，保証意思宣明公正証書のレベルと，保証契約書のレベルとの二段階で評価されることになる。446条2項の理解と同様に，有効な保証意思宣明公正証書が作成されたことの立証責任は，保証債務の履行を求める側（債権者）にあると解される。

②　作成方法　　保証意思宣明公正証書は465条の6第2項所定の方式で作成しなければならない。また，具体的に記載すべき内容は同条項が「（単純）保証契約」の場合（同条項1号イ）と「根保証契約」の場合（同条項号ロ）とに分けて規定している。詳細は条文を参照されたい。なお，「口がきけない者（口授できない者）」や「耳が聞こえない者」が保証人となる場合には，通訳人等を用いることを認める特則がある（465条の7）。

③　求償保証の特則　　465条の8は，求償保証を利用して，保証意思宣明公正証書の作成に係る規律の適用を避けるといった行為を防ぐ意図がある。465条の5（⇨(b)(v)）の発想と軌を一にする規律となる。

(iii)　**保証意思宣明公正証書の作成に係る適用除外**

①　内　容　　保証意思宣明公正証書の作成は，保証契約を締結することのリスクを保証人に認識させることをもって，その保護を図ることが企図されている。それゆえ，保証のリスクにつき認識しうる（取引能力等がある），または，主たる債務者の経済（経営）状況といったリスク情報にアクセスできると定型的に評価できる者であれば，かように複雑な公正証書の作成を求めることは，債権者のみならず保証人にとっても，単なる負担でしかなく不経済である。465条の9は，かかる趣旨から，次に掲げる者につき保証意思宣明公正証書の作成に係る465条の6の適用除外を定めている。

②　主たる債務者が法人である場合

【法人の理事，取締役，執行役またはこれらに準ずる者（465条の9第1号）】

いわゆる「経営者保証」における経営者たる保証人でなる。法律上正式にかかる地位にある者を指し，社外取締役も含まれる。名称上の地位をもって選別することは本条の趣旨からして妥当でないため「これらに準ずる者」との表現による受け皿が用意されている。具体的には，これらの地位にある者と同様に，「法律上正式に法人の重要な業務執行を決定する機関」，または，「その構成員の地位にある者」をいうとされているが，結局は個別の判断に委ねることになる。保証人保護を企図する規定である以上，この受け皿は容易に拡大されるべきではなく，厳格な解釈を求めるべきである。

【法人につき総株主の議決権の過半数を有する者（同条2号）】

法人につき総株主の議決権の過半数を有する者についても，経済状況といったリスク情報へのアクセスが可能であることから，適用が除外される。あくまで議決権の過半数を直接または間接に有するか否かを問うものであって，実質的な支配力の有無を問うものではない。具体的には，以下の者が列挙される。

・総株主の議決権（議決権制限株式〔会社108条1項3号・2項3号参照〕についての議決権を除く。以下，同じ）の過半数を有する者（465条の9第2号イ）。例えば，株式会社Aの総株主の議決権の過半数を有するBがこれにあたる。

・主たる債務者の総株主の議決権の過半数を他の株式会社が有する場合における，当該他の株式会社の総株主の議決権の過半数を有する者（同条号ロ）。例えば，C 社の総株主の議決権の過半数を有する株式会社 D の総株主の議決権の過半数を有する E がこれにあたる。

・主たる債務者の総株主の議決権の過半数を他の株式会社および当該他の株式会社の総株主の議決権の過半数を有する者が有する場合における当該他の株式会社の総株主の議決権の過半数を有する者（同条号ハ）。例えば，F 社の総株主の議決権の過半数を，株式会社 G と G 社の総株主の議決権の過半数を有する H とで保有する場合の H がこれにあたる。

・株式会社以外の法人が主たる債務者である場合における，上記の者に準ずる者（同条号ニ）。同条 1 号にいう「これらに準じる者」と同趣旨の，同条 2 号における受け皿である。

③　主たる債務者が個人である場合

【共同して事業を行う者（同条 3 号）】

　主たる債務者が個人（個人事業主）である場合に，共同して事業を行う者は，主たる債務者と同様にリスク情報へのアクセスが可能であるといった事情から適用が除外される。「共同して事業を行う者」は，実質的な評価を求める表現であり，例えば，単に相続によって共同して事業を行う者としての地位を取得した（事業承継した）といったような形式的事情だけでは不十分となる。

【主たる債務者が行う事業に現に従事しているその配偶者（同条 3 号）】

　個人事業主の場合，事業財産と家計とが明確に分離されていないこともあり，その配偶者を保証人として融資がなされるという一般的な実務慣行があるとされる。このような配偶者が，個人事業主たる「主たる債務者が行う事業に現に従事している」と評価できれば，リスク情報へのアクセスも可能であることから，適用の除外が正当化される。それゆえ，「主たる債務者が行う事業に現に従事している」という要件は適用除外を左右する，つまり，配偶者の保護を左右する重要な評価要素であり，実質的に厳格に解する必要がある。例えば，形式的または一時的に事業に関与していただけでは不十分である。もっとも，このように解すると，ここにいう配偶者とは実質的に先に見た「共同して事業を行う者」と評価すべきものとなり，果たして，「共同して事業を行う者」では

ないが「主たる債務者が行う事業に現に従事している配偶者」とは，一体，どのような者なのか疑問が残る。なお，配偶者とは法律上の配偶者を指し，事実婚における配偶者は含まれない。

> **Column 7-7　経営者保証の機能**
>
> 　適用除外の具体例となる経営者たる保証人（前掲②参照）については，過度な保護が保証の利用を阻害し，結局は融資を受けられなくなる経営者自身に不都合が生じる，といった事情も考慮されている。このような経営者保証においては，経営者を保証人とし，経営が不調の場合には保証債務の履行を求められる結果として財産が逸失する可能性があるといった精神的圧力をかけることによって，経営の懈怠を防ぎ規律を確保するといった機能が期待されている（「モニタリング機能」などと呼ばれる）ことも強調される。しかし，平成29年の民法改正にせよ，これに先立つ平成16年の民法改正にせよ，保証制度の改革により保護を図ろうとしていたのはまさにこの「経営者」なのであって（⇨(a)），ここに，保証制度の有用性を強調し適用除外を正当化するというのは，違和感を感じざるを得ない。もっとも，近時は，中小企業庁による「経営者保証に関するガイドライン」の策定を代表として，経営者保証の利用自体を避ける動きも金融界に見られるため，そもそも，民法において複雑な規律群をもって保証人保護を企図する必要性は実質的にないのかもしれない。その意味では，ある種のアナウンスメントといった色彩が強いという評価も許される。

(iv)　保証委託時における主たる債務者の情報提供義務

　①　内　容　　保証人にとって，主たる債務者の経済状況や自分以外の保証人や担保提供者の存在の有無といった情報は，最終的に保証債務の履行を求められることになるか否かに係る重要なものである。保証人となる者に保証を委託する際，かような情報が隠蔽され，または，偽って提供された結果として保証契約が締結された場合，保証人としては「法律行為の基礎とした事情についてのその認識が真実に反する錯誤」（いわゆる「基礎事情錯誤」。95条1項2号）や，第三者詐欺（96条2項）を根拠として，当該保証契約の取消しを求めることができる。しかし，かような錯誤や第三者詐欺による取消し（平成29年改正前民法95条では無効）が認められるための要件が厳格であるのは先の通りであり（⇨**2**(1)），実際に，これらが認められた裁判例は少ない。

　そこで，受託保証契約の場合において，保証人となる個人（465条の10第3項）に対し，主たる債務者の経済状況に係る情報等を提供する義務を「主たる

債務者」に課し，これに反して保証契約が締結された場合に保証人を保護すべく，保証人に対して取消権を付与したのが465条の10である。保証契約の当事者でない「主たる債務者」に情報提供義務を課している点に特徴がある。対象となる保証契約は，根保証であるか否かを問わず，465条の9（前掲⇨(iii)）のような適用除外もない。

②　情報の内容　　情報提供の対象となるのは，「財産及び収支の情報」（465条の10第1項1号），「主たる債務以外に負担している債務の有無並びにその額及び履行状況」（同条項2号），および，「主たる債務の担保として他に提供し，又は提供しようとするものがあるときは，その旨及びその内容」（同条項3号）である。

③　効　果　　主たる債務者が，上記②の情報の提供をせず，または，事実と異なる情報を提供したことによって受託保証人がこの情報について誤認したために，保証契約の申込みをし，または，承諾をした場合，債権者が，かかる情報提供の不存在または誤提供があった事実を知り（悪意）または知ることができた（有過失）ときは，保証人は当該保証契約を取り消すことができる（465条の10第2項）。第三者詐欺（96条2項）と同様の規定ぶりであるが，欺罔の故意を前提としたいわゆる「二段の故意」（⇨LQ民法I〔第2版補訂版〕第7章第6節**2**(1)）が求められない分だけ，要件が軽減されることになる。また，基礎事情錯誤（95条1項2号）と異なり，法律行為の基礎として事情が表示されること（同条2項）も要件として求められない分，錯誤よりも取消しが認められやすいともいえる。もっとも，第三者詐欺等と「特別法」の関係にあるわけではないので，錯誤や第三者詐欺の規定と並列的に主張することは許される。なお，債権者の悪意または有過失は保証人の側に立証責任がある。

本条は，主たる債務者の性質を限定せず，また，保証人も個人以外の限定がない。このため，いわゆる経営者保証についても本条の適用を受けることになるが，自身の経営する会社である主たる債務者が，経営者たる保証人に対して経済状況に係る情報提供義務を負うというのは奇妙である。しかし，自身の経営する会社である主たる債務者の経済状況に関する情報について，保証人たる経営者が不知であるとか，誤認しているとかといったことはそもそも観念できない。このような現実がこの奇妙さを払拭することになる。

事 項 索 引

判 例 索 引

民法判例百選 I 〜Ⅲに掲載されている判例は，その巻数と項目番号を示した。
　　百選 I 　潮見佳男＝道垣内弘人編『民法判例百選 I 〔第 8 版〕総則・物権』
　　百選Ⅱ　窪田充見＝森田宏樹編『民法判例百選Ⅱ〔第 8 版〕債権』
　　百選Ⅲ　水野紀子＝大村敦志編『民法判例百選Ⅲ〔第 2 版〕親族・相続』
　例えば〔百選Ⅲ-1〕は，Ⅲ巻の項目番号 1 の判例であることを表す。
　頁の太字は，判例紹介欄のある頁を示す。

民法 III　債権総論

2022 年 3 月 31 日　初版第 1 刷発行

	手　嶋　　　豊
著　者	藤　井　徳　展
	大　澤　慎太郎
発行者	江　草　貞　治
発行所	株式会社　有　斐　閣

郵便番号 101-0051
東京都千代田区神田神保町 2-17
http://www.yuhikaku.co.jp/

印刷・大日本法令印刷株式会社／製本・牧製本印刷株式会社
© 2022, Y. Tejima, N. Fujii, S. Osawa.
Printed in Japan

落丁・乱丁本はお取替えいたします。
★定価はカバーに表示してあります。

ISBN 978-4-641-17908-0